BIBLIA
COMPLETA ILUSTRADA
PARA NIÑOS

Biblia Completa Ilustrada para Niños publicado por Monsgo® 2024
1218 Interstate Blvd. Florence, SC 29501, USA
Tel. +1-843-319-4718
www.monsgo.com

North Parade Publishing 2012
Título original: *The Ilustrated children´s Bible*
Escrito por J. Emmerson-Hicks
Ilustrado por Netscribes

ISBN: 978-17837-3940-0

Todos los derechos reservados. Ninguna porción de este libro podrá ser reproducida, almacenada en algún sistema de recuperación, o transmitida en cualquier forma o por cualquier medio, mecánicos, fotocopias, grabación u otros, sin la autorización previa por escrito de la editorial.

Printed in China - Impreso en China

Traducción por World Connect Lima SAC

¿Quieres información del descuento para compras de 50 copias o más para tú iglesia o ministerio? ¡Contáctanos a ayuda@monsgo.com!

Looking for a volume discount for your church or ministry? Please contact us at ayuda@monsgo.com for information on purchases of 50 or more!

BIBLIA
COMPLETA ILUSTRADA
PARA NIÑOS

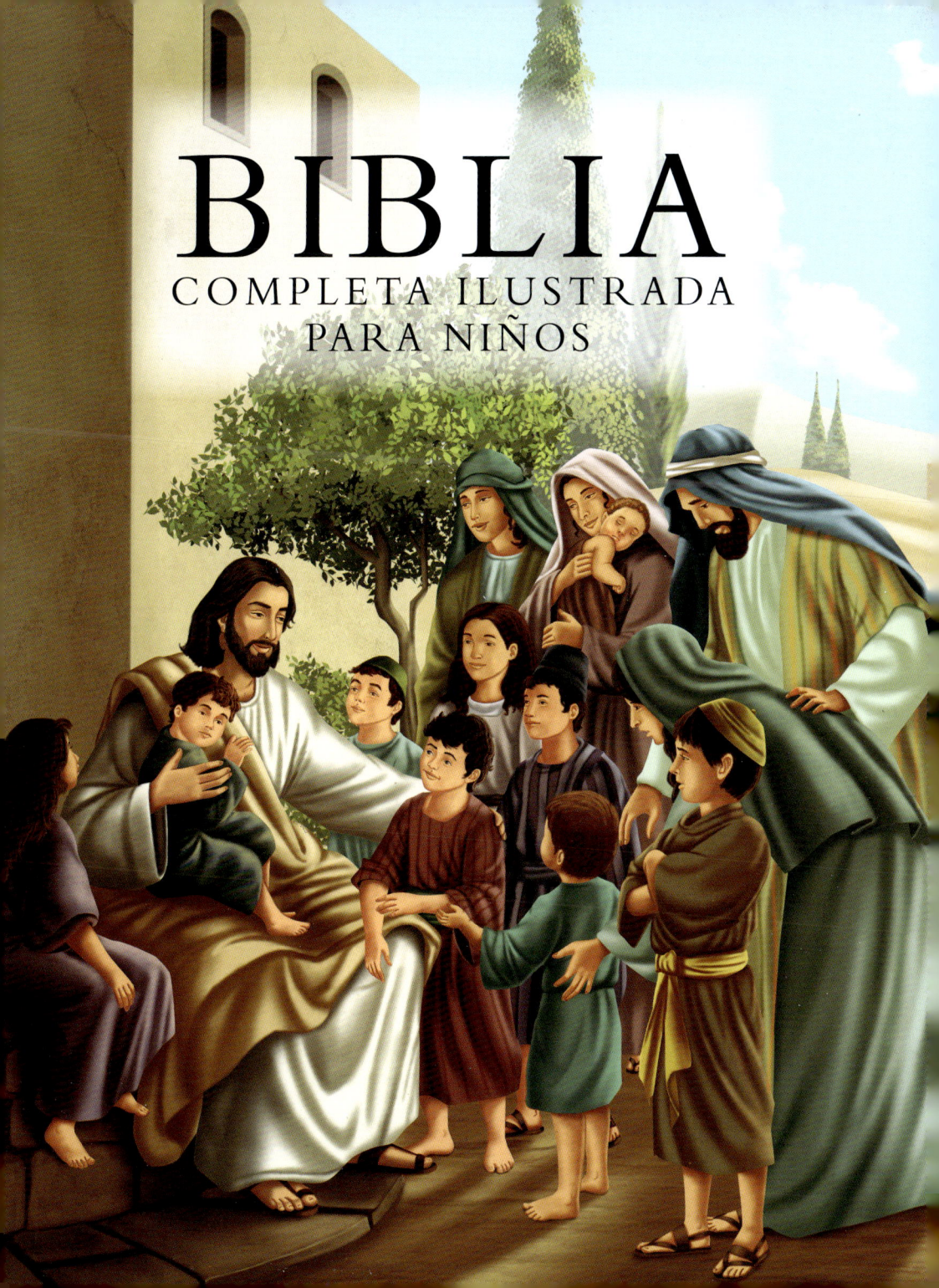

CONTENIDO

Antiguo Testamento

LA CREACIÓN

LA CREACIÓN 16
  Génesis 1-2
EL HERMOSO JARDÍN. 18
  Génesis 2
LA DESOBEDIENCIA DEL HOMBRE . . 20
  Génesis 3
CAÍN Y ABEL 22
  Génesis 4
EL ARCA DE NOÉ 24
  Génesis 6
EL DILUVIO 26
  Génesis 7-9
LA TORRE DE BABEL 28
  Génesis 11

LOS PATRIARCAS

DIOS LLAMA A ABRAHAM 30
  Génesis 12-13
TOMANDO CAMINOS DISTINTOS. . 32
  Génesis 13-14
LA PROMESA DE DIOS 34
  Génesis 15-17
ABRAHAM ENCUENTRA A LOS
  ÁNGELES. 36
  Génesis 18
LAS CIUDADES MALVADAS 38
  Génesis 18-19
DIOS DESTRUYE SODOMA 40
  Génesis 19

NACIÓ ISAAC 42
  Génesis 21
DIOS PRUEBA A ABRAHAM. 44
  Génesis 22
ISAAC Y REBECA 46
  Génesis 24
JACOB Y ESAÚ 48
  Génesis 25-27
EL SUEÑO DE JACOB 50
  Génesis 28
ENGAÑADO EN SU MATRIMONIO. . 52
  Génesis 29
CAMINOS SEPARADOS 54
  Génesis 30-31
JACOB LUCHA CON DIOS 56
  Génesis 32-33
JACOB VUELVE A BETEL 58
  Génesis 35-36
LOS SUEÑOS DE JOSÉ 60
  Génesis 37
HERMANO EN VENTA 62
  Génesis 37
LA ESPOSA DE POTIFAR 64
  Génesis 39
EL COPERO Y EL PANADERO 66
  Génesis 40
LOS SUEÑOS DEL FARAÓN 68
  Génesis 41
LA INTERPRETACIÓN DEL SUEÑO. . 70
  Génesis 41
UN LIDERAZGO CON SABIDURÍA . . 72
  Génesis 41

SUS HERMANOS COMPRAN
  ALIMENTOS 74
  Génesis 42-43
EL HERMANO PERDIDO 76
  Génesis 44-45
JACOB LLEGA A EGIPTO 78
  Génesis 46-47
LA MUERTE DE JACOB 80
  Génesis 48-50

MOISÉS Y EL ÉXODO

¡ESCLAVITUD! 82
  Éxodo 1
UN BEBÉ ENTRE LAS AGUAS 84
  Éxodo 2
LA ZARZA ARDIENTE 86
  Éxodo 3-4
¡MOISÉS ANTE EL FARAÓN! 88
  Éxodo 5-7
LAS PLAGAS 90
  Éxodo 7-11
LA PASCUA 92
  Éxodo 12
LOS ISRAELITAS SALEN DE
EGIPTO 94
  Éxodo 12-13
EL MILAGRO EN EL MAR ROJO 96
  Éxodo 13-15
¡AHOGADOS EN EL MAR! 98
  Éxodo 13-15
EL ALIMENTO EN EL DESIERTO . . . 100
  Éxodo 15-17
LOS DIEZ MANDAMIENTOS 102
  Éxodo 19-20
EL TABERNÁCULO 104
  Éxodo 25-27
EL BECERRO DE ORO 106
  Éxodo 32
LA GLORIA DE DIOS 108
  Éxodo 33-34

EL DÍA DE LA EXPIACIÓN 110
  Levítico 16
LAS QUEJAS DEL PUEBLO 112
  Números 11-12
LOS DOCE ESPÍAS 114
  Números 13-14
¡LA REBELIÓN! 116
  Números 16-17
DIOS DA AGUA DE UNA ROCA . . . 118
  Números 20
LA SERPIENTE DE BRONCE 120
  Números 21
EL ÁNGEL Y EL ASNA DE BALAAM . . 122
  Números 22
TIEMPOS DE CAMBIO 124
  Números 27
ELECCIÓN DE LA VIDA 126
  Deuteronomio 29-30
JOSUÉ, EL NUEVO LÍDER 128
  Deuteronomio 31-32
MOISÉS CONTEMPLA LA TIERRA
  PROMETIDA 130
  Deuteronomio 33-34

EL SURGIMIENTO DE ISRAEL

LOS ESPÍAS 132
  Josué 1-4
CRUZANDO EL RÍO 134
  Josué 5
LA CONQUISTA DE JERICÓ 136
  Josué 6
MANTENIENDO LA PROMESA 138
  Josué 9-10
DÉBORA Y BARAC 140
  Jueces 4-5
GEDEÓN 142
  Jueces 6
GEDEÓN Y SUS TRESCIENTOS
GUERREROS 144
  Jueces 7-8

LA PROMESA DE JEFTÉ 146
  Jueces 11
EL PODEROSO SANSÓN 148
  Jueces 13
SANSÓN Y DALILA. 150
  Jueces 16
LA LEALTAD DE RUT 152
  Rut 1-4
DIOS OYÓ LA ORACIÓN DE ANA . . . 154
  1Samuel 1-2
DIOS LLAMA A SAMUEL 156
  1Samuel 3
¡LA CAPTURA DEL ARCA! 158
  1Samuel 4-6
LOS ISRAELITAS PIDEN UN REY 160
  1Samuel 8-10
LA DESOBEDIENCIA DE SAÚL 162
  1Samuel 11-15
EL PEQUEÑO PASTOR 164
  1Samuel 16
DAVID Y GOLIAT 166
  1Samuel 17
LOS CELOS DE SAÚL. 168
  1Samuel 18-20
DAVID PERDONA LA VIDA A SAÚL . 170
  1Samuel 24,26
DAVID Y ABIGAÍL 172
  1Samuel 25
SAÚL Y LA ADIVINA DE ENDOR . . . 174
  1Samuel 28
DAVID ES PROCLAMADO REY 176
  2Samuel 2-5
EL ARCA REGRESA A JERUSALÉN . . 178
  2Samuel 6; 1Crónicas 13,15-16
LA PROMESA DE DIOS CON DAVID . . 180
  2Samuel 7; 1Crónicas 17
EL CORAZÓN BONDADOSO DE
  DAVID. 182
  2Samuel 9
DAVID Y BETSABÉ 184
  2Samuel 11-12

LA REBELIÓN DE ABSALÓN 186
  2Samuel 15-19
DAVID NOMBRA A SALOMÓN COMO
  REY. 188
  1Reyes 1-2; 1 Crónicas 29
DIOS HABLA CON SALOMÓN. 190
  1Reyes 3; 2Crónicas 1
SALOMÓN PIDE SABIDURÍA 192
  1Reyes 3
EDIFICACIÓN DEL TEMPLO 194
  1Reyes 5-8; 2Crónicas 2-7
SALOMÓN Y LA REINA DE SABÁ . . . 196
  1Reyes 10; 2Crónicas 9
SALOMÓN SE ALEJA DE DIOS 198
  1Reyes 11
LA DIVISIÓN DE ISRAEL 200
  1Reyes 12-14; 2Crónicas 10-12
ELÍAS Y LOS CUERVOS 202
  1Reyes 17
EL HIJO DE LA VIUDA 204
  1Reyes 17
EL VERDADERO DIOS 206
  1Reyes 18
EL VIÑEDO DE NABOT 208
  1Reyes 21-22; 2Crónicas 18
ELÍAS ES LLEVADO AL CIELO. 210
  2Reyes 2
SANIDAD DE NAAMÁN. 212
  2Reyes 5
LOS SOLDADOS QUEDAN CIEGOS . . 214
  2Reyes 6
HAMBRUNA EN SAMARIA 216
  2Reyes 7
LA CONFIANZA DE JOSAFAT EN
  DIOS 218
  2Crónicas 20
JEZABEL ES DERROTADA 220
  2Reyes 9-10
EL PEQUEÑO REY, JOÁS. 222
  2Reyes 11-12; 2Crónicas 24

EL TIEMPO DE LOS PROFETAS

EL LLAMADO DE ISAÍAS..........224
  Isaías 6
CAPTURADOS POR ASIRIA....... 226
  2 Reyes 17
LA ORACIÓN DE EZEQUÍAS 228
  2 Reyes 18-19; 2 Crónicas 32
EL CLAMOR POR SANACIÓN 230
  Isaías 38; 2 Reyes 20
JOSÍAS Y EL LIBRO DE LA LEY ... 232
  2 Reyes 22-23; 2 Crónicas 34-35
EL LLAMADO DE JEREMÍAS 234
  Jeremías 1
EL BARRO DEL ALFARERO 236
  Jeremías 18-20
EL PERGAMINO DE JEREMÍAS 238
  Jeremías 36
¡CAPTURADOS!...................240
  Jeremías 29
LOS HIGOS BUENOS Y MALOS.....242
  Jeremías 24
EN LA CISTERNA..................244
  Jeremías 37-38
LA CAÍDA DE JERUSALÉN 246
  2 Reyes 25; 2 Crónicas 36
CONSUELO PARA EL PUEBLO DE DIOS 248
  Isaías 40
LA SORPRENDENTE VISIÓN DE EZEQUIEL................. 250
  Ezequiel 1
LAS ADVERTENCIAS DE EZEQUIEL. 252
  Ezequiel 4-5
LA OVEJA PERDIDA............... 254
  Ezequiel 34
EL VALLE DE LOS HUESOS SECOS.. 256
  Ezequiel 37
VERDURAS Y AGUA.............. 258
  Daniel 1

EL MISTERIOSO SUEÑO DEL REY.. 260
  Daniel 2
LA EXPLICACIÓN DEL SUEÑO.... 262
  Daniel 2
LA ESTATUA DE ORO 264
  Daniel 3
EL HORNO DE FUEGO........... 266
  Daniel 3
EL ÁRBOL GIGANTE............. 268
  Daniel 4
LA LOCURA DE NABUCODONOSOR .270
  Daniel 4
LA ESCRITURA EN LA PARED......272
  Daniel 5
CONSPIRACIÓN CONTRA DANIEL..274
  Daniel 6
DANIEL EN EL FOSO DE LOS LEONES....................276
  Daniel 6
LAS VISIONES DE DANIEL.........278
  Daniel 7-12
EL REGRESO A JERUSALÉN....... 280
  Esdras 1
EL DURO TRABAJO POR DELANTE . 282
  Esdras 3
VECINOS DESAGRADABLES 284
  Esdras 4
LA RECONSTRUCCIÓN DEL TEMPLO 286
  Esdras 5; Hageo 2; Zacarías 8
LOS MISMOS ERRORES........... 288
  Esdras 6-10
LA AFLICCIÓN DE NEHEMÍAS.... 290
  Nehemías 1-2
NEHEMÍAS EN JERUSALÉN....... 292
  Nehemías 2
RECONSTRUYENDO LOS MUROS . 294
  Nehemías 3-4
ESDRAS LEE LA LEY 296
  Nehemías 8-10

LA MOLESTIA DEL REY 298
Ester 1

LA BELLA ESTER 300
Ester 2

CONSPIRACIÓN DE AMÁN 302
Ester 3

LA VALIENTE REINA. 304
Ester 4-5

EL REY HONRA A MARDOQUEO.. 306
Ester 5-6

EL CASTIGO DE AMÁN 308
Ester 7

¡PREPÁRENSE PARA PELEAR!......310
Ester 8-9

JONÁS DESOBEDECE A DIOS 312
Jonás 1

JONÁS HUYE DE DIOS 314
Jonás 1-2

EL GRAN PEZ 316
Jonás 2

LA BONDAD DE DIOS............318
Jonás 3-4

LA INTEGRIDAD DE JOB 320
Job 1

LA SEGUNDA PRUEBA 322
Job 2-31

DIOS RESPONDE A JOB...........324
Job 32-42

UN MENSAJERO EN CAMINO..... 326
Malaquías 1-4

SALMOS Y PROVERBIOS

UN ÁRBOL JUNTO AL ARROYO ... 328
Salmos 1

¡CUÁN GRANDE ES TU NOMBRE! . 330
Salmos 8

DIOS ES MI FORTALEZA.......... 332
Salmos 18 y 91

NO ME ABANDONES 334
Salmos 22

EL SEÑOR ES MI PASTOR 336
Salmos 23

TU DÍA VENDRÁ 338
Salmos 37

UN MANANTIAL EN EL DESIERTO . 340
Salmos 63

LÁMPARA PARA MIS PIES 342
Salmos 119

NUNCA DORMIRÁ 344
Salmos 121

LAMENTOS EN BABILONIA 346
Salmos 137

ALABEN AL SEÑOR.............. 348
Salmos 150

SABIDURÍA DE DIOS............. 350
Del Libro de los Proverbios

UN TIEMPO PARA TODO 364
Eclesiastés 3

Nuevo Testamento

LOS EVANGELIOS

ANUNCIO DEL NACIMIENTO DE
JUAN 372
Lucas 1

DIOS ESCOGE A MARÍA...........374
Lucas 1

MARÍA VISITA A ELISABET 376
Lucas 1

JOSÉ ESCUCHA LA VOZ DE DIOS...378
Mateo 1

SU NOMBRE ES JUAN 380
Lucas 1

EL NACIMIENTO DE JESÚS 382
Lucas 2

LOS ÁNGELES Y LOS PASTORES ... 384
Lucas 2

SIMEÓN Y ANA. 386
Lucas 2

LA ESTRELLA BRILLANTE. 388
Mateo 2

ESCAPE A EGIPTO. 390
Mateo 2

LA CASA DE MI PADRE. 392
Lucas 2

UNA VOZ QUE CLAMA EN EL
DESIERTO. 394
Mateo 3; Marcos 1; Lucas 3

EL BAUTISMO DE JESÚS. 396
Mateo 3; Marcos 1; Lucas 3

LA TENTACIÓN EN EL DESIERTO. . 398
Mateo 4; Marcos 1; Lucas 4

PESCADORES DE HOMBRES. 400
Mateo 4; Marcos 1; Lucas 5

LAS BODAS DE CANÁ. 402
Juan 2

DEMONIOS Y SANIDADES. 404
Mateo 8; Marcos 1; Lucas 4

JESÚS ES RECHAZADO. 406
Marcos 6; Lucas 4

JESÚS Y EL COBRADOR DE
IMPUESTOS. 408
Mateo 9; Marcos 2; Lucas 5

¡SI QUIERES, PUEDES LIMPIARME!. . 410
Mateo 8; Marcos 1; Lucas 5

UN PARALÍTICO SANADO. 412
Mateo 9; Marcos 2; Lucas 5

LA PURIFICACIÓN DEL TEMPLO. . . 414
Juan 2

UNA VISITA EN LA NOCHE. 416
Juan 3

JESÚS Y LA MUJER SAMARITANA. . 418
Juan 4

EL SIERVO DE UN CENTURIÓN. . . 420
Mateo 8; Lucas 7

EL HIJO DE LA VIUDA RESUCITADO. 422
Lucas 7

SOLO DUERME 424
Mateo 9; Lucas 5

SEÑOR DEL DÍA DE REPOSO. 426
Mateo 12; Marcos 2-3; Lucas 6

LA ELECCIÓN DE LOS DOCE. 428
Mateo 10; Marcos 3,6

SANIDAD EN EL ESTANQUE. 430
Juan 5

EL SERMÓN DEL MONTE 432
Mateo 5; Lucas 6

CONSEJOS SABIOS. 434
Mateo 5-7; Lucas 6

JESÚS ENSEÑA A ORAR 436
Mateo 6-7; Lucas 11

LA CASA SOBRE LA ROCA. 438
Mateo 7; Lucas 6

LA DANZA MORTAL 440
Mateo 11.14; Marcos 6; Lucas 7

ALIMENTACIÓN DE LOS CINCO
MIL. 442
Mateo 14; Marcos 6; Lucas 9; Juan 6

JESÚS CALMA LA TEMPESTAD. . . . 444
Mateo 8; Marcos 4; Lucas 8

DEMONIOS Y CERDOS. 446
Mateo 8; Marcos 5; Lucas 8

PARÁBOLA DEL SEMBRADOR. 448
Mateo 13; Marcos 4; Lucas 8

PARÁBOLA DE LA CIZAÑA ENTRE EL
TRIGO 450
Mateo 13

JESÚS ANDA SOBRE EL MAR. 452
Mateo 13; Marcos 6; Lucas 6

LA FE DE LA MUJER CANANEA. . . 454
Mateo 15; Marcos 7-8

LA TRANSFIGURACIÓN 456
Mateo 17; Marcos 9; Lucas 9

¡HAY QUE SER COMO UN NIÑO!. . 458
Mateo 19; Marcos 10; Lucas 18

UNA SEGUNDA OPORTUNIDAD. . 460
Juan 8

CÓMO PERDONAR AL PRÓJIMO. . 462
Mateo 18

JESÚS, EL BUEN PASTOR 464
Juan 10

PARÁBOLA DEL HIJO PRÓDIGO .... 466 Lucas 15	LA OFRENDA DE LA VIUDA ...... 500 Marcos 12; Lucas 21
EL RICO Y LÁZARO .... 468 Lucas 16	¡ESTÉN PREPARADOS! .... 502 Mateo 24; Marcos 13; Lucas 21; Juan 12
PARÁBOLA DEL BUEN SAMARITANO .... 470 Lucas 10	LA TRAICIÓN DE JUDAS .... 504 Mateo 26; Marcos 14; Lucas 22
LA VISITA DE JESÚS .... 472 Lucas 10	JESÚS LAVA LOS PIES .... 506 Juan 13
¡LÁZARO ESTÁ VIVO! .... 474 Juan 11	LA ÚLTIMA CENA .... 508 Mateo 26; Marcos 14; Lucas 22; Juan 13
EL FARISEO Y EL COBRADOR DE IMPUESTOS .... 476 Lucas 18	JESÚS, EL CAMINO AL PADRE ..... 510 Juan 14-15
EL JOVEN RICO .... 478 Mateo 19; Marcos 10; Lucas 18	UNA NOCHE EN ORACIÓN .... 512 Mateo 26; Marcos 14; Lucas 22; Juan 17
EL ÚLTIMO SERÁ EL PRIMERO .... 480 Mateo 20	LA TRAICIÓN DE JUDAS .... 514 Mateo 26; Marcos 14; Lucas 22; Juan 18
LAS MUCHACHAS PRUDENTES Y LAS INSENSATAS .... 482 Mateo 25	EL CANTO DEL GALLO .... 516 Mateo 26; Marcos 14; Lucas 22; Juan 18
BARTIMEO .... 484 Mateo 20; Marcos 10; Lucas 18	JESÚS ANTE PILATO .... 518 Mateo 27; Marcos 15; Lucas 23; Juan 18
JESÚS Y ZAQUEO .... 486 Lucas 19	PILATO SE LAVA LAS MANOS .... 520 Mateo 27; Marcos 15; Lucas 23; Juan 18
EL COSTOSO PERFUME .... 488 Mateo 26; Marcos 14; Juan 12	LAS BURLAS .... 522 Mateo 27; Marcos 15; Lucas 23; Juan 19
ENTRADA DE JESÚS A JERUSALÉN ... 490 Mateo 21; Marcos 11; Lucas 19; Juan 12	LA CRUCIFIXIÓN .... 524 Mateo 27; Marcos 15; Lucas 23; Juan 19
JESÚS LIMPIÓ EL TEMPLO .... 492 Mateo 21; Marcos 11; Lucas 19	LA MUERTE DE JESÚS .... 526 Mateo 27; Marcos 15; Lucas 23; Juan 19
¿BAJO QUÉ AUTORIDAD? .... 494 Mateo 21; Marcos 12; Lucas 20	LA SEPULTURA .... 528 Mateo 27; Marcos 15; Lucas 23; Juan 19
LOS LABRADORES MALVADOS .... 496 Mateo 21; Marcos 12; Lucas 20	LA TUMBA VACÍA .... 530 Mateo 28; Marcos 16; Lucas 24; Juan 20
DALE AL CÉSAR LO QUE ES DEL CÉSAR .... 498 Mateo 22; Marcos 12; Lucas 20	¡ESTÁ VIVO! .... 532 Mateo 28; Marcos 16; Juan 20
	EN EL CAMINO A EMAÚS .... 534 Marcos 16; Lucas 24
	LA DUDA DE TOMÁS .... 536 Lucas 24; Juan 20

UNA COMIDA CON JESÚS 538
  Juan 21
LA ASCENSIÓN. 540
  Marcos 16; Lucas 24; Hechos 1

LA IGLESIA PRIMITIVA
EL ESPÍRITU SANTO 542
  Hechos 2
LOS SALVADOS. 544
  Hechos 2
¡EN PROBLEMAS! 546
  Hechos 3-4
LIBERADOS DE LA CÁRCEL 548
  Hechos 5
ANANÍAS Y SAFIRA 550
  Hechos 5
APEDREADO HASTA LA MUERTE . 552
  Hechos 6-7
FELIPE Y EL ETÍOPE 554
  Hechos 8
VIAJE A DAMASCO 556
  Hechos 9
LA CONVERSIÓN DE SAULO. 558
  Hechos 9
PEDRO Y LA AMABLE TABITA 560
  Hechos 9
LA SÁBANA DE ANIMALES 562
  Hechos 10
PEDRO Y CORNELIO. 564
  Hechos 10
ESCAPE DE LA PRISIÓN 566
  Hechos 12
EL PRIMER VIAJE MISIONERO 568
  Hechos 13-14
PROBLEMAS EN LISTRA 570
  Hechos 14
SANIDAD DE UNA JOVEN ESCLAVA. .572
  Hechos 16
ALABANDO EN LA CÁRCEL 574
  Hechos 16

ALBOROTO EN ÉFESO 576
  Hechos 19
LA GRAN CAÍDA 578
  Hechos 20
DESPEDIDA DE PABLO 580
  Hechos 20
PABLO EN JERUSALÉN 582
  Hechos 21-26
LA TORMENTA. 584
  Hechos 27
PABLO LLEGA A ROMA 586
  Hechos 28

LAS EPÍSTOLAS
EL AMOR DE DIOS 588
  Romanos 8,12
EL MAYOR DE TODOS 590
  1Corintios 12-13
LAS COSAS ESPIRITUALES 592
  Gálatas 2-5; Colosenses 3
PONTE LA ARMADURA DE DIOS . . 594
  Efesios 6; 2Corintios 1,4-5
LA BUENA BATALLA. 596
  2Timoteo 2,4
DIOS ES AMOR. 598
  Hebreos 11-12; Santiago 2; 1Pedro 4;
  2Pedro 3; 1Juan 4

LA PROFECÍA
LA SORPRENDENTE REVELACIÓN
  DE JUAN 600
  Apocalipsis 1
EL TRONO EN EL CIELO . .602
  Apocalipsis 4-5
EL FIN DE LOS DÍAS 604
  Apocalipsis 6-20
¡MI VENIDA SERÁ PRONTO! .606
  Apocalipsis 21-22

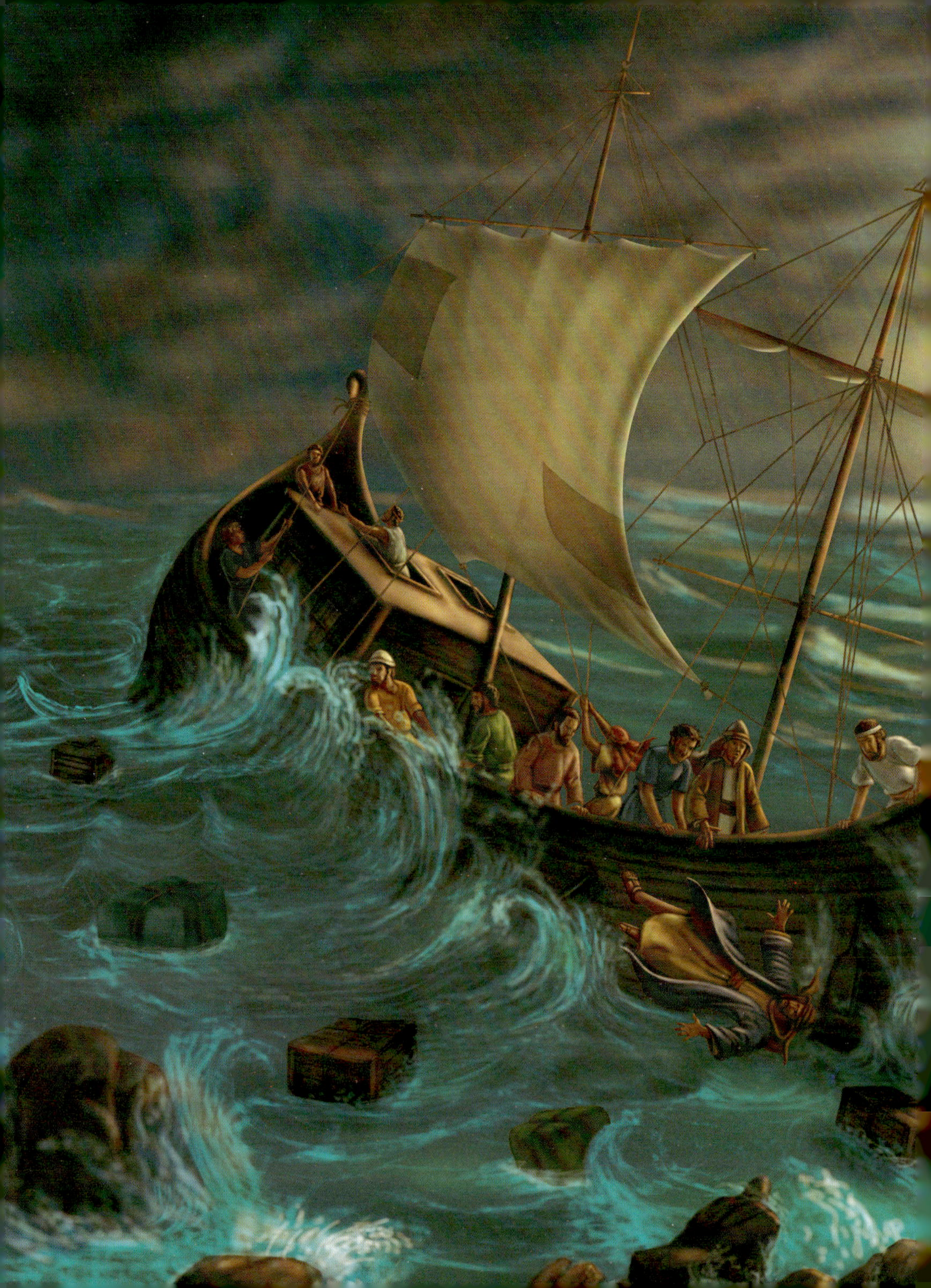

ANTIGUO TESTAMENTO

EL ANTIGUO TESTAMENTO

Monte Ararat

Mar Caspio

ASIRIA

Nínive

Río Eufrates

Río Tigris

MESOPOTAMIA

MEDIA

RAM
asco

Babilonia

Nippur

Ur

PERSIA

ÓN

BABILONIA

Mar Inferior
(Golfo Pérsico)

ARABIA

Desierto de Arabia

LA CREACIÓN
Génesis 1-2

En el principio, no existía absolutamente nada. De pronto, Dios creó el cielo y la tierra, pero todo seguía cubierto de oscuridad, por lo que Dios dijo: "Hágase la luz", ¡y se hizo la luz! Dios llamó a la luz día y a las tinieblas noche, ¡y eso fue el primer día y la primera noche!

En los días siguientes, Dios separó el agua de la tierra seca y cubrió la tierra con hermosas plantas y árboles. Hizo que el sol brillara durante el día y que la luna y las estrellas iluminaran el cielo nocturno.

Entonces Dios llenó los mares con enormes ballenas y peces brillantes, delfines saltarines y medusas gelatinosas, y llenó los cielos con pájaros de colores. Creó animales de todas las formas y tamaños: tigres veloces, tortugas lentas, elefantes enormes y muchos más.

Por último, Dios creó al hombre y le dijo que cuidara de este maravilloso mundo y de todas las criaturas.

Dios estaba complacido con todo lo que había creado, así que en el séptimo día descansó, e hizo de ese día un día especial para descansar y dar gracias.

EL HERMOSO JARDÍN
Génesis 2

Dios creó para Adán el hermoso Jardín del Edén, un maravilloso paraíso lleno de hierba verde, plantas de colores y árboles sorprendentes. Dios le dijo a Adán que podía comer de los frutos de cualquiera de estos árboles, excepto de uno: el Árbol del Conocimiento. Pero había muchas otras frutas deliciosas para comer.

Dios trajo todos los animales y pájaros a Adán para que les pusiera nombre. Pero ninguno de los animales era igual a él, y Adán se sentía solo, así que Dios creó a una mujer para que fuera su amiga especial: Eva.

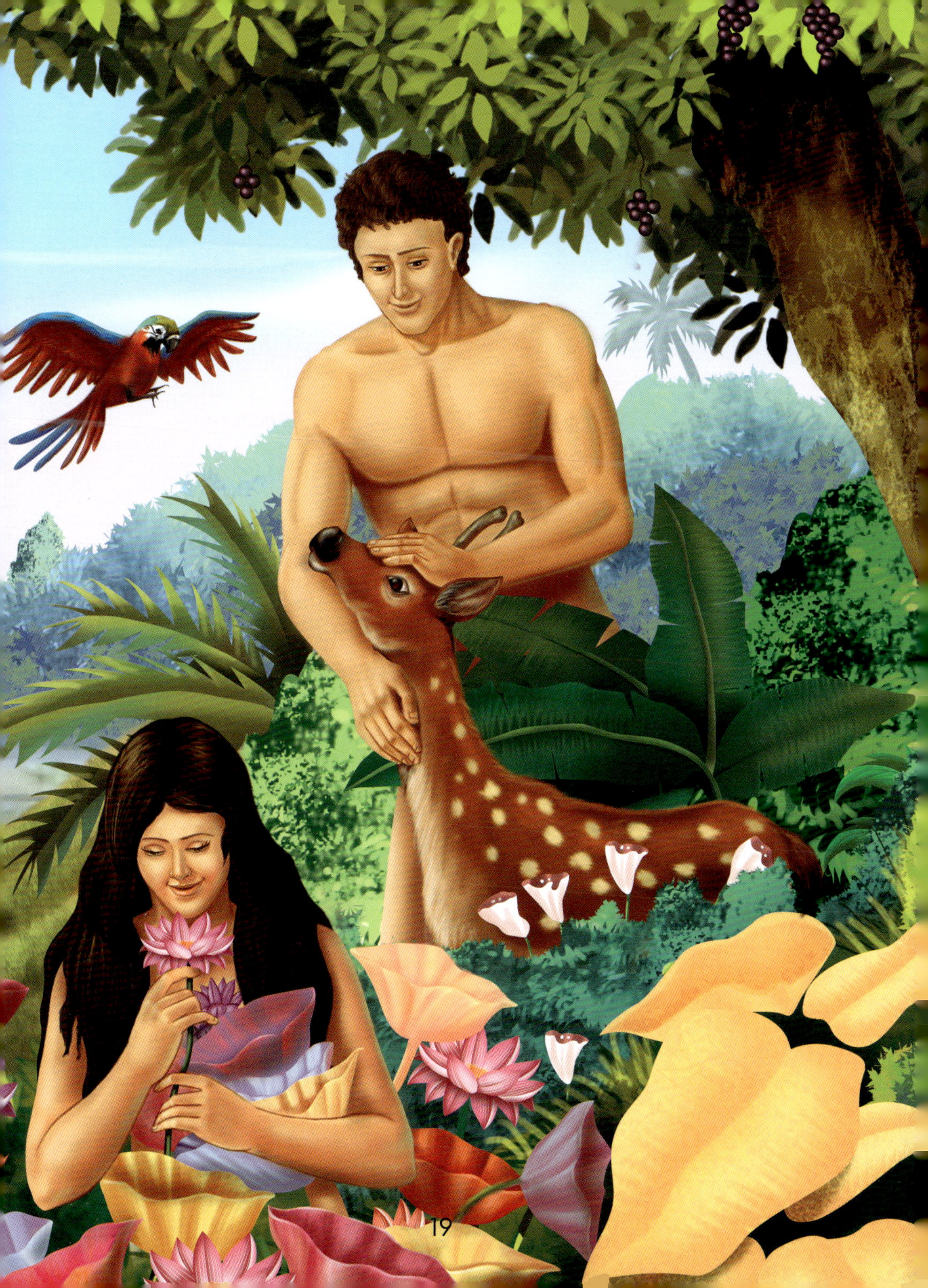

LA DESOBEDIENCIA DEL HOMBRE
Génesis 3

De entre todos los animales, el más astuto era la serpiente. Un día le dijo a Eva: "¿Por qué no pruebas del árbol del Conocimiento? El fruto es delicioso y no te hará daño. Dios no quiere que lo comas porque te hará sabia como él. ¡Pruébalo!".

El fruto se veía tan delicioso que la ingenua Eva cogió un poco y le ofreció un poco a Adán, y ambos lo comieron. En seguida, se dieron cuenta de que estaban desnudos y trataron de cubrirse con hojas.

Cuando Dios encontró a Adán y Eva escondidos detrás de unos árboles, supo lo que había pasado y se enojó mucho. Maldijo a la serpiente y expulsó a Adán y Eva del Jardín del Edén, diciéndoles que a partir de entonces tendrían que trabajar duro para preparar su propia comida y ropa. Luego puso a un ángel con una espada encendida a vigilar la entrada del jardín.

CAÍN Y ABEL
Génesis 4

Adán y Eva tuvieron dos hijos. Caín era un agricultor que trabajaba en el campo y Abel era pastor. Un día, tanto Caín como Abel llevaron ofrendas a Dios. Abel trajo la mejor carne para ofrecer a Dios y le agradó, pero no le agradó tanto la cosecha que había traído Caín.

Caín estaba muy celoso de su hermano, y en un ataque de ira fue con él a un campo y le quitó la vida. Cuando Dios le preguntó dónde estaba su hermano, Caín le contestó de mala manera: "¿Cómo puedo saberlo? ¿Soy yo el guardián de mi hermano?".

Pero Dios vio la sangre de Abel en el suelo y se enojó. Castigó a Caín y lo expulsó lejos de su casa y de su familia.

EL ARCA DE NOÉ
Génesis 6

Pasaron muchos años y pronto hubo mucha gente en el mundo. Pero cada vez eran más malvados y esto entristeció mucho a Dios. Decidió enviar un terrible diluvio para destruir todo lo que había creado.

Pero hubo un hombre bueno en la tierra, que amó y obedeció a Dios. Se llamaba Noé y tenía tres hijos. Dios le dijo a Noé que construyera un enorme barco, un arca, para que él y su familia se salvaran, junto con una pareja de animales de cada especie.

La gente se burlaba de Noé por construir una barca en medio de la tierra, pero él no les hizo caso, porque confiaba en Dios.

EL DILUVIO
Génesis 7-9

Cuando el arca estuvo terminada, Noé la llenó de comida para su familia y los animales, y luego Dios envió a los animales al arca, de dos en dos, un macho y una hembra de cada clase de animal y ave que vivía sobre la tierra o volaba en los cielos.

Cuando ya estaban todos a salvo, empezó a llover. ¡Con qué fuerza llovió! El agua cayó del cielo y cubrió toda la tierra. Toda criatura viviente se ahogó. Todos los pueblos y ciudades fueron arrasados. Pero el arca y su preciosa carga flotaron libres en un mundo de agua.

Durante cuarenta días y cuarenta noches llovió. Luego, por fin, dejó de llover. Al cabo de un tiempo, las aguas del diluvio comenzaron a reducirse. Noé envió una paloma y, cuando volvió con una hoja de olivo en su pico, supo que el diluvio había terminado, pues los árboles volvían a crecer.

Entonces llegó el momento de que Noé y los animales salieran del arca. Noé se llenó de gratitud y Dios le prometió que nunca más enviaría un diluvio tan desastroso. Puso un hermoso arco iris en el cielo para recordarle esta promesa.

LA TORRE DE BABEL
Génesis 11

En un principio, todo el mundo tenía una sola lengua, por lo que todos podían entenderse. Llegó un momento cuando un grupo de descendientes de Noé decidió establecerse y construir una ciudad que sería famosa en toda la tierra, con una torre que llegaría hasta el cielo.

Pero cuando Dios vio lo que estaban haciendo, no le gustó. Le preocupaba que se estuvieran volviendo demasiado orgullosos y vanidosos: se habían olvidado de Dios.

Así que Dios hizo que no pudieran entenderse entre sí. Pronto se oyó un gran murmullo de voces por toda la ciudad, todos hablaban en una lengua diferente. Nadie podía entender a su compañero.

En medio de la confusión, la construcción se detuvo. La maravillosa torre quedó incompleta, la gente se dispersó por todas partes y la torre llegó a ser conocida como la Torre de Babel.

DIOS LLAMA A ABRAHAM
Génesis 12-13

Abraham era un hombre bueno, que confiaba en Dios. Dios le pidió a Abraham que dejara su casa, su país y su familia y se fuera a otra tierra. Le prometió bendecirlo y hacerlo padre de una gran nación.

Abraham tenía un buen hogar, con grandes rebaños de ovejas y ganado, pero cuando Dios le dijo que se fuera, se llevó a su esposa Sara, a su sobrino Lot y a sus siervos y partió hacia Canaán.

En el camino, Dios se le apareció a Abraham y le dijo: "Daré esta tierra a tus hijos". Sara y Abraham no habían podido tener hijos, pero Abraham se alegró mucho con esta noticia y construyó un altar a Dios y lo alabó.

Más tarde, Abraham llevó a su familia a Egipto, ya que hubo una terrible hambruna. Cuando salió de Egipto para volver a Canaán se había vuelto muy rico y poseía muchos animales.

TOMANDO CAMINOS DISTINTOS
Génesis 13-14

Abraham y su sobrino Lot tenían grandes rebaños de ganado, ovejas y burros, tan grandes que no había suficiente espacio para pastar para todos, y sus pastores empezaron a pelearse. Abraham decidió que tendrían que separarse. Le dio a Lot la primera opción para elegir a dónde ir, y Lot eligió dejar Canaán y partir hacia el este, al fértil valle del Jordán. Abraham se quedó en Canaán.

Después de que Lot se fue, Dios llamó a Abraham. "Mira todo alrededor. Toda la tierra que puedas ver, te la daré a ti y a tus hijos para siempre, y tus hijos serán como el polvo de la tierra, porque serán tantos que nadie podrá contarlos".

LA PROMESA DE DIOS
Génesis 15-17

Abraham y su mujer eran muy viejos y no habían tenido ningún hijo, pero Abraham confió en Dios. Dios le dijo que sería padre y que tendría demasiados descendientes para contarlos (tantos como las estrellas del cielo) y que la tierra les pertenecería. Entonces Dios le dijo que preparara un sacrificio.

Esa noche, Dios le habló de nuevo, diciéndole que sus descendientes serían esclavos en un país que no era el suyo durante cuatrocientos años, pero que al final serían libres y volverían a su propia tierra, y que los que los habían esclavizado serían castigados.

Cuando se puso el sol y cayó la oscuridad, apareció un horno humeante con una antorcha en llamas que pasó entre los trozos del sacrificio como señal de Dios para Abraham.

ABRAHAM ENCUENTRA A LOS ÁNGELES
Génesis 18

Poco después, Abraham vio pasar a tres hombres. Se apresuró a salir a su encuentro y se ofreció a llevarles agua para lavarles los pies y comida para que descansaran a la sombra de un árbol cercano. Sara horneó un poco de pan, mientras que Abraham llevó la carne más selecta para que los hombres comieran y leche para que bebieran.

Entonces uno de los hombres, que en realidad era Dios, le preguntó a Abraham dónde estaba su esposa. Cuando Abraham respondió que estaba dentro de la tienda, Dios le dijo que volvería dentro de un año, y que Sara habría dado a luz un hijo.

Sara estaba escuchando en la tienda, y no pudo evitar reír sin parar, ya que era demasiado mayor para tener hijos. Pero Dios le preguntó: "¿Por qué se ríe Sara? Nada es imposible para el Señor", y efectivamente, nueve meses más tarde Sara dio a luz a un niño, al que llamó Isaac, que significa ¡"el que ríe"!

LAS CIUDADES MALVADAS
Génesis 18-19

Sodoma y Gomorra eran ciudades malvadas. El pueblo se había alejado de Dios y eran perversos y crueles. Dios decidió destruirlas. Pero Abraham estaba preocupado, pues su sobrino Lot vivía en Sodoma. Le preguntó a Dios si aún destruiría la ciudad si todavía había hombres buenos viviendo en ella, y Dios le dijo: "Si hay por lo menos diez personas buenas, perdonaré la ciudad".

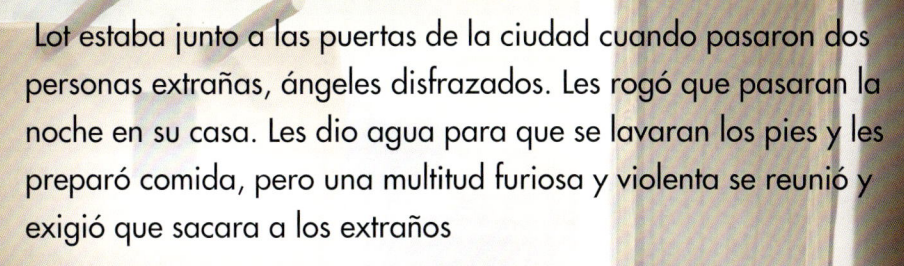

Lot estaba junto a las puertas de la ciudad cuando pasaron dos personas extrañas, ángeles disfrazados. Les rogó que pasaran la noche en su casa. Les dio agua para que se lavaran los pies y les preparó comida, pero una multitud furiosa y violenta se reunió y exigió que sacara a los extraños

Lot les rogó que dejaran en paz a los forasteros, pues eran sus invitados, pero la multitud se enfadó con Lot y los ángeles tuvieron que volver a meterlo en la casa. Luego, cegaron a la multitud para que no pudieran encontrar la puerta para entrar.

DIOS DESTRUYE SODOMA
Génesis 19

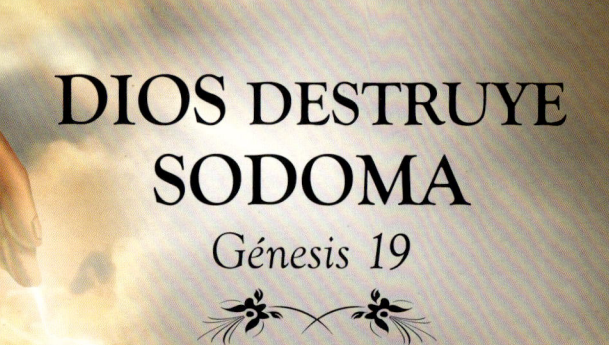

Los ángeles advirtieron a Lot que abandonara la ciudad con su mujer y sus hijas esa misma noche, ya que Dios estaba enfadado y la ciudad sería castigada. Los tomaron de la mano y los condujeron a un lugar seguro, pidiéndoles que se apresuraran: "¡Huyan por sus vidas! ¡Corran a las montañas y no miren atrás!".

Mientras Lot y su familia se alejaban deprisa, pudieron oír sonidos espantosos, mientras una tormenta de azufre ardiente llovía sobre la ciudad. Nada ni nadie sobrevivió, ni un solo edificio, ni una sola persona. Pero la mujer de Lot no pudo evitar mirar hacia atrás y, al hacerlo, se convirtió instantáneamente en una columna de piedra. Lot y sus hijas fueron los únicos que sobrevivieron a la destrucción.

NACIÓ ISAAC
Génesis 21

Cuando Sara tenía noventa años, dio a luz a un niño, Isaac, tal como Dios había prometido. Abraham y Sara se alegraron mucho, pero Sara creyó que su sierva Agar se estaba burlando de ella. Se enojó tanto con ella que hizo que Abraham la despidiera, junto con su hijo, Ismael, que también era hijo de Abraham.

Abraham estaba triste, pero Dios le dijo que las cosas se solucionarían para Ismael, así que le dio a Agar algo de comida y agua y la envió a ella y a Ismael al desierto.

Pronto se acabó el agua y empezaron a llorar. Pero el ángel de Dios llamó a Agar desde el cielo y le dijo: "No temas, Agar. Dios ha oído el llanto del niño. Levántalo y tómalo de la mano, porque será el padre de una gran nación". ¡Entonces Dios le abrió los ojos y vio un pozo de agua!

Dios estuvo con el niño mientras crecía. Vivió en el desierto y se convirtió en arquero.

DIOS PRUEBA A ABRAHAM
Génesis 22

Isaac creció hasta convertirse en un buen muchacho y su padre y su madre estaban muy orgullosos de él y agradecidos con Dios. Pero un día, Dios decidió poner a prueba la fe de Abraham. Le dijo a Abraham que debía ofrecer al niño como sacrificio.

Abraham tenía el corazón destrozado, pero su fe en Dios era incondicional, y por eso organizó todo, tal como se le había ordenado.

Pero cuando levantó el cuchillo, de repente un ángel le habló: "¡Abraham, Abraham! ¡No hagas daño al niño! Ahora sé que amas al Señor tu Dios con todo tu corazón, pues estarías dispuesto a entregar a tu propio hijo".

Dios envió un carnero para que fuera sacrificado en lugar del niño, y el ángel le dijo a Abraham que Dios lo bendeciría realmente a él y a su descendencia debido a su fe.

ISAAC Y REBECA
Génesis 24

Cuando Isaac fue un joven adulto, Abraham pidió a su siervo de mayor confianza que volviera a su tierra natal y encontrara allí una esposa para su hijo. Esta era una tarea difícil, y cuando el siervo llegó a la ciudad natal de su amo, oró a Dios que le enviara una señal: "Que sea quien venga a ofrecer agua no solo a mí, sino también a mis camellos".

Antes de que terminara de orar, la hermosa Rebeca salió a sacar agua del pozo. Cuando el sirviente le preguntó si podía beber, ella le ofreció su jarra de inmediato, y luego se apresuró a sacar agua también para sus camellos.

El siervo agradeció a Dios por haber escuchado sus oraciones. Luego le explicó su misión a Rebeca, y al preguntarle a su padre, acordaron que se convirtiera en la esposa de Isaac. Cuando viajó a Canaán para conocer a su futuro esposo, Isaac se enamoró de ella al instante, ¡y ella de él!

JACOB Y ESAÚ
Génesis 25-27

Rebeca era ya anciana antes de quedarse embarazada, y cuando lo hizo, fue de gemelos. Parecía que daban tantas patadas y empujaban dentro de ella que estaba preocupada, pero Dios le dijo que los dos niños serían un día los padres de dos naciones. El primer nacido fue un niño velludo, al que llamaron Esaú, y su hermano se llamó Jacob. Cuando crecieron, Esaú se convirtió en un gran cazador, mientras que Jacob era más tranquilo y pasaba más tiempo en casa. Isaac amaba a Esaú, pero Rebeca le tenía un cariño especial a Jacob.

Un día, Jacob estaba preparando un guiso y entró su hermano, hambriento tras un largo viaje. Esaú estaba tan hambriento que cuando Jacob le dijo que podía comer un plato de guiso a cambio de su primogenitura, ¡Él aceptó!

En años posteriores, Jacob también engañó a su hermano mayor para quitarle la bendición de su padre. Cuando Isaac era muy viejo y estaba casi ciego, quiso dar su bendición a su hijo mayor Esaú. Jacob, con la ayuda de su madre, se disfrazó de Esaú. Se puso pieles de cabra alrededor de los brazos para ser velludo como su hermano, y cuando su padre lo tocó, creyó que era Esaú y le dio su bendición para que se hiciera cargo de la familia cuando él muriera.

Cuando Esaú se enteró de lo sucedido, se enojó tanto que quiso matar a su hermano menor, por lo que Rebeca envió a Jacob lejos de su casa para que estuviera a salvo.

EL SUEÑO DE JACOB
Génesis 28

Jacob viajó a la casa de su tío Labán. En el camino se detuvo para pasar la noche. Utilizando una piedra dura como almohada, se acostó para dormir. Esa noche tuvo un sueño en el que veía una escalera apoyada en la tierra, cuya cima llegaba al cielo, y por la que subían y bajaban ángeles.

En la cima estaba el Señor, y dijo: "Yo soy el Señor, el Dios de tu padre Abraham y el Dios de Isaac. Te daré a ti y a tus descendientes la tierra sobre la que estás. Tu descendencia será como el polvo de la tierra, y te extenderás al oeste y al este, al norte y al sur.

Yo estoy con vosotros y os vigilaré allá donde vayáis, y os haré volver a esta tierra. No os dejaré hasta que haya cumplido lo que he prometido".

ENGAÑADO EN SU MATRIMONIO
Génesis 29

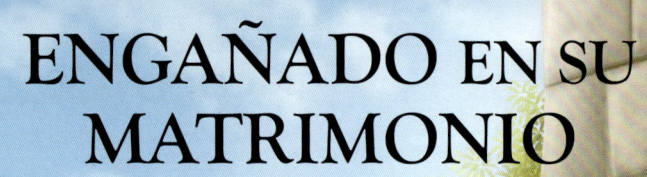

Jacob trabajó en la casa de su tío Labán y se enamoró de su hija menor, Raquel. Su tío dio su palabra a que si trabajaba para él durante siete años, al final de ese tiempo podría casarse con Raquel.

Después de siete años, el matrimonio tuvo lugar, pero cuando Jacob levantó el velo del rostro de su esposa, no era Raquel la que estaba ante él, ¡sino su hermana mayor, Lea! Lo habían engañado.

Labán le dijo que era costumbre que la hija mayor se casara primero, pero le dijo que si Jacob prometía trabajar para él durante otros siete años, entonces podría casarse con su amada Raquel. Jacob la amaba tanto que aceptó.

Raquel siempre fue su esposa favorita, pero Dios se compadeció de Lea y la bendijo con cuatro hijos fuertes, mientras que pasaron muchos años antes de que Raquel tuviera un hijo.

CAMINOS SEPARADOS
Génesis 30-31

Aunque Jacob sentía que era hora de volver a casa, su tío quería que se quedara. Aceptó darle, como salario, todos los animales marcados o moteados de los rebaños, pero luego trató de engañar a Jacob reuniendo a los animales marcados y enviándolos con sus hijos, ¡para que todos los nuevos animales nacieran sin marcas!

Pero Dios le dijo a Jacob que colocara algunas ramas frescas peladas en los abrevaderos de los animales cuando los animales fuertes y sanos vinieran a beber, y todos los nuevos animales que les nacieran quedaran marcados o moteados. De esta manera todos los animales fuertes iban a Jacob y todos los animales débiles iban a Labán.

Jacob sabía que su tío seguiría engañándolo, así que un día partió hacia su casa, junto con toda su familia, sus sirvientes y sus animales. Labán lo persiguió, pero al final los dos hombres acordaron dejarse en paz.

JACOB LUCHA CON DIOS
Génesis 32-33

Jacob estaba preocupado mientras regresaba a casa con su familia, pues no sabía cómo lo recibiría su hermano Esaú. Cuando un mensajero le dijo que Esaú venía a su encuentro con cuatrocientos hombres, Jacob pensó en lo peor. Envió a algunos de sus siervos con regalos para su hermano para ayudar a calmarlo. Luego envió a su familia y todo lo que poseía al otro lado del río. Jacob se quedó solo para orar.

De repente apareció un hombre y los dos lucharon juntos hasta el amanecer. Cuando el hombre vio que no podía vencerlo, tocó la cadera de Jacob y se la dislocó. Le ordenó a Jacob que lo dejara ir, a lo que respondió: "No, a menos que me bendigas".

Entonces el hombre dijo: "Tu nombre ya no será Jacob, sino Israel, porque has luchado con Dios y con los hombres y has vencido".

Cuando Jacob le preguntó su nombre, no le respondió, pero bendijo a Jacob, y así, ¡Jacob se dio cuenta que había luchado con Dios!

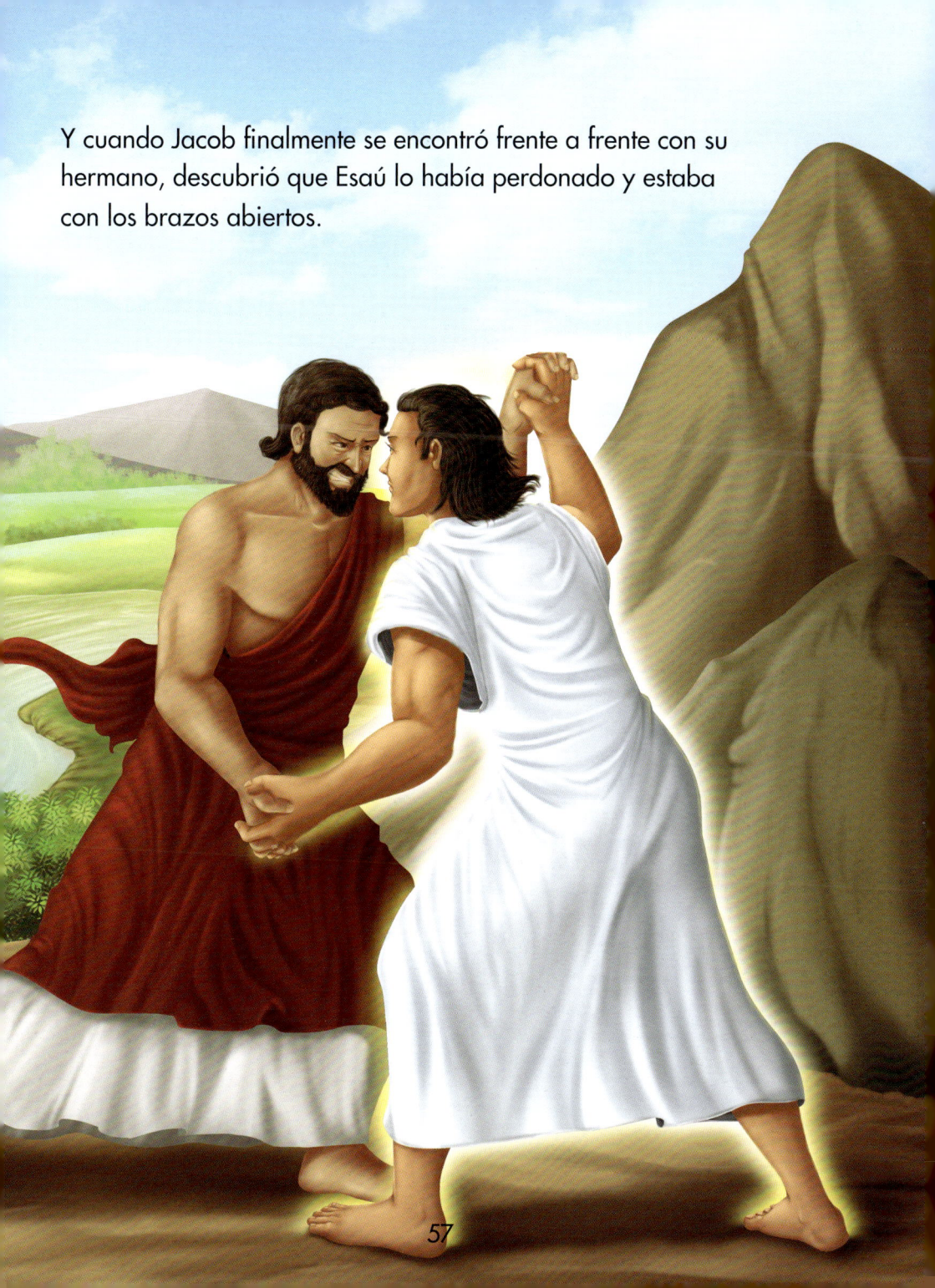

Y cuando Jacob finalmente se encontró frente a frente con su hermano, descubrió que Esaú lo había perdonado y estaba con los brazos abiertos.

JACOB VUELVE A BETEL
Génesis 35-36

Dios habló a Jacob y le dijo que fuera a Betel. Así que Jacob viajó con su familia y sus sirvientes a Betel, donde construyó un altar a Dios para agradecerle su misericordia.

Cuando salieron de Betel, Raquel, que estaba embarazada por segunda vez, empezó el parto, pero las cosas no salieron bien. Antes de exhalar su último aliento, Raquel vio a su precioso hijo y lo llamó Benoni, aunque su padre lo llamó Benjamín. Jacob quedó desconsolado y construyó un pilar sobre su tumba.

Jacob tenía doce hijos: los hijos de Lea eran Rubén, Simeón, Leví, Judá, Isacar y Zabulón; José y Benjamín eran hijos de

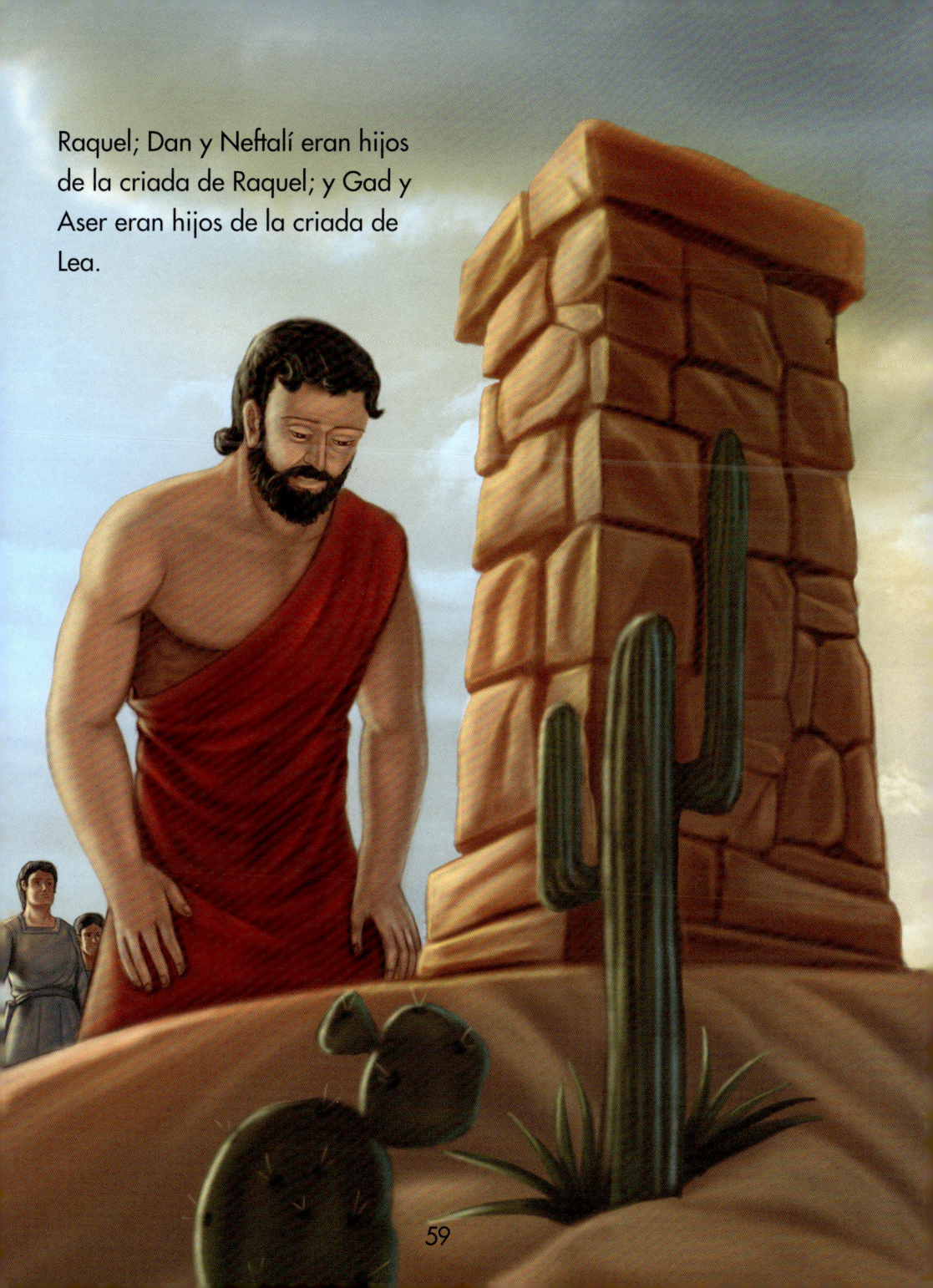

Raquel; Dan y Neftalí eran hijos de la criada de Raquel; y Gad y Aser eran hijos de la criada de Lea.

LOS SUEÑOS DE JOSÉ
Génesis 37

Jacob vivía en Canaán. Tenía doce hijos, pero José era su favorito, porque era el primer hijo de Raquel, a quien Jacob había amado por encima de todas sus otras esposas. Para demostrarle a José lo mucho que lo amaba, Jacob mandó hacer una maravillosa túnica de mangas largas cubierta de coloridos bordados.

Sus hermanos estaban celosos, pero lo que realmente les enfadó fue cuando empezó a contarles los sueños que había tenido: "Anoche soñé que estábamos recogiendo manojos, cuando de repente mi manojo se ponía erguido y los suyos se inclinaban ante él".

"¿Qué quieres decir?", replicaron sus hermanos. "¿Que vas a gobernar sobre nosotros algún día? ¡Vete de aquí!".

José tuvo otro sueño. "Esta vez el sol, la luna y las once estrellas se inclinaban ante mí", comentó a su familia. Incluso Jacob se enfadó bastante cuando se enteró del último sueño de José. "¿De verdad crees que tu madre y yo, y todos tus hermanos, vamos a inclinarnos ante ti? ¡No te llenes de orgullo!". Aunque Jacob se preguntaba qué podría significar el sueño.

HERMANO EN VENTA
Génesis 37

Los hermanos de José estaban hartos. Con la fabulosa túnica, y ahora estos desagradables sueños, sintieron que había llegado el momento de deshacerse de su molesto hermano. Un día, cuando estaban en el campo, sus hermanos lo atacaron, le arrancaron su preciosa túnica multicolor y lo arrojaron a un pozo profundo. Luego se sentaron a comer cerca de él, ignorando sus gritos de auxilio.

Al poco tiempo, vieron pasar una caravana de comerciantes ismaelitas en sus camellos camino de Egipto, y rápidos como un rayo decidieron vender a José a los comerciantes.

Entonces tomaron su hermosa túnica, la rompieron en pedazos y la mancharon con la sangre de una cabra. Después, volvieron a casa con caras afligidas y mostraron la túnica a su padre, diciendo que a José lo había matado un animal salvaje. Jacob estaba desconsolado por la muerte de su amado hijo.

LA ESPOSA DE POTIFAR
Génesis 39

José había sido vendido a uno de los funcionarios del faraón, un hombre llamado Potifar, pero Dios seguía cuidando de él. Era inteligente y trabajador y pronto Potifar decidió ponerlo a cargo de toda su casa.

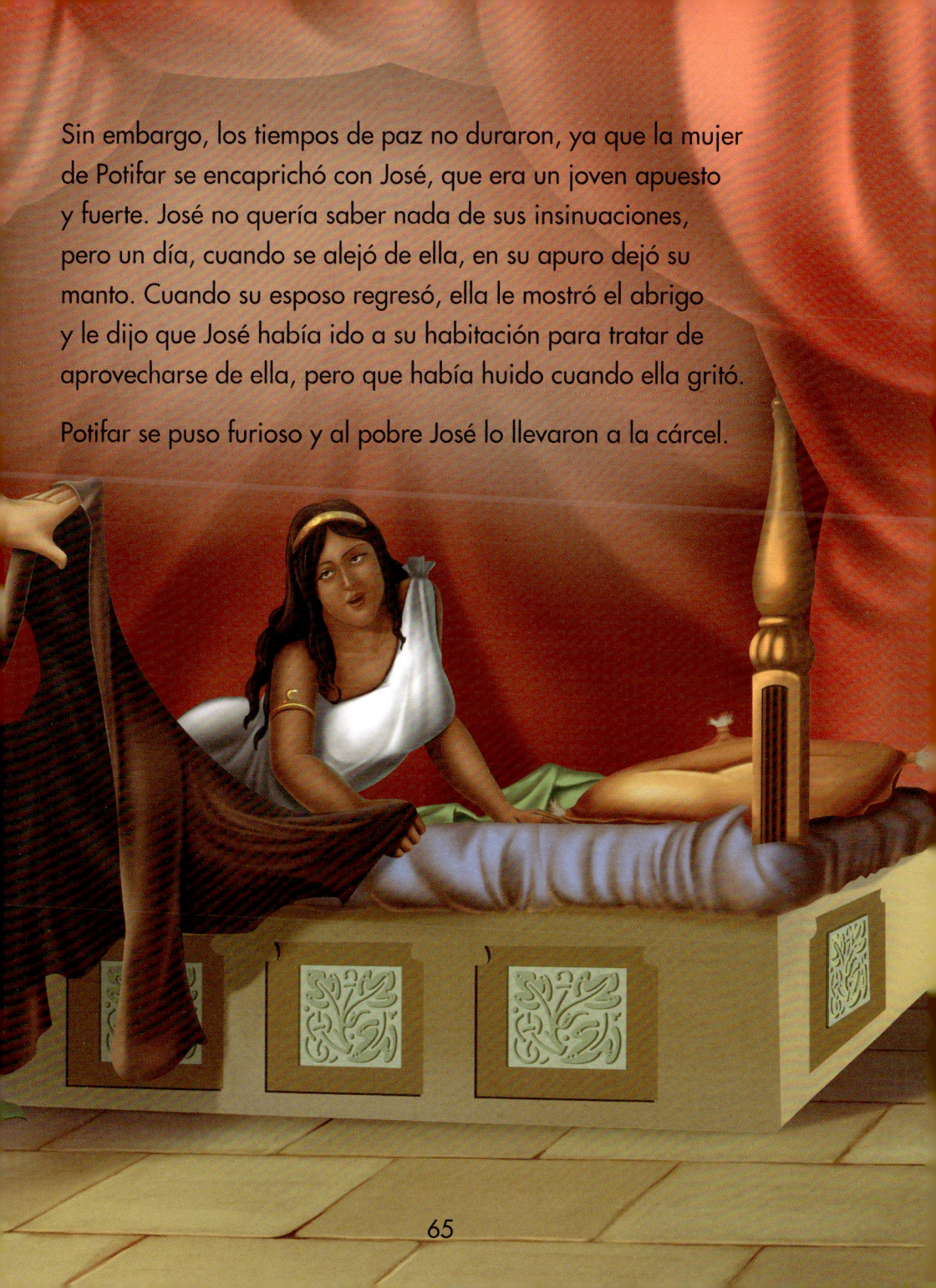

Sin embargo, los tiempos de paz no duraron, ya que la mujer de Potifar se encaprichó con José, que era un joven apuesto y fuerte. José no quería saber nada de sus insinuaciones, pero un día, cuando se alejó de ella, en su apuro dejó su manto. Cuando su esposo regresó, ella le mostró el abrigo y le dijo que José había ido a su habitación para tratar de aprovecharse de ella, pero que había huido cuando ella gritó.

Potifar se puso furioso y al pobre José lo llevaron a la cárcel.

EL COPERO Y EL PANADERO
Génesis 40

Algún tiempo después, tanto el copero del Faraón como su jefe de panadería enfadaron al Faraón y fueron arrojados a la cárcel. Una noche, ambos tuvieron sueños extraños y quedaron desconcertados. José les dijo: "Mi Dios podrá ayudarlos. Contadme vuestros sueños".

El copero fue el primero: "En mi sueño vi una vid, con tres ramas cubiertas de uvas. Tomé las uvas y las exprimí en la copa del Faraón".

José le dijo que dentro de tres días, el Faraón lo perdonaría y lo acogería de nuevo, y le pidió al copero que se acordara de él.

Ahora el panadero también estaba ansioso por contar su sueño. "Sobre mi cabeza había tres cestas de pan", dijo, "pero los pájaros se comían los pasteles del Faraón".

José estaba triste. "Dentro de tres días el Faraón te cortará la cabeza, y las aves comerán tu carne".

Las cosas resultaron tal como José había predicho, pues en tres días era el cumpleaños del Faraón, y ese día perdonó al copero y le devolvió su trabajo, pero ahorcó al jefe de los panaderos.

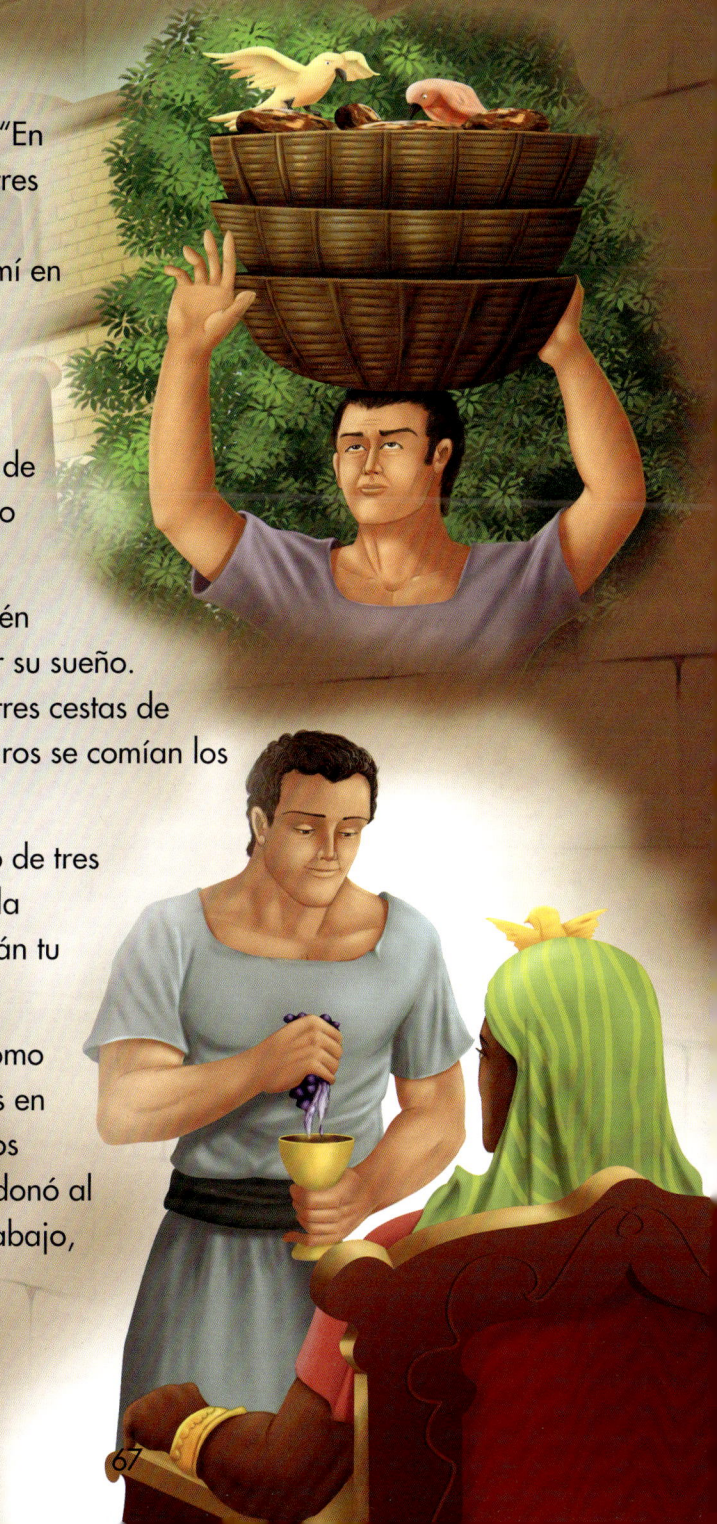

LOS SUEÑOS DEL FARAÓN
Génesis, 41

José le pidió al copero que se acordara de él cuando saliera de la cárcel, pero pasaron dos años antes de que se acordara del esclavo hebreo, y sucedió así:

Una noche, el Faraón tuvo un extraño sueño. Estaba junto al Nilo cuando del río salían siete vacas, sanas y gordas, que pastaban entre los juncos. Tras ellas, otras siete vacas, feas y delgadas, salían del Nilo y se ponían a su lado. Entonces las vacas flacas se comieron a las gordas y, pese a ello, parecían tan flacas y enfermizas como antes.

El faraón tuvo otro sueño. Siete cabezas de grano sanas crecían en un solo tallo. Luego brotaron otras siete cabezas de grano y estas eran delgadas y estaban consumidas por el viento. Las cabezas delgadas se tragaron las siete cabezas sanas y enteras.

Por la mañana, el Faraón se sintió preocupado. Mandó llamar a todos los magos y sabios de Egipto, pero nadie pudo interpretar los sueños.

LA INTERPRETACIÓN DEL SUEÑO

Génesis 41

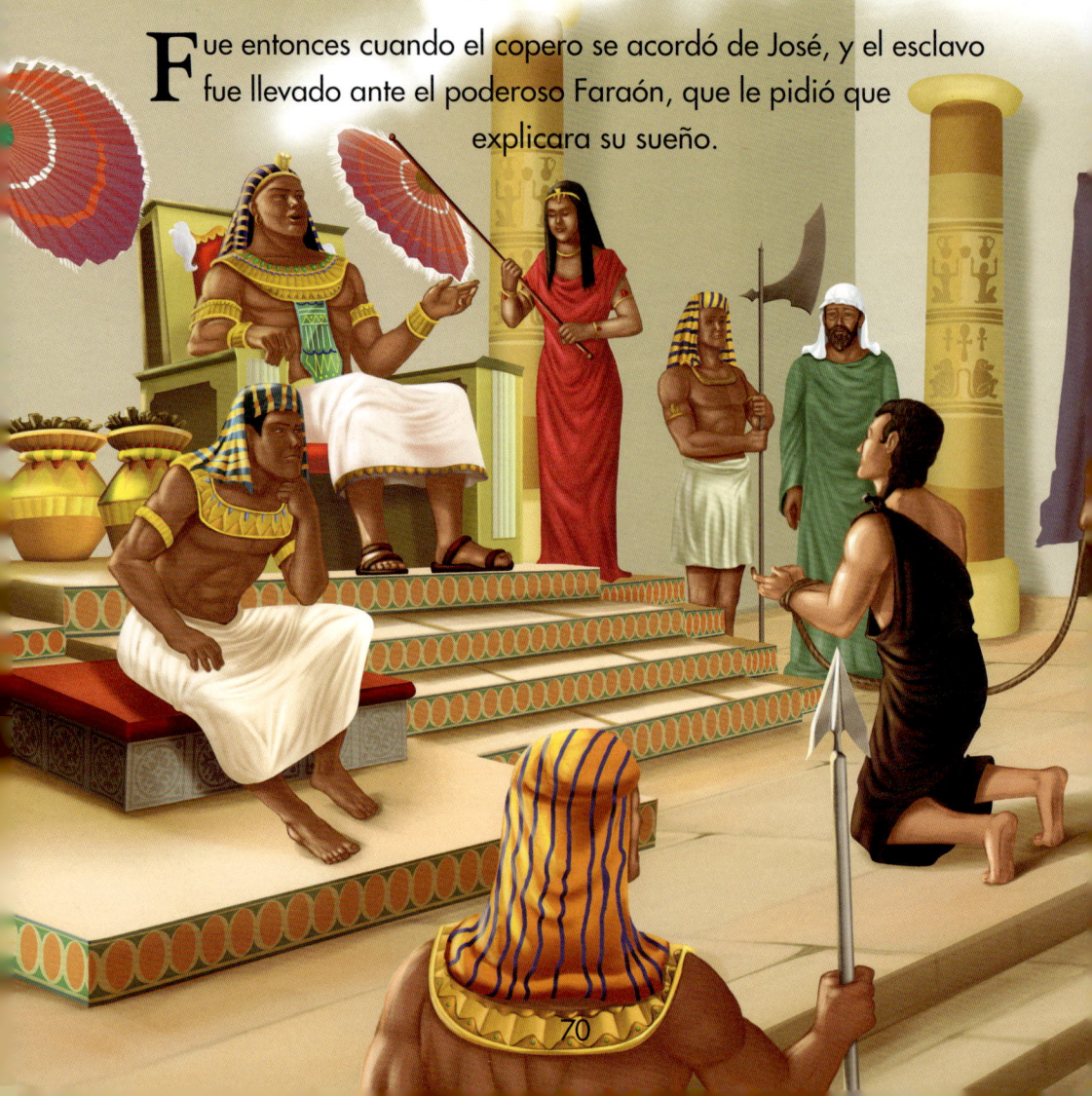

Fue entonces cuando el copero se acordó de José, y el esclavo fue llevado ante el poderoso Faraón, que le pidió que explicara su sueño.

"No puedo hacerlo", respondió José al Faraón, "pero Dios podrá explicarlo".

Una vez que el faraón le contó su sueño, José respondió: "Estos dos sueños son realmente uno y el mismo. Las siete vacas y los siete manojos son siete años. La tierra será bendecida con siete años de cultivos sanos y cosechas abundantes, pero serán seguidos por siete años de terrible hambruna. Tendrá que preparar cuidadosamente lo que le espera".

El faraón habló con sus consejeros y luego se dirigió a José, diciéndole: "Tengo claro que tú eres el hombre que necesitamos. Ya que Dios te ha dado a conocer todo esto, te pondré a cargo de mi país. Serás el segundo después de mí en todo Egipto".

Y con eso, el Faraón puso su propio anillo de sello en el dedo de José, una cadena de oro alrededor de su cuello y lo vistió de lino fino.

UN LIDERAZGO CON SABIDURÍA

Génesis 41

José tenía treinta años cuando entró al servicio del faraón, rey de Egipto. Montado en un buen carro, viajó por todo el país asegurándose de que se reservaran alimentos para los tiempos de escasez que se aproximaban. Tal y como había predicho, el país fue bendecido con siete años de abundantes cosechas, y se almacenó tanto grano en las ciudades que dejó de contarlo.

Después de siete años, comenzó la hambruna. Cuando el pueblo de

Egipto empezó a quedarse sin comida, el faraón les dijo que fueran a ver a José.

Entonces José abrió los almacenes y vendió el maíz que con tanto cuidado habían guardado. Nadie en Egipto pasó hambre. De hecho, había tanta comida que gente de otros países iban hasta allí para comprar comida.

SUS HERMANOS COMPRAN ALIMENTOS
Génesis 42-43

En Canaán, la hambruna también había afectado a la familia de José. Jacob decidió enviar a sus hijos a comprar maíz a Egipto. Solo Benjamín se quedó, pues Jacob no podía soportar perder a su hijo menor. Cuando llegaron a Egipto, los hermanos se inclinaron ante José. Con su cadena de oro y sus finas ropas, no le reconocieron, pero José pudo ver cómo sus sueños se hacían realidad, ya que inclinaron la cabeza y suplicaron comprar comida. No le reconocieron, pero José vio que sus sueños se hacían realidad cuando inclinaron sus cabezas y pidieron comprar comida.

José quería ver si sus hermanos habían cambiado en algo, y por eso planeó poner a prueba su honestidad y lealtad. Los acusó de ser espías, y cuando protestaron por su inocencia, aceptó que volvieran a Canaán con maíz, a condición de que regresaran con su hermano menor.

Jacob no quería dejar salir a Benjamín, pero al final tuvo que aceptar, y así los hermanos volvieron con más dinero para pagar el grano (¡pues cuando habían abierto los sacos, se habían asustado al ver que el dinero que habían llevado a Egipto la primera vez para pagar el grano seguía en ellos!).

EL HERMANO PERDIDO
Génesis 44-45

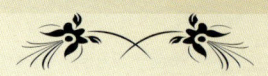

José se sintió tan abrumado cuando vio a Benjamín que tuvo que ocultar su rostro. Hizo que sus siervos dieran de comer a los hermanos, y luego los envió de vuelta con más maíz, no sin antes esconder una copa de plata en el saco de Benjamín.

Los hermanos se dirigían a su casa cuando los guardias los encontraron y los obligaron a regresar al palacio. "¡Ladrones!", gritó José. "¡Los traté con amabilidad y me pagan robando!".

"¡Debe haber algún error!", exclamaron los hermanos, pero cuando los guardias lo comprobaron, allí estaba la copa de plata en el saco de Benjamín. Los hermanos cayeron de rodillas. "¡Señor mío!", clamaban, "¡toma a cualquiera de nosotros, pero no te lleves a Benjamín, porque el corazón de su padre se destrozaría!".

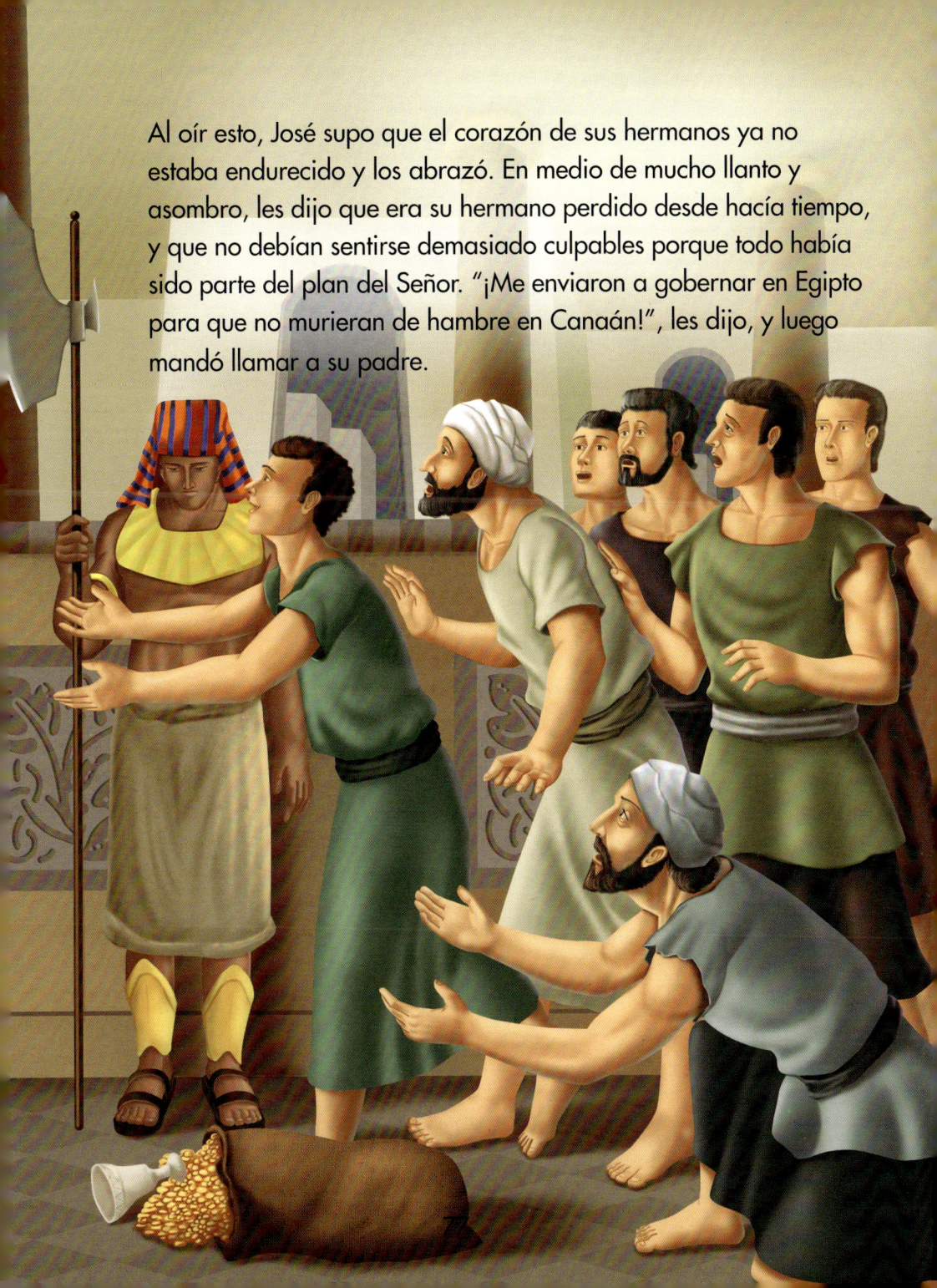

Al oír esto, José supo que el corazón de sus hermanos ya no estaba endurecido y los abrazó. En medio de mucho llanto y asombro, les dijo que era su hermano perdido desde hacía tiempo, y que no debían sentirse demasiado culpables porque todo había sido parte del plan del Señor. "¡Me enviaron a gobernar en Egipto para que no murieran de hambre en Canaán!", les dijo, y luego mandó llamar a su padre.

JACOB LLEGA A EGIPTO
Génesis 46-47

Jacob reunió todas sus pertenencias, sus rebaños y su familia y viajó a Egipto. Dios le habló, diciéndole que no tuviera miedo de ir a Egipto, porque los sacaría de Egipto una vez más cuando fuera el momento adecuado. Para entonces, ¡los miembros de la familia de Jacob eran setenta en total!

José salió al encuentro de su padre en un gran carro, y lo dirigió de vuelta a Egipto, donde él y su familia fueron bien tratados y se les dieron tierras cerca de la frontera de Canaán para que cuidaran de sus animales.

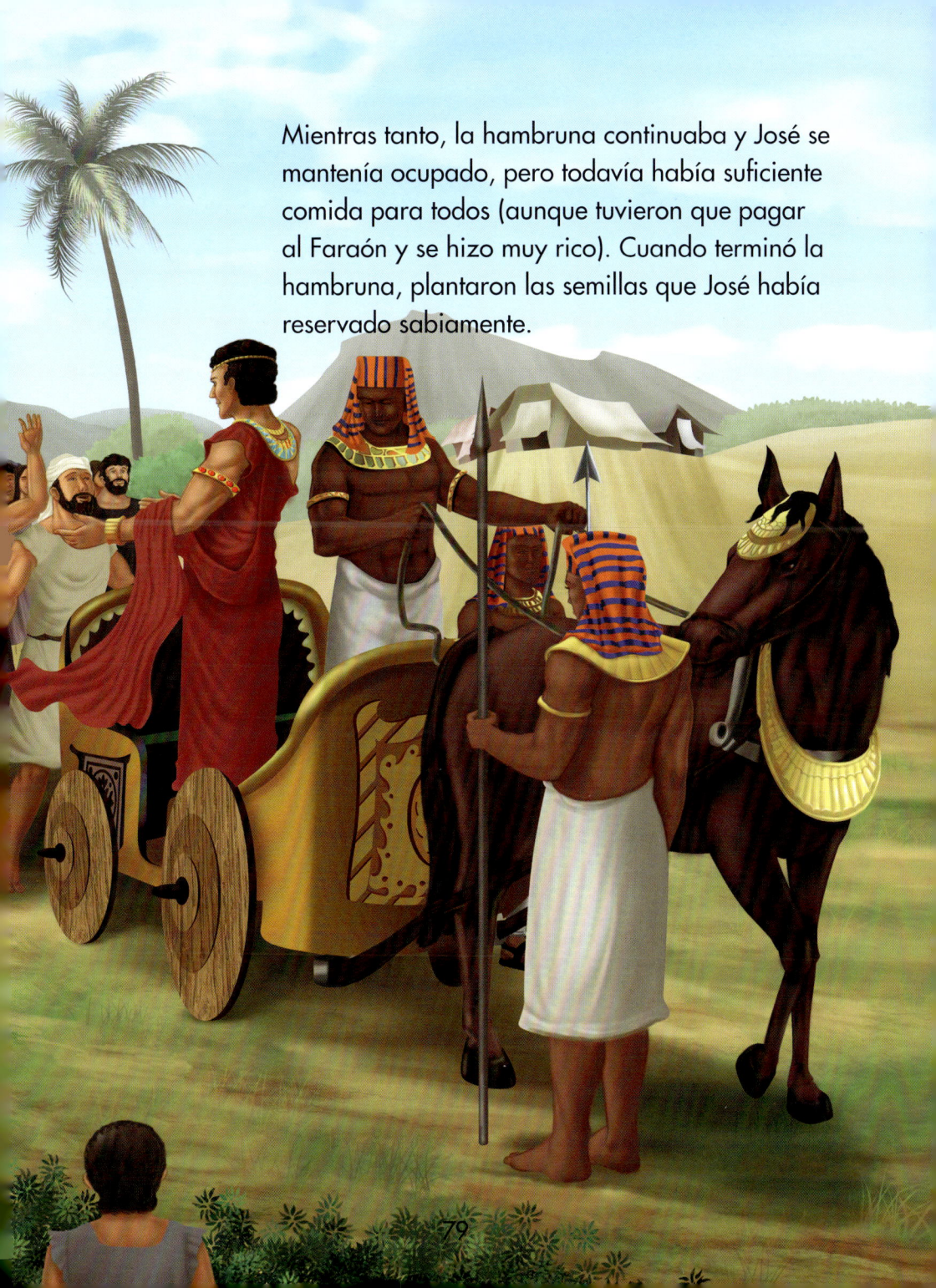

Mientras tanto, la hambruna continuaba y José se mantenía ocupado, pero todavía había suficiente comida para todos (aunque tuvieron que pagar al Faraón y se hizo muy rico). Cuando terminó la hambruna, plantaron las semillas que José había reservado sabiamente.

LA MUERTE DE JACOB
Génesis 48-50

Cuando Jacob envejeció, justo antes de su muerte, convocó a todos sus hijos para darles a cada uno una bendición especial, pues iban a formar las doce tribus de Israel, y nombró a José "príncipe entre sus hermanos".

Hizo prometer a José que lo enterraría en Canaán, en el lugar donde había enterrado a su esposa Lea, y donde fueron enterrados antes que ella Isaac y Rebeca, y antes que ellos Abraham y Sara. Cuando Jacob exhaló su último aliento, con el permiso del Faraón, toda la familia de Jacob, excepto los niños y los que cuidaban los animales, partió hacia Canaán, donde enterraron a su padre Jacob, también conocido como Israel.

¡ESCLAVITUD!
Éxodo 1

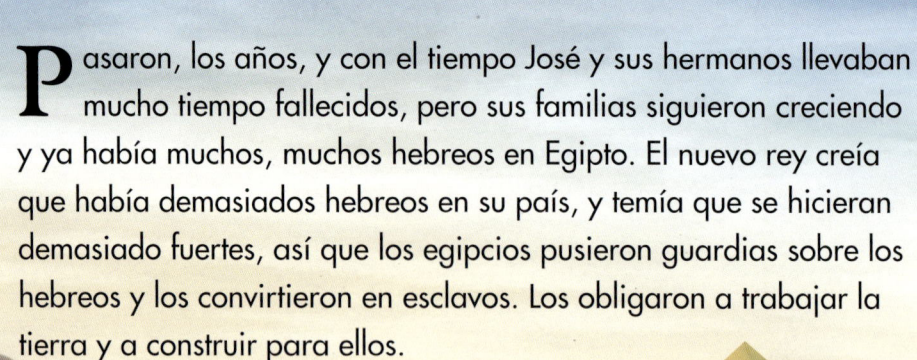

Pasaron, los años, y con el tiempo José y sus hermanos llevaban mucho tiempo fallecidos, pero sus familias siguieron creciendo y ya había muchos, muchos hebreos en Egipto. El nuevo rey creía que había demasiados hebreos en su país, y temía que se hicieran demasiado fuertes, así que los egipcios pusieron guardias sobre los hebreos y los convirtieron en esclavos. Los obligaron a trabajar la tierra y a construir para ellos.

Los hebreos eran maltratados, pero aun así su número crecía, ya que las mujeres eran bendecidas por Dios. Ahora el nuevo rey ordenó que las niñas nacidas de los hebreos podían vivir, pero los niños debían ser asesinados. Cuando las parteras hebreas no hicieron lo que él pedía, dio una nueva y cruel orden: "¡Todos los bebés varones deben ser ahogados en el río Nilo!".

UN BEBÉ ENTRE LAS AGUAS

Éxodo 2

Moisés era un hermoso bebé. Su madre lo quería mucho, pero sabía que si el rey lo descubría, lo matarían. Así que hizo una cesta de juncos, envolvió a su bebé en un chal y lo colocó en ella con ternura, y luego lo bajó al agua entre las cañas y los juncos.

Poco después, la hija del rey se acercó al río. Oyó un extraño murmullo y, al apartar los juncos, vio a un precioso niño que le sonreía. Lo cogió y lo abrazó con suavidad. "Debe ser uno de los bebés hebreos", dijo en voz baja.

La hermana de Moisés, Miriam, observaba en secreto de cerca. En ese momento, se adelantó valientemente y se ofreció a buscar a alguien que amamantara al bebé. Cuando la princesa aceptó, Miriam salió corriendo a buscar a su propia madre, y así fue como la madre de Miriam cuidó de su propio hijo, hasta que fue lo suficientemente grande como para que la princesa lo llevara a palacio.

LA ZARZA ARDIENTE
Éxodo 3-4

Cuando Moisés creció, se sorprendió al ver cómo los egipcios trataban a sus hermanos hebreos. Después de matar a un egipcio por golpear a un esclavo hebreo, tuvo que abandonar Egipto y se convirtió en pastor. Un día, mientras cuidaba sus ovejas, Moisés se dio cuenta de que una zarza cercana estaba ardiendo, pero las hojas de la zarza no se estaban quemando. Al acercarse, oyó la voz de Dios: "Quítate las sandalias, Moisés, porque esta es tierra sagrada. Yo soy el Dios de tu padre, el Dios de Abraham, de Isaac y de Jacob". Moisés escondió su rostro con miedo.

El Señor dijo: "He venido a rescatar a mi pueblo y a sacarlo de Egipto a la Tierra Prometida. Debes ir al Faraón y exigirle que los libere".

Moisés estaba asustado ante la idea de hablar con el Faraón, pero Dios le dijo que estaría con él, y que le dijera que era Yahveh* quien le enviaba. Le prometió que haría muchos milagros para que al final el faraón dejara ir a los hebreos.

Moisés estaba asustado, pero Dios no quiso escuchar sus excusas y lo envió de vuelta a Egipto, aunque envió al hermano de Moisés, Aarón, para que lo ayudara.

*La palabra hebrea Yahveh es un nombre sagrado para Dios entre el pueblo judío y se traduce como 'Yo soy el que soy'.

¡MOISÉS ANTE EL FARAÓN!
Éxodo 5-7

Cuando Moisés y Aarón se presentaron ante el Faraón y le dijeron: "El Dios de Israel te pide que dejes ir a su pueblo para que le celebren una fiesta en el desierto", el Faraón no podía creer lo que estaban pidiendo. "¿Quién es ese Dios de Israel? ¡No lo conozco y no dejaré ir a los hebreos!". Estaba tan enfadado que hizo que los esclavos trabajaran aún más.

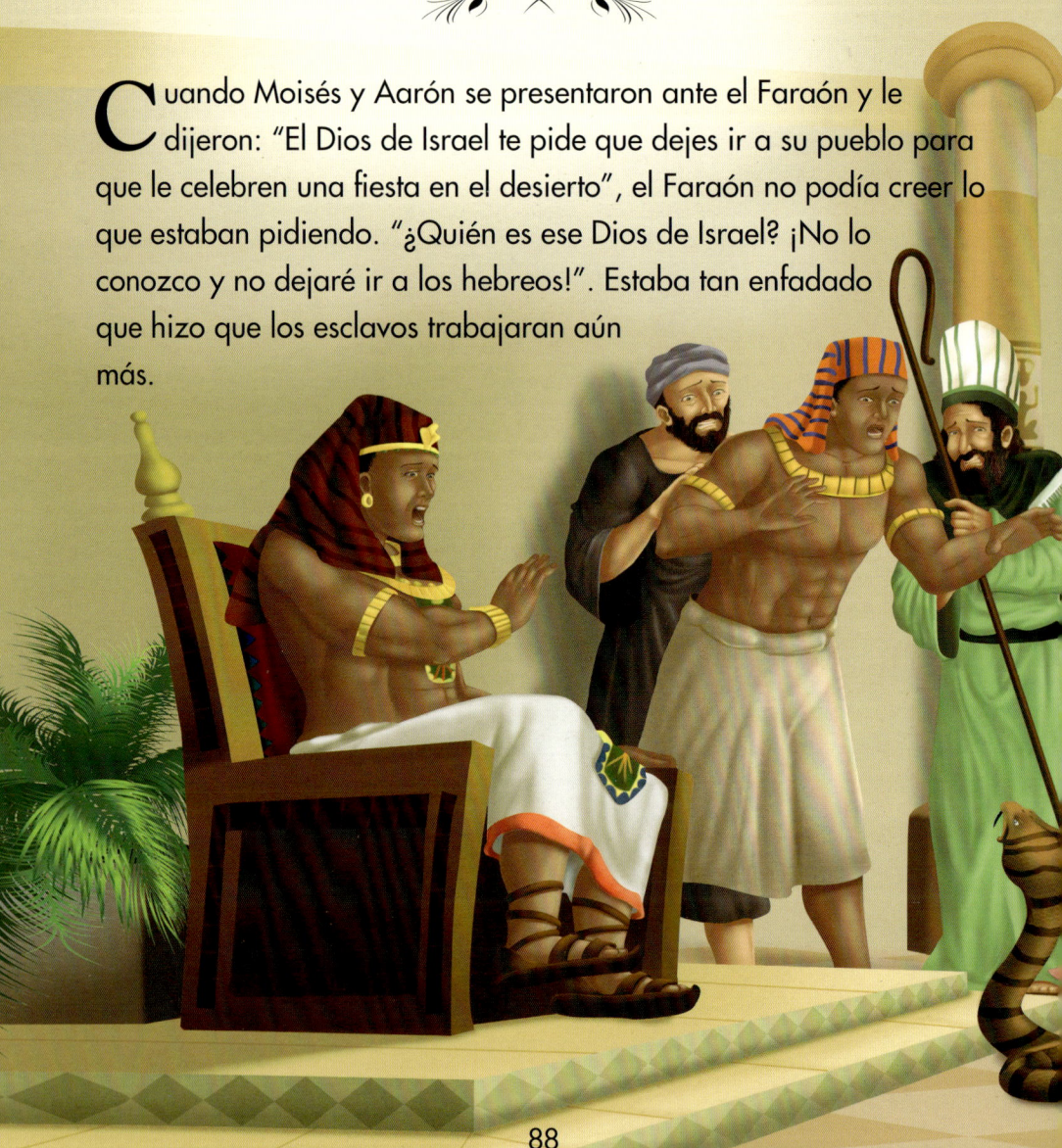

Así que Moisés y Aarón volvieron a ver al faraón, que exigió alguna prueba de su dios. Esta vez Aarón tiró su bastón al suelo y al instante se transformó en una peligrosa serpiente. Pero los magos del rey se reunieron y realizaron una magia y, cuando arrojaron sus bastones al suelo, también se transformaron en serpientes, y aunque la serpiente de Aarón se los tragó a todos, el corazón del rey se endureció y no dejó ir a los hebreos.

LAS PLAGAS
Éxodo 7-11

Entonces el Señor envió una serie de plagas sobre los egipcios, una más fuerte que la otra. Primero convirtió las aguas del Nilo en sangre, y todos los peces murieron, y el aire olía mal. Envió una plaga de ranas para cubrir el campo y llenar las casas. Después, el mismo polvo del suelo se convirtió en mosquitos, y todo se cubrió de ellos, y tras ellos vino un enjambre de moscas, tantas que el aire se oscureció.

Envió una plaga entre el ganado de la tierra, pero perdonó al de los hebreos. Luego, a los egipcios les salieron horribles llagas. En seguida, Dios envió una terrible tormenta de granizo que arrasó la tierra, y luego las plantas que habían logrado sobrevivir fueron consumidas por una nube de langostas. No quedó nada verde en los árboles ni en las plantas de toda la tierra de Egipto. Después de esto, Dios envió una oscuridad total para cubrir Egipto durante tres días.

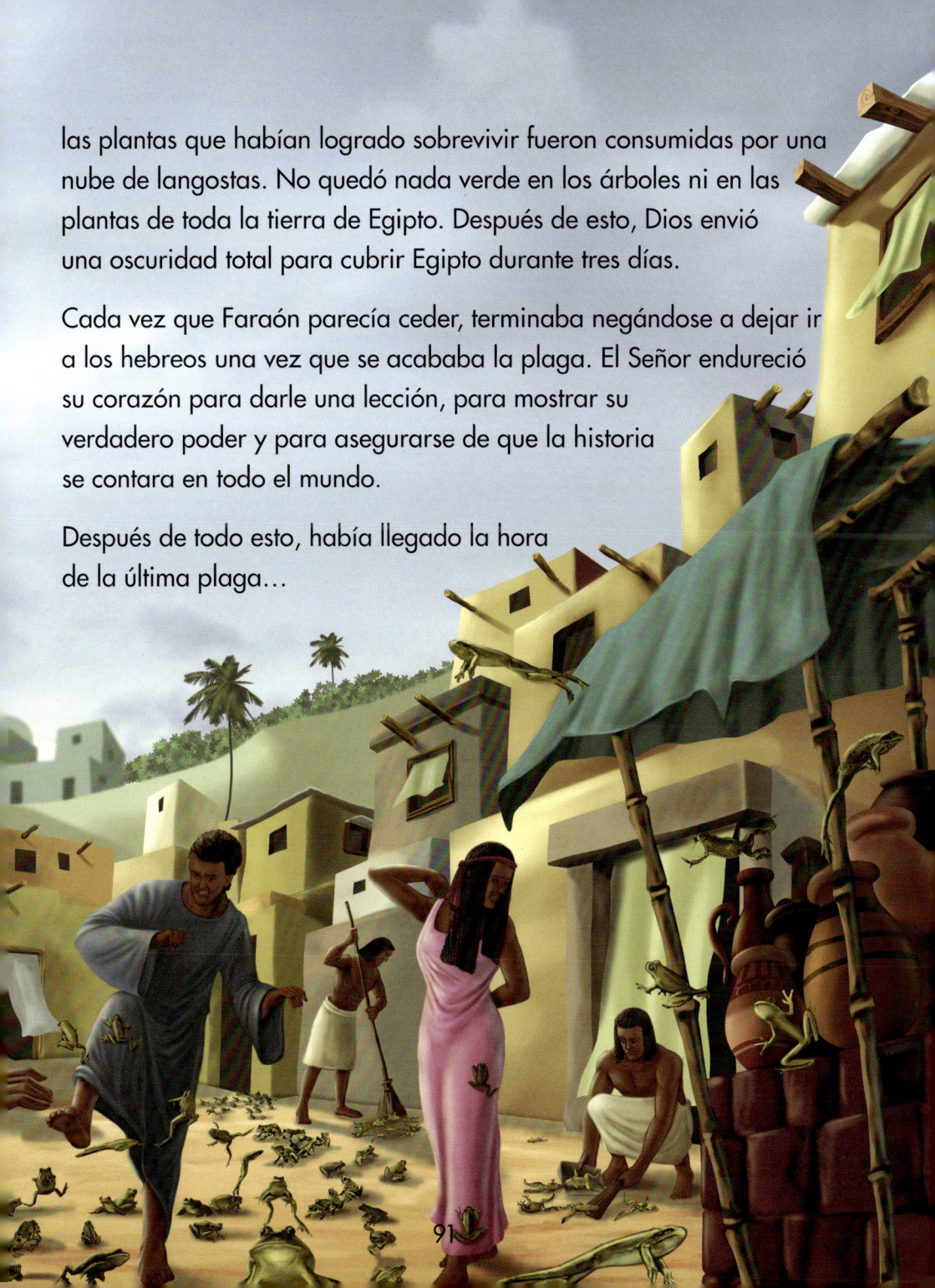

Cada vez que Faraón parecía ceder, terminaba negándose a dejar ir a los hebreos una vez que se acababa la plaga. El Señor endureció su corazón para darle una lección, para mostrar su verdadero poder y para asegurarse de que la historia se contara en todo el mundo.

Después de todo esto, había llegado la hora de la última plaga…

LA PASCUA
Éxodo 12

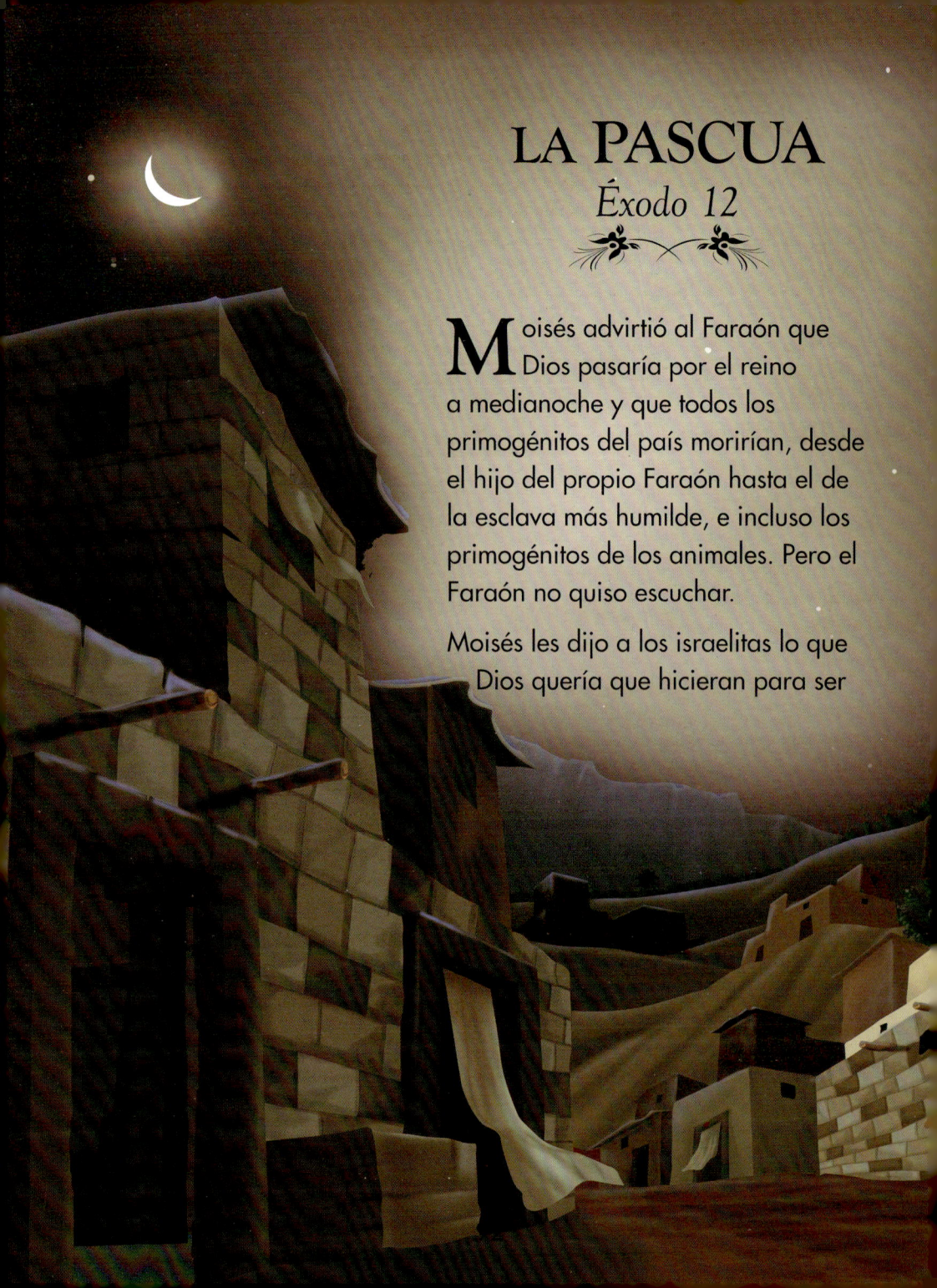

Moisés advirtió al Faraón que Dios pasaría por el reino a medianoche y que todos los primogénitos del país morirían, desde el hijo del propio Faraón hasta el de la esclava más humilde, e incluso los primogénitos de los animales. Pero el Faraón no quiso escuchar.

Moisés les dijo a los israelitas lo que Dios quería que hicieran para ser perdonados. Cada hogar debía sacrificar un cordero y untar parte de la sangre en el marco de la puerta, y comer la carne de una manera especial.

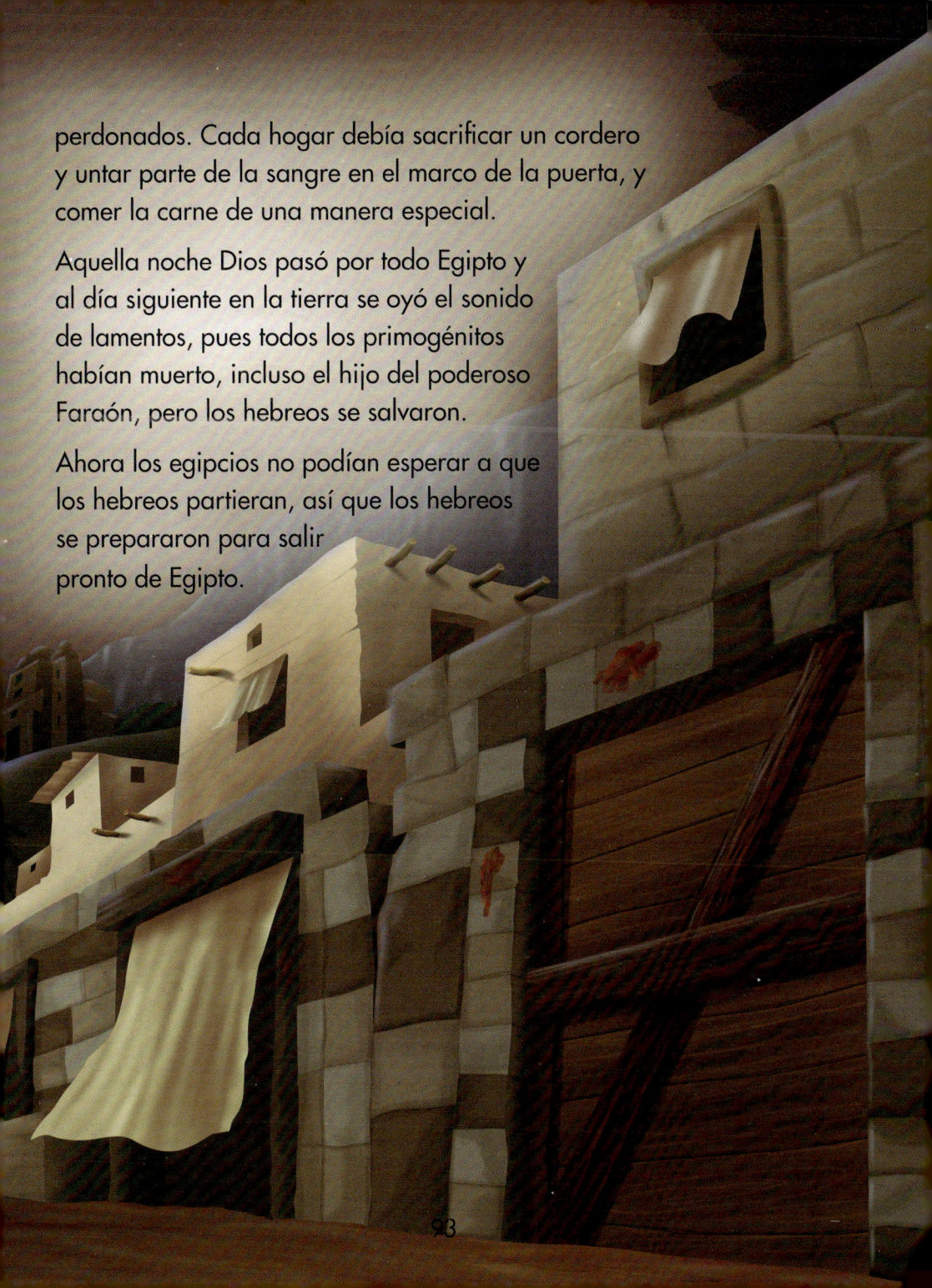

Aquella noche Dios pasó por todo Egipto y al día siguiente en la tierra se oyó el sonido de lamentos, pues todos los primogénitos habían muerto, incluso el hijo del poderoso Faraón, pero los hebreos se salvaron.

Ahora los egipcios no podían esperar a que los hebreos partieran, así que los hebreos se prepararon para salir pronto de Egipto.

LOS ISRAELITAS SALEN DE EGIPTO
Éxodo 12-13

Los hebreos viajaron hacia el sur por el desierto, en dirección al Mar Rojo. Durante el día, Dios envió una gran columna de nubes para guiarlos, y por la noche siguieron una columna de fuego. Sin embargo, sus problemas no iban a terminar; el Faraón se arrepintió de su decisión de dejarlos ir y partió con su ejército para hacerlos volver.

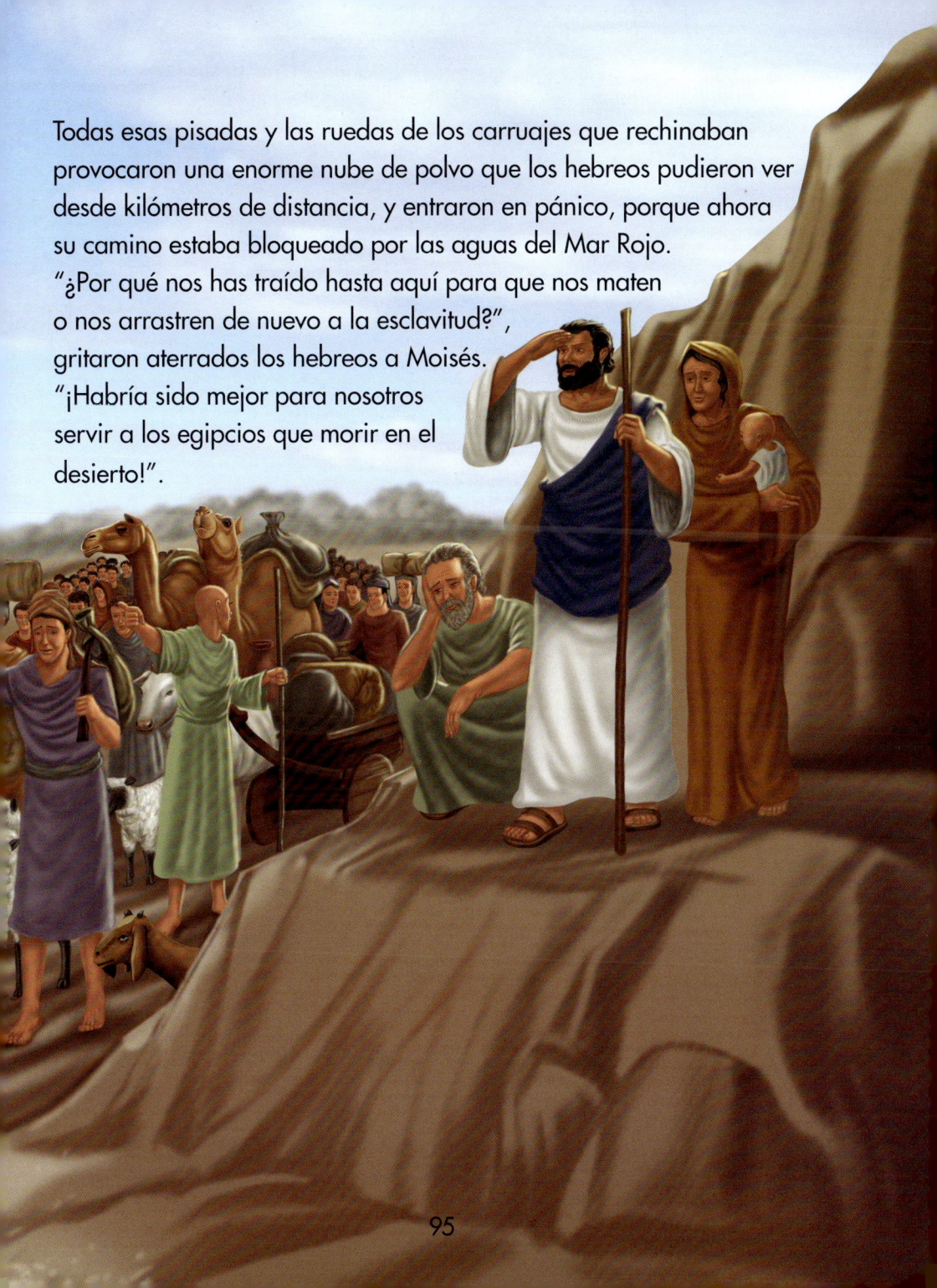

Todas esas pisadas y las ruedas de los carruajes que rechinaban provocaron una enorme nube de polvo que los hebreos pudieron ver desde kilómetros de distancia, y entraron en pánico, porque ahora su camino estaba bloqueado por las aguas del Mar Rojo. "¿Por qué nos has traído hasta aquí para que nos maten o nos arrastren de nuevo a la esclavitud?", gritaron aterrados los hebreos a Moisés. "¡Habría sido mejor para nosotros servir a los egipcios que morir en el desierto!".

EL MILAGRO EN EL MAR ROJO
Éxodo 13-15

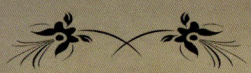

El pueblo estaba temeroso de escuchar al ejército egipcio que se acercaba cada vez más, pero Moisés no abandonó su fe en Dios y se mantuvo firme. "Dios cuidará de nosotros", dijo con confianza. "Y aplastará a nuestro enemigo".

Entonces Dios le dijo a Moisés que levantara su bastón y extendiera su mano sobre el mar para dividir las aguas y que los israelitas pudieran atravesar el mar en seco. La columna de nubes se interpuso entre los hebreos y los egipcios para que no pudieran ver lo que sucedía, y Moisés se puso delante del mar y levantó la mano, y toda esa noche el Señor hizo retroceder el mar con un fuerte viento del este y lo convirtió en tierra seca. Las aguas se dividieron y los israelitas atravesaron el mar en seco, ¡con un muro de agua a su derecha y a su izquierda!

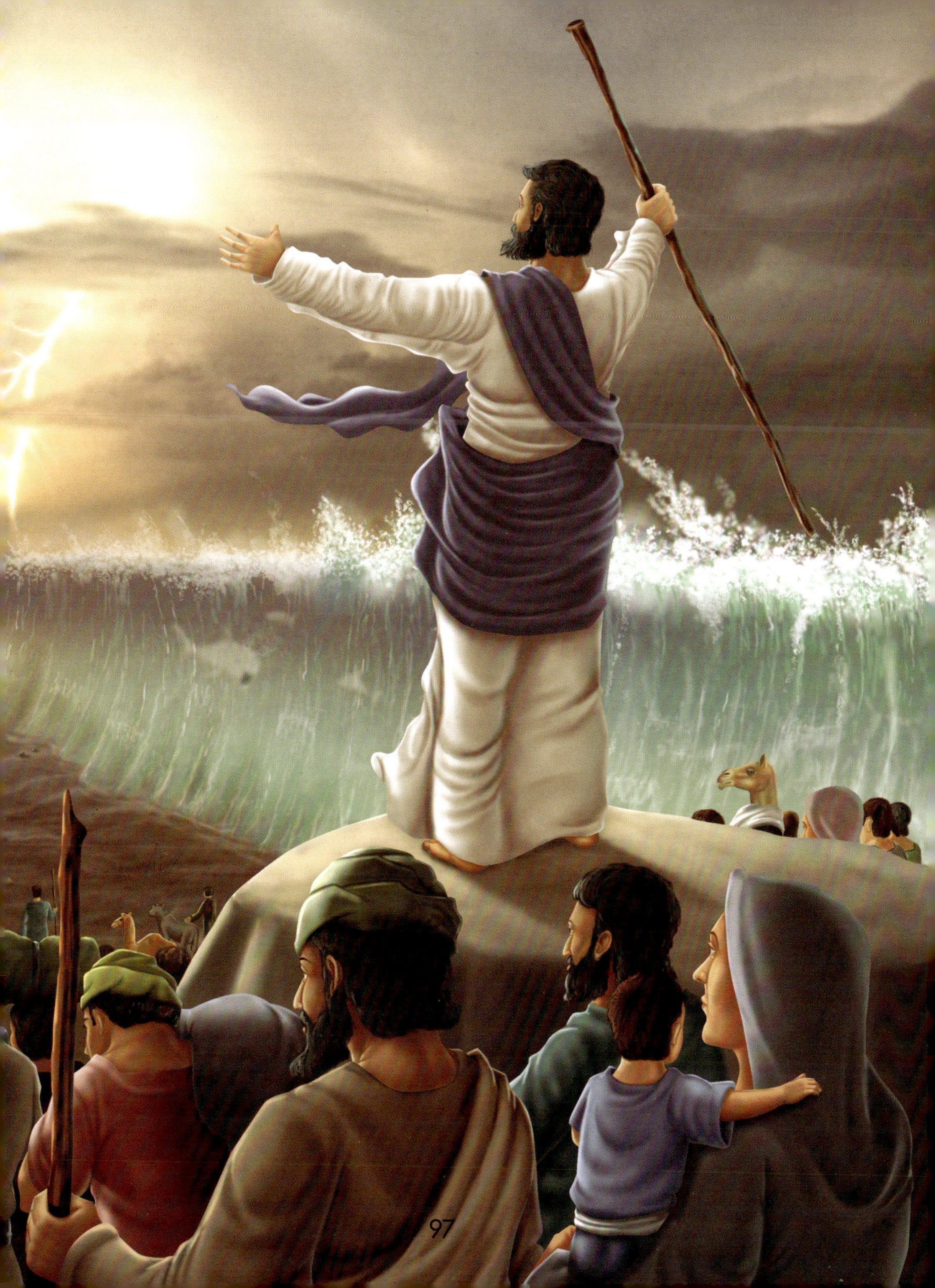

¡AHOGADOS EN EL MAR!
Éxodo 13-15

Los egipcios estaban siguiendo los pasos de los hebreos y, sin dudarlo, los siguieron hasta el mar, por el camino que Dios había hecho. Pero Dios los sumergió en la confusión, de modo que las ruedas de los carros se soltaron y el caos se extendió por todas partes. Entonces cerró las aguas y todos los egipcios fueron arrastrados bajo el agua. De todo aquel poderoso ejército, no hubo sobrevivientes: ¡ni un solo caballo, ni un solo soldado!

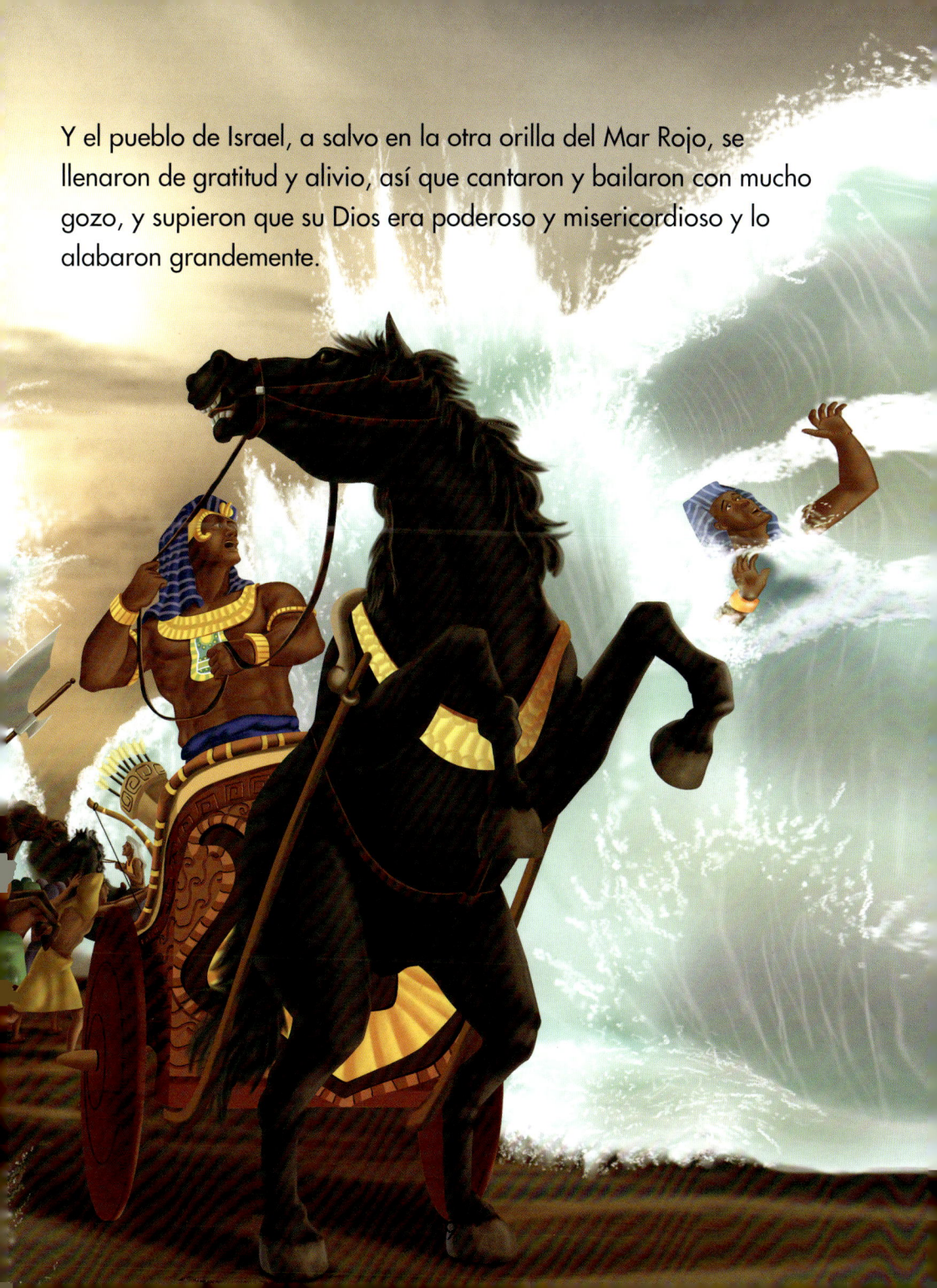

Y el pueblo de Israel, a salvo en la otra orilla del Mar Rojo, se llenaron de gratitud y alivio, así que cantaron y bailaron con mucho gozo, y supieron que su Dios era poderoso y misericordioso y lo alabaron grandemente.

EL ALIMENTO EN EL DESIERTO
Éxodo 15-17

Moisés condujo a su pueblo al desierto caluroso. Durante tres días no encontraron ni una gota de agua, y cuando por fin la encontraron, era demasiado amarga para beber. Olvidaron lo que Dios había hecho por ellos y empezaron a quejarse con enfado. Dios ayudó a Moisés a hacer potable el agua, pero tuvieron que seguir viajando y pronto empezaron a quejarse de nuevo. "O morimos de sed o de hambre", se lamentaban. "¿Por qué nos has sacado de Egipto para morir?".

Una vez más, Dios ayudó a su pueblo. Por las tardes, las codornices entraban en el campamento, y por las mañanas, el suelo se cubría de copos blancos que sabían a galletas hechas con miel, a las que llamaban maná. Durante todo el tiempo que estuvieron en el desierto, Dios les proporcionó codornices y maná, y le dijo a Moisés que tomara su bastón y golpeara una roca, y de la roca fluyó agua buena, clara y fresca para beber.

El pueblo de Israel caminó por el desierto durante muchos años y el Señor les dio comida y agua

LOS DIEZ MANDAMIENTOS
Éxodo 19-20

Moisés condujo al pueblo al Monte Sinaí. Allí, Dios habló con Moisés y le dijo que si el pueblo le honraba y obedecía, estaría siempre con ellos. Los ancianos aceptaron hacer todo lo que el Señor les había dicho. Entonces Dios le dijo a Moisés que en tres días se les aparecería en el monte Sinaí.

En la mañana del tercer día, hubo truenos y relámpagos, con una espesa nube sobre la montaña, y un fuerte toque de trompeta. El pueblo temblaba y esperaba al pie de la montaña. Entonces Dios llamó a Moisés a la cima del monte y le habló diciendo, "Yo soy el Señor, tu Dios, que te sacó de Egipto.

> No tendrás otros dioses delante de mí.
> No harás ningún ídolo falso.
> No tomarás mi nombre en vano.
> Acuérdate del sábado y santifícalo.
> Honra a tu padre y a tu madre.

No matarás.
No cometerás adulterio.
No robarás.
No dirás mentiras.
No envidiarás nada que pertenezca a tu prójimo".
Moisés dijo al pueblo lo que Dios había ordenado y ellos prometieron obedecer.

EL TABERNÁCULO
Éxodo 25-27

Moisés pasó muchos días en el Monte Sinaí. Dios le dio leyes para que el pueblo viviera en paz y honrara a Dios correctamente: reglas sobre la comida, la limpieza, los sacrificios, los castigos y muchas otras cosas. Pero lo más importante de todo eran los Diez Mandamientos escritos en dos grandes tablas de piedra. Dios dijo a Moisés que los israelitas debían construir un lugar especial para guardar estas tablas. Debían guardarse dentro de un cofre de madera cubierto con el oro más puro, conocido como el Arca del Pacto. Esta debía guardarse dentro de un santuario interno, dentro de una gran tienda conocida como el Tabernáculo. El Tabernáculo viajaría con los israelitas dondequiera que fuesen y así llevarían la presencia del Señor con ellos en sus viajes por el desierto.

EL BECERRO DE ORO
Éxodo 32

Moisés estuvo tanto tiempo en la montaña que el pueblo empezó a creer que nunca volvería a bajar. Le pidieron a Aarón que les hiciera dioses para guiarlos, y Aarón les dijo a todos que recogieran sus joyas de oro y las utilizó para hacer un hermoso becerro de oro, que colocó sobre un altar. El pueblo se reunió y comenzó a adorarlo.

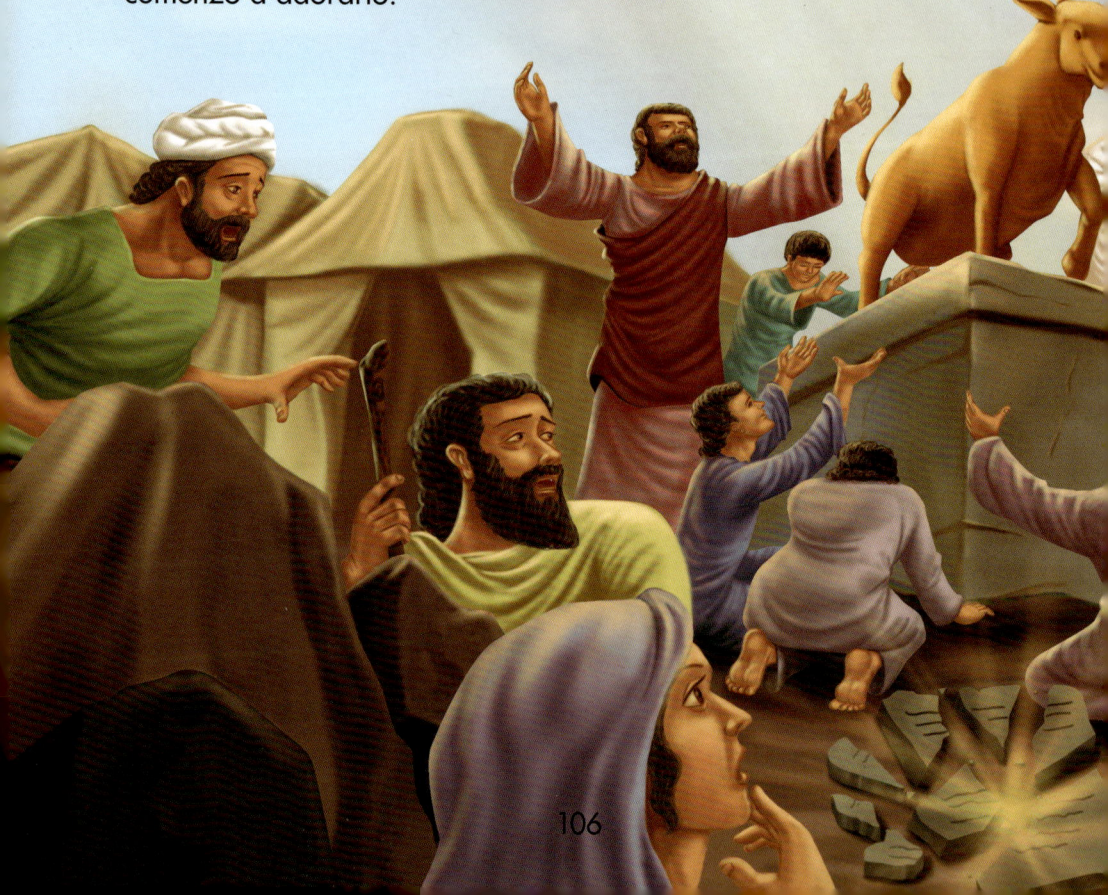

Dios se enfadó con ellos y declaró que los destruiría, pero Moisés le suplicó que los perdonara y Dios cedió.

Entonces Moisés bajó de la montaña con las tablas, y cuando vio a la gente cantando y bailando alrededor del becerro de oro, se puso tan furioso que tiró las tablas al suelo, y se rompieron. Después, quemó el becerro hasta que no quedó nada. Dios castigó a los que habían pecado con una plaga.

LA GLORIA DE DIOS
Éxodo 33-34

Dios le dijo a Moisés que él y su pueblo debían viajar ahora a la tierra que les había prometido, y que enviaría un ángel para guiarlos. Pero Moisés le rogó que estuviera con ellos para que el mundo pudiera ver que eran su pueblo, y Dios prometió que lo haría.

Los Diez Mandamientos fueron colocados en dos nuevas tablas de piedra y cuando Moisés los bajó del monte Sinaí, su rostro brillaba tanto que todos tenían miedo de acercarse a él, pero los llamó y les dio todos los mandamientos que el Señor le había dado.

Ahora se esforzaron en preparar la tienda sagrada y el lugar especial para las tablas. Todos hicieron lo que pudieron y trajeron cualquier cosa valiosa que tuvieran. Cuando todo el trabajo estuvo completo, y todo había sido colocado tal como Dios lo había ordenado, entonces una nube cubrió la Tienda de Reunión, y la gloria del Señor llenó el Tabernáculo, y por la noche parecía fuego.

Y en todos los viajes de los israelitas, cada vez que la nube se levantaba por encima del Tabernáculo, era la señal para partir.

EL DÍA DE LA EXPIACIÓN
Levítico 16

Dios le dio a Moisés instrucciones especiales para Aarón. Aarón debía hacer sacrificios para ofrecer expiación por sus propios pecados, y por los de su familia y siervos. Luego debía tomar dos cabras del pueblo. Uno debía ser sacrificado a Dios, y el otro debía asumir todos los pecados de los israelitas y ser enviado al desierto. Era un "becerro para la expiación" para cargar con los pecados de todo el pueblo.

Esta ceremonia debía tener lugar cada año, el décimo día del séptimo mes. Debía conocerse como el Día de la Expiación, y no debía ser una ocasión alegre como muchas de las otras fiestas, sino que debía ser seria y melancólica, un día de descanso que debía pasarse en oración y reflexión. Debía ser un día para buscar el perdón de Dios. Dios ordenó al pueblo que ayunara en el Día de la Expiación, lo que significaba que no debían comer ni beber agua durante todo un día.

"Todo esto lo harán", dijo Dios, "porque en este día se hará expiación por ustedes. Entonces, quedarán limpios de todos sus pecados a mis ojos".

LAS QUEJAS DEL PUEBLO
Números 11-12

Una vez más, el pueblo comenzó a quejarse con Moisés. Estaban cansados de las dificultades y cansados de comer la misma comida, día tras día. "¡No es justo!", se quejaban. "En Egipto teníamos pepinos, melones y cebollas, ¡estamos hartos del maná!".

Moisés se hartó de sus lamentos y quejas. Fue a hablar con Dios. "Señor mío", dijo, "¿por qué tengo que escuchar sus lamentos todo el tiempo? ¿Por qué siempre debo ser yo?".

Y Dios se apiadó de él, y dio parte del Espíritu que había dado a Moisés, a setenta de los ancianos. "Así", dijo Dios, "te ayudarán a llevar la carga del pueblo".

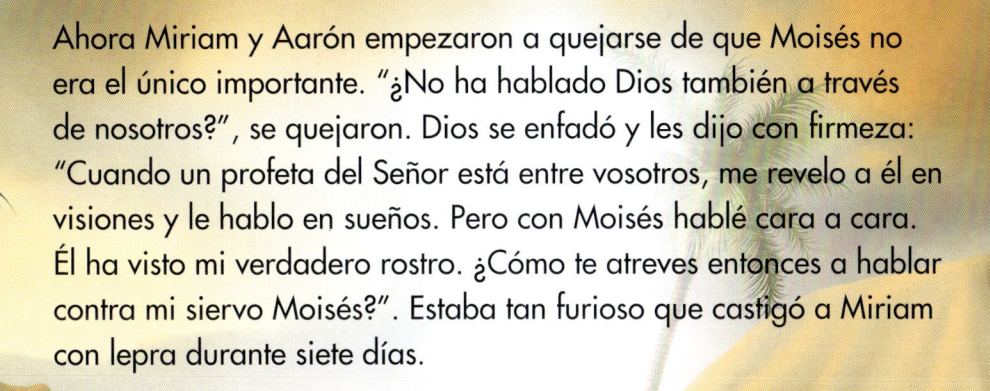

Ahora Miriam y Aarón empezaron a quejarse de que Moisés no era el único importante. "¿No ha hablado Dios también a través de nosotros?", se quejaron. Dios se enfadó y les dijo con firmeza: "Cuando un profeta del Señor está entre vosotros, me revelo a él en visiones y le hablo en sueños. Pero con Moisés hablé cara a cara. Él ha visto mi verdadero rostro. ¿Cómo te atreves entonces a hablar contra mi siervo Moisés?". Estaba tan furioso que castigó a Miriam con lepra durante siete días.

LOS DOCE ESPÍAS
Números 13-14

Dios le dijo a Moisés que enviara a algunos hombres a explorar Canaán, la tierra que quería para los israelitas, así que Moisés eligió a doce hombres, uno de cada una de las tribus que procedían de los hijos de Jacob, y los envió a averiguar cómo era la tierra. Volvieron cargados de jugosos frutos. "¡La tierra fluye de leche y miel, tal como Dios prometió!", se entusiasmaron. Pero también dijeron que había demasiada gente viviendo allí y que las ciudades estaban bien defendidas. Solo dos de ellos, Caleb y Josué, eran lo suficientemente valientes y confiaban en Dios como para creer que podían tomar la tierra que Dios les había prometido.

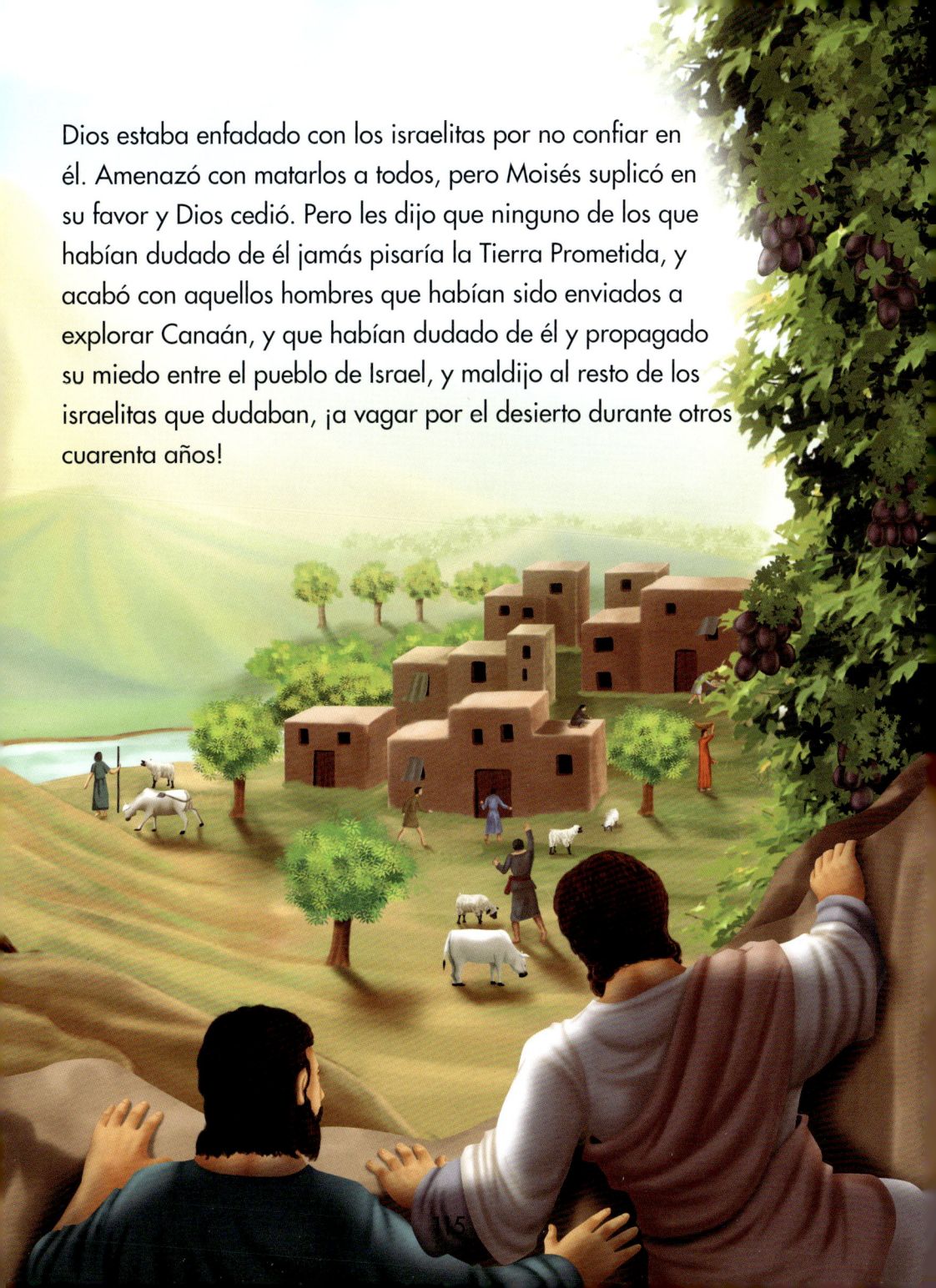

Dios estaba enfadado con los israelitas por no confiar en él. Amenazó con matarlos a todos, pero Moisés suplicó en su favor y Dios cedió. Pero les dijo que ninguno de los que habían dudado de él jamás pisaría la Tierra Prometida, y acabó con aquellos hombres que habían sido enviados a explorar Canaán, y que habían dudado de él y propagado su miedo entre el pueblo de Israel, y maldijo al resto de los israelitas que dudaban, ¡a vagar por el desierto durante otros cuarenta años!

¡LA REBELIÓN!
Números 16-17

Algunos de los líderes comenzaron a rebelarse contra Moisés y Aarón. Se reunieron con el resto de los ancianos a la entrada de la Tienda de Reuniones. Entonces Dios dijo a Moisés y a Aarón que se apartaran para poder acabar con ellos.

Pero Moisés y Aarón le rogaron que no castigara a toda la asamblea, por lo que Dios hizo que el resto de los ancianos se alejaran de las tiendas de los que habían hablado contra Moisés y Aarón, y cuando lo hicieron, el suelo bajo esas tiendas se partió y la tierra abrió su boca y ¡se tragó las tiendas, a los líderes rebeldes, a sus familias y también todas sus posesiones!

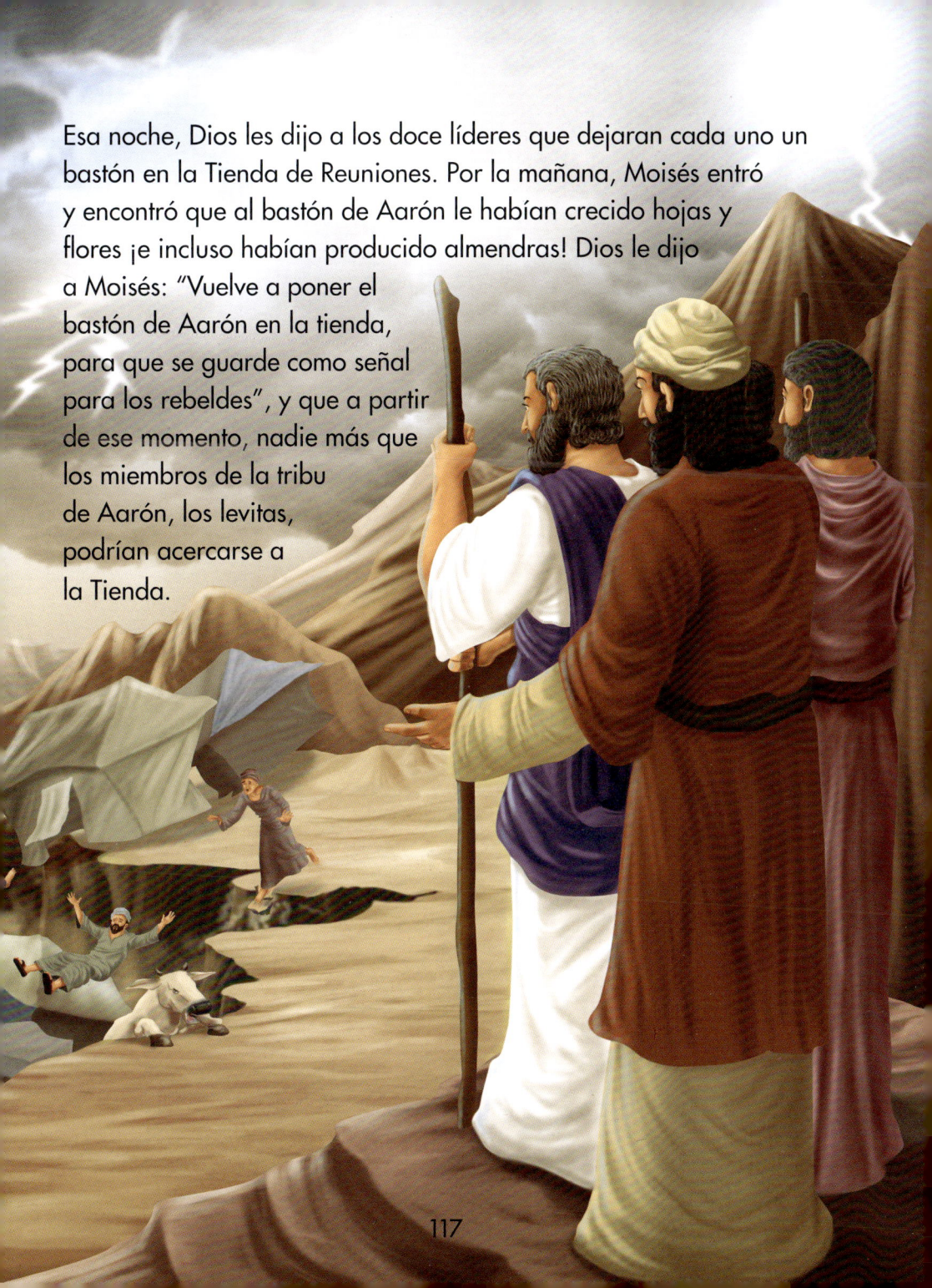

Esa noche, Dios les dijo a los doce líderes que dejaran cada uno un bastón en la Tienda de Reuniones. Por la mañana, Moisés entró y encontró que al bastón de Aarón le habían crecido hojas y flores ¡e incluso habían producido almendras! Dios le dijo a Moisés: "Vuelve a poner el bastón de Aarón en la tienda, para que se guarde como señal para los rebeldes", y que a partir de ese momento, nadie más que los miembros de la tribu de Aarón, los levitas, podrían acercarse a la Tienda.

DIOS DA AGUA DE UNA ROCA
Números 20

Aunque el asunto del liderazgo estaba resuelto, eso no hizo que el pueblo dejara de quejarse, pues seguían en el desierto y estaban sin agua y sedientos. Moisés y Aarón pidieron ayuda a Dios una vez más y les dijo que tomaran el bastón y reunieran a todos ante una gran roca. "Habla a esa roca ante sus ojos y derramará su agua", les ordenó.

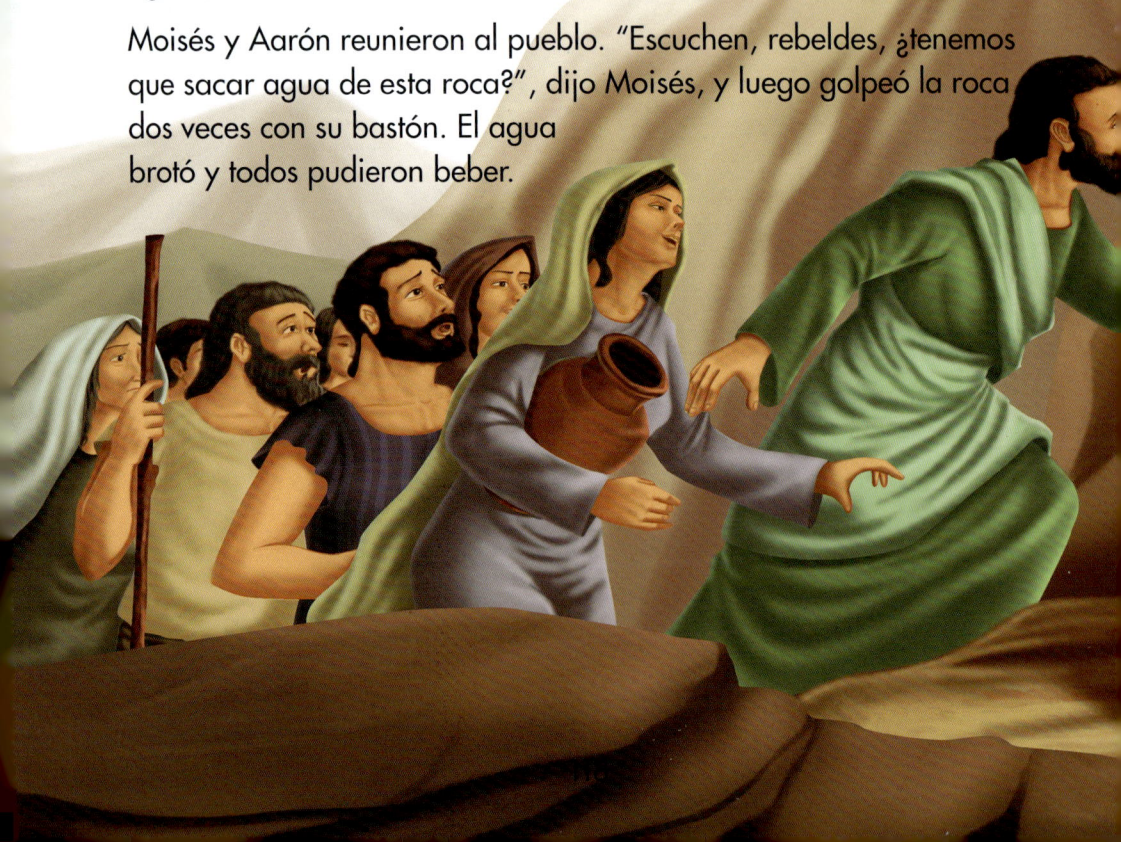

Moisés y Aarón reunieron al pueblo. "Escuchen, rebeldes, ¿tenemos que sacar agua de esta roca?", dijo Moisés, y luego golpeó la roca dos veces con su bastón. El agua brotó y todos pudieron beber.

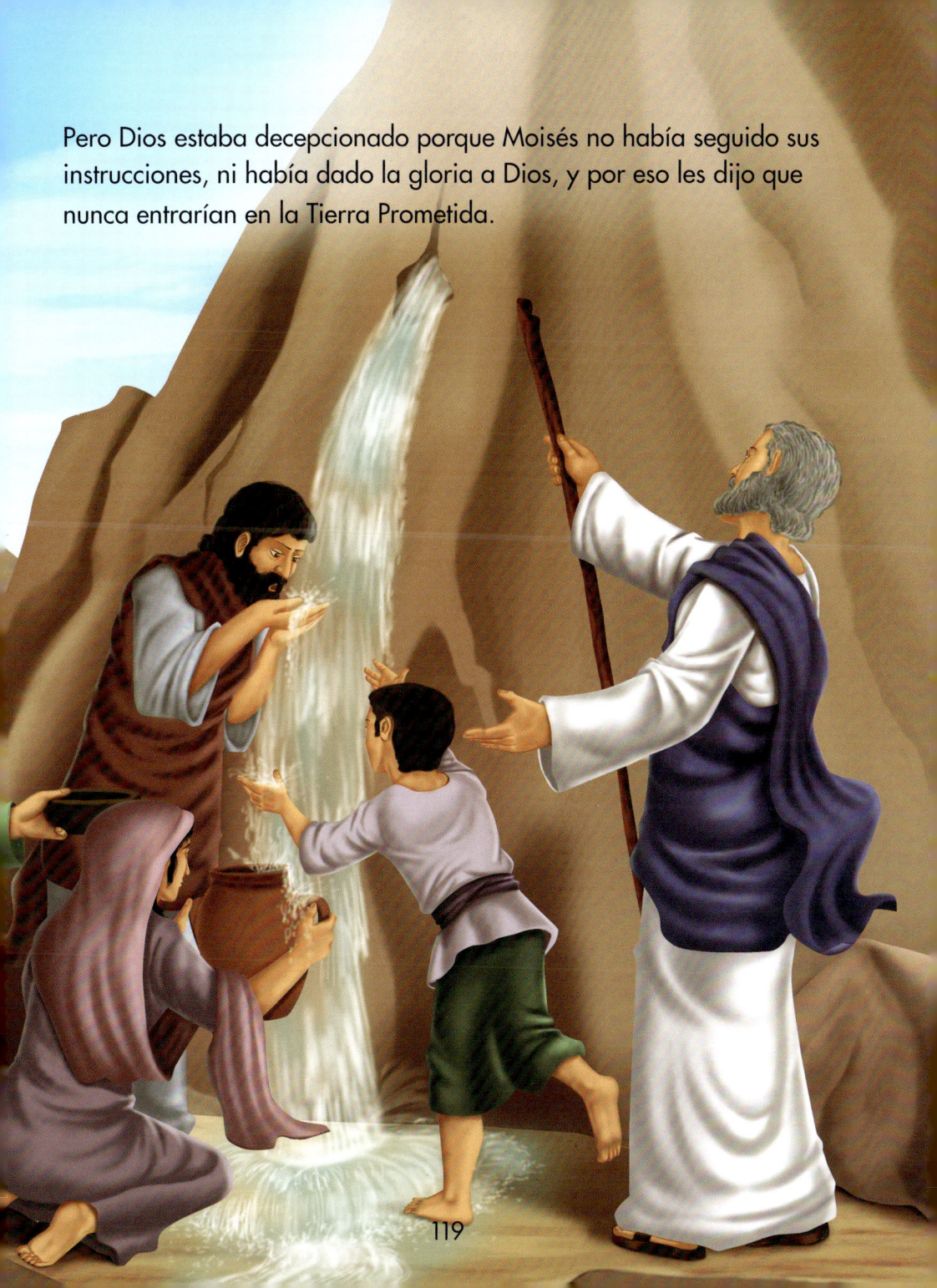

Pero Dios estaba decepcionado porque Moisés no había seguido sus instrucciones, ni había dado la gloria a Dios, y por eso les dijo que nunca entrarían en la Tierra Prometida.

LA SERPIENTE DE BRONCE
Números 21

Los israelitas tuvieron que viajar mucho por el desierto. Pero aunque Dios les ayudó a vencer a los pueblos y ciudades que se interponían en su camino, el pueblo seguía quejándose. Hablaron contra Dios y contra Moisés, lamentándose: "¿Por qué nos has sacado de Egipto para morir en el desierto? No hay pan y apenas agua. ¡Y estamos hartos de esta comida miserable!".

Cuando Dios vio su ingratitud, envió serpientes venenosas entre ellos y muchos israelitas murieron. El pueblo se acercó a Moisés y le dijo: "Fue un error nuestro hablar contra Dios. Por favor, pídele que se lleve las serpientes". Entonces Moisés oró.

Entonces Dios le dijo: "Haz una serpiente y ponla en un poste; cualquiera que haya sido mordido podrá mirarla y vivir". Entonces Moisés hizo una serpiente de bronce y la puso en un poste. Cuando alguien era mordido por una serpiente y miraba la serpiente de bronce, vivía.

EL ÁNGEL Y EL ASNA DE BALAAM

Números 22

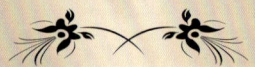

Los moabitas estaban preocupados. Los israelitas habían acampado cerca y temían que si se enfrentaban a ellos en una batalla serían destruidos. Su rey, Balac, envió un mensaje a un profeta llamado Balaam para que echara una maldición a los israelitas. Balaam se ganaba la vida haciendo profecías y poniendo maldiciones o bendiciones por dinero.

Cuando el mensajero vino a buscar a Balaam, el profeta le preguntó a Dios qué debía hacer, y Dios le dijo que no debía maldecir a los israelitas, pues estaban bendecidos por él, así que Balaam le dijo a los mensajeros que regresaran. Barac envió más mensajeros y ofreció más dinero. Balaam dijo que no podía ayudar, pero les dijo que pasaran la noche y que volvería a hablar con Dios, ¡aunque él ya había dicho que 'no'!

Esa noche, Dios le dijo a Balaam que podía ir, pero que debía decir exactamente lo que se le había dicho, así que a la mañana siguiente Balaam partió en su asna. Por el camino, el asna se apartó de repente del camino, pues un ángel le impedía el paso. Balaam no pudo verlo y trató de obligar al asna a seguir adelante. Cuando se echó, empezó a golpearlo. Entonces Dios hizo hablar al asna. "¿Por qué me pegas?", preguntó, y Balaam respondió asustado: "¡Porque me estás poniendo en ridículo!".

Entonces Dios le abrió los ojos, de modo que ahora él también podía ver al ángel de pie en el camino. Balaam cayó de rodillas asustado. Dios le dijo que fuera a ver al rey y que solo dijera las palabras que Dios pusiera en su boca. En Moab, para asombro del rey, Balaam bendijo a los israelitas en lugar de maldecirlos y advirtió que los enemigos de Israel serían conquistados y ¡que Moab sería aplastado!

TIEMPOS DE CAMBIO
Números 27

Dios le dijo a Moisés que pronto sería el momento de dejar a su pueblo. Le dijo que le dejaría ver la tierra prometida a los israelitas, pero que no le dejaría entrar en ella. Moisés pidió a Dios que eligiera a otra persona para dirigir al pueblo después de su muerte, y el Señor eligió a Josué, que ya había demostrado su fe en Dios.

Ahora bien, las tribus de Rubén y Gad tenían grandes rebaños.

Preguntaron si podían quedarse a este lado del río Jordán, ya que la tierra era buena para el pastoreo. Moisés aceptó que si todos sus hombres ayudaban en la lucha para conquistar Canaán, después de su victoria podrían volver y reclamar esta tierra.

Dios dijo a los israelitas que debían expulsar a los habitantes de la tierra antes que ellos, y destruir todas sus imágenes talladas e ídolos y templos, ya que Dios no les daba a los israelitas la tierra porque fueran buenos, sino porque los que vivían allí eran malvados.

ELECCIÓN DE LA VIDA
Deuteronomio 29-30

Moisés reunió al pueblo, pues Dios quería que renovaran el pacto que había hecho con ellos. Moisés les recordó todo lo que Dios había hecho por ellos y que se enfadaría si alguna vez se apartaban de él y se iban a adorar a otros dioses. Pero si obedecían a Dios con todo su corazón y su alma, y guardaban sus mandamientos, entonces él los cuidaría dondequiera que estuvieran, y los llevaría a la tierra prometida a sus padres, y serían ricos y exitosos.

"Hoy pongo ante ti una elección entre la vida y la muerte. Si amas de verdad al Señor y obedeces todos sus mandatos, tú y tus hijos viviréis felices en la Tierra Prometida. Pero si no obedecen a Dios, si adoran a otros dioses, entonces serán destruidos. Así que escoge la vida, porque el Señor es tu vida, y ¡él estará contigo en la tierra que se te ha prometido!".

JOSUÉ, EL NUEVO LÍDER
Deuteronomio 31-32

Moisés era ya muy viejo. Llamó al pueblo de Israel. "Dios me ha dicho que no puedo entrar en la Tierra Prometida. Josué los llevará allí. Deben ser valientes y fuertes, porque Dios no los abandonará", y le dijo a Josué delante de todo el pueblo: "Sé fuerte y valiente, porque debes conducir a este pueblo a la Tierra Prometida y repartirla entre ellos. El Señor mismo va delante de ti y estará contigo; nunca te dejará ni te abandonará, así que no tengas miedo ni te desanimes".

Dios habló con Moisés y Josué a solas fuera de la Tienda de Reunión, y le dijo a Moisés lo que debía decir al pueblo, pues sabía que pronto se le rebelarían. Entonces Moisés se dirigió al pueblo. "Han sido ustedes tercos y rebeldes conmigo como líder. ¿Cuánto peor serán después de que yo muera?". Y habló de lo que había sucedido y de lo que sucedería. "Tomen mis palabras en serio", dijo. "Estas palabras son su vida: si obedecen las palabras de la ley, entonces Dios estará con ustedes y con sus hijos".

Dios dijo unas palabras especiales para Josué. "Tú guiarás al pueblo a la tierra que les he prometido. Josué, no tengas miedo porque siempre estaré contigo".

MOISÉS CONTEMPLA LA TIERRA PROMETIDA
Deuteronomio 33-34

Llegó la hora de que Moisés dejara a su pueblo. Antes de partir, los reunió y les dijo: "¡Son ustedes verdaderamente bendecidos! ¿Quién es como ustedes, un pueblo salvado por el Señor? Él es su escudo y su ayudante y su espada gloriosa. Sus enemigos se acobardarán ante ustedes, y ustedes pisotearán sus lugares altos".

Moisés subió al monte Nebo y el Señor le mostró toda la tierra de Canaán en la distancia. Luego murió en la montaña y fue reunido con su pueblo. Tenía ciento veinte años cuando murió, pero sus ojos no se debilitaron ni su fuerza desapareció. El pueblo estuvo de luto durante treinta días. Sabían que nunca habría otro profeta como él, que había hablado con el Señor cara a cara.

LOS ESPÍAS
Josué 1-4

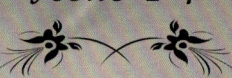

Dios había prometido la tierra de Canaán a los israelitas. Durante muchos años habían vagado por el duro desierto, pero ahora había llegado el momento de cruzar el río Jordán hacia la Tierra Prometida, donde abundaban los alimentos, el agua y la tierra que era verde y exuberante.

Josué envió a dos espías a la ciudad de Jericó, en la orilla más lejana del río. Pasaron la noche en casa de una mujer llamada Rahab, pero el rey se enteró de que había espías en su ciudad y envió soldados a buscarlos. La amable Rahab escondió a los hombres en su tejado y, cuando los soldados llamaron a la puerta, los mandó a buscar. Luego les dio a los espías una cuerda para que pudieran bajar, ya que la casa formaba parte de la muralla de la ciudad. "El pueblo de Jericó vive con miedo a su llegada", les dijo, "porque hemos oído lo poderoso que es su Dios. Por favor, ¡perdónenme a mí y a mi familia cuando ataquen Jericó!".

Los espías le dijeron a Rahab que atara un trozo de cordón rojo a la ventana y que se asegurara de que toda su familia estuviera dentro de su casa cuando los israelitas atacaran. Pero le advirtieron que no dijera ni una palabra sobre ellos, porque si lo hacía no tendría piedad.

133

CRUZANDO EL RÍO
Josué 5

El río Jordán estaba desbordado. Las aguas, que corrían a gran velocidad, eran traicioneras y no había puente ni vado. Sin embargo, Dios había dicho al pueblo que hoy cruzarían a la Tierra Prometida.

Josué dijo a todos que recogieran sus pertenencias, y luego envió a los sacerdotes por delante, llevando el Arca del Pacto. En cuanto sus pies tocaron el agua, ¡dejó de fluir y formó un enorme muro, y un camino seco se extendió ante los sacerdotes! Se abrieron paso hasta la mitad del cauce del río, y entonces el pueblo de Israel comenzó a cruzar con seguridad. ¡Ni una gota de agua les tocó!

Eran tantos que tardaron todo el día en cruzar, pero al anochecer los hijos de Israel habían llegado por fin a la tierra que Dios les había prometido durante tantos años.

Antes de que los sacerdotes terminaran de cruzar el río, Josué hizo que un hombre de cada una de las doce tribus de Israel levantara una piedra del centro del lecho del río, donde los sacerdotes habían estado parados. En cuanto los sacerdotes pisaron la orilla, el río volvió a su cauce. Entonces Josué recogió las doce piedras y las levantó formando un montículo como recuerdo para el pueblo de cómo las aguas del río se habían detenido ante el Arca del Pacto, y de cómo Dios los había llevado a salvo a través de él y a la Tierra Prometida.

LA CONQUISTA DE JERICÓ
Josué 6

Los israelitas rodearon Jericó. Nadie salía ni entraba, y dentro de las murallas el pueblo estaba aterrorizado. Entonces Dios le dijo a Josué: "He entregado Jericó en tus manos. Marchen alrededor de la ciudad una vez con todos los hombres armados.

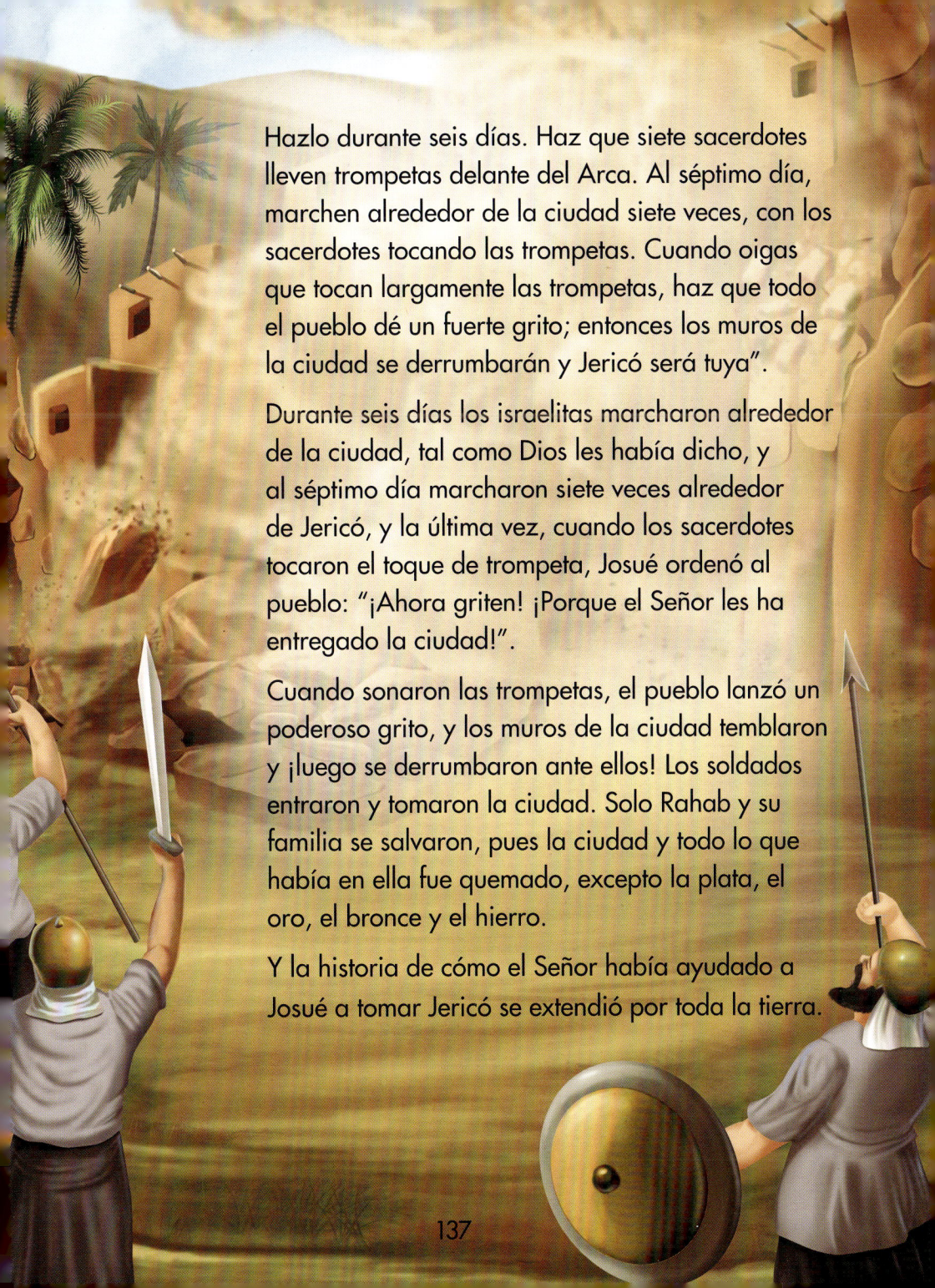

Hazlo durante seis días. Haz que siete sacerdotes lleven trompetas delante del Arca. Al séptimo día, marchen alrededor de la ciudad siete veces, con los sacerdotes tocando las trompetas. Cuando oigas que tocan largamente las trompetas, haz que todo el pueblo dé un fuerte grito; entonces los muros de la ciudad se derrumbarán y Jericó será tuya".

Durante seis días los israelitas marcharon alrededor de la ciudad, tal como Dios les había dicho, y al séptimo día marcharon siete veces alrededor de Jericó, y la última vez, cuando los sacerdotes tocaron el toque de trompeta, Josué ordenó al pueblo: "¡Ahora griten! ¡Porque el Señor les ha entregado la ciudad!".

Cuando sonaron las trompetas, el pueblo lanzó un poderoso grito, y los muros de la ciudad temblaron y ¡luego se derrumbaron ante ellos! Los soldados entraron y tomaron la ciudad. Solo Rahab y su familia se salvaron, pues la ciudad y todo lo que había en ella fue quemado, excepto la plata, el oro, el bronce y el hierro.

Y la historia de cómo el Señor había ayudado a Josué a tomar Jericó se extendió por toda la tierra.

MANTENIENDO LA PROMESA
Josué 9-10

Cuando los habitantes de la cercana ciudad de Gabaón se enteraron de la caída de Jericó, temieron por sus propias vidas. Decidieron engañar a los israelitas para que firmaran un tratado de paz con ellos, fingiendo que venían de una tierra lejana.

Enviaron mensajeros vestidos con ropas rasgadas, con pan rancio y bidones de agua agujereados. Cuando Josué les preguntó quiénes eran, respondieron: "Hemos hecho un largo viaje. Este pan estaba recién salido de nuestros hornos cuando empezamos. Ahora está rancio. Y nuestros zapatos están casi gastados de tanto caminar".

Josué redactó un tratado de paz con los hombres de Gabaón y juró cumplirlo. Cuando los israelitas se enteraron de la verdad, se pusieron furiosos, pero, sin embargo, cuando Gabaón fue atacada poco después, los israelitas acudieron en su ayuda, porque Josué era honrado. A Dios no le había agradado su imprudencia al firmar el tratado, pero se alegró de que cumpliera su palabra. Ayudó a los israelitas a vencer a los enemigos de Gabaón, ¡e incluso hizo que el sol y la luna se detuvieran hasta que se hubieran vengado!

El pueblo de Israel tuvo que ganar muchas más batallas, pero, con la ayuda de Dios, la tierra fue finalmente suya.

139

DÉBORA Y BARAC

Jueces 4-5

Pasaron muchos años. El pueblo se alejó de Dios y cayó en la maldad. Dios se enojó y permitió que su enemigo, el rey Jabín, y el comandante de sus ejércitos, el general Sísara, los conquistaran. Cuando el pueblo clamó de nuevo a Dios para que lo ayudara, habló con Débora, una mujer sabia a la que había enviado como juez de Israel, y le dijo lo que tenía que hacer.

Mandó llamar a un soldado llamado Barac y le dijo que reuniera un ejército de diez mil hombres en el monte Tabor, y que ella entregaría a Sísara y a todos sus soldados en sus manos. Barac aceptó ir, pero solo si Débora iba también. Ella le dijo que, como no confiaba en Dios, la victoria final le correspondería a una mujer.

Los israelitas se encontraron con Sísara y sus carros en las laderas del monte Tabor, y como el Señor estaba con ellos no escapó ni uno solo de los soldados enemigos: ¡todos fueron muertos! Pero Sísara logró escapar y se escondió en la tienda de uno de los aliados del rey, donde una mujer llamada Jael le dio de beber y un lugar para descansar.

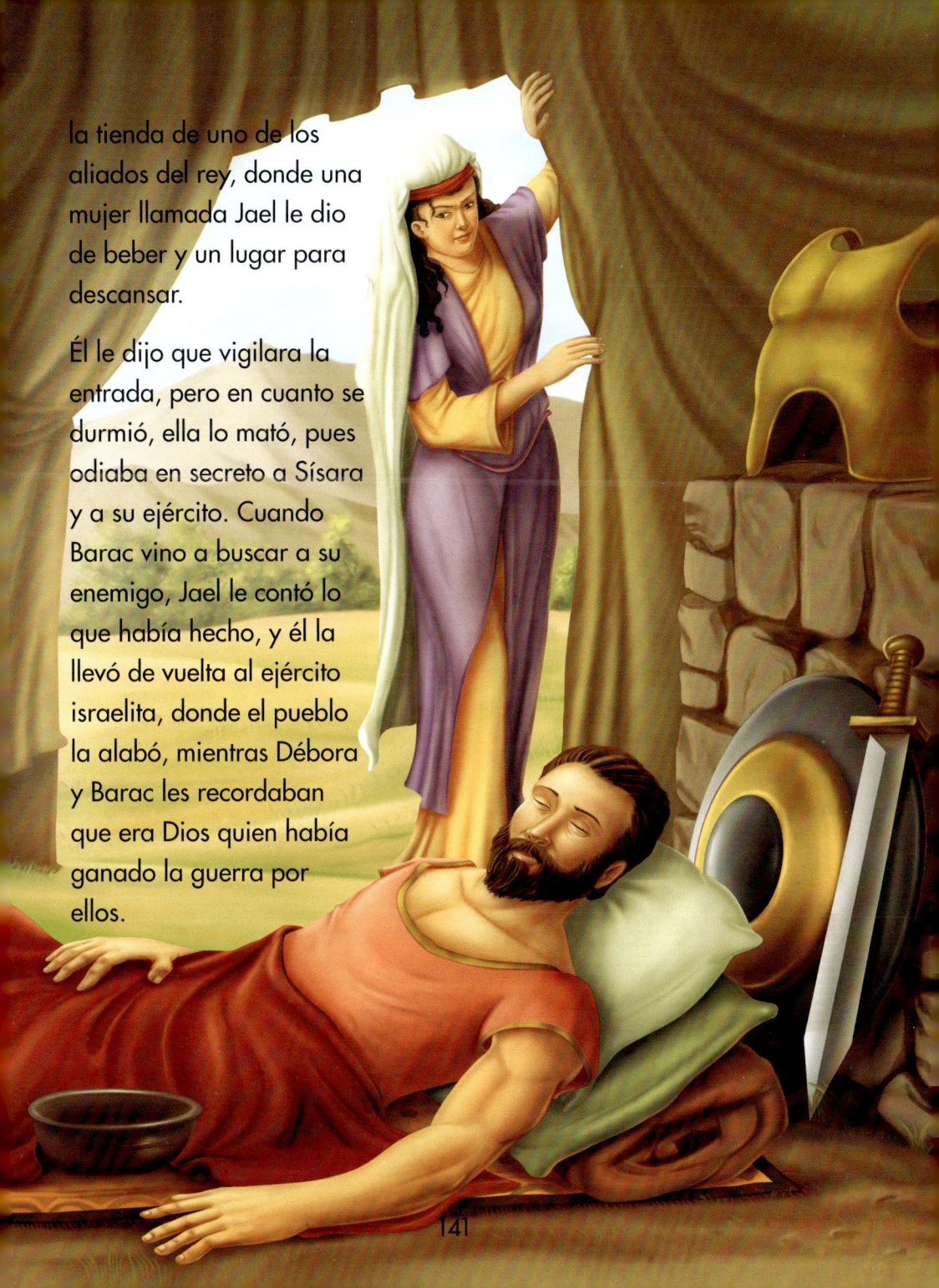

Él le dijo que vigilara la entrada, pero en cuanto se durmió, ella lo mató, pues odiaba en secreto a Sísara y a su ejército. Cuando Barac vino a buscar a su enemigo, Jael le contó lo que había hecho, y él la llevó de vuelta al ejército israelita, donde el pueblo la alabó, mientras Débora y Barac les recordaban que era Dios quien había ganado la guerra por ellos.

GEDEÓN
Jueces 6

Con el tiempo, los israelitas volvieron a caer en sus malos caminos, y por eso, cuando los terribles madianitas llegaron a tomar su tierra, Dios no los ayudó. Durante siete largos años, los israelitas se vieron obligados a esconderse en las montañas mientras los madianitas se llevaban sus cosechas y animales. Desesperado, el pueblo clamó a Dios, que envió un mensajero a Gedeón para decirle que había sido elegido para derrotar a los madianitas. Gedeón se sorprendió y apenas podía creerlo. Dios le dijo que derribara un altar a Baal en el pueblo y que construyera uno nuevo a Dios.

Gedeón lo hizo con unos pocos sirvientes en la oscuridad de la noche. Cuando los aldeanos se enteraron, quisieron matarlo, pero su padre les dijo: "¡Si Baal es realmente un dios, puede defenderse cuando alguien rompe su altar!", y así dejaron a Gedeón en paz.

Gedeón aún no estaba convencido de ser el hombre adecuado para el trabajo. Pidió a Dios una señal especial. "Dejaré esta lana en el suelo. Si, por la mañana, está mojada, pero la tierra que lo rodea está seca, entonces sabré que me vas a utilizar para salvar a Israel".

Por la mañana, la lana estaba empapada, pero el suelo estaba seco. Aun así, Gedeón pidió una última señal. "Que mañana la lana esté seca, pero la tierra húmeda". Y así fue, ¡ahora Gedeón estaba convencido!

GEDEÓN Y SUS TRESCIENTOS GUERREROS
Jueces 7-8

Gedeón y los hombres que se habían unido a él contemplaron las tiendas de los madianitas. Se extendían hasta donde alcanzaba la vista, ¡cubriendo el suelo como un enjambre de hormigas asesinas! Pero aun así, Dios le dijo a Gedeón: "Tienes demasiados hombres. No quiero que los israelitas piensen que han ganado por su propia fuerza. Dile a cualquiera que tenga miedo que puede volver a casa".

Después de que Gedeón hablara a su ejército, ¡solo quedaban diez mil! Pero Dios dijo: "Todavía tienes demasiados hombres. Diles que vayan a beber del agua, y llévate contigo solo a los que tomen el agua en sus manos para beber, no a los que la lamen". Cuando se hizo esto, ¡solo quedaron trescientos hombres!

Aquella noche, Gedeón contempló el mar de tiendas: ¿cómo podrían ganar? Dios sabía que estaba ansioso y le dijo que se arrastrara hasta el campamento enemigo, ¡donde escuchó a los soldados contar sus pesadillas sobre la derrota! Volvió lleno de confianza y despertó a sus hombres, dándoles a todos trompetas y jarras vacías con antorchas dentro.

Los hombres llegaron al borde del campamento y, siguiendo la señal de Gedeón, todos tocaron sus trompetas y rompieron las tinajas, y gritaron con fuerza. El fuerte ruido y la luz repentina asustaron tanto a los madianitas que el campamento cayó en la confusión, y los soldados huyeron aterrorizados, ¡incluso se volvieron unos contra otros por el miedo!

De este modo, ¡Gedeón y Dios derrotaron a los madianitas con solo trescientos hombres!

LA PROMESA DE JEFTÉ
Jueces 11

Una vez más, el pueblo de Israel fue atacado. Esta vez, su líder era un hombre valiente y honorable llamado Jefté. Antes de llevar a su pueblo a la batalla, Jefté habló con Dios. "¡Oh Dios, si entregas a los amonitas en mis manos, juro solemnemente que al regresar te sacrificaré lo primero que salga de la puerta de mi casa para saludarme!".

Entonces Jefté salió a luchar contra su enemigo, y como Dios estaba con él, ganó.

Pero al volver a casa, ¡quién saldría a su encuentro sino su encantadora hija, su amada y única hija! Cuando la vio, se rasgó las vestiduras y gritó desesperado mientras le contaba su promesa a Dios, a lo que ella respondió con tristeza pero con seriedad: "Padre mío, has dado tu palabra al Señor, y debes cumplir tu promesa. Concédeme solo una petición", le pidió ella. "Dame dos meses para hacer el duelo".

Y así, durante dos meses, la hija de Jefté se fue al monte con sus amigos y lloró por la vida que no tendría. Pero al final de los dos meses, ella regresó con su padre y él cumplió su promesa a Dios.

EL PODEROSO SANSÓN
Jueces 13

Una vez más los israelitas volvieron a sus malos caminos, y ahora el Señor los entregó en manos de los filisteos. Durante cuarenta años los israelitas habían sido esclavizados por sus enemigos. Un día Dios envió un mensaje a un hombre llamado Manoa y a su mujer, que vivían en Zora: "Tendrán un hijo que crecerá para liberarlos de los filisteos". Manoa y su mujer llevaban años intentando tener un hijo, sin éxito, por lo que se quedaron asombrados y emocionados con esta noticia. Cuando nació su hijo, lo llamaron Sansón, y no le cortaron el cabello ni una sola vez. Era una señal de que pertenecía a Dios de una manera muy especial.

Un día, cuando Sansón era mayor, se abalanzó sobre él uno de los feroces leones que rondaban la tierra de Canaán. Sansón se llenó del Espíritu del Señor y ¡se hizo tan fuerte que pudo matar a la bestia con sus propias manos!

149

SANSÓN Y DALILA
Jueces 16

Sansón fue una amenaza para los filisteos. Aunque nunca dirigió un ejército, llevó a cabo muchos ataques contra ellos. Pero cuando se enamoró de Dalila, una hermosa mujer filistea, la sobornaron para que descubriera el secreto de la fuerza de Sansón.

Noche tras noche, Dalila le suplicaba a Sansón que le contara su secreto. Al final, ella lo agotó, y él dijo: "Si alguien me cortara el cabello, entonces perdería toda mi fuerza". Cuando Sansón se despertó, descubrió que los filisteos habían entrado en su habitación y le habían cortado el cabello. Ahora estaba impotente, porque ¡lo ataron, lo cegaron y lo metieron en la cárcel!

Con el tiempo, el cabello de Sansón volvió a crecer. Un día, los gobernantes filisteos estaban reunidos para una fiesta en un templo lleno de gente. Sacaron a Sansón para que se burlaran de él. Lo encadenaron entre las dos columnas centrales del templo. Entonces Sansón oró a Dios con todo su corazón: "¡Dame fuerzas solo una vez más, mi Señor, para que pueda vengarme de mis enemigos!".

Una vez más Sansón se llenó de fuerza. Empujó las columnas con todas sus fuerzas y se cayeron. El templo se derrumbó, matando a todos los que estaban dentro. ¡Sansón mató a más enemigos con este último acto que los que había matado en toda su vida!

151

LA LEALTAD DE RUT
Rut 1-4

Noemí estaba por regresar a Belén. Su esposo y sus hijos habían muerto y ella quería volver a casa, pero le rogó a sus queridas nueras, Orfa y Rut, que se quedaran, pues no tenía dinero y su vida sería difícil.

Orfa y Rut querían mucho a Noemí y no querían quedarse, pero finalmente Orfa aceptó volver a casa. Sin embargo, la leal Rut dijo: "¡No me pidas que me vaya! Iré donde tú vayas. Tu pueblo será mi pueblo y tu Dios será mi Dios".

Así fue como Rut y Noemí llegaron a Belén. Pronto no les quedó comida, y la valiente Rut salió a los campos donde los trabajadores estaban recogiendo las cosechas y le preguntó al dueño si podía recoger algo de la cebada que a sus trabajadores se les había caído.

Este hombre era Booz, y amablemente dejó que Rut trabajara en sus campos y dijo a sus siervos que compartieran su comida con ella. Cuando Rut regresó con una cesta llena de comida, Noemí supo que el Señor cuidaba de ellos, pues Booz era pariente suyo. Con el tiempo, Rut se casó con él, y cuando tuvieron un hijo, ¡no hubo mujer más feliz en todo Belén que Noemí!

DIOS OYÓ LA ORACIÓN DE ANA
1 Samuel 1-2

Ana anhelaba tener un hijo. No podía pensar en otra cosa. Un día, mientras visitaba el templo de Jerusalén, se acercó a la puerta de la tienda sagrada y, llorando amargamente, se puso a orar. "Querido Señor, por favor, dame un hijo, porque soy muy infeliz", suplicó. "¡Te juro que, si lo haces, te lo devolveré para que te sirva durante toda su vida!". Cuando el sacerdote Elí vio a Ana y se enteró de sus problemas, la despidió con dulzura, diciendo: "Que Dios responda a tu oración".

Ana se fue, sintiendo como si se le hubiera quitado un gran peso de encima. Había hablado con Dios y ahora él decidiría lo que era mejor para ella. ¡Y qué emocionada estaba cuando, algún tiempo después, dio a luz a un hermoso niño llamado Samuel!

No olvidó su promesa a Dios, pues cuando el niño tuvo edad suficiente, lo llevó al templo, sabiendo que sería bien cuidado por el amable sacerdote. Cada año lo visitaba, y Dios, sabiendo lo difícil que había sido para ella entregar a su hijo, la bendijo con más hijos para amar y cuidar en casa.

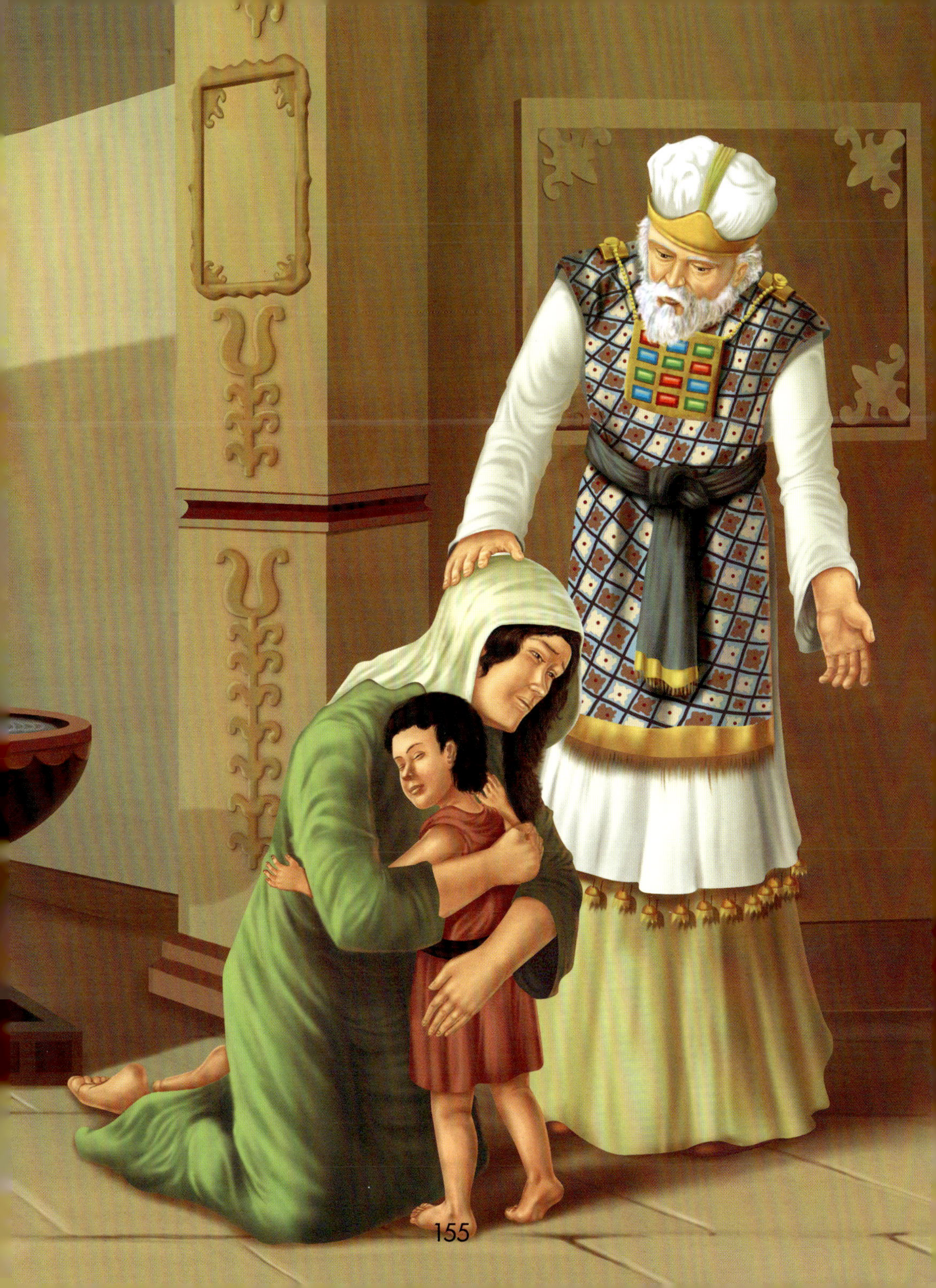

DIOS LLAMA A SAMUEL
1 Samuel 3

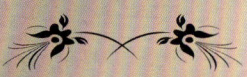

Elí se encariñó con Samuel, porque era un buen muchacho. Una noche, Samuel se despertó sobresaltado al oír su nombre. Corrió a la habitación de Elí, pero el sacerdote lo devolvió a la cama diciendo: "Yo no te he llamado, pequeño".

Samuel apenas se había tapado con las sábanas, cuando oyó que lo llamaban de nuevo. Como antes, se apresuró a pasar, pero una vez más Elí lo mandó a su cama. Esto sucedió una vez más antes de que Elí se diera cuenta de quién llamaba realmente a Samuel era, ¡Dios!

Así que Samuel volvió a la cama, y cuando Dios le habló de nuevo, respondió: "habla, tu siervo oye". Entonces Dios le dijo que había decidido juzgar a la familia de Elí, pues sus hijos eran malvados y Elí no los había detenido. A la mañana siguiente, Samuel no quiso contarle al sacerdote lo que Dios había dicho, pero cuando lo hizo, Elí suspiró resignado: "Él es el Señor. Hagamos lo que es justo a sus ojos".

Mientras Samuel crecía, Dios le hablaba frecuentemente, y con el tiempo la gente empezó a escuchar lo que Samuel les decía.

¡LA CAPTURA DEL ARCA!
1 Samuel 4-6

Los israelitas estaban de nuevo en guerra con los filisteos. Las cosas no iban bien, así que decidieron llevar el Arca del Pacto a la batalla, ya que esperaban que les diera la victoria, creyendo que entonces Dios estaría con ellos, pero los filisteos lucharon con tanta fuerza que mataron a todos los israelitas, ¡y robaron el Arca del Pacto con el resto del botín!

Triunfantes, los filisteos colocaron el Arca dentro del templo de su dios. ¡Por la mañana descubrieron que la estatua se había caído! La volvieron a poner en pie, pero a la mañana siguiente, ¡la encontraron hecha pedazos! Cuando los habitantes de la ciudad se vieron afectados por una extraña enfermedad, se asustaron mucho y trasladaron el Arca a otra ciudad, pero dondequiera que fuera, la plaga la seguía.

Los filisteos, aterrorizados, cargaron el Arca y una ofrenda de oro en un carro tirado por dos vacas y las dejaron ir a donde quieran. Las vacas llevaron el carro directamente a Israel, donde el pueblo se alegró al ver que el Arca volvía sana y salva.

LOS ISRAELITAS PIDEN UN REY

1 Samuel 8-10

Samuel dirigió a Israel con sabiduría durante muchos años y llevó al pueblo de vuelta a Dios. Era justo y honesto y durante este tiempo Israel fue fuerte contra los filisteos. Pero cuando Samuel envejeció, el pueblo comenzó a preocuparse por lo que sucedería después de su muerte, y empezaron a pedir un rey.

Samuel sabía que debían estar contentos con Dios como su Rey, y trató de advertirles que un rey podría tratarlos mal, pero el pueblo no quiso escuchar; querían un rey con ropas finas para dirigir sus ejércitos, al igual que todas las otras naciones alrededor. Al final, Samuel accedió a sus demandas.

El hombre que Dios eligió era el hijo de un agricultor de la tribu de Benjamín. Saúl era un joven alto y guapo. Se sorprendió cuando Samuel lo ungió, pero Dios envió algunas señales especiales para que supiera que era verdad.

Cuando Samuel intentó presentar a Saúl, el joven se asustó tanto que se escondió. Cuando lo encontraron, Samuel anunció: "¡Aquí tienen a su nuevo rey!", y el pueblo lo aclamó y gritó de alegría.

161

LA DESOBEDIENCIA DE SAÚL
1 Samuel 11-15

Saúl llegó a ser un rey poderoso y obtuvo muchas victorias sobre los filisteos. Al principio, era bueno y valiente, pero con el tiempo, Saúl se volvió orgulloso y obstinado, y no siempre obedecía a Dios.

En años siguientes, Dios llamó a Saúl para que atacara a los amalecitas, que una vez habían tratado mal a los israelitas. Dios le dijo que destruyera a Amalec, y todo lo que había en ella, pero Saúl perdonó a los mejores animales y trajo también al rey.

Cuando Samuel le preguntó por qué había desobedecido a Dios, Saúl le dijo que iba a sacrificar los animales al Señor. Entonces Samuel le dijo con severidad que Dios valoraba la obediencia por encima del sacrificio. Saúl le pidió perdón y, cuando Samuel se apartó de él, se agarró a su manto y una esquina del mismo se desgarró en sus manos. Samuel le dijo que de esa manera, el Señor le arrancaría el reino a Saúl, pues se arrepentía de haberlo hecho rey sobre Israel. Samuel se separó de Saúl con tristeza y no volvió a verlo.

EL PEQUEÑO PASTOR
1 Samuel 16

Samuel fue a la casa de Isaí en Belén, porque Dios había elegido a uno de sus hijos para ser rey de Israel. Cuando vio al hijo mayor de Isaí, un joven de buen aspecto, pensó: "Seguramente este es el elegido de Dios", pero Dios le dijo que no juzgara por las apariencias: ¡Dios mira el interior de una persona, no el exterior!

Uno por uno, Isaí sacó a sus hijos, pero ninguno de ellos fue el elegido. Finalmente Samuel le preguntó si tenía más hijos, e Isaí respondió: "Está el más joven, David, pero está cuidando las ovejas en el campo".

Cuando el joven pastor fue llevado ante Samuel, el Señor habló: "¡Este es el que he elegido!".

Samuel lo ungió rociando unas gotas de aceite sobre su cabeza, pero aún debía pasar algún tiempo antes de que David fuera rey.

Por ahora se quedó en casa cuidando las ovejas, pasando las horas tocando su arpa y practicando con su honda, desde ese día, Dios estuvo siempre con él.

DAVID Y GOLIAT
1 Samuel 17

El joven David se enfrentó a Goliat. El poderoso Goliat era el temible líder del ejército filisteo, ¡y era tan grande y poderoso que era prácticamente un gigante! Goliat había desafiado a los soldados israelitas a un combate individual. Ninguno de ellos se había atrevido a luchar contra este terrible guerrero, pero David lo hizo. Dios había estado con él cuando había protegido a sus ovejas de los leones y los osos, y David sabía que Dios estaría con él ahora.

El rey le dio a David su propia armadura y sus armas, pero eran demasiado grandes y pesadas para el joven, así que David se enfrentó a Goliat, sin más que su bastón, una honda y cinco piedras lisas sacadas de un arroyo cercano.

Goliat se burló al ver al joven pastor, pero David corrió sin miedo hacia él, poniendo una piedra en su honda y lanzándola con todas sus fuerzas. La piedra golpeó a Goliat en medio de la frente y, cuando cayó al suelo, David se acercó corriendo y, sacando la propia espada de Goliat, ¡le cortó la cabeza de un solo golpe!

¡Los filisteos se quedaron tan sorprendidos cuando vieron morir a su líder que salieron corriendo!

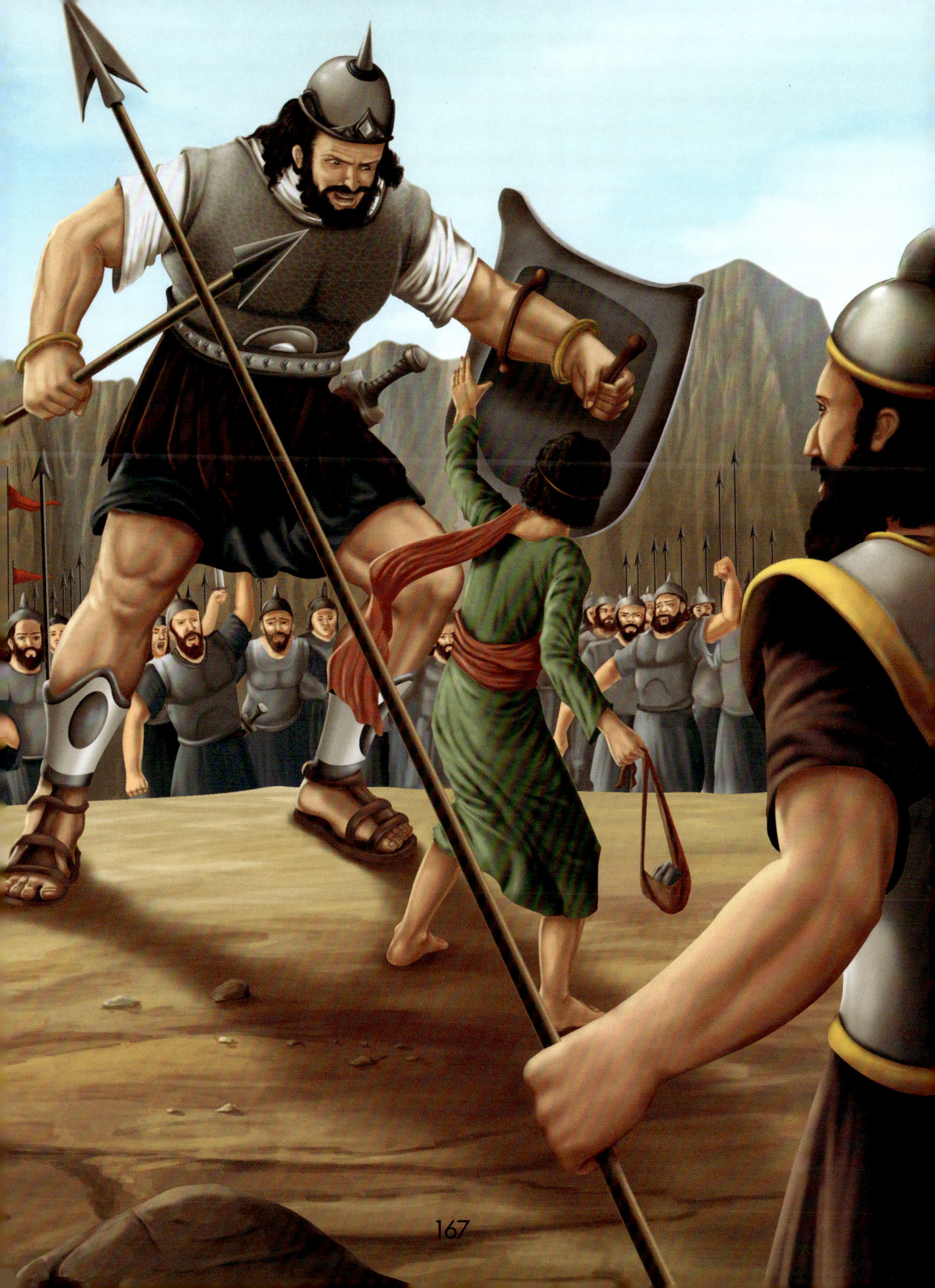

LOS CELOS DE SAÚL
1 Samuel 18-20

¡David era un héroe! Vivía en el palacio con Saúl y su hijo, Jonatán, que se encariñó con él como si fuera su propio hermano. Pero pronto Saúl se puso celoso, porque el pueblo parecía querer a David más que a él. Un día, David estaba tocando su arpa cuando los espíritus malignos se apoderaron del rey y le tiró su lanza. Al fallar, Saúl se asustó, pues vio que Dios lo había abandonado y estaba con David.

Saúl intentó una y otra vez que mataran a David y al final tuvo que huir del palacio. Jonatán esperaba persuadir a su padre para que perdonara a David, así que acordaron una señal que mostraría si era seguro que David regresara. "Iré con mi criado y dispararé tres flechas", dijo Jonatán. "Luego enviaré al muchacho a buscarlas. Si le digo: 'Mira, las flechas están a este lado tuyo. Tráelas aquí', entonces es seguro volver a casa. Pero si le digo: 'Mira, las flechas están más allá', entonces debes irte, pues tu vida está en peligro".

Jonatán intentó hablar con el rey, pero Saúl se puso furioso y su hijo se dio cuenta de que nunca cambiaría de opinión. Al día siguiente, Jonatán fue al bosque donde David estaba escondido y disparó sus flechas. Mientras su criado corría a buscarlas, le gritó: "¿No está la flecha más allá? ¡Date prisa!", y David se llenó de tristeza. Jonatán envió al muchacho de vuelta al palacio delante de él y los dos amigos se abrazaron y se despidieron con tristeza.

DAVID PERDONA LA VIDA A SAÚL
1 Samuel 24,26

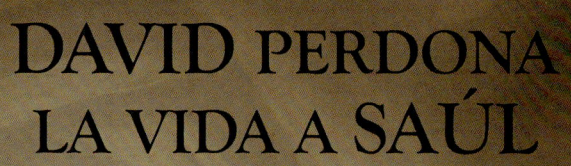

Saúl no olvidó su odio hacia David y lo buscó por toda la tierra. Llegó un día en que David tuvo la vida de Saúl en sus manos. Él y sus hombres estaban escondidos en una cueva, cuando el propio Saúl entró, ¡necesitando ir al baño! David consiguió acercarse sigilosamente y cortar una esquina del manto de Saúl. Sus soldados le susurraron que Dios había entregado a su enemigo en sus manos, pero David no quería hacer daño a Saúl. Cuando Saúl salió de la cueva, David lo llamó y le mostró el trozo de su túnica.

"¿Puedes ver?", le dijo a Saúl. "No debes creer a los que te dicen que soy un peligro para ti, o que quiero tu trono. ¡Nunca te haría daño!".

Saúl se sintió humillado por la bondad y la misericordia de David, y le pidió que lo perdonara. Durante un tiempo hubo paz entre ellos. ¡Pero no duró mucho!

DAVID Y ABIGAIL
1 Samuel 25

Un día David y sus hombres estaban en las tierras de un hombre rico llamado Nabal. Su esposa Abigail era hermosa y sabia, pero Nabal era malvado y egoísta. David envió mensajeros para pedir comida y prometer que no querían hacer daño, pero Nabal contestó con mala educación: "¿Por qué he de dar comida a este David?".

David se enfureció ante esto y marchó hacia la casa de Nabal, pero cuando Abigail se enteró de la rudeza de Nabal, reunió algo de comida y corrió a encontrarse con David, rogándole que perdonara a su esposo y aceptara la comida que había traído.

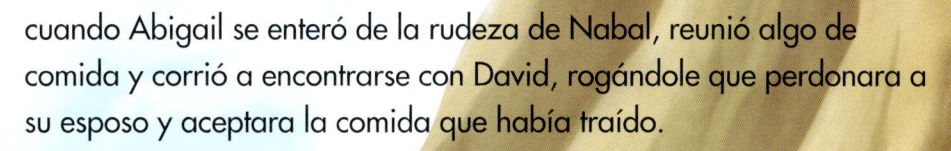

David se sintió conmovido por su súplica y prometió que no habría peleas. Cuando Nabal se enteró de lo sucedido, le dio un ataque al corazón y murió poco después. Entonces David envió mensajeros a Abigail, pidiéndole que se casara con él, lo que ella hizo con alegría.

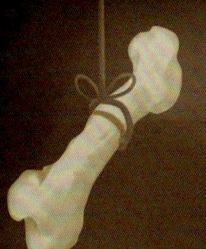

SAÚL Y LA ADIVINA DE ENDOR
1 Samuel 28

Los años pasaron y Samuel murió como un anciano. Cuando los filisteos se prepararon de nuevo para atacar a Israel, Saúl se sintió aterrorizado e impotente. Invocó a Dios para que lo guiara, pero no recibió respuesta, pues Dios se había alejado de él. Desesperado, se disfrazó y viajó a ver a una adivina que vivía en Endor, que podía llamar a los espíritus de los muertos.

Al principio la adivina no quería ayudar, pero cuando Saúl le juró que no le harían daño, aceptó. Saúl le pidió que llamara a Samuel. En silencio, la mujer comenzó sus ritos. Cuando vio el espíritu de Samuel, se asustó, pues ahora adivinaba quién era su visitante. Cuando Saúl se dio cuenta de que el espíritu era Samuel, gritó: "¿Qué voy a hacer? Los filisteos están a punto de atacar y ¡Dios no me dice qué hacer!".

"Si Dios no te responde, entonces no deberías estar hablando conmigo", respondió Samuel con severidad. "Le has desobedecido y serás castigado. Mañana, tú y tus hijos morirán".

Al día siguiente, el ejército de Israel fue completamente derrotado. Uno a uno, los soldados de Saúl murieron o desertaron, y al anochecer, ¡Saúl y sus hijos estaban muertos!

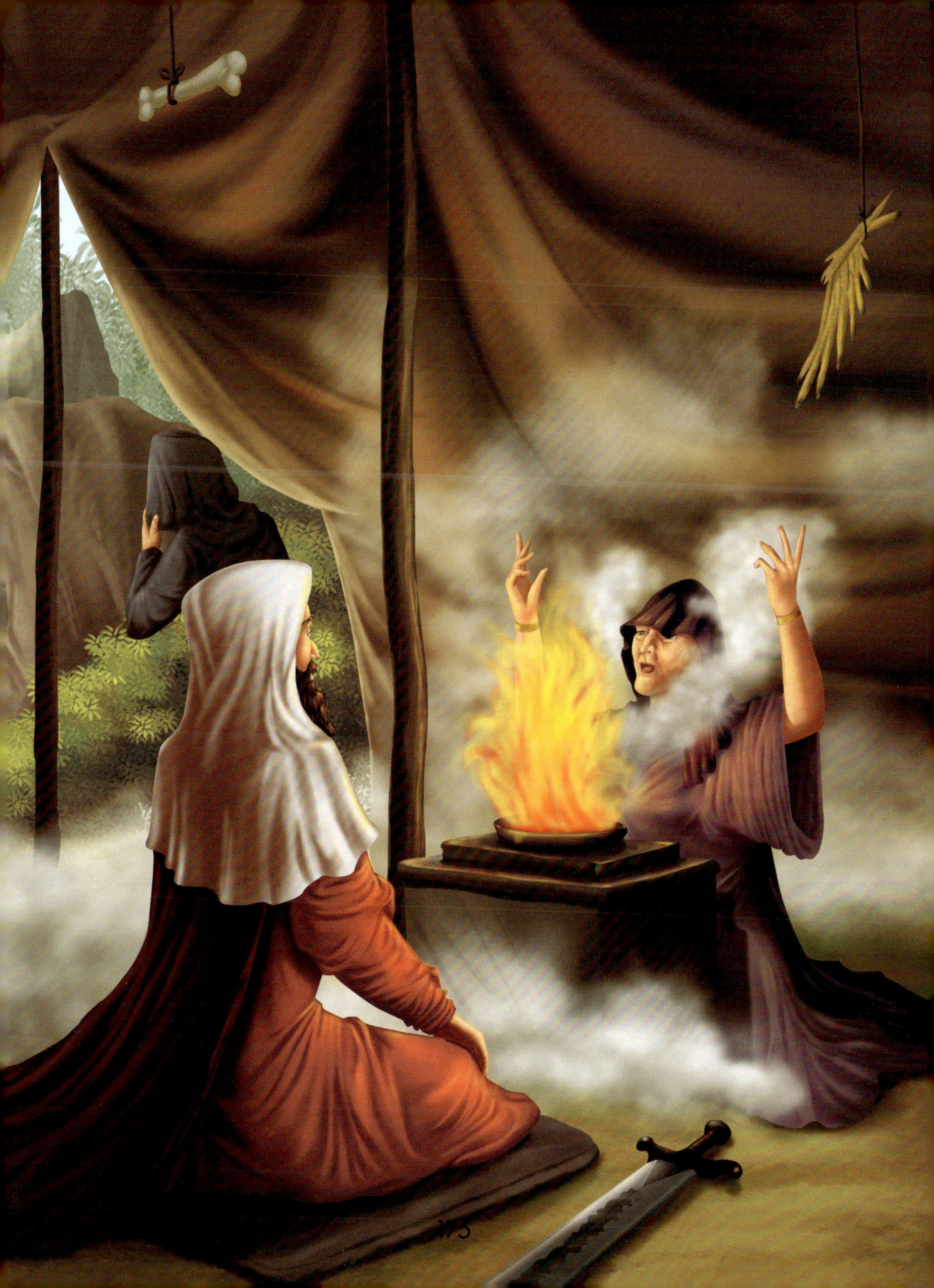

DAVID ES PROCLAMADO REY
2 Samuel 2-5

David se llenó de dolor cuando se enteró de la muerte de Saúl y Jonatán. Los descendientes de Saúl y David seguían luchando, pero finalmente todas las tribus de Israel proclamaron a David como su rey. Como uno de sus primeros actos, David decidió que la ciudad fortificada de Jerusalén fuera su nueva capital, pues sabía que los enemigos de Israel estaban siempre al acecho.

Cuando David marchó con su ejército a Jerusalén, que todavía estaba en manos de una tribu cananea, la gente de allí se rió de él, creyendo que estarían a salvo detrás de sus altas murallas. Las colinas rodeaban la ciudad por tres lados, y el cuarto estaba protegido por las enormes puertas de la ciudad. "Nunca entrarás", se burlaban.

Pero David tenía la bendición de Dios. Descubrió que un túnel de agua subía por la colina hasta la ciudad. Sus hombres subieron por el pozo de agua, hasta el corazón de la ciudad, y desbloquearon las puertas desde dentro, ¡y así la poderosa fortaleza cayó en manos de David y sus soldados!

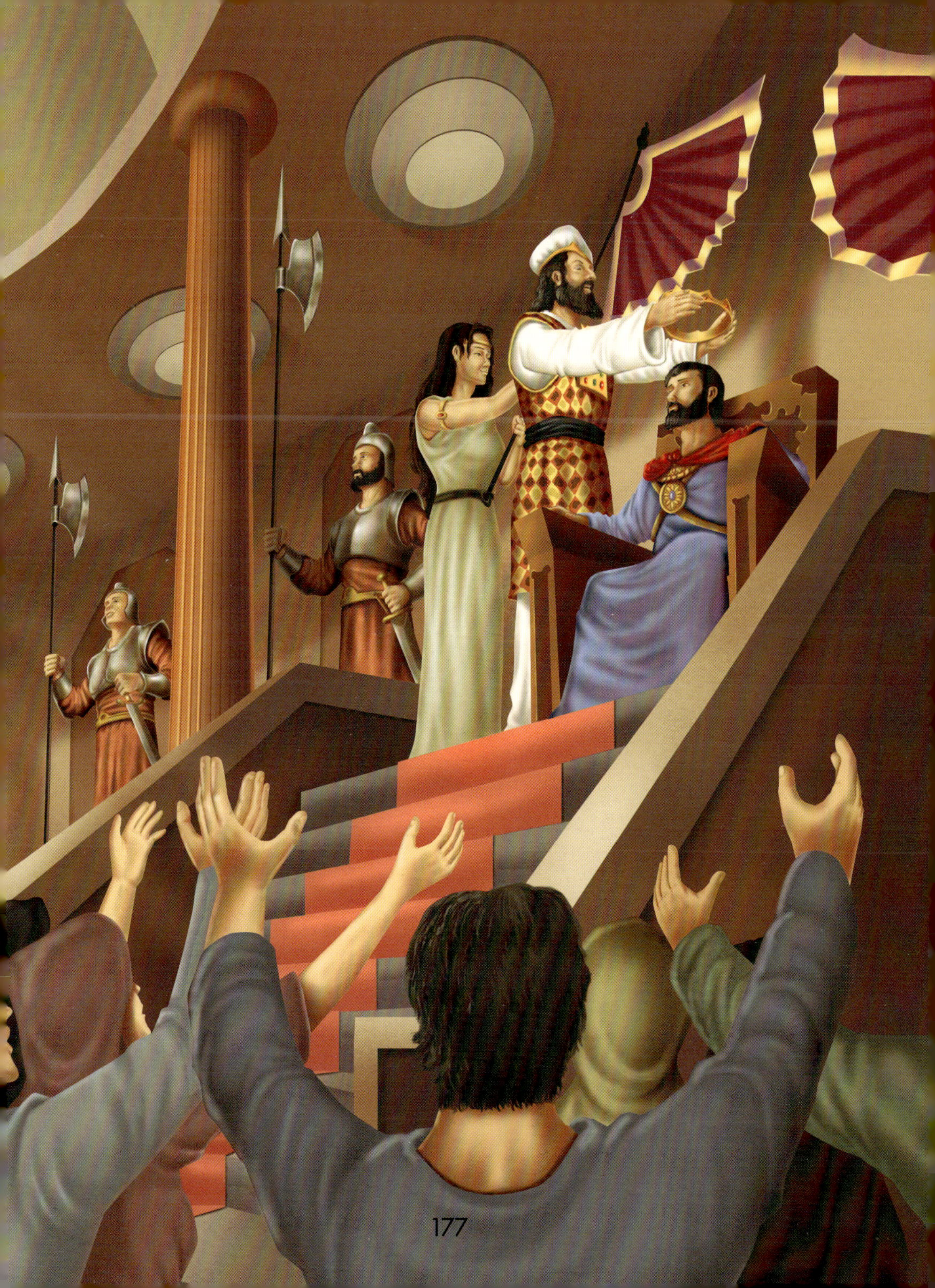

EL ARCA REGRESA A JERUSALÉN
2 Samuel 6; 1 Crónicas 13,15-16

Una vez que David conquistó la ciudad, mandó llamar a carpinteros y canteros para ampliarla y construir un gran palacio. Jerusalén pasó a ser conocida como la ciudad de David. Pero David sabía que le debía todo a Dios. Quería que Jerusalén fuera conocida como la ciudad de Dios y por eso decidió traer el Arca del Pacto a Jerusalén.

Hubo un gran regocijo cuando el Arca entró en la ciudad. David estaba fuera de sí de felicidad y cantaba y bailaba junto con todo su pueblo. Desde una ventana alta del palacio, su nueva esposa, Mical, miraba disgustada. "¿Cómo has podido avergonzarte así?", le preguntó después. "¡Deberías recordar quién eres!".

Ella no entendía que a David no le importaba su propia dignidad, sino que solo pensaba en alabar a Dios.

LA PROMESA DE DIOS CON DAVID

2 Samuel ; 1 Crónicas 17

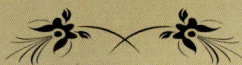

Un día, David llamó al profeta Natán. "No me parece bien que yo viva en un palacio tan espléndido, mientras el arca del pacto de Dios está en una tienda improvisada. ¡Quiero construir un buen templo para él!".

Aquella noche Dios habló a Natán y, por la mañana, el profeta le dijo al rey: "Dios siempre ha viajado con su pueblo en una tienda, para estar con su pueblo dondequiera que fuera. No quiere que le construyas un templo".

David se sintió amargamente decepcionado, pero Natán continuó: "Dios no quiere que le construyas una casa, pues es él quien te la construirá. Por él dejaste tus ovejas y tus campos para convertirte en rey de todo Israel. Te promete que estará contigo y te ayudará a vencer a tus enemigos. Con su guía te convertirás en el mayor rey de la tierra, y tus hijos serán reyes de Israel después de ti para siempre".

David lo agradeció mucho. Cuando Natán se marchó, David dio las gracias a Dios en una sincera oración. Había querido hacer algo por Dios, pero en cambio Dios había hecho algo maravilloso por él, por un simple pastor.

181

EL CORAZÓN BONDADOSO DE DAVID
2 Samuel 9

Aunque ahora era rey, David no olvidó a su querido amigo Jonatán. Pidió a sus consejeros que averiguaran si aún vivía algún familiar de Jonatán, pues quería hacer algo por ellos si podía. Por fin encontraron a un criado que les dijo que un hijo de Jonatán seguía vivo, pero que estaba lisiado de ambos pies. Se llamaba Mefiboset.

David mandó llamar a Mefiboset y, cuando lo llevaron ante el rey, se inclinó ante él. "No tengas miedo", dijo David a Mefiboset. "Me aseguraré de que toda la tierra que pertenecía a tu abuelo Saúl te sea devuelta, y siempre comerás en mi mesa".

Mefiboset se inclinó ante el rey. "¿Quién soy yo para que me honres así?".

"Eres el hijo de Jonatán, que fue mi amigo más querido", respondió David, y así Mefiboset se trasladó a Jerusalén y siempre fue bien recibido en la mesa de David.

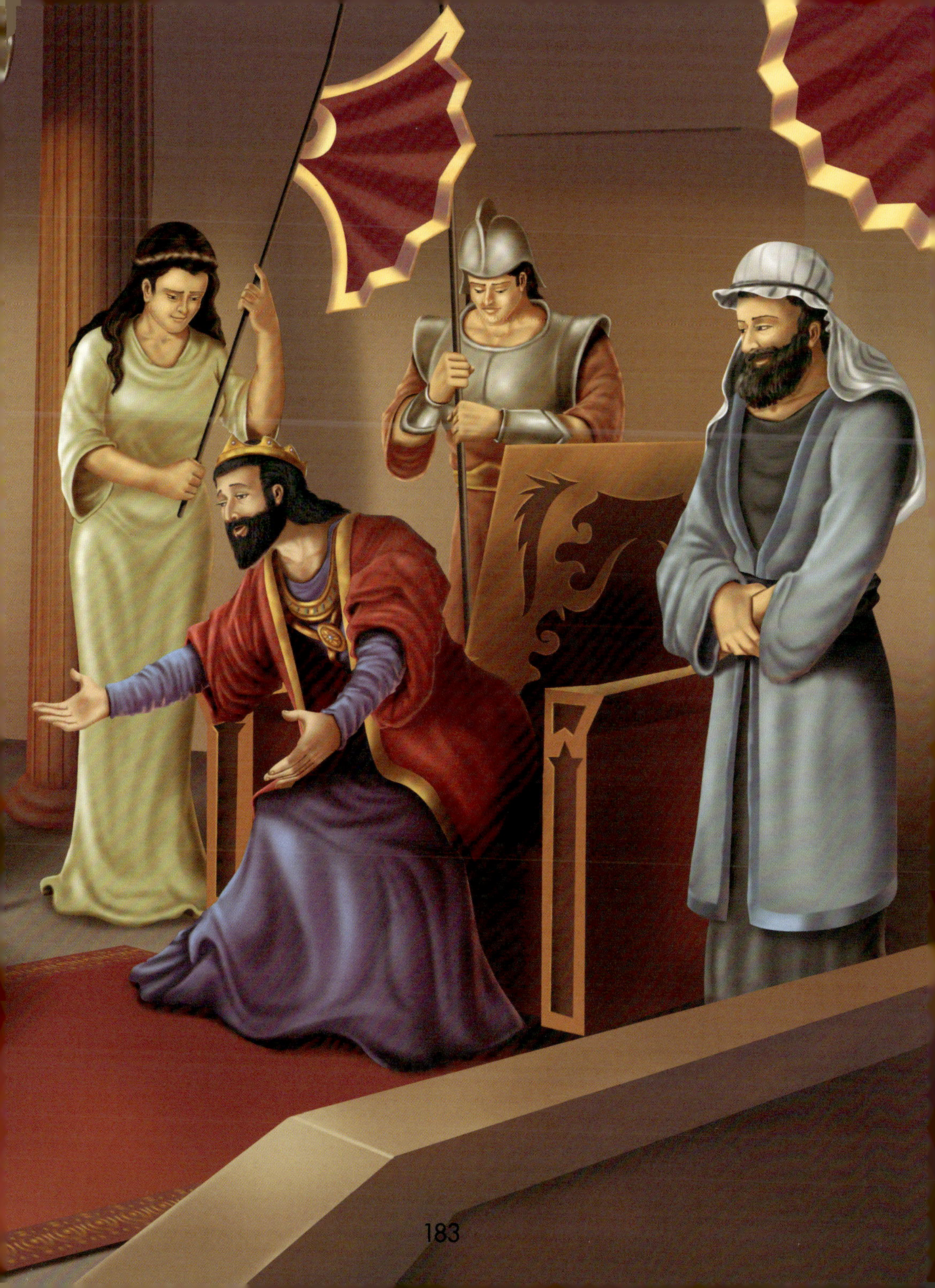

DAVID Y BETSABÉ
2 Samuel 11-12

Al anochecer en Jerusalén, David paseaba por el tejado del palacio cuando sus ojos se fijaron en una hermosa mujer que se estaba bañando. Sus guardias le dijeron que era Betsabé, la esposa de uno de sus soldados, Urías, que estaba luchando contra los amonitas. David se enamoró de Betsabé e hizo que la trajeran al palacio esa misma noche. ¡Poco después se enteró de que estaba esperando un hijo suyo!

David no sabía qué hacer. Urías se pondría furioso si se enteraba de la verdad, así que David lo trajo de vuelta de la guerra para que estuviera con su esposa, con la esperanza de que creyera que el bebé era suyo. Pero cuando Urías insistió en dormir junto a las puertas del palacio, David lo envió nuevamente al frente, donde la lucha era más feroz, y lo mataron. Al final del periodo de luto, David se casó con Betsabé y ella le dio un hijo.

A Dios no le gustó. Envió a su profeta Natán a contarle a David una historia sobre dos hombres, uno rico y otro pobre. Un día, el rico celebró un banquete y, en lugar de utilizar sus propios animales, mató el único cordero que tenía el pobre y se lo dio a sus invitados.

"¡Un hombre así merece morir!", exclamó David con indignación.

Pero Natán dijo con severidad: "Ese hombre eres tú. Tienes todo lo que podrías desear, y aún asi, ¡tomaste lo que no era tuyo!".

David cayó de rodillas con la cabeza agachada. Ahora se daba cuenta de lo malvado que había sido. Pero Dios lo perdonó, y aunque ese niño no vivió, con el tiempo Betsabé le dio a David otro hijo, llamado Salomón, y Salomón fue amado por Dios.

LA REBELIÓN DE ABSALÓN
2 Samuel 15-19

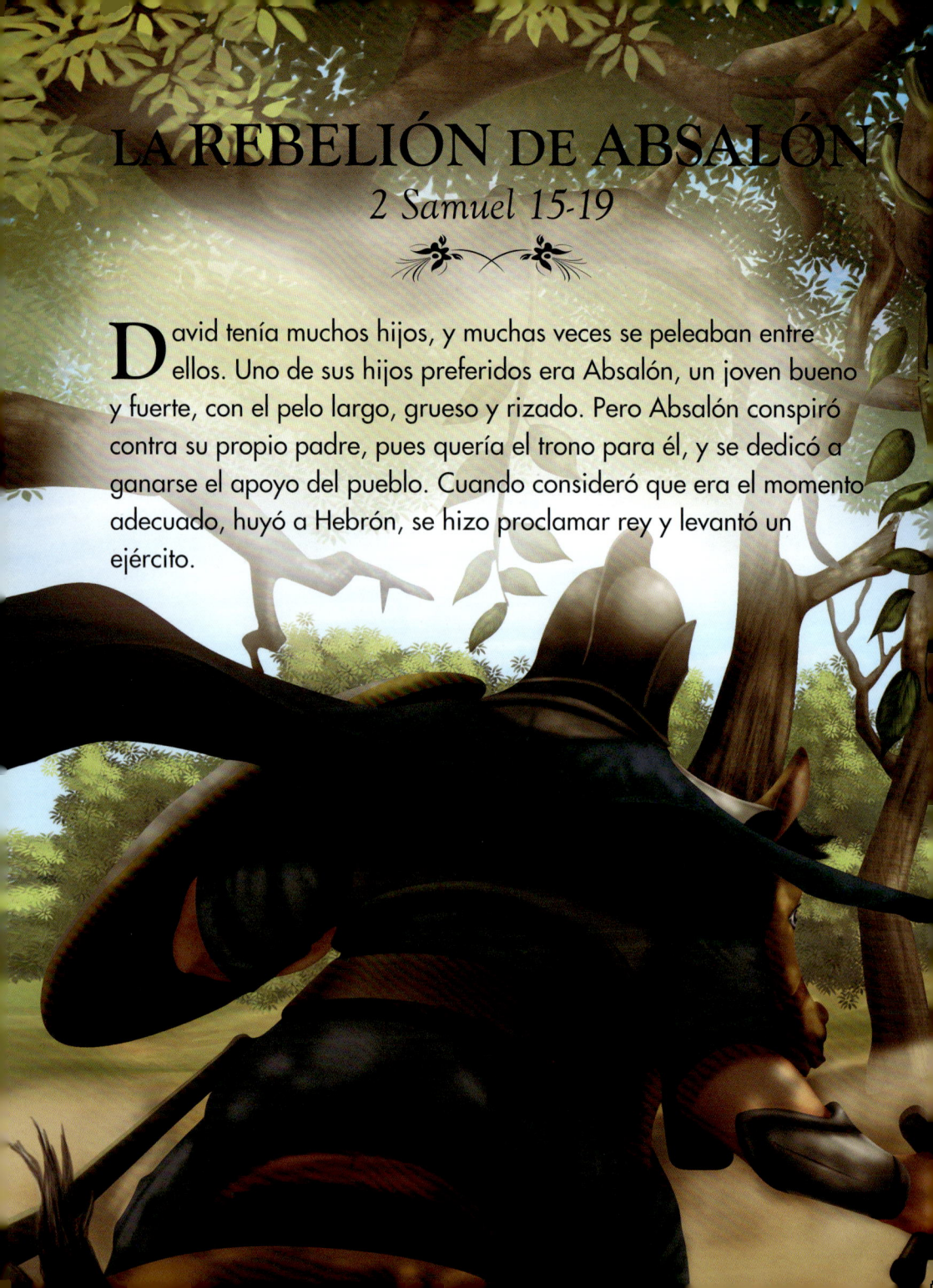

David tenía muchos hijos, y muchas veces se peleaban entre ellos. Uno de sus hijos preferidos era Absalón, un joven bueno y fuerte, con el pelo largo, grueso y rizado. Pero Absalón conspiró contra su propio padre, pues quería el trono para él, y se dedicó a ganarse el apoyo del pueblo. Cuando consideró que era el momento adecuado, huyó a Hebrón, se hizo proclamar rey y levantó un ejército.

David reunió a sus soldados y los dos ejércitos se encontraron en un bosque. Hubo una terrible batalla, pero al final quedó claro que el bando de David sería el vencedor. Absalón trató de huir, pero al pasar su caballo por debajo de una rama baja, su larga y rizada cabellera se enganchó en las ramas enredadas y ¡se quedó colgado allí, indefenso!

Los soldados de David lo encontraron colgado y lo ejecutaron. Cuando David se enteró de la muerte de Absalón, se llenó de angustia y deseó que él mismo hubiera muerto en lugar de su amado y rebelde hijo.

DAVID NOMBRA A SALOMÓN COMO REY
1 Reyes 1-2; 1 Crónicas 29

David era viejo y estaba en su lecho de muerte, y sus hijos seguían peleando por el trono. A pesar de que se lo había prometido a Salomón, otro de sus hijos, Adonías, quería ser rey e intentó reclamar el trono. El profeta Natán se enteró de lo que ocurría, y él y Betsabé fueron a contarle a David lo que sucedía.

El rey le dijo a Betsabé que hiciera arreglos para que Salomón fuera en la propia mula de David a Gihón, donde Natán y el sacerdote Sadoc iban a ungirlo como rey de Israel. "Toquen la trompeta y griten: '¡Viva el rey Salomón!'", ordenó David, "porque él vendrá a sentarse en mi trono y reinará en mi lugar".

Sucedió lo que el rey David había ordenado, y el pueblo entró en la ciudad, animado y regocijado. Cuando Adonías y sus compañeros oyeron el ruido y se dieron cuenta de que Salomón había sido coronado rey con la bendición de David, se llenaron de miedo y trataron de huir, excepto Adonías, que se aferró al altar del Tabernáculo, aterrado de que su hermano lo matara. Pero Salomón le dijo: "Mientras no hagas el mal, vivirás", y Adonías volvió a su casa aliviado.

DIOS HABLA CON SALOMÓN
1 Reyes 3; 2 Crónicas 1

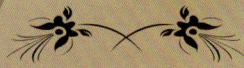

Poco después de que Salomón fuera coronado rey, Dios le habló en un sueño. "¿Qué quieres que te dé, Salomón?", le dijo. "Pide lo que quieras y será tuyo".

Salomón pensó por un momento y luego respondió humildemente: "Soy joven y no tengo experiencia en gobernar una nación. Me gustaría ser un gran rey como mi padre, pero no sé cómo. Te pido que me des sabiduría para poder gobernar a tu pueblo sabiamente y hacer lo que tú quieres que haga. Ayúdame a distinguir entre lo que está bien y lo que está mal".

A Dios le agradó la respuesta de Salomón. "La mayoría de la gente habría pedido riqueza, o larga vida, o grandes victorias", dijo. "Tú solo has pedido ser sabio. Yo te daré sabiduría. Pero también te daré lo que no has pedido. Serás rico y respetado, y si sigues mis caminos, vivirás una larga y buena vida".

Cuando Salomón se despertó, se sintió reconfortado y fortalecido al saber que Dios estaba a su lado.

191

SALOMÓN PIDE SABIDURÍA
1 Reyes 3

Dos mujeres se presentaron ante Salomón con un bebé en brazos. "Perdóneme, mi señor", dijo una. "Esta mujer y yo vivimos en la misma casa, y ambas dimos a luz con pocos días de diferencia. Pero su bebé murió por la noche y me quitó a mi hijo y lo sustituyó por su hijo muerto".

La otra mujer dijo: "¡No! ¡Estás mintiendo! El vivo es mi hijo; el muerto es el tuyo". Y así discutieron ante el rey.

Entonces el rey dijo: "Traigan una espada". Así que trajeron una espada para el rey. Entonces dio una orden: "Corten al niño en dos y denle la mitad a una mujer y la otra a la otra".

Pero la verdadera madre gritó horrorizada: "¡No! ¡No, mi señor! ¡Dale el bebé! ¡No lo mate! Prefiero que ella lo cuide a que él muera".

Pero la otra dijo fríamente: "No, debemos hacer lo que dice el rey. Entonces ninguna de las dos lo tendrá. Eso será justo".

Entonces el rey dio su decisión: "Dale el bebé a la primera mujer.

No lo mates; ella es su verdadera madre".

Cuando todo Israel escuchó el veredicto que el rey había dado, vieron lo sabio e inteligente que Dios lo había hecho.

EDIFICACIÓN DEL TEMPLO
1 Reyes 5-8; 2 Crónicas 2-7

Salomón pronto comenzó a construir el templo que su padre David había soñado construir. Envió a buscar la mejor madera de cedro, y las piedras se cortaron en las afueras, para que no se oyeran los martillos ni los cinceles en el lugar sagrado. El templo era ancho, largo y alto, con muchas cámaras, y la más sagrada de todas era el Lugar Santísimo. En él, el fino cedro se tallaba con bellas formas, y las puertas estaban excelentemente talladas y cubiertas de oro fino.

El templo tardó siete años en ser construido por miles de hombres, y cuando estuvo terminado, el rey Salomón lo llenó de finos tesoros. Pero el mejor tesoro de todos era el arca del Pacto, que contenía las dos tablas de piedra. Fue llevado a reposar en el Templo Interior, donde descansaba bajo las alas de dos querubines hechos de madera de olivo y cubiertos de oro, cada uno de cuatro metros de altura, cuyas alas se tocaban en el centro de la sala.

La nube de la presencia de Dios llenaba el templo y el pueblo estaba lleno de asombro y agradecimiento. Entonces Salomón agradeció a Dios por permitirle construir el templo.

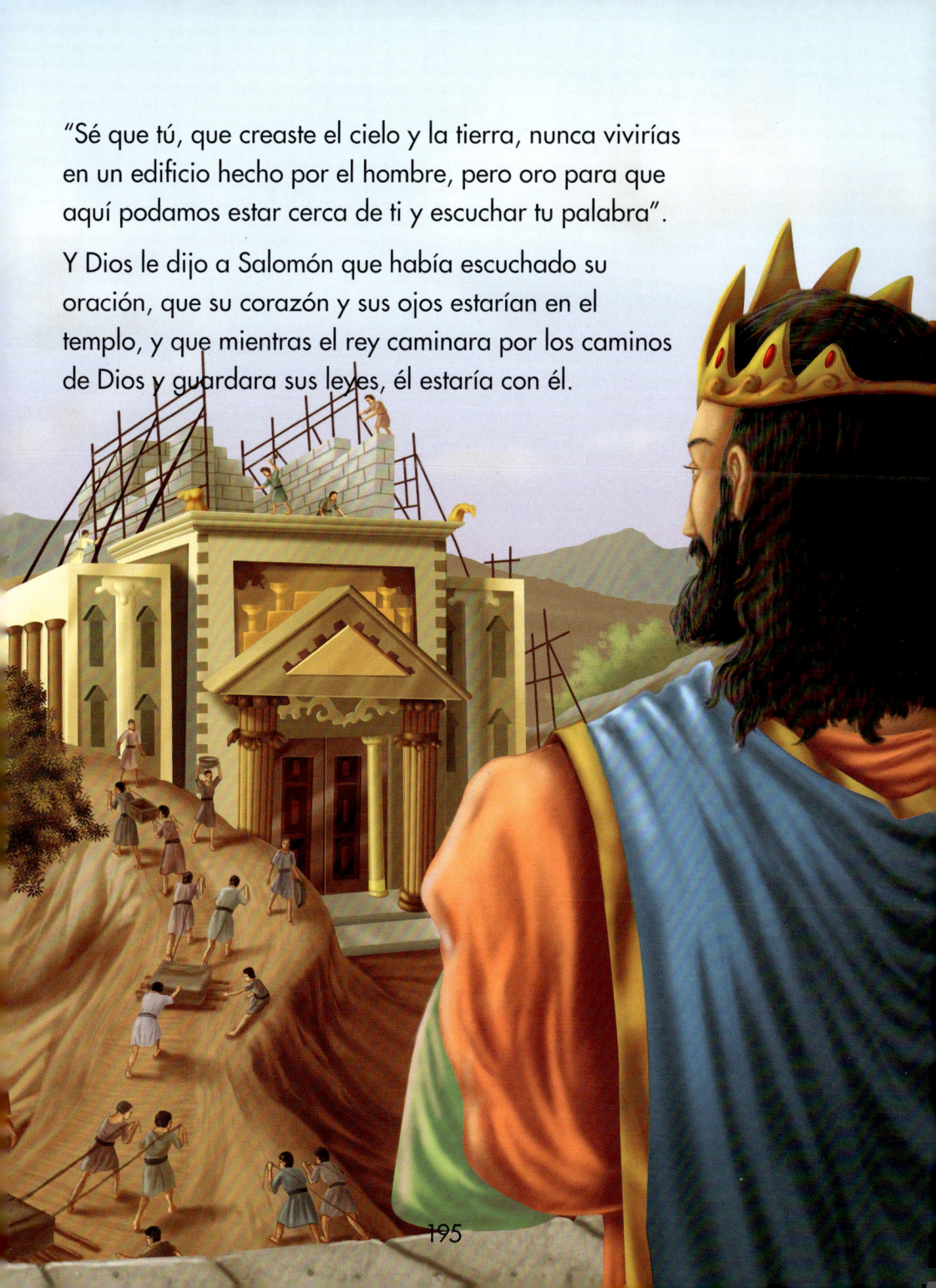

"Sé que tú, que creaste el cielo y la tierra, nunca vivirías en un edificio hecho por el hombre, pero oro para que aquí podamos estar cerca de ti y escuchar tu palabra".

Y Dios le dijo a Salomón que había escuchado su oración, que su corazón y sus ojos estarían en el templo, y que mientras el rey caminara por los caminos de Dios y guardara sus leyes, él estaría con él.

SALOMÓN Y LA REINA DE SABÁ

1 Reyes 10; 2 Crónicas 9

Salomón se hizo muy rico. Después de construir el templo sagrado, construyó magníficos palacios para él y para una de sus esposas, la hija del faraón egipcio. Comía en platos de oro con cubiertos de oro y bebía en una copa de oro. Incluso las ropas que vestía estaban tejidas en oro.

Las historias de su riqueza y sabiduría se difundieron por todas partes. Por lo que la reina de Sabá vino a visitarlo desde su lejano reino. Llegó con una larga caravana de camellos que llevaban especias raras, oro y piedras preciosas para regalar.

Ella hizo muchas preguntas a Salomón, y cada pregunta fue respondida con sabiduría y claridad. "¡Todo lo que oí era verdad!", le dijo al rey. "Pensé que la gente exageraba, pero ahora sé que no es así. Tu pueblo debe estar orgulloso de tenerte como gobernante, y es una señal del amor de tu Dios por ellos que te ha hecho su rey, para que los gobiernes con justicia y sabiduría".

SALOMÓN SE ALEJA DE DIOS
1 Reyes 11

El rey Salomón fue el más grande y el más rico de todos los reyes, y la gente venía de todas partes para escuchar su sabiduría. Sin embargo, cuando envejeció, se alejó del Señor, porque se había casado con muchas princesas extranjeras y, con el paso de los años, volvieron su corazón a los dioses extraños que adoraban. Dios estaba enojado y triste. Por el bien de David, no quiso tomar el reino de Salomón, pero dejó que sus enemigos se levantaran contra él.

Un día, cuando Jeroboam, uno de los gobernantes del rey, estaba paseando por el campo, el profeta Ahías se le acercó con un mensaje de Dios. Ahías se quitó el manto nuevo que llevaba y lo rompió en doce pedazos. Le dio diez a Jeroboam, diciendo: "Estos son como las doce tribus de Israel. Te he dado diez pedazos, porque pronto Dios le quitará diez tribus a Salomón y te las dará a ti. Dios castigará a Salomón y a Israel, porque lo han abandonado, pero no les quitará todo el reino a los hijos de David; les dará las tribus de Judá y de Benjamín. Y si, cuando seas rey, sirves a Dios de verdad, él dará tu reino a tus hijos después de ti".

Cuando Salomón se enteró de lo que había dicho Ahías, tuvo miedo e intentó matar a Jeroboam, pero escapó a Egipto, donde permaneció a salvo hasta la muerte de Salomón, y entonces el reino de Israel se dividió en dos. En el sur, las tribus de Judá y Benjamín permanecieron fieles al hijo de Salomón, el rey Roboam, pero las diez tribus del norte se separaron y nombraron rey a Jeroboam.

LA DIVISIÓN DE ISRAEL
1 Reyes 12-14; 2 Crónicas 10-12

En el sur, el rey Roboam gobernaba sobre Jerusalén y las tribus de Judá y Benjamín. En el norte, Jeroboam era el rey. Israel estaba dividido y la lucha entre las tribus era intensa.

A pesar del mensaje de Ahías, Jeroboam no siguió las leyes de Dios. Mandó hacer dos becerros de oro para que el pueblo los adorara, pues le preocupaba que si viajaban a Jerusalén para adorar en el templo sagrado de allí, pudieran regresar al rey Roboam.

Las cosas fueron de mal en peor, y entonces Dios envió a un hombre santo para que le diera un mensaje. Se acercó al rey a uno de los altares y le dijo que Dios enviaría una señal: el altar se partiría en dos y lloverían cenizas.

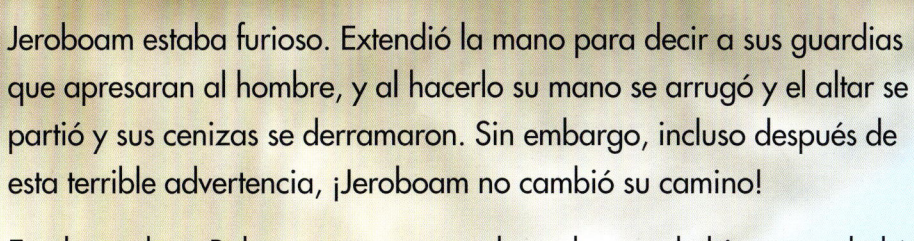

Jeroboam estaba furioso. Extendió la mano para decir a sus guardias que apresaran al hombre, y al hacerlo su mano se arrugó y el altar se partió y sus cenizas se derramaron. Sin embargo, incluso después de esta terrible advertencia, ¡Jeroboam no cambió su camino!

En el sur, el rey Roboam tampoco estaba gobernando bien, pues había dejado que su pueblo volviera a los malos caminos de los pueblos que habían vivido en esta tierra antes de su llegada.

ELÍAS Y LOS CUERVOS
1 Reyes 17

Pasaron muchos años. Ahora los gobernantes del reino del norte eran el malvado Acab y su cruel esposa Jezabel de Sidón. Acab construyó un templo para Baal, el dios adorado por Jezabel, y la reina mandó matar a muchos profetas. Pero había un verdadero profeta llamado Elías. Advirtió al rey: "Durante más de dos años no habrá lluvia ni siquiera rocío en esta tierra. Aprenderás que mi Dios es el único Dios verdadero", y sucedió lo que él dijo.

Dios envió a Elías al este del río Jordán para que se escondiera. Allí, los cuervos le traían pan y carne, y él bebía del arroyo. Cuando el arroyo se secó, Dios le dijo a Elías que fuera a Sidón, donde una viuda le ayudaría. Cuando Elías llegó a las puertas de la ciudad, se encontró con una mujer que recogía leña y le pidió un poco de agua. La amable viuda fue a buscarle una jarra de agua, a pesar de que el agua escaseaba. Mientras se alejaba, Elías le pidió un poco de pan.

"Me temo que no tengo pan", respondió, "solo tengo un puñado de harina en un frasco y un poco de aceite de oliva en una jarra. Estoy recogiendo unos cuantos palos para llevar a casa y hacer una última comida para mí y mi hijo, para que podamos comerla, y luego morir".

Elías le dijo que no se preocupara, sino que fuera a su casa y preparara primero un pan pequeño para él y luego uno para ella y su hijo, pues Dios había prometido que la harina y el aceite no se acabarían hasta el día en que lloviera sobre la tierra.

La bondadosa viuda hizo lo que Elías le había pedido, y descubrió que cuando había hecho un pan, todavía tenía suficiente harina y aceite para hacer otro, y así siguió, día tras día, y siempre había suficiente comida para Elías, la viuda y su joven hijo.

EL HIJO DE LA VIUDA
1 Reyes 17

Elías, la viuda y su hijo no pasaron hambre, pero un día el niño enfermó. Día tras día fue empeorando, y finalmente dejó de respirar. La viuda, llena de dolor, gritó a Elías: "¿Por qué has venido aquí? ¿Has venido a castigarme y a matar a mi hijo?".

"Dame a tu hijo", respondió Elías con calma, y llevó al niño a su habitación y lo acostó en la cama. Entonces clamó a Dios: "Oh Señor, Dios mío, ¿por qué has traído la tragedia a esta viuda cuando ha sido tan buena conmigo?". Entonces Elías se inclinó sobre el niño tres veces y gritó: "¡Oh Señor, haz que la vida de este niño vuelva a él!".

Dios escuchó el clamor de Elías, y la vida del niño volvió a él. Elías lo bajó de la habitación, lo entregó a su madre y le dijo: "¡Mira, tu hijo está vivo!".

La mujer cayó de rodillas en señal de gratitud. "¡Ahora sé que usted es verdaderamente un hombre de Dios y que la palabra que predica es la verdad!".

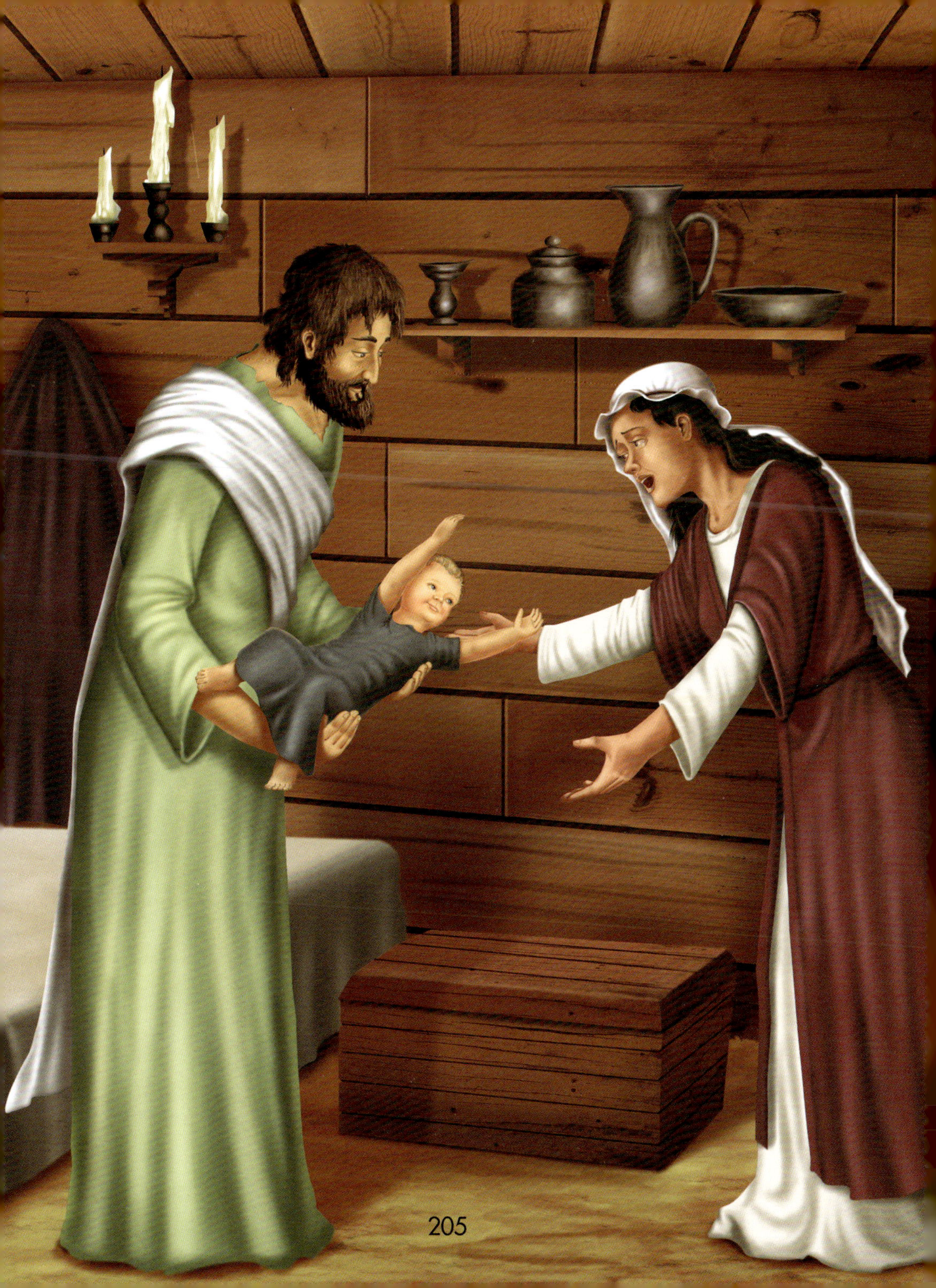

EL VERDADERO DIOS
1 Reyes 18

Pasaron tres años sin lluvia, y el rey Acab estaba desesperado. Elías le dijo que reuniera al pueblo de Israel y a los profetas de Baal en el Monte Carmelo. "¡Es hora de que aprendan quién es el verdadero Dios de Israel!", dijo, y propuso una prueba. Tanto él como los profetas de Baal prepararían un toro para el sacrificio. Luego, ¡cada uno invocaría a su dios para que respondiera con fuego!

Primero, los numerosos sacerdotes de Baal prepararon su toro, y luego invocaron a su dios para que enviara fuego. Rogaron y suplicaron, y se rasgaron las vestiduras, pero no ocurrió nada. "De repente, Baal no los haya escuchado", se burló Elías. "¡Inténtenlo con más ganas!". Pero por más que lo intentaron, no hubo respuesta ni señal, y al final cayeron al suelo agotados.

Elías se dirigió al altar roto del Señor y utilizó doce piedras, una por cada tribu, para construir un altar alrededor del cual cavó una zanja profunda. Preparó el toro y lo puso sobre la madera, luego hizo que la gente empapara el sacrificio y la madera con agua hasta llenar la zanja. Entonces Elías se acercó y oró: "Señor, Dios de Abraham, de Isaac y de Israel, que se sepa hoy que eres Dios en Israel y que he hecho estas cosas por orden tuya". Entonces el fuego del Señor cayó y quemó el sacrificio, la madera, las piedras, la tierra, ¡y hasta el agua!

La gente cayó de rodillas. "¡Es verdad!", gritaron. "¡El Señor es Dios!". Elías se aseguró de que los profetas de Baal fueran apresados y asesinados, y al atardecer llegaron las lluvias y teminó la hambruna.

EL VIÑEDO DE NABOT
1 Reyes 21

Desde su elegante palacio, el rey Acab podía ver una hermosa porción de tierra que su vecino, Nabot, había convertido en un viñedo. El rey Acab pensó que sería un maravilloso huerto para el palacio. Le ofreció comprar la tierra, pero Nabot no quiso venderla. "Esta tierra fue dada a mis antepasados por Dios. No sería correcto venderla, por mucho que me pagues".

Acab estaba acostumbrado a conseguir lo que quería. Cuando su esposa Jezabel se enteró de lo que le hacía enfadar, simplemente decidió deshacerse de Nabot, y pagó a un par de rufianes para que inventaran falsas acusaciones contra él. Nabot fue juzgado, declarado culpable y apedreado hasta la muerte. Y así Acab se quedó con su preciada viña.

Pero Dios no estaba contento con Acab y su esposa, y envió a Elías a hablar con el rey. "¿Cómo has podido hacer matar a un inocente, solo para poder tener algo que no te pertenece? Dios está enojado contigo y te castigará, ¡y el trono te será quitado a ti y a tu familia!".

Cuando Elías se fue, Acab se sintió muy avergonzado. Se quitó todas sus ropas elegantes y solo comió comida sencilla. Hizo todo lo posible para demostrar que estaba arrepentido. Dios le dijo a Elías: "Parece que Acab está realmente arrepentido de lo ocurrido. Por eso, no traeré el desastre sobre su familia ahora, sino que lo haré en el tiempo de sus hijos".

ELÍAS ES LLEVADO AL CIELO
2 Reyes 2

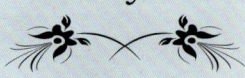

Elías y Eliseo caminaban juntos junto al río Jordán. Elías ya era viejo, y sabía que había llegado el momento de entregar su trabajo a Eliseo. Se quitó el manto y golpeó el agua con él, y se abrió un camino ante él. Los dos hombres lo cruzaron. Luego Elías se dirigió a su compañero y le dijo: "Pronto te dejaré. ¿Hay algo que quieras pedirme antes de que me vaya?".

Eliseo pensó detenidamente. "Me gustaría heredar su espíritu, su grandeza y su poder, para ayudarme a llevar a cabo su obra".

De repente, apareció ante ellos un carro de fuego tirado por caballos de fuego. Mientras Eliseo miraba asombrado, ¡Elías fue llevado al cielo en un torbellino!

Cuando el cielo volvió a estar vacío, Eliseo se dio cuenta de que el manto de Elías había caído al suelo. Lo recogió y se dirigió a la orilla del río. Golpeó el río con el manto, ¡y las aguas se separaron ante él! Cuando los demás profetas vieron lo ocurrido, se postraron en el suelo. "¡El espíritu de Elías ha pasado a Eliseo!", dijeron maravillados.

211

SANIDAD DE NAAMÁN
2 Reyes 5

Naamán, el general de los ejércitos de Siria, era un gran soldado, pero se vio afectado por una terrible enfermedad de la piel. Una esclava israelita le dijo que el maravilloso profeta de Samaria podría ayudarle, así que Naamán viajó a Israel.

Cuando Naamán llegó a la casa de Eliseo, esperaba que el profeta saliera y realizara un milagro espectacular. Pero Eliseo envió a su sirviente a decirle al general que se bañara siete veces en el río Jordán y se curaría.

El general se sintió ofendido. "¿Por qué debo lavarme en ese sucio río?", gritó. "¡Tenemos muchos ríos en Siria!", y se habría marchado indignado si su criado no lo hubiera calmado.

Al darse cuenta de que estaba siendo imprudente, Naamán fue al río y se bañó en él, y efectivamente, cuando salió del agua después de la séptima vez, su piel estaba suave y lisa.

Fue a dar las gracias a Eliseo. "Tu dios es el

verdadero Dios. A partir de ahora yo también lo adoraré", y trató de darle a Eliseo un regalo. Eliseo no quiso aceptar nada, pero su criado fue a buscar al general en secreto y le dijo que Eliseo había cambiado de opinión. Naamán le dio dinero, y el criado lo escondió bajo su cama. Pero Eliseo supo lo que había pasado y se enfadó. "Por tu avaricia y tus mentiras serás castigado", dijo con firmeza. "¡Sufrirás la misma enfermedad que tuvo Naamán!".

LOS SOLDADOS QUEDAN CIEGOS
2 Reyes 6

El rey de Aram estaba en guerra con Israel, pero dondequiera que planeaba acampar, los israelitas estaban allí antes que él. Sus oficiales le dijeron que el profeta Eliseo conocía de algún modo todos sus secretos y se los contó a su rey.

El rey de Aram envió muchos caballos, carros y soldados para rodear de noche la ciudad donde se encontraba Eliseo. Cuando el siervo de Eliseo se despertó y vio que un gran ejército rodeaba la ciudad, se asustó y gritó de miedo, pero Eliseo le dijo con calma: "No tengas miedo. Los que están con nosotros son más que los que están con ellos", y Dios abrió los ojos del criado y vio que las colinas estaban llenas de caballos y carros de fuego.

Cuando el enemigo comenzó a acercarse, Eliseo oró al Señor para que los dejara ciegos y, de repente, ¡los soldados no pudieron ver nada! Eliseo salió y les dijo que iban por el camino equivocado. Los condujo directamente al rey de Israel, quien le preguntó si debía matarlos. Sin embargo, Eliseo le dijo que les dieran comida y agua y que los enviaran a casa. ¡Qué sorpresa se llevaron los aterrorizados soldados al ser alimentados por sus enemigos, y después de eso no hubo más ataques de Aram!

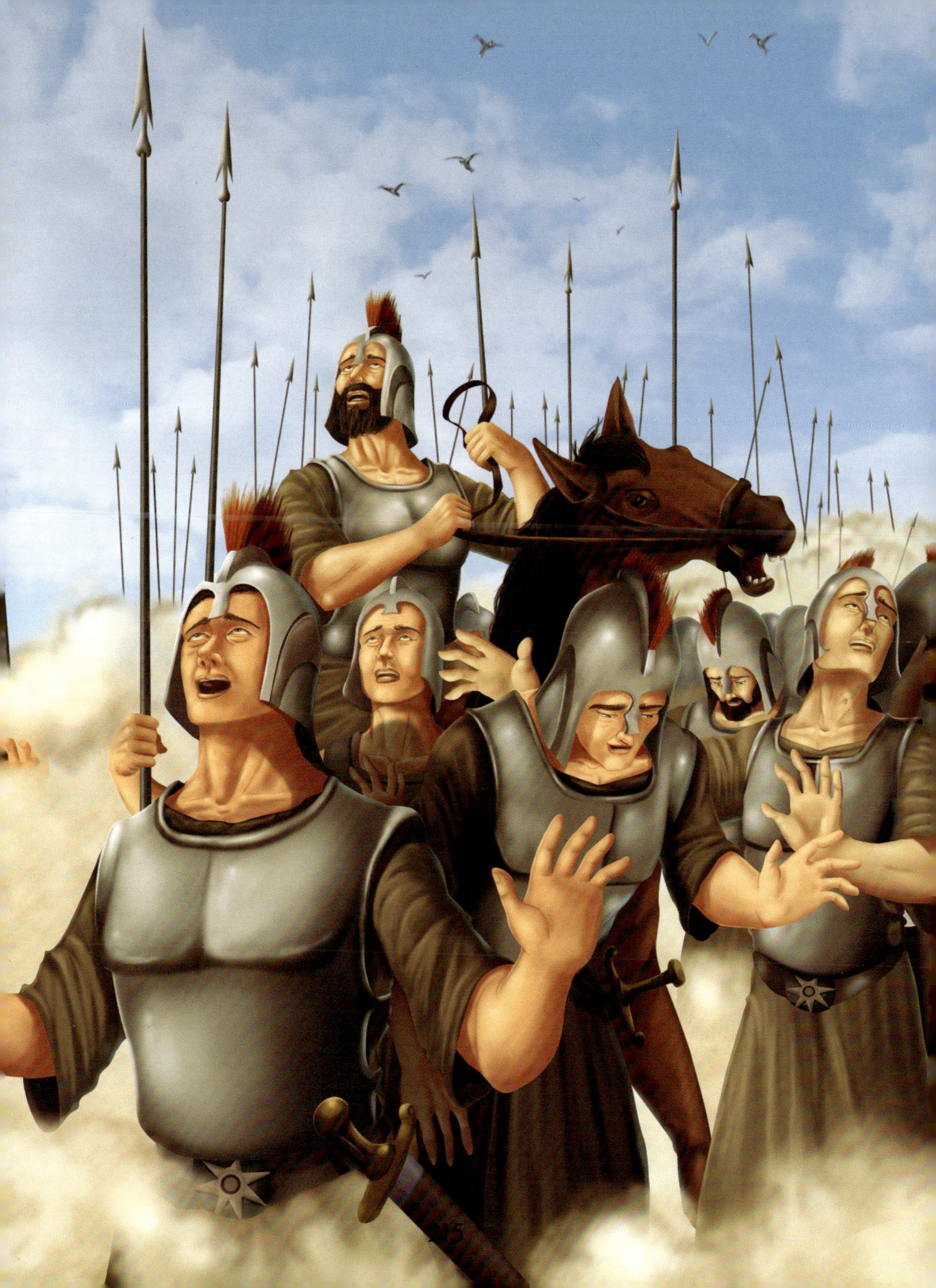

HAMBRUNA EN SAMARIA
2 Reyes 7

El ejército de Siria estaba acampado en las afueras de Samaria. Nadie podía entrar ni salir y casi no quedaba nada para comer. El rey entró furioso en la casa de Eliseo. "¡Todo esto es culpa de Dios!", se quejó. "¿Por qué no nos ayuda?".

"¡Mañana habrá comida en Samaria!", prometió Eliseo. El oficial que estaba con el rey se burló y le dijo que eso era ridículo, a lo que Eliseo respondió con calma: "¡Ridículo o no, sucederá, y no vivirás para verlo!".

Fuera de las puertas de la ciudad había cuatro hombres que estaban aún peor que la gente del pueblo, pues eran leprosos y tenían prohibida la entrada a la ciudad. Desesperados, se dirigieron al campamento sirio para pedir algo de comida, pero cuando llegaron allí, se sorprendieron al encontrarlo desierto. Entraron en una de las tiendas vacías y se sirvieron comida y bebida con entusiasmo.

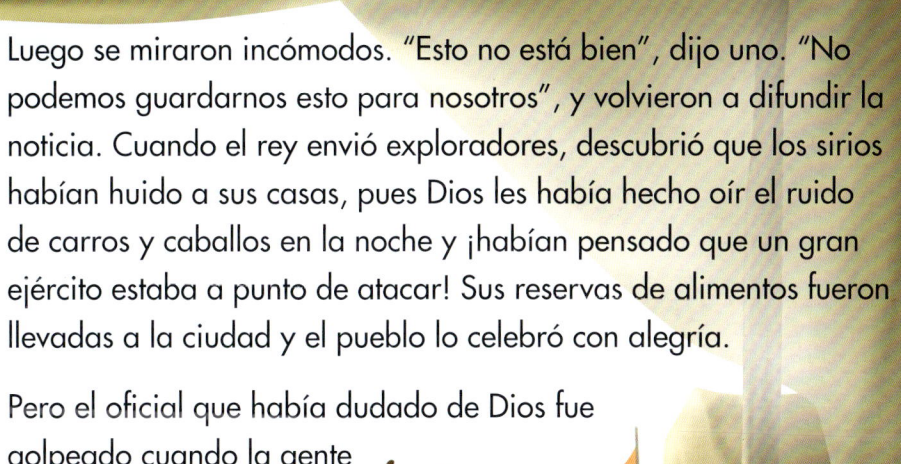

Luego se miraron incómodos. "Esto no está bien", dijo uno. "No podemos guardarnos esto para nosotros", y volvieron a difundir la noticia. Cuando el rey envió exploradores, descubrió que los sirios habían huido a sus casas, pues Dios les había hecho oír el ruido de carros y caballos en la noche y ¡habían pensado que un gran ejército estaba a punto de atacar! Sus reservas de alimentos fueron llevadas a la ciudad y el pueblo lo celebró con alegría.

Pero el oficial que había dudado de Dios fue golpeado cuando la gente se apresuró a comprar la comida, ¡y murió al instante!

LA CONFIANZA DE JOSAFAT EN DIOS
2 Crónicas 20

El rey Josafat había reunido a todo el pueblo de Judá en Jerusalén. Un vasto ejército estaba en camino para destruir la tierra. Pero Josafat no se desesperó, ¡pues sabía a quién acudir! Había convocado a su pueblo para orar a Dios en busca de ayuda.

Mientras él y el pueblo oraban, el Espíritu del Señor se apoderó de uno de los sacerdotes y dijo: "Dios dice: 'No tengas miedo, porque esta es la batalla de Dios, no la tuya. Salgan a enfrentar a su enemigo mañana, y el Señor estará con ustedes'".

Así que a la mañana siguiente, el ejército de Judá partió hacia el campo de batalla, cantando las alabanzas de Dios mientras avanzaban. Pero mientras marchaban, Dios hizo que los diferentes grupos del ejército enemigo lucharan contra sí mismos y cuando los soldados de Judá llegaron al lugar donde esperaban dar la batalla, ¡todo lo que vieron ante ellos fue un mar de cadáveres! ¡Ni uno solo había escapado!

Los reinos vecinos se llenaron de temor ante esta señal del poder de Dios y, durante un tiempo, el pueblo de Judá vivió en paz.

JEZABEL ES DERROTADA
2 Reyes 9-10

Joram, el hijo de Acab y Jezabel, llevaba ahora la corona, y como hizo lo malo al igual que sus padres, Dios le dijo a Eliseo que era hora de poner un nuevo rey en el trono de Israel. Eliseo envió a uno de sus seguidores al campamento del ejército para ungir a un oficial llamado Jehú. En cuanto Jehú fue ungido, reunió a los soldados y partió hacia la ciudad. Cuando Joram vio que el ejército se acercaba, envió mensajeros para preguntar si venía en son de paz, y cuando no regresaron, él y su aliado, el rey Ocozías de Judá, cabalgaron al encuentro del ejército para hacer la misma pregunta.

"¡No puede haber paz mientras tú y tu madre gobiernen!", gritó Jehú, y disparó una flecha que atravesó el corazón de Joram, ¡y luego mató también al rey Ocozías!

Cuando Jezabel se enteró de la muerte de su hijo, se peinó cuidadosamente y luego esperó en una ventana del palacio. Pronto Jehú se acercó al palacio. "¡No eres más que un asesino!", le gritó.

Pero Jehú la ignoró, gritando en su lugar: "¿Quién está de mi lado?". Unos cuantos rostros aparecieron cautelosamente en algunas de las ventanas. "¡Arrójenla!", ordenó Jehú, y tomaron a Jezabel y la arrojaron desde la ventana y la mataron al instante. Además, Jehú ordenó matar también a la familia de Acab, ¡y a todos los sacerdotes de Baal!

221

EL PEQUEÑO REY, JOÁS
2 Reyes 11-12; 2 Crónicas 24

Cuando la madre del rey Ocozías, Atalía, se enteró de su muerte, intentó ursurpar el trono y ordenó la muerte de toda la familia real. Pero Ocozías había dejado un hijo pequeño llamado Joás, y la tía de Joás se lo llevó y lo escondió en el templo, donde se crió en secreto, hasta que cumplió siete años. Entonces, el sumo sacerdote decidió que era hora de que ocupara el trono y pusiera fin al reinado de su malvada abuela.

Ante una gran multitud, Joás salió de su escondite y el sumo sacerdote lo ungió y colocó la corona sobre su cabeza. Se produjo una gran aclamación, tan fuerte que Atalía lo oyó y se apresuró a ver lo que sucedía. Cuando vio al joven con la corona en la cabeza, se puso furiosa. "¡Traición!", gritó. Pero ¡ningún soldado acudió en su ayuda! En lugar de eso, se la llevaron y la mataron, y el pueblo fue al templo de Baal y destrozó los altares y derribó los ídolos. Joás trató de ser un buen rey y de recordar las leyes de Dios, y una de las primeras cosas que hizo fue reparar el templo de Dios, pues había sido tristemente descuidado.

EL LLAMADO DE ISAÍAS
Isaías 6

Durante mucho tiempo, la situación fue un poco pacífica en Judá y en Israel, pero Isaías sabía que no iba a durar. Isaías era un profeta, uno de los más grandes que había tenido el pueblo de Israel. Fue llamado por Dios por primera vez en el año en que murió el rey Uzías (nieto del rey Joás). Dios le envió una visión sorprendente.

En su visión, vio a Dios sentado en un trono. Sobre él volaban ángeles con alas que se cubrían el rostro y clamaban unos a otros: "Santo, santo, santo es el Señor Todopoderoso; toda la tierra está llena de su gloria". El suelo temblaba con el sonido de sus voces y el templo se llenaba de humo.

Al principio Isaías estaba desconcertado, pues sabía que era un pecador, y sin embargo había mirado al Señor Todopoderoso. Pero uno de los ángeles le tocó la boca con un carbón encendido tomado del altar, diciendo: "Mira, esto ha tocado tus labios; tu culpa es quitada y tus pecados son perdonados".

Entonces oyó la voz del Señor que decía: "¿A quién puedo enviar? ¿Quién será mi mensajero?".

Isaías gritó: "Aquí estoy, Señor. ¡Envíame!".

Entonces Dios le dio a Isaías un mensaje para su pueblo. Advirtió a Isaías que la gente no iba a querer escuchar, que cerrarían sus oídos y también sus corazones, pero Isaías seguía dispuesto a ser el profeta de Dios.

CAPTURADOS POR ASIRIA
2 Reyes 17

Los años pasaron e Israel cayó en desgracia. Sus reyes estaban corrompidos, y el pueblo se había alejado de Dios para adorar a Baal y a otros falsos ídolos. Así que cuando llegaron los grandes ejércitos de Asiria, Israel cayó, pues era hora de que Dios castigara a sus hijos. Durante casi tres años los ejércitos de Asiria sitiaron la ciudad de Samaria y al final cayó. Entonces los israelitas fueron forzados a abandonar su país y obligados a marchar a una tierra lejana, y nuevas personas vinieron a vivir en Samaria, trayendo sus falsos dioses con ellos.

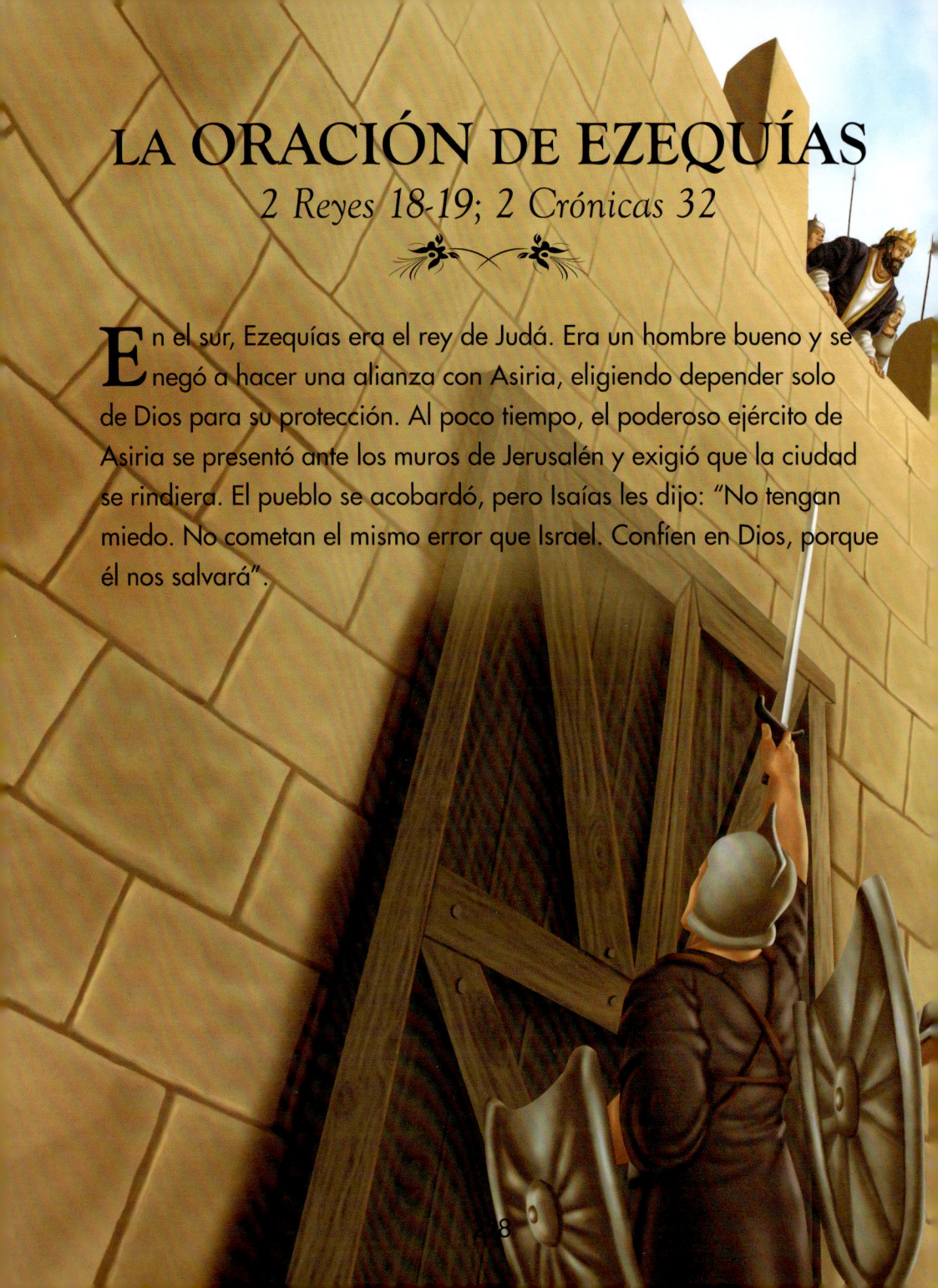

LA ORACIÓN DE EZEQUÍAS
2 Reyes 18-19; 2 Crónicas 32

En el sur, Ezequías era el rey de Judá. Era un hombre bueno y se negó a hacer una alianza con Asiria, eligiendo depender solo de Dios para su protección. Al poco tiempo, el poderoso ejército de Asiria se presentó ante los muros de Jerusalén y exigió que la ciudad se rindiera. El pueblo se acobardó, pero Isaías les dijo: "No tengan miedo. No cometan el mismo error que Israel. Confíen en Dios, porque él nos salvará".

El comandante enemigo envió otro mensaje. "Tu Dios no te salvará. ¡Él no salvó a Samaria! ¡Y ninguno de los dioses de ninguno de los otros países que hemos conquistado salvó jamás a su pueblo! Ríndete ahora, y seré misericordioso".

Ezequías fue al templo y oró a Dios. "Tú eres el único Dios verdadero", dijo. "Pongo toda mi confianza en ti. Líbranos de estos asirios que te insultan, para que todos los reinos sepan que solo tú, Señor, eres Dios".

Esa noche el ángel del Señor pasó por el campamento asirio, y cuando el sol salió a la mañana siguiente, iluminó sobre los miles y miles de cadáveres de soldados asirios. Después de eso, los asirios que aún estaban vivos recogieron sus cosas, ¡y salieron corriendo a casa tan rápido como pudieron!

El CLAMOR POR SANACIÓN

Isaías 38; 2 Reyes 20

Ezequías necesitaba ser fuerte para gobernar Judá, pero se enfermó. Un inflamación en su piel propagó la infección por su cuerpo como un veneno, hasta que estuvo a punto de morir. Isaías le dijo que Dios había dicho que debía tratar de poner en orden su vida.

Ezequías estaba consternado. Se volvió hacia la pared, llorando, y elevó una sincera oración a Dios: "Recuerda, Señor, cómo te he amado siempre y he tratado de servirte fielmente".

Entonces Isaías le dijo al rey: "El Señor ha escuchado tu oración. Te dejará vivir otros quince años, y te salvará de tu enemigo Asiria. Y esta es la señal del Señor para ti: hará que la sombra proyectada por el sol retroceda los diez grados que ha bajado en el reloj de Acaz". ¡Y así la luz del sol retrocedió los diez grados que había bajado!

Isaías dijo a los sirvientes que prepararan una masa de higos y la pusieran a hervir, y por la mañana, ¡Ezequías estaba curado! Lleno de gratitud, prometió pasar el resto de su vida alabando a Dios.

231

JOSÍAS Y EL LIBRO DE LA LEY
2 Reyes 22-23; 2 Crónicas 34-35

Josías tenía solo ocho años cuando se sentó por primera vez en el trono de Judá. La tierra había vuelto a caer en los malos caminos, pero Josías fue un buen rey que trató de hacer que su pueblo volviera al camino de Dios. Envió hombres para reparar el templo del Señor, ya que, una vez más, había sido descuidado. Uno de los obreros encontró el Libro de la Ley y un sacerdote se lo llevó al rey.

Cuando Josías comenzó a leer las leyes de Dios, se sintió asustado y avergonzado. Vio hasta qué punto había caído el pueblo y cómo había roto su promesa a Dios. Mandó llamar a todo el pueblo de Judá y Jerusalén y les leyó a todos el Libro de la Ley en voz alta. Ellos prometieron obedecer la palabra de Dios. Les hizo destruir sus falsos ídolos y expulsó a los sacerdotes de Baal, también se aseguró de que celebraran la Pascua como es debido.

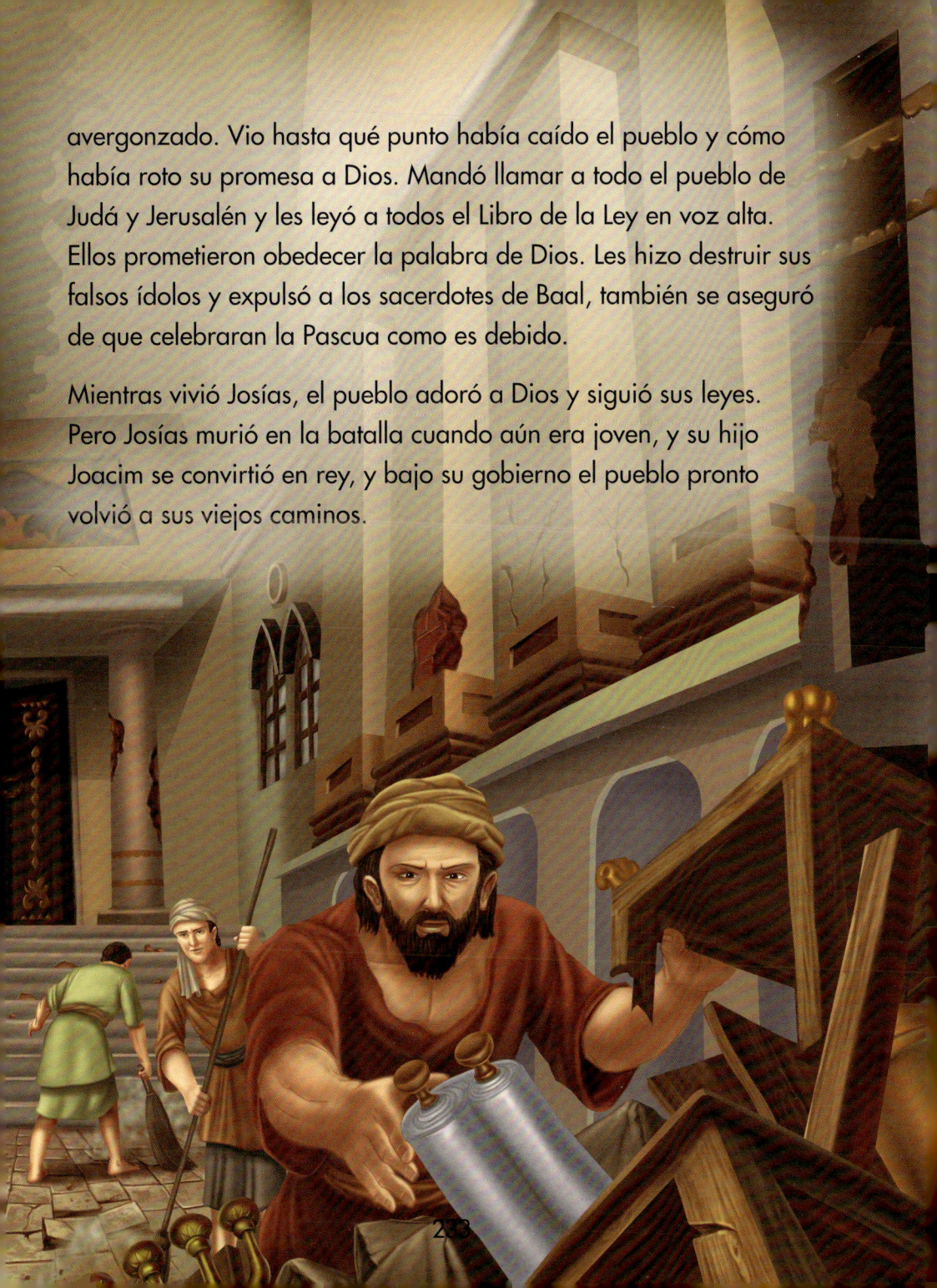

Mientras vivió Josías, el pueblo adoró a Dios y siguió sus leyes. Pero Josías murió en la batalla cuando aún era joven, y su hijo Joacim se convirtió en rey, y bajo su gobierno el pueblo pronto volvió a sus viejos caminos.

EL LLAMADO DE JEREMÍAS
Jeremías 1

Uno de los más grandes profetas del Señor fue Jeremías. Fue elegido por Dios para transmitir su mensaje a los reyes y al pueblo de Judá en una época muy difícil. Cuando Jeremías escuchó a Dios por primera vez, pensó que era demasiado joven e inexperto para ser profeta. Pero Dios le dijo: "No te preocupes. Yo estaré contigo y pondré las palabras en tu boca".

Dios quería advertir a su pueblo que un gran enemigo vendría sobre ellos. Le mostró a Jeremías una gran olla sobre un fuego ardiente. Mientras Jeremías observaba, el líquido de la olla comenzó a hervir, desbordándose en un enorme torrente de líquido humeante.

"De esta manera, un enemigo del norte se derramará sobre las tierras de Judá y Jerusalén, y destruirá todo lo que se encuentre en su camino", advirtió Dios. "Debes advertir al pueblo para que se convierta de sus malos caminos y vuelva a mis leyes, pues solo así se salvará".

Al pueblo no le gustaba escuchar lo que Jeremías tenía que decir. No querían obedecer las leyes de Dios para ser bendecidos por él, ¡y por eso Jeremías se hizo extremadamente indeseado! Pero aun así, transmitió los mensajes de Dios.

EL BARRO DEL ALFARERO
Jeremías 18-20

Jeremías observó cómo un alfarero moldeaba trozos de barro en bruto para convertirlos en hermosos jarrones y útiles jarras. A veces el barro no hacía lo que el alfarero quería, así que empezaba de nuevo y lo convertía en algo diferente. "Israel es como el barro", dijo Dios. "Si Israel hace el mal, cambiaré todo lo bueno que había planeado para él, pero si Israel se arrepiente, entonces me calmaré".

Dios le dijo a Jeremías que advirtiera al pueblo que el desastre se acercaba, y que solo si se arrepentían de verdad podrían detenerlo. Pero él sabía que no escucharían. Jeremías llevó a algunos sacerdotes y ancianos al Valle de Ben Hinom. Les advirtió que Dios iba a castigar a su pueblo por sus malas acciones. Judá y Jerusalén caerían ante las espadas de sus enemigos y sus cuerpos cubrirían el suelo. El lugar sería conocido como el Valle de la Matanza. Entonces Jeremías rompió una vasija de barro en muchos pedazos y dijo: "Dios destrozará esta nación y esta ciudad como esta vasija".

¡Los sacerdotes se molestaron tanto que metieron a Jeremías en la cárcel!

237

EL PERGAMINO DE JEREMÍAS
Jeremías 36

Durante más de veinte años, Jeremías siguió advirtiendo fielmente al pueblo de Judá para que volviera a Dios. Dios le dijo a Jeremías que escribiera todo lo que había dicho en un pergamino. Cuando todo estuvo escrito, Jeremías le pidió a su amigo que leyera el pergamino en el templo, pues a Jeremías ya no se le permitía entrar en él.

Cuando los funcionarios del rey Joaquín se enteraron, sabían que el rey se pondría furioso. Le llevaron el pergamino, y a medida que le leían el pergamino, su rostro se ponía cada vez más rojo de ira. Cada vez que el funcionario leía una parte del pergamino, el rey de corazón duro tomaba su cuchillo, cortaba la sección y la arrojaba al fuego. Cuando se quemó todo el pergamino, envió a sus guardias para que arrestaran a Jeremías y a su amigo, pero se ocultaron con seguridad.

El rey pensó que se había deshecho de las palabras de Dios, pero Dios simplemente le dijo a Jeremías que las escribiera de nuevo y le dijo a Jeremías que le dijera al rey que él y sus hijos y todo Judá serían castigados.

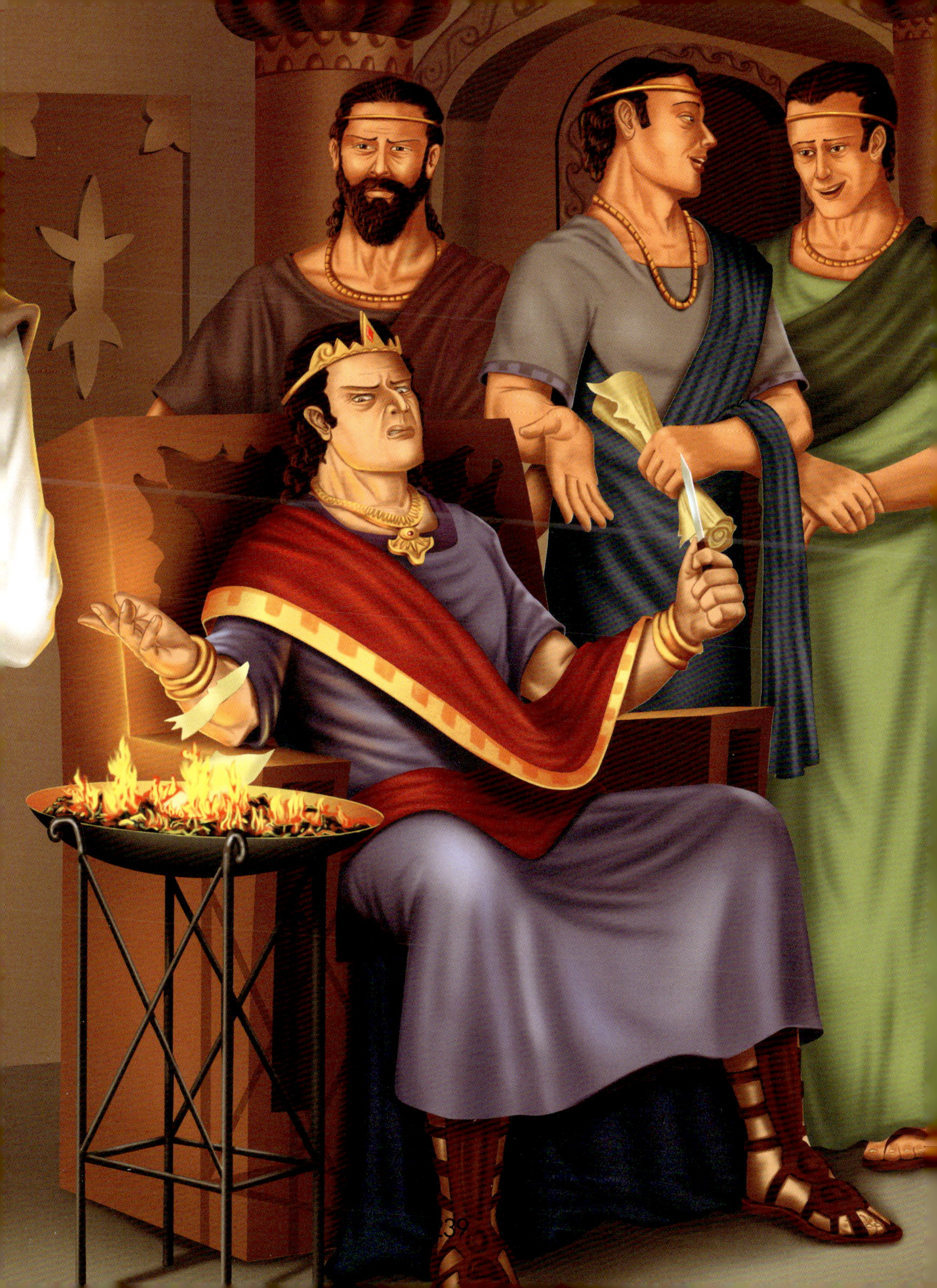

¡CAPTURADOS!
Jeremías 29

Durante demasiado tiempo el pueblo de Judá había ignorado las advertencias de Dios. Era hora de que fueran castigados. Llegó un nuevo enemigo del norte, más aterrador que antes: ¡Babilonia! Tal como Jeremías había advertido, Jerusalén cayó en manos del poderoso Nabucodonosor y su ejército, y toda la gente fuerte y experta fue enviada a Babilonia, mientras Nabucodonosor elegía a su propio títere como rey para ponerlo en el trono, y despojaba al templo de sus tesoros.

Dios sabía que los israelitas exiliados en Babilonia estarían sumidos en la desesperación, así que Jeremías, que se había quedado atrás, escribió una carta para consolarlos y darles esperanza:

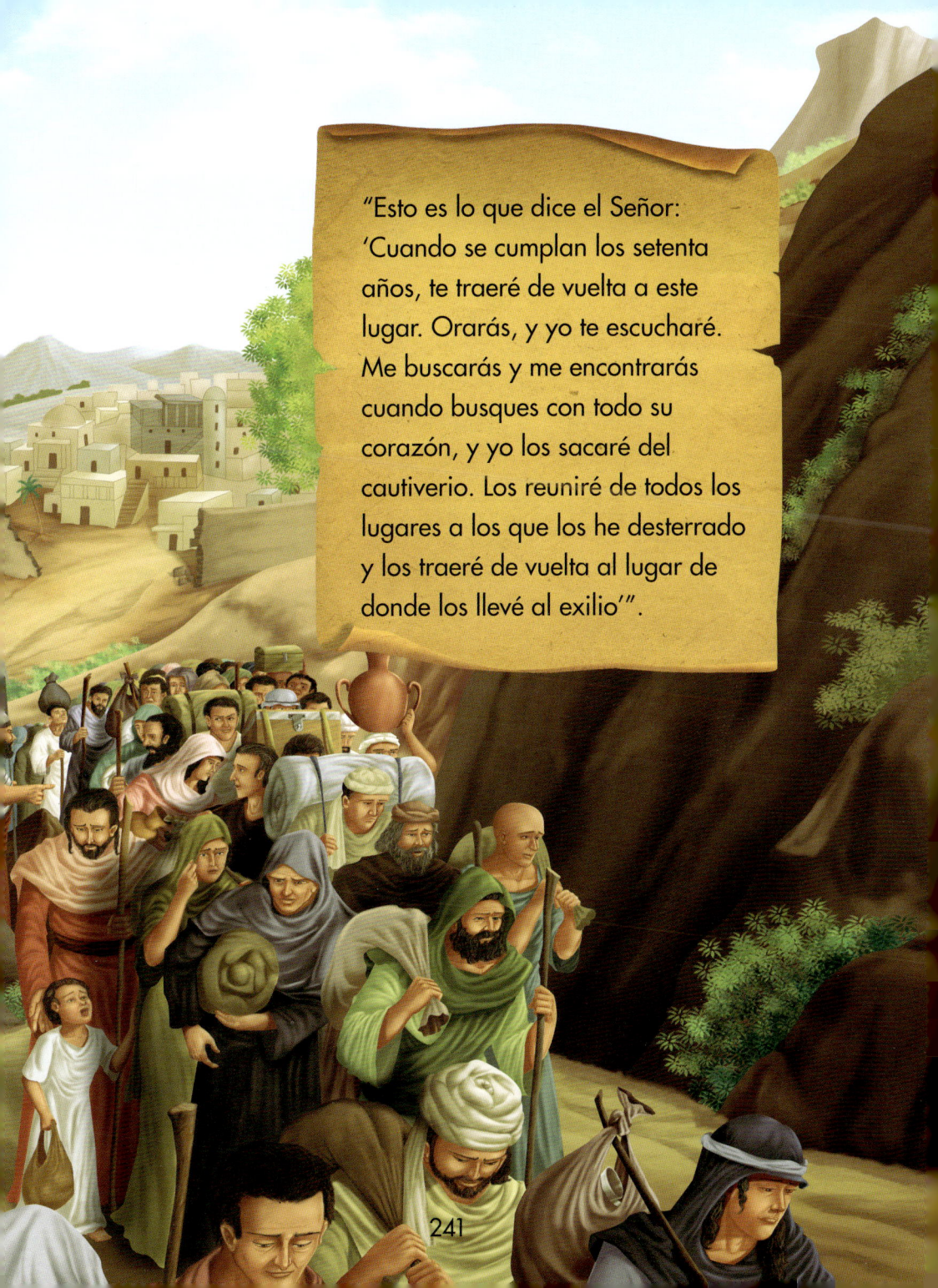

"Esto es lo que dice el Señor: 'Cuando se cumplan los setenta años, te traeré de vuelta a este lugar. Orarás, y yo te escucharé. Me buscarás y me encontrarás cuando busques con todo su corazón, y yo los sacaré del cautiverio. Los reuniré de todos los lugares a los que los he desterrado y los traeré de vuelta al lugar de donde los llevé al exilio'".

LOS HIGOS BUENOS Y MALOS
Jeremías 24

La gente que quedaba en la ciudad se sentía bastante satisfecha. Habían sido golpeados por un gobernante extranjero, pero al menos no habían sido capturados y llevados. Jeremías le preguntó a Dios por qué no los castigaba, ya que eran orgullosos y no habían cambiado sus malos caminos.

Dios le mostró a Jeremías dos cestas de higos, y le preguntó qué veía. Jeremías respondió bastante desconcertado: "Veo una cesta llena de higos maduros y de aspecto sabroso, y otra llena de higos tan podridos que nadie desearía comerlos".

"El pueblo de Jerusalén es como esos buenos higos", le dijo Dios. "Los que ya fueron llevados de Jerusalén a Babilonia han comenzado a arrepentirse y están aprendiendo a acercarse a mí. Yo me ocuparé de ellos, y un día los devolveré a su tierra".

"Pero la gente que queda en Jerusalén es como los higos de la segunda cesta. Están podridos y nunca cambiarán sus costumbres. Ya sea por la espada, el hambre o la peste, todos serán borrados de esta tierra, ¡hasta el último de ellos!".

243

EN LA CISTERNA
Jeremías 37-38

Una y otra vez Jeremías trató de advertir al nuevo rey que Judá no era lo suficientemente fuerte como para rebelarse contra el poderío de Babilonia. Por ahora, tendrían que hacer lo que Nabucodonosor les ordenara. Pero el rey Sedequías y sus funcionarios se enojaban cuando Jeremías trataba de decirles cosas como esas.

Un día, cuando salía de la ciudad, los guardias lo detuvieron y lo acusaron de intentar huir hacia el enemigo. Lo encadenaron y lo encerraron en la cárcel. Pero algunos habitantes de la ciudad seguían acudiendo a escuchar al profeta y, frustrados, los furiosos funcionarios lo arrojaron al fondo de una cisterna sin uso, profunda, oscura y llena de barro.

Pero uno de los funcionarios del rey tenía remordimientos de conciencia. Fue a preguntarle al rey si podía dejar salir a Jeremías, pues de lo contrario seguramente moriría de hambre, y el rey accedió. Con algunos hombres, el buen funcionario fue a la cisterna y sacó con cuidado al pobre Jeremías al aire libre.

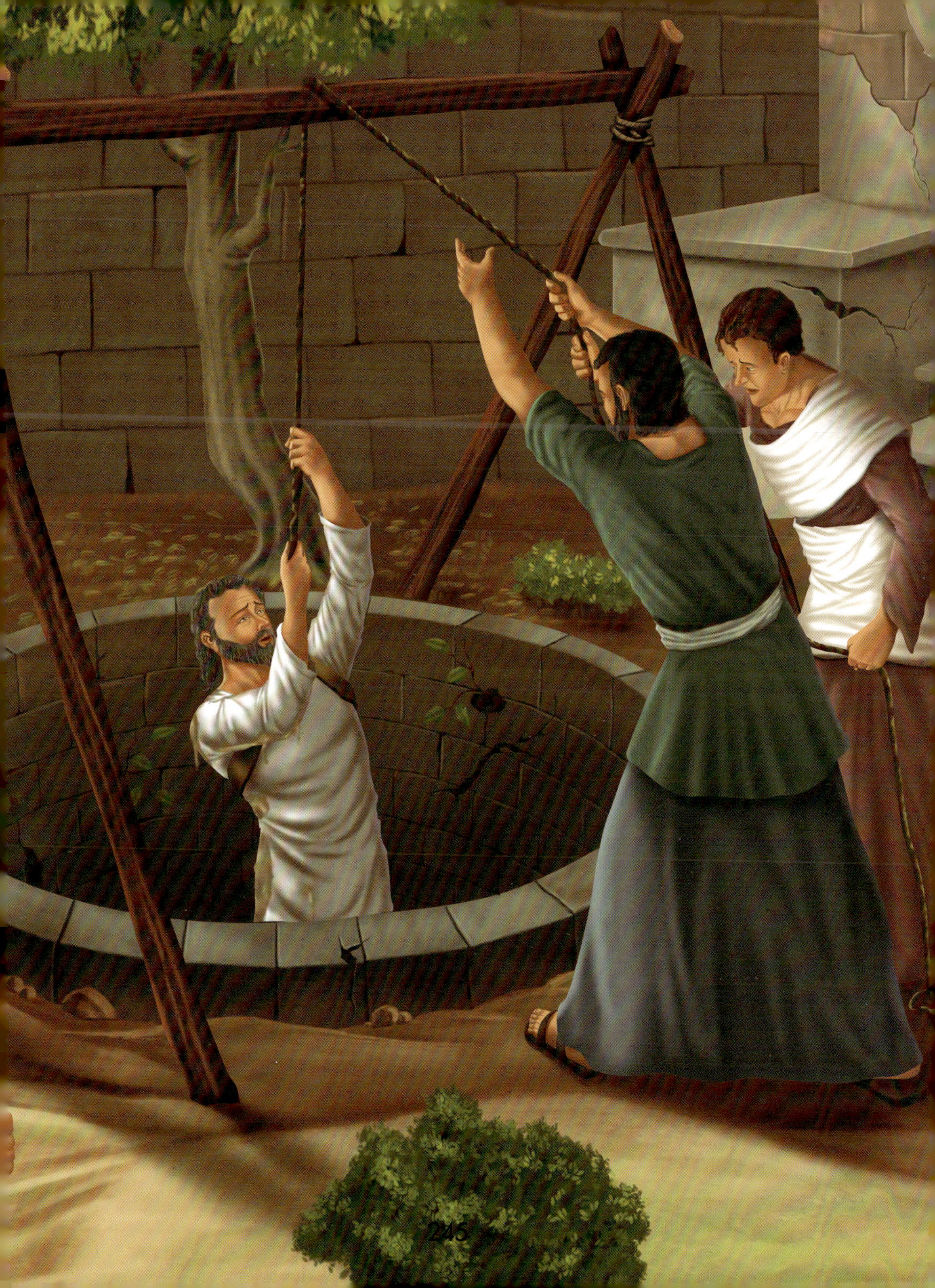

LA CAÍDA DE JERUSALÉN
2 Reyes 25; 2 Crónicas 36

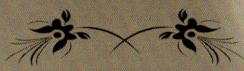

Sedequías se negó a escuchar a Jeremías, y trató de rebelarse contra Nabucodonosor. Entonces, una vez más, las poderosas fuerzas de Babilonia vinieron contra Judá, y acamparon fuera de Jerusalén. Sedequías estaba aterrorizado. Esta vez le pidió consejo a Jeremías, y él le dijo: "Dios dice: 'Si te rindes, tu vida será perdonada y la ciudad no será incendiada. Pero si no te rindes, la ciudad será entregada a los babilonios y ellos la quemarán y tú no escaparás'".

Incluso ahora, Sedequías no quiso escuchar a Jeremías. En cambio, trató de huir de la ciudad con su ejército en medio de la noche. Pero los babilonios los redujeron y luego destruyeron la ciudad por completo. Incendiaron el templo, el palacio y todas las casas, y el resto del pueblo fue llevado como esclavo. Se habían negado a escuchar a Dios y ahora eran castigados.

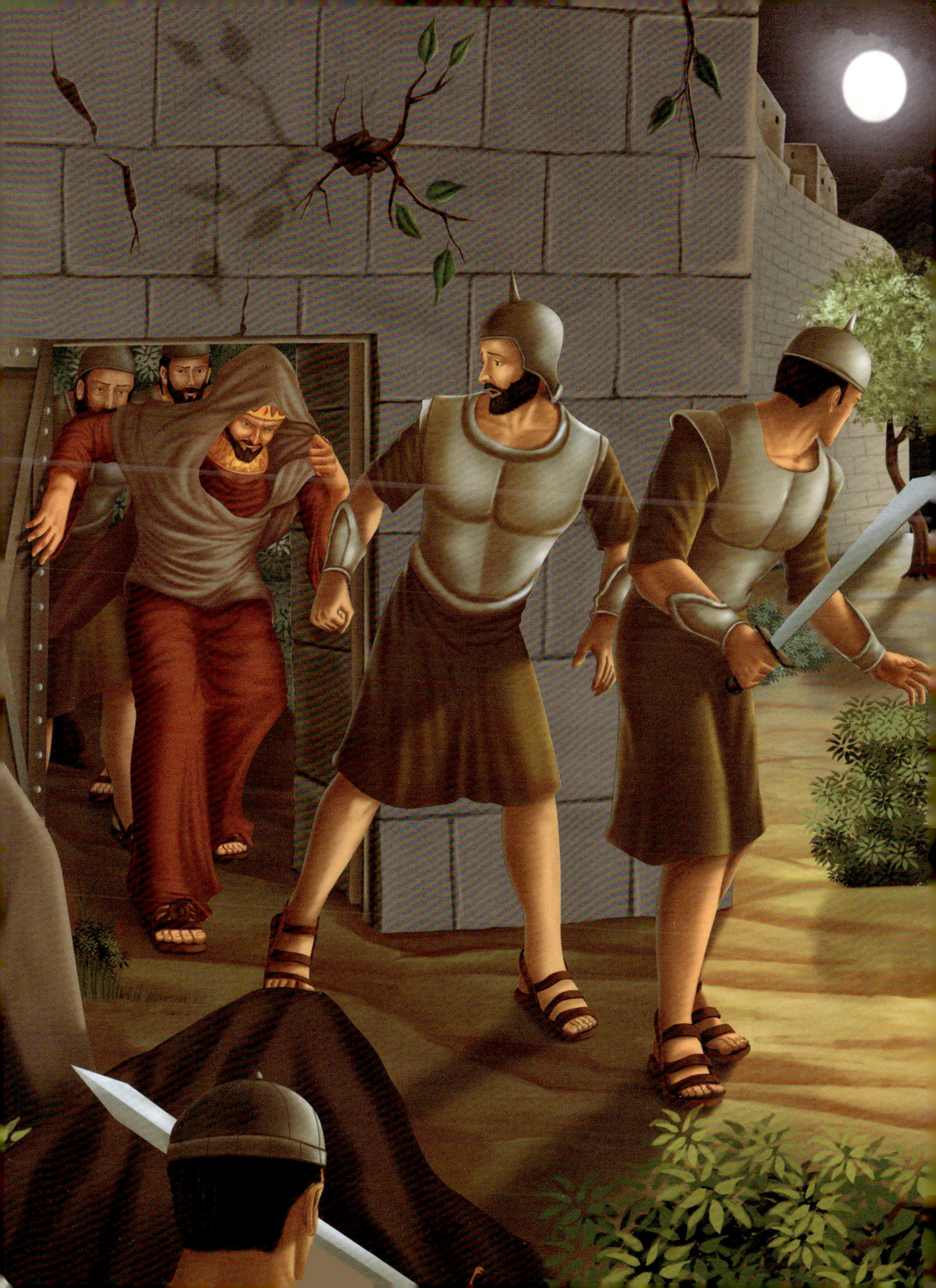

CONSUELO PARA EL PUEBLO DE DIOS
Isaías 40

Jerusalén fue destruida. Dios había castigado a sus hijos desobedientes. Pero no había dejado de amarlos. Años antes, Isaías había sabido que esto sucedería, y tenía un mensaje de esperanza para los exiliados de parte de Dios:

"'Consuela a mi pueblo', dice tu Dios. 'Habla con ternura a Jerusalén y dile que ha pagado por sus pecados'".

"Una voz grita: 'Preparen un camino en el desierto para el Señor. Su gloria se revelará, y todos la verán juntos. El pueblo es como la hierba, su fidelidad como las flores. La hierba se marchita y las flores se caen, pero la palabra de nuestro Dios dura para siempre'".

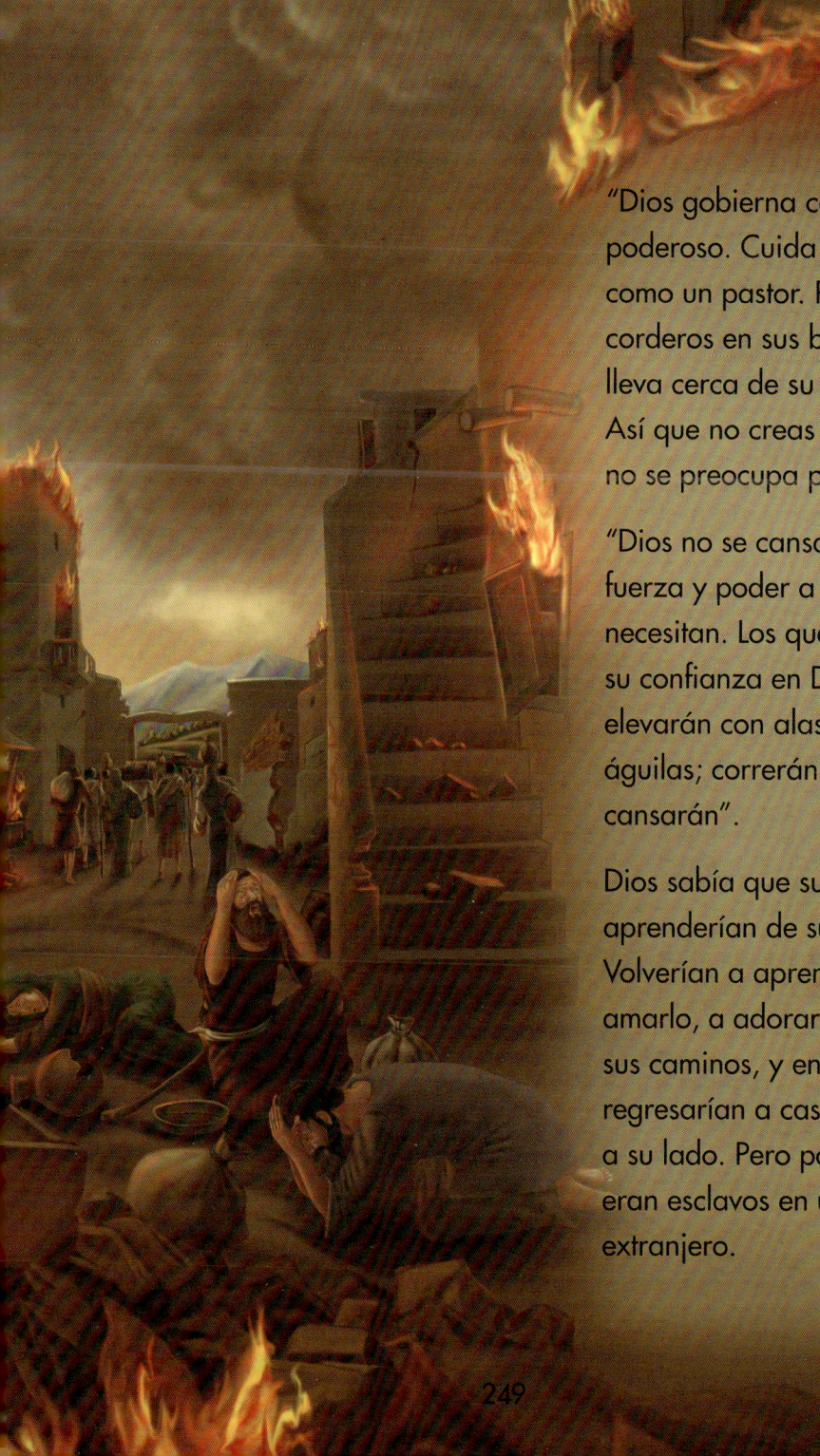

"Dios gobierna con un brazo poderoso. Cuida su rebaño como un pastor. Recoge a los corderos en sus brazos y los lleva cerca de su corazón. Así que no creas nunca que no se preocupa por ti".

"Dios no se cansa. Él da fuerza y poder a los que lo necesitan. Los que ponen su confianza en Dios se elevarán con alas como las águilas; correrán y no se cansarán".

Dios sabía que sus hijos aprenderían de su lección. Volverían a aprender a amarlo, a adorarlo y a seguir sus caminos, y entonces regresarían a casa, con Dios a su lado. Pero por ahora, eran esclavos en un país extranjero.

LA SORPRENDENTE VISIÓN DE EZEQUIEL
Ezequiel 1

Habían cinco años que Ezequiel no veía su amada patria. Ahora vivía en Babilonia, con otros cautivos. En ese momento, la caída final de Jerusalén y su templo aún no se había construido, pero la mayoría de las personas capacitadas se habían visto obligadas a abandonar la ciudad.

Ezequiel era un hombre bueno, que amaba a Dios. Un día, estaba junto al río, cuando una enorme nube apareció en el cielo rodeada de una luz brillante, y dentro de ella Ezequiel vio la visión más sorprendente.

Dentro de la nube aparecieron cuatro criaturas rodeadas de fuego. Los relámpagos brillaban a su alrededor. Cada una de ellas tenía cuatro rostros (humano, león, buey y águila) y cuatro alas. El sonido de las alas era como el del agua corriendo. Junto a cada criatura había una rueda y dentro de ella otra rueda, y las ruedas brillaban como el topacio y se movían con las criaturas, que estaban bajo una bóveda resplandeciente.

Encima había un trono de azul intenso, sobre el que se sentaba una figura de hombre, pero que brillaba como si fuera de fuego, rodeado de luz. Entonces Dios habló a Ezequiel y le dijo que había sido elegido para comunicar el mensaje de Dios a su pueblo.

251

LAS ADVERTENCIAS DE EZEQUIEL
Ezequiel 4-5

Dios le dijo a Ezequiel que tomara un ladrillo de arcilla y dibujara en él a Jerusalén. A continuación, debía sitiar la ciudad estableciendo campamentos enemigos y arietes alrededor de ella, y luego debía tomar una sartén de hierro y colocarla entre él y el ladrillo a modo de muro. Por último, debía permanecer tumbado de lado durante muchísimos días para cargar con los pecados del pueblo de Israel y de Judá, y solo debía comer un pequeño pan, que haría cada día, y beber solo un poco de agua. Dios estaba mostrando al pueblo que Jerusalén estaría sitiada una vez más, y que el pueblo tendría poco que comer o beber.

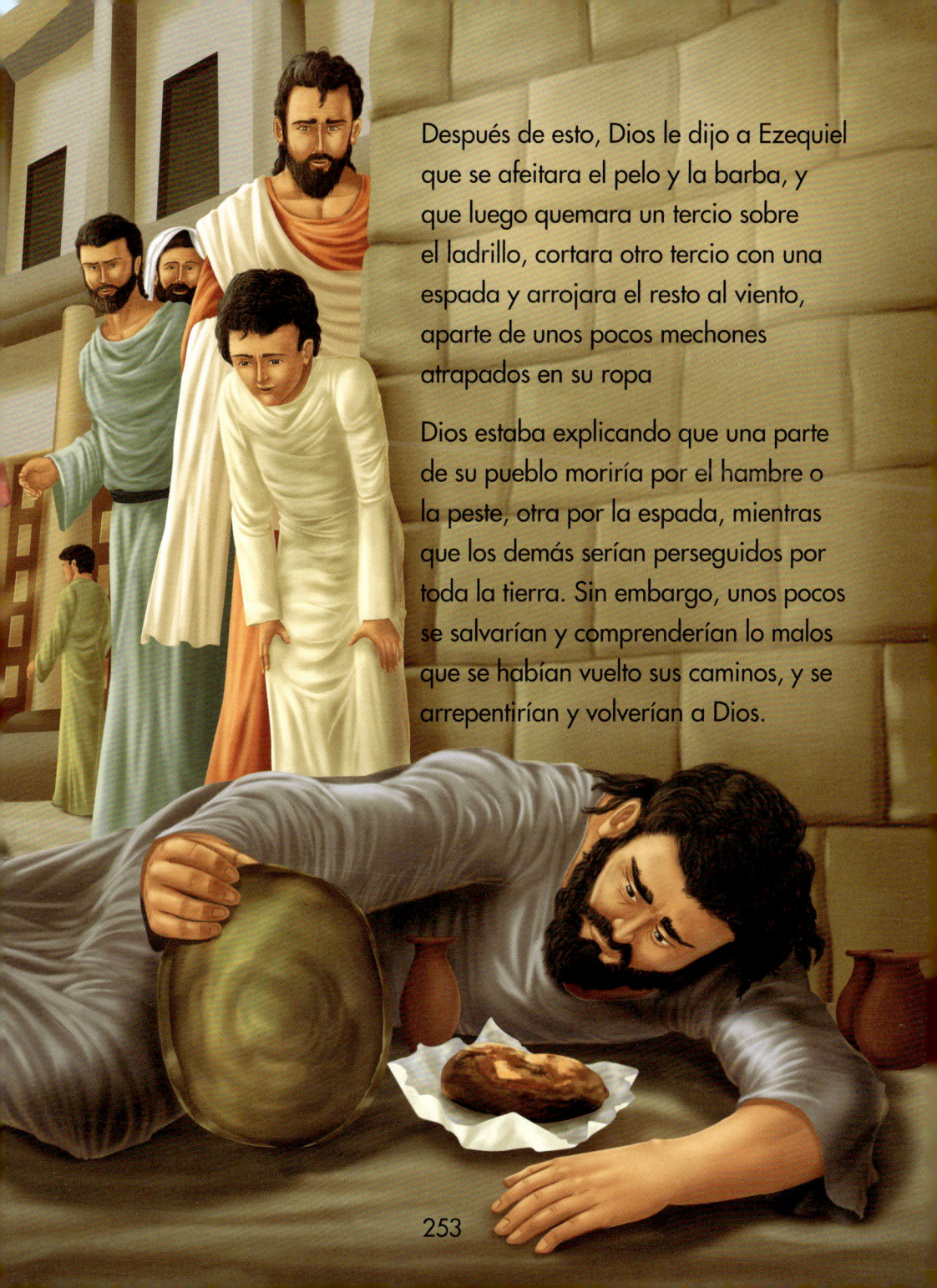

Después de esto, Dios le dijo a Ezequiel que se afeitara el pelo y la barba, y que luego quemara un tercio sobre el ladrillo, cortara otro tercio con una espada y arrojara el resto al viento, aparte de unos pocos mechones atrapados en su ropa

Dios estaba explicando que una parte de su pueblo moriría por el hambre o la peste, otra por la espada, mientras que los demás serían perseguidos por toda la tierra. Sin embargo, unos pocos se salvarían y comprenderían lo malos que se habían vuelto sus caminos, y se arrepentirían y volverían a Dios.

LA OVEJA PERDIDA
Ezequiel 34

Como había advertido Ezequiel, los ejércitos de Nabucodonosor volvieron a atacar Jerusalén, y esta vez lo destruyeron todo. Las murallas fueron arrasadas, el templo sagrado fue saqueado y quemado, y todos los que quedaron fueron asesinados o llevados cautivos.

Ezequiel dijo a los líderes de los exiliados que habían fallado a su pueblo. Deberían haber estado cuidando de ellos como pastores con sus ovejas, cuidando de los débiles y sanando a los enfermos, buscando a los que se habían perdido o se habían extraviado.

En cambio, habían sido duros y crueles, y las ovejas se habían extraviado y se habían convertido en presa de los animales salvajes que vagaban por la tierra.

Ahora Dios mismo reuniría a sus ovejas descarriadas, rescatándolas de los lugares oscuros por los que se habían dispersado, y llevándolas de vuelta a Israel, donde cuidaría de ellas.

EL VALLE DE LOS HUESO SECOS
Ezequiel 37

Cuando los exiliados se enteraron de la caída de Jerusalén, tuvieron la certeza de que Dios los había abandonado. Dios quería que supieran que, una vez aprendida la lección, los limpiaría de sus pecados y podrían empezar de nuevo. Llevó a Ezequiel a un valle cubierto de huesos y le preguntó si podían vivir.

"Solo tú lo sabes, mi Señor", respondió Ezequiel, a lo que Dios le dijo que profetizara a los huesos, diciendo que Dios les daría vida.

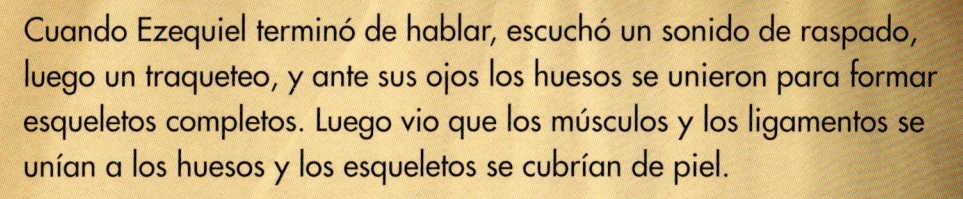

Cuando Ezequiel terminó de hablar, escuchó un sonido de raspado, luego un traqueteo, y ante sus ojos los huesos se unieron para formar esqueletos completos. Luego vio que los músculos y los ligamentos se unían a los huesos y los esqueletos se cubrían de piel.

Dios dijo: "Dile a los vientos que soplen aliento de vida en estos cuerpos", y Ezequiel así lo hizo. Se oyó un silbido cuando los vientos soplaron vida en los cuerpos inmóviles. Primero empezaron a moverse los pechos, luego las piernas y los brazos, y pronto se levantó ante él un vasto ejército de hombres. Entonces Dios dijo a Ezequiel: "Mi pueblo es como estos huesos. Han perdido toda esperanza y están como sin vida. Pero debes decirles que yo soplaré nueva vida a mi pueblo".

VERDURAS Y AGUA
Daniel 1

Daniel era otro exiliado que vivía en Babilonia, pero como provenía de una buena familia, y era inteligente y fuerte, había sido elegido para vivir en el palacio real, donde él y sus tres amigos fueron bien tratados y se les enseñó la lengua, la ciencia y la filosofía de Babilonia.

A Daniel le disgustaba comer la lujosa comida y el vino del rey, pues Dios había prohibido a su pueblo comer ciertos alimentos. Así que preguntó si él y sus amigos podían comer verduras y agua en su lugar. Preocupado por si se debilitaban y enfermaban, el jefe de la casa se negó, pero Daniel no se rindió. Le dijo al guardia que traía la comida: "¡Danos verduras y agua durante diez días y luego verás cómo estamos!". El guardia accedió y al cabo de diez días se sorprendió al ver que los amigos estaban realmente más sanos y en forma que los otros jóvenes, por lo que se les permitió continuar.

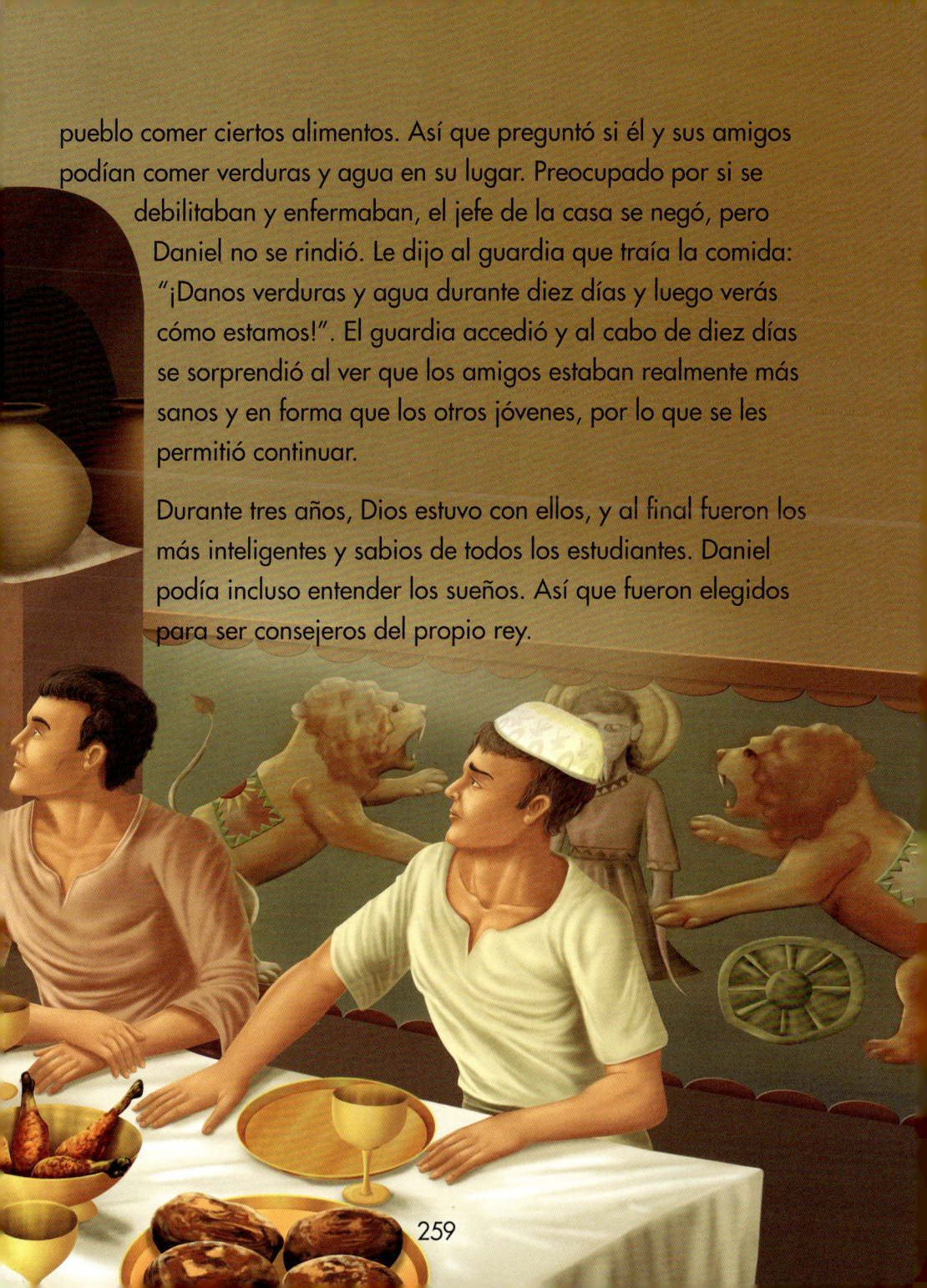

Durante tres años, Dios estuvo con ellos, y al final fueron los más inteligentes y sabios de todos los estudiantes. Daniel podía incluso entender los sueños. Así que fueron elegidos para ser consejeros del propio rey.

EL MISTERIOSO SUEÑO DEL REY

Daniel 2

Poco después, el rey empezó a tener pesadillas; tenía el mismo sueño horrible una y otra vez. Estaba tan preocupado y disgustado por ello que llamó a todos sus adivinos y magos diciendo: "Mi sueño me preocupa. Díganme qué significa".

Sus consejeros parecían desconcertados. Le pidieron que les describiera el sueño, pero el rey quería que lo resolvieran ellos mismos y que luego le dijeran el significado. "¡Ningún rey ha pedido nunca algo así!", exclamaron los magos desconcertados. "¡Lo que pides es imposible! ¡Solo los dioses podrían hacerlo!".

El rey estaba tan furioso que ordenó que los ejecutaran a todos, y a todos sus consejeros, ¡incluidos Daniel y sus amigos!

LA EXPLICACIÓN DEL SUEÑO
Daniel 2

Daniel pidió tiempo para interpretar el sueño, y luego él y sus amigos oraron a Dios. Esa noche, el misterio le fue revelado. Al día siguiente, explicó que se venía en el futuro:

"Vio una estatua terrible y maciza de pie ante usted. Su cabeza era de oro brillante; su pecho y sus brazos, de plata; su cintura y sus caderas, de bronce; sus piernas, de hierro, y sus pies, parte de hierro y parte de barro. Mientras usted observaba, cayó una gran piedra que se estrelló contra sus pies y los hizo añicos. Luego toda la estatua se desmoronó, desapareciendo en el polvo que se llevó el viento. Pero la piedra creció hasta convertirse en una montaña que cubrió toda la tierra".

"Esto es lo que significa. El poderoso reino de Babilonia es la cabeza de oro, y las otras partes de la estatua son imperios aún por venir. Habrá otro imperio, luego otro, que gobernará toda la tierra. Entonces surgirá otro imperio, tan fuerte como el hierro, que aplastará a todos los anteriores. Sin embargo, estará dividido, porque los pies estaban hechos de hierro y de barro. Pero Dios establecerá otro reino que nunca será conquistado y que destruirá a todos los anteriores. El reino de Dios no tendrá fin. Es la piedra que se convertirá en montaña".

El rey, impresionado, declaró que el Dios de Daniel era realmente el más sabio y el más grande, y nombró a Daniel su principal consejero.

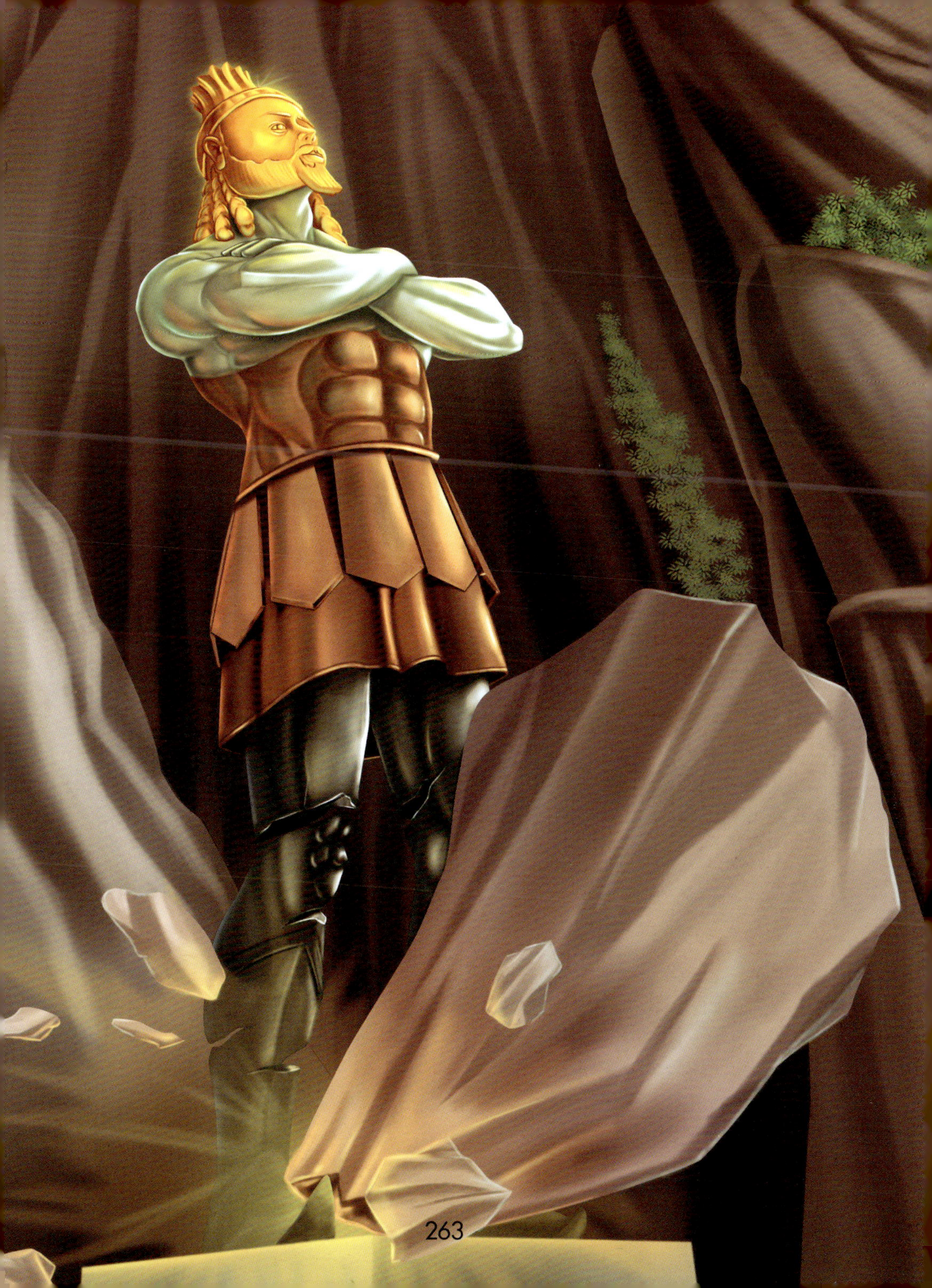

LA ESTATUA DE ORO
Daniel 3

La humildad del rey Nabucodonosor no duró mucho. Algún tiempo después decidió construir una gran estatua de oro, de noventa pies de alto y nueve de ancho. Cuando estuvo terminada, se celebró una ceremonia especial. Un vocero anunció en voz alta:

"¡Gente del Imperio! Pronto oirán trompetas y otros instrumentos. Deben inclinarse y adorar la estatua. Si no lo hacen, serán arrojados a un horno de fuego".

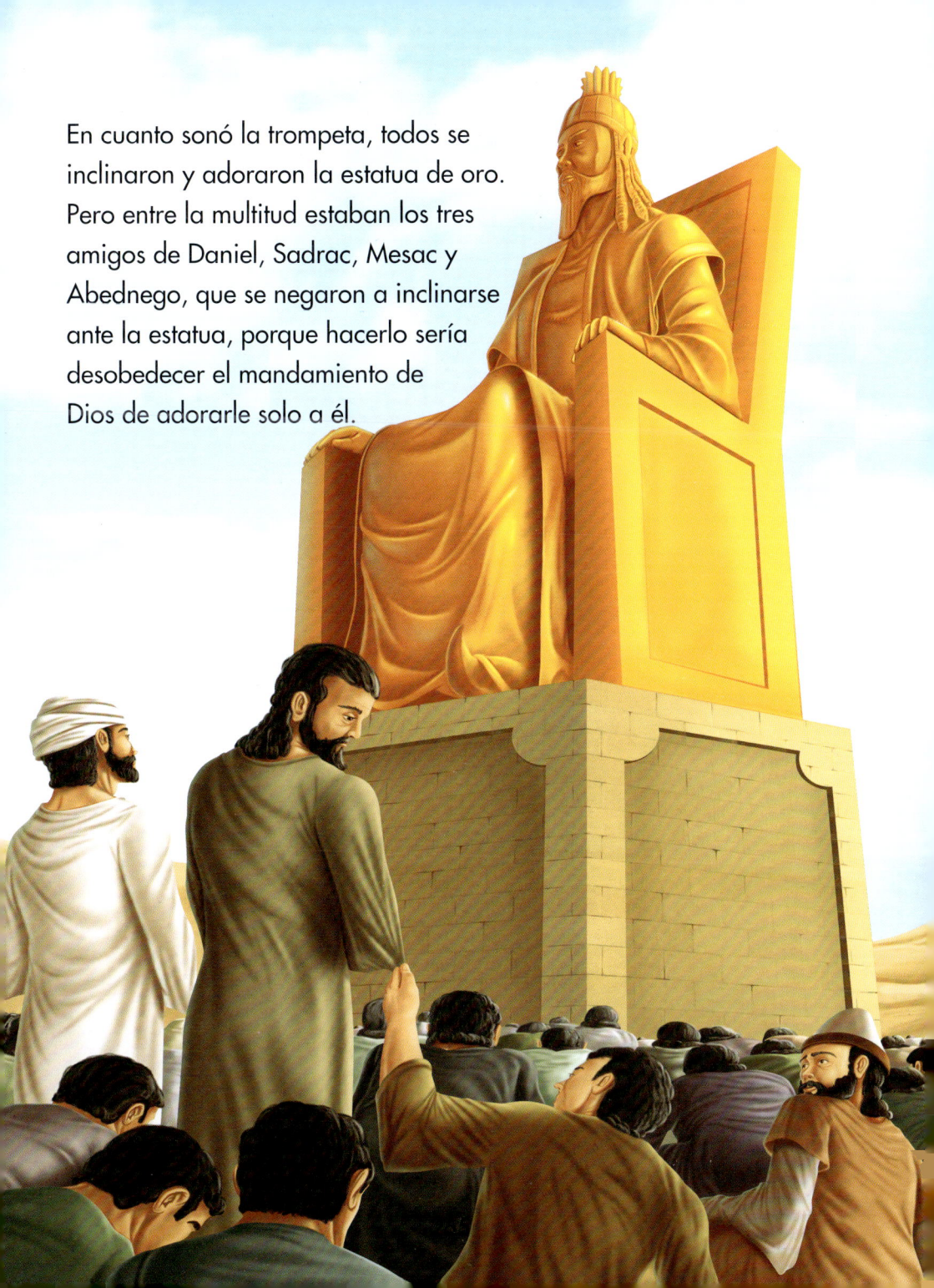

En cuanto sonó la trompeta, todos se inclinaron y adoraron la estatua de oro. Pero entre la multitud estaban los tres amigos de Daniel, Sadrac, Mesac y Abednego, que se negaron a inclinarse ante la estatua, porque hacerlo sería desobedecer el mandamiento de Dios de adorarle solo a él.

EL HORNO DE FUEGO
Daniel 3

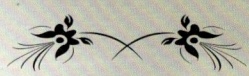

Cuando el rey se enteró del incumplimiento de los tres hombres, se puso furioso. Les ofreció una oportunidad más para obedecer, pero los jóvenes siguieron negándose, diciendo: "Su Majestad, no nos inclinaremos ante nadie más que ante nuestro Dios. Él puede salvarnos del horno, pero aunque no lo haga, nunca adoraremos su estatua".

El rey, enfadado, ordenó a sus guardias que los ataran fuertemente con cuerdas y que avivaran el horno hasta que estuviera siete veces más caliente de lo habitual. Entonces los arrojaron a las llamas. ¡El horno estaba tan caliente que los propios guardias fallecieron quemados!

Nabucodonosor estaba expectante. De pronto dio un salto de incredulidad, pues dentro del horno pudo ver a cuatro hombres: Sadrac, Mesac y Abednego ya no estaban atados, sino que caminaban libremente, ¡y con ellos había un cuarto hombre que parecía el Hijo de Dios!

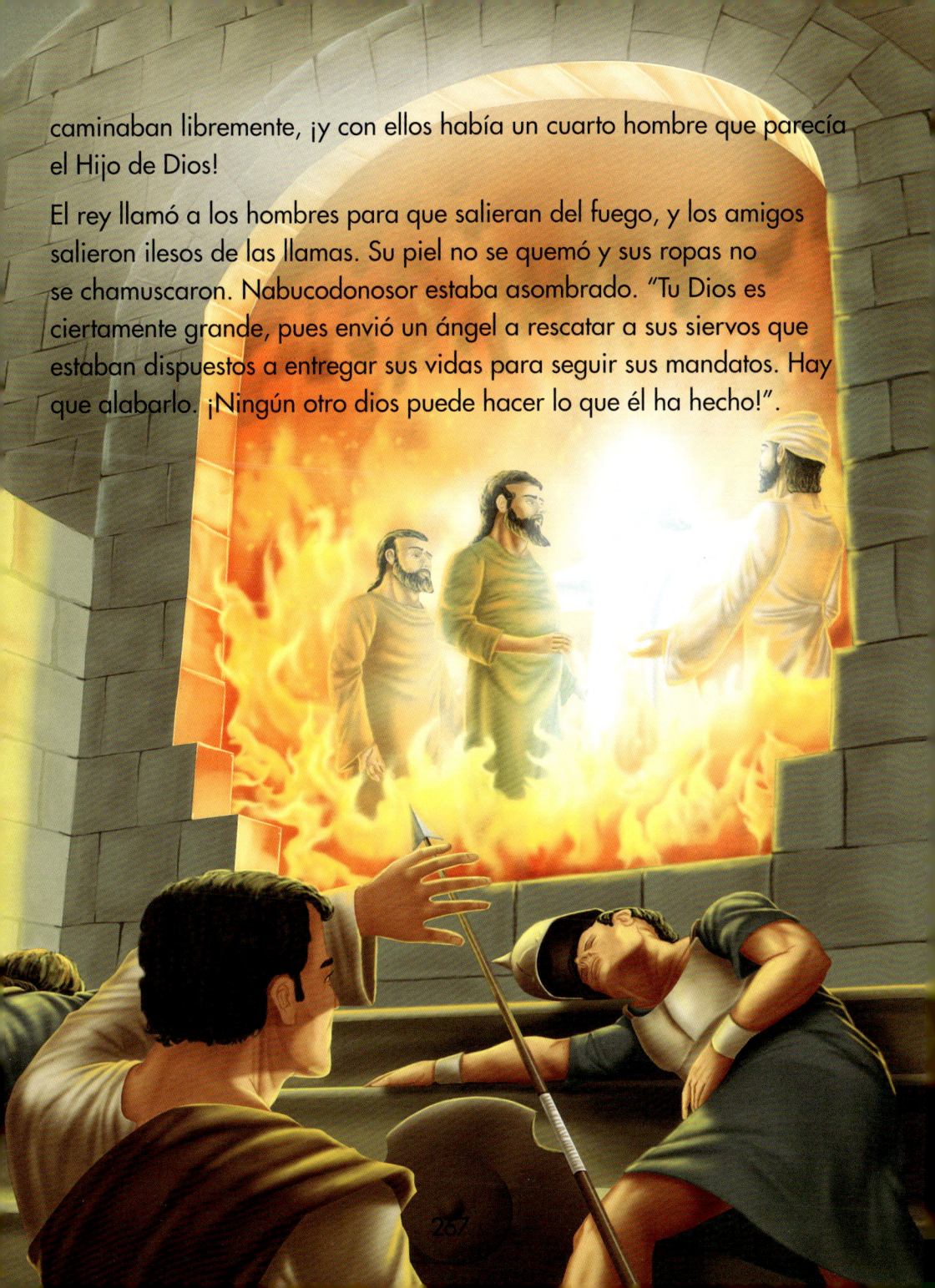

El rey llamó a los hombres para que salieran del fuego, y los amigos salieron ilesos de las llamas. Su piel no se quemó y sus ropas no se chamuscaron. Nabucodonosor estaba asombrado. "Tu Dios es ciertamente grande, pues envió un ángel a rescatar a sus siervos que estaban dispuestos a entregar sus vidas para seguir sus mandatos. Hay que alabarlo. ¡Ningún otro dios puede hacer lo que él ha hecho!".

EL ÁRBOL GIGANTE
Daniel 4

El rey Nabucodonosor había tenido otro sueño aterrador. Ninguno de sus consejeros pudo ayudarle, así que mandó llamar a Daniel, diciendo: "Sé que tu Dios puede resolver todos los misterios. Anoche tuve un sueño espantoso. Había ante mí un árbol enorme, que se elevaba sobre la tierra, fuerte y alto, con sus ramas más altas tocando el cielo. Se podía ver hasta los confines de la tierra. Las hojas eran verdes y las ramas estaban cargadas de frutos para todos los seres vivos. Los animales se refugiaban bajo sus ramas y los pájaros vivían felices en ellas".

"Entonces vino un mensajero del cielo que gritó que había que cortarlo y dispersar los frutos. Las aves y los animales debían huir, pero el tronco y sus raíces debían permanecer. Y el mensajero dijo: 'Que viva fuera, entre los animales, durante siete largos años, con la mente de un animal salvaje, para que todos sepan que solo Dios controla todos los reinos y elige a sus gobernantes'".

Daniel apenas sabía qué decir. "Su Majestad", respondió con evidente turbación, "¡cómo me gustaría que este sueño no fuera para usted! Verá, usted es ese árbol. Tu imperio es fuerte y grande y cubre la tierra. Sin embargo, si no aprende a honrar a Dios, será cortado y enloquecerá y se verá obligado a vivir como un animal salvaje durante siete años. Pero el tronco del árbol permanecerá, y si deja su orgullo y adora a Dios, entonces él le devolverá su grandeza de nuevo, así que, por favor, Su Majestad", le rogo, "¡preste atención ahora y siga la voluntad de Dios y entonces tal vez esto nunca llegue a suceder!".

LA LOCURA DE NABUCODONOSOR
Daniel 4

Nabucodonosor se estremeció al principio, pero poco a poco volvió a caer en sus viejos hábitos. Un día, alrededor de un año después, Nabucodonosor estaba caminando en el techo del palacio real, mirando hacia abajo sobre Babilonia. Se llenó de orgullo: "¡Todo esto es obra mía!", dijo con arrogancia. "¡Qué poderoso y grande soy!".

Apenas dijo esto, sus oídos se llenaron de un gran estruendo. "Rey Nabucodonosor, este reino ya no es tuyo. Te verás obligado a dejar los lugares de los hombres e ir a vivir con los animales salvajes, hasta que aprendas que Dios está en control de todos los reinos terrenales y que él elige a sus gobernantes".

Entonces el rey fue presa de una terrible locura y se vio obligado a huir de la ciudad y a vivir en los campos, comiendo hierba como un animal salvaje. Su pelo creció y sus uñas parecían las garras de un pájaro, y no recordaba que antes había sido un poderoso rey que vivía en un hermoso palacio.

Después de siete largos años, su mente se aclaró y comprendió por fin que no tenía nada de lo que enorgullecerse: todo lo que había en la tierra se lo había dado la bondad de Dios. Solo Dios era poderoso. Entonces Nabucodonosor regresó humildemente a su palacio y volvió a ser el gobernante del reino.

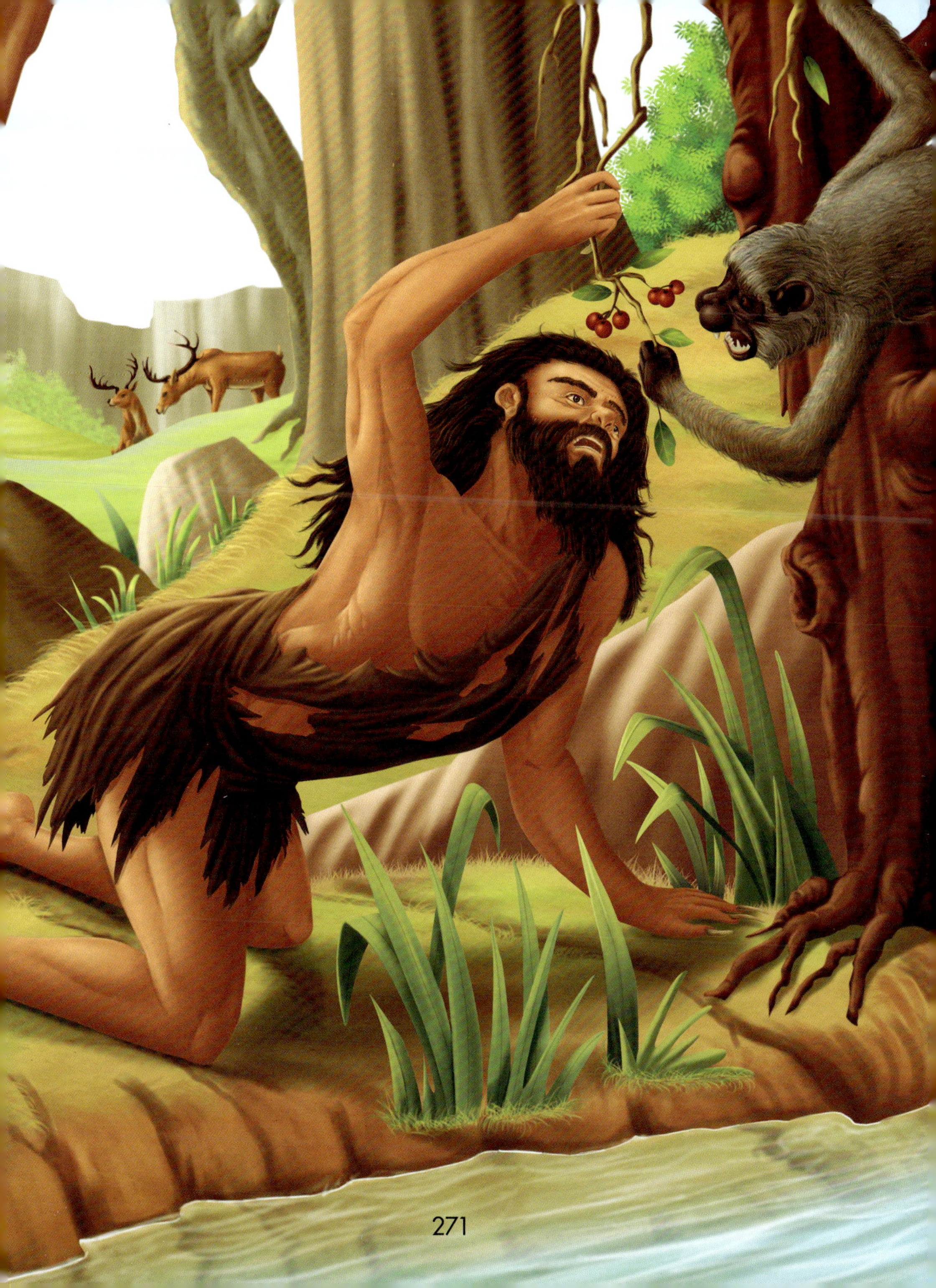

LA ESCRITURA EN LA PARED
Daniel 5

Después de Nabucodonosor, Belsasar fue rey. Una noche celebró un gran banquete con comida exótica y vino fino y mandó a buscar las copas de oro y plata tomadas del santo templo de Jerusalén, para que él y sus invitados pudieran beber vino de ellas, mientras alababan a los falsos ídolos que habían creado.

De repente, aparecieron los dedos de una mano humana y comenzaron a escribir en el yeso de la pared. El rey se puso blanco de terror y empezó a temblar. Preguntó a sus consejeros qué significaba aquella extraña escritura y prometió recompensarles con abundancia si podían explicarla, pero ninguno de ellos tenía ni idea.

Por sugerencia de la reina, mandó llamar a Daniel, quien le dijo que no quería ninguna recompensa, pero que le diría lo que significaba la escritura por lo que Dios le había mostrado.

"El rey Nabucodonosor era poderoso y orgulloso, pero aprendió que solo Dios gobierna este mundo y elige quién será rey. Tú no has aprendido esta lección. Tu corazón es duro y estás lleno de orgullo. No honras a Dios, que te ha dado todo lo que tienes, sino que usas copas tomadas del templo sagrado de Dios, y te inclinas ante falsos ídolos".

"Esta mano fue enviada por Dios. Él ha escrito: 'Mene, Mene, Tekel, Parsin', y esto es lo que significa: Mene, los días de tu reino han sido contados; Tekel, has sido pesado en la balanza y hallado falto; Parsin, tu reino será dividido".

Esa misma noche, Belsasar fue asesinado y Darío el Medo se apoderó del reino.

CONSPIRACIÓN CONTRA DANIEL

Daniel 6

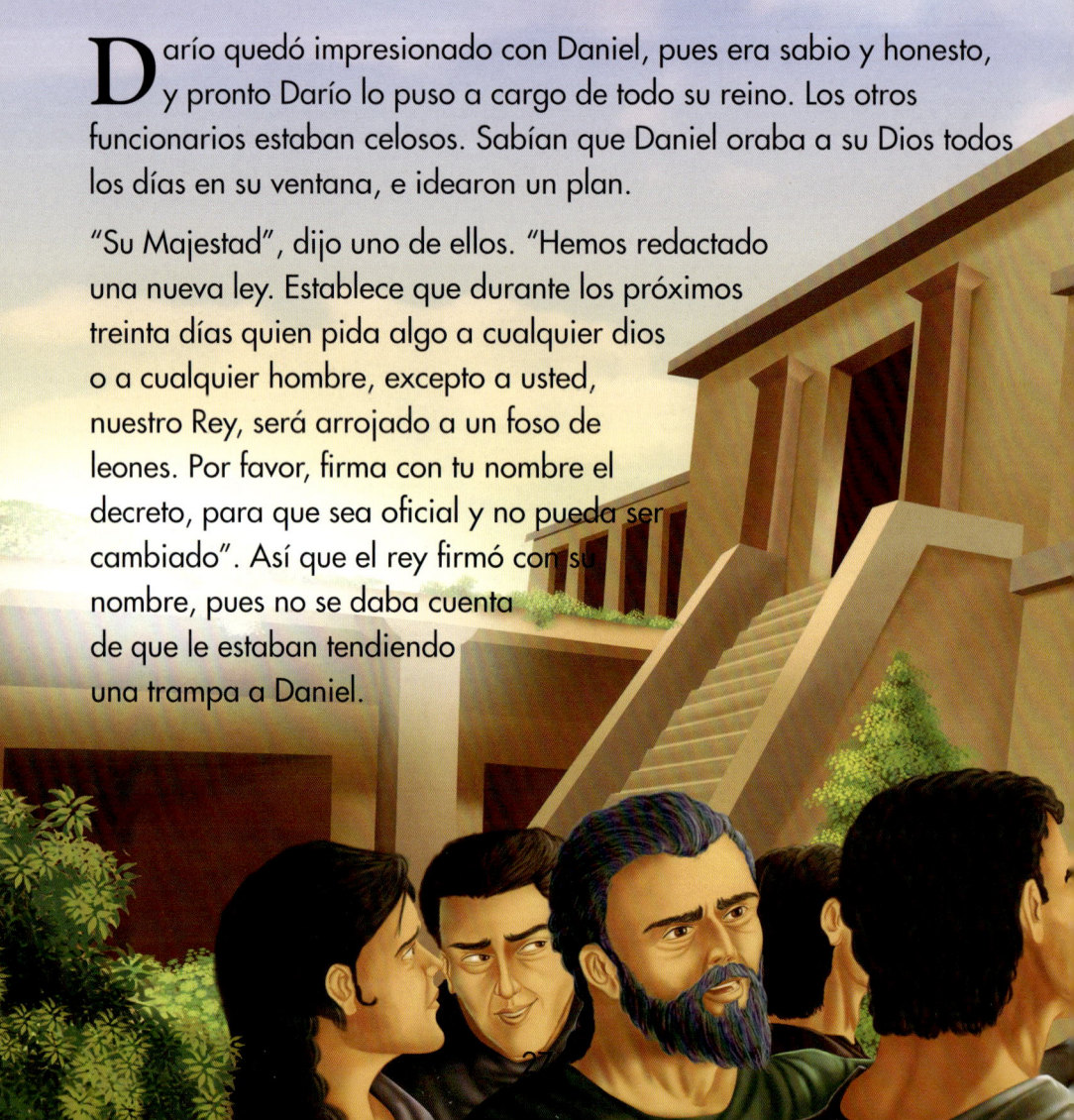

Darío quedó impresionado con Daniel, pues era sabio y honesto, y pronto Darío lo puso a cargo de todo su reino. Los otros funcionarios estaban celosos. Sabían que Daniel oraba a su Dios todos los días en su ventana, e idearon un plan.

"Su Majestad", dijo uno de ellos. "Hemos redactado una nueva ley. Establece que durante los próximos treinta días quien pida algo a cualquier dios o a cualquier hombre, excepto a usted, nuestro Rey, será arrojado a un foso de leones. Por favor, firma con tu nombre el decreto, para que sea oficial y no pueda ser cambiado". Así que el rey firmó con su nombre, pues no se daba cuenta de que le estaban tendiendo una trampa a Daniel.

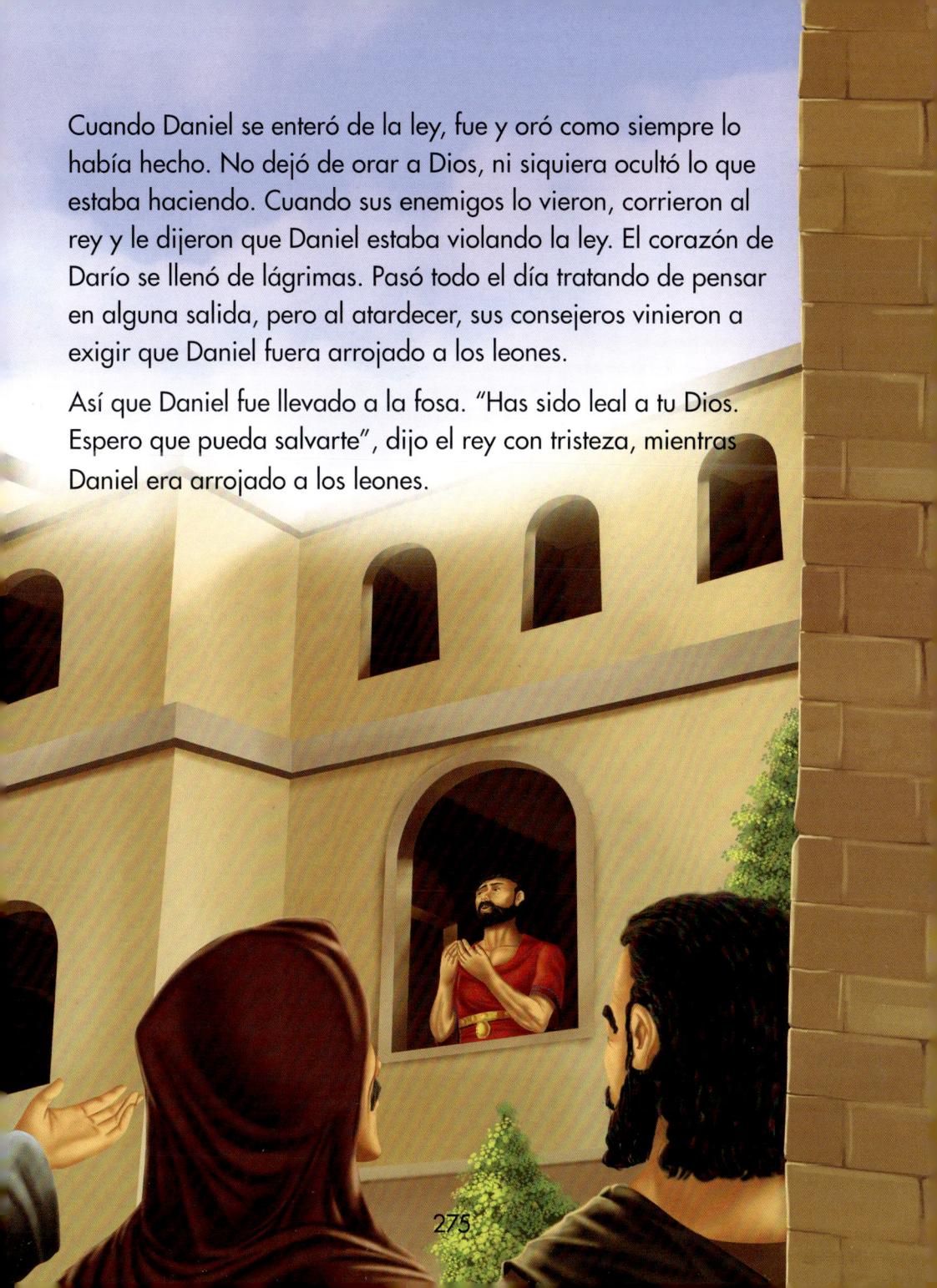

Cuando Daniel se enteró de la ley, fue y oró como siempre lo había hecho. No dejó de orar a Dios, ni siquiera ocultó lo que estaba haciendo. Cuando sus enemigos lo vieron, corrieron al rey y le dijeron que Daniel estaba violando la ley. El corazón de Darío se llenó de lágrimas. Pasó todo el día tratando de pensar en alguna salida, pero al atardecer, sus consejeros vinieron a exigir que Daniel fuera arrojado a los leones.

Así que Daniel fue llevado a la fosa. "Has sido leal a tu Dios. Espero que pueda salvarte", dijo el rey con tristeza, mientras Daniel era arrojado a los leones.

DANIEL EN EL FOSO DE LOS LEONES
Daniel 6

Aquella noche el rey no durmió. Al amanecer, bajó corriendo a la fosa. "¡Daniel!", gritó con desesperación y sin esperanza. "¿Ha podido tu Dios salvarte?".

No podía creer lo que oía cuando Daniel respondió: "Mi Dios envió un ángel y cerró la boca de los leones. No me han hecho daño, pues he sido declarado inocente. Ni les he hecho jamás daño". El rey se alegró mucho e hizo sacar a Daniel inmediatamente. Luego ordenó que los hombres que lo habían engañado fueran arrojados al foso, ¡y esta vez los leones fueron implacables!

Después de esto, Darío ordenó a su pueblo que respetara y honrara al Dios de Daniel, "porque él puede hacer cosas maravillosas en el cielo y en la tierra, ¡y rescató a Daniel del poder de los leones!"

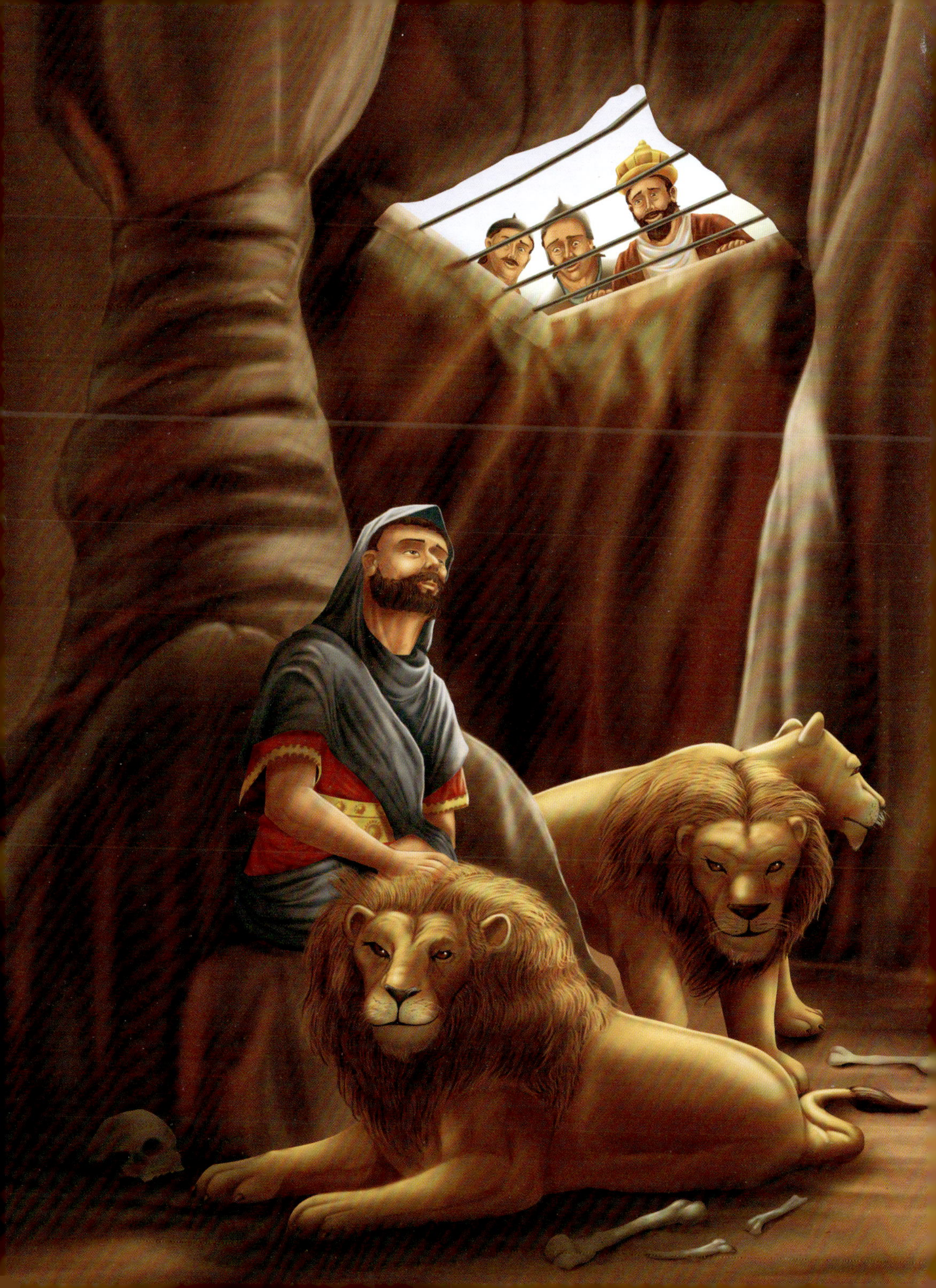

LAS VISIONES DE DANIEL
Daniel 7-12

Daniel tuvo muchas visiones. En ellas se hablaba del futuro de la tierra. En una, vio los vientos del cielo agitando el mar, y cuatro grandes bestias saliendo. Las describió: "La primera era como un león con alas de águila; la segunda era como un oso con tres costillas en la boca; la tercera era como un leopardo con cuatro cabezas y cuatro alas; mientras que la última bestia, con dientes de hierro y diez cuernos, era más aterradora que todas las demás. Aplastaba y devoraba a sus víctimas y pisoteaba lo que quedaba".

"Cuando miré, el Anciano de los Días estaba sentado en un trono de llamas, y un río de fuego fluía ante él. Las tres primeras bestias fueron despojadas de su autoridad pero se les permitió vivir un tiempo más, pero la cuarta fue asesinada y arrojada al fuego".

"Mientras miraba, apareció uno como el Hijo del Hombre. Se le dio gloria y poder y todos los pueblos y naciones lo adoraron. Su reino es eterno y no puede ser destruido".

"Se me dijo que las cuatro bestias son cuatro reinos que se levantarán, cada uno de los cuales conquistará al anterior, y el cuarto aplastará toda la tierra. Sin embargo, al final, será juzgado y todos los reinos bajo el cielo serán entregados al pueblo santo del Altísimo. Su reino será eterno, y todos los gobernantes lo adorarán y obedecerán, y su pueblo poseerá su reino para siempre".

279

EL REGRESO A JERUSALÉN
Esdras 1

Cuando Daniel era un anciano, el rey Ciro subió al trono. Su imperio persa se extendía a lo largo y ancho, pero Dios tocó su corazón y el poderoso rey emitió un decreto para que los exiliados de Judá pudieran por fin regresar a casa. También mandó a buscar los preciosos tesoros tomados del templo de Dios tantos años atrás, y se los dio a los exiliados para que los recuperaran.

La emoción y el júbilo de la gente eran enormes. ¡No podían creer que por fin iban a volver a casa! Pero no todos pudieron regresar a Jerusalén. El viaje sería largo y duro, y se necesitaría tiempo para reconstruir el templo y la ciudad. Solo los más fuertes y aptos podían ir.

Daniel fue uno de los que se quedaron atrás. Pero su corazón se llenó de alegría al ver que su pueblo se ponía en camino, cantando alabanzas a Dios y riendo y sonriendo, y dio gracias a Dios por permitir a su pueblo volver a casa y empezar de nuevo.

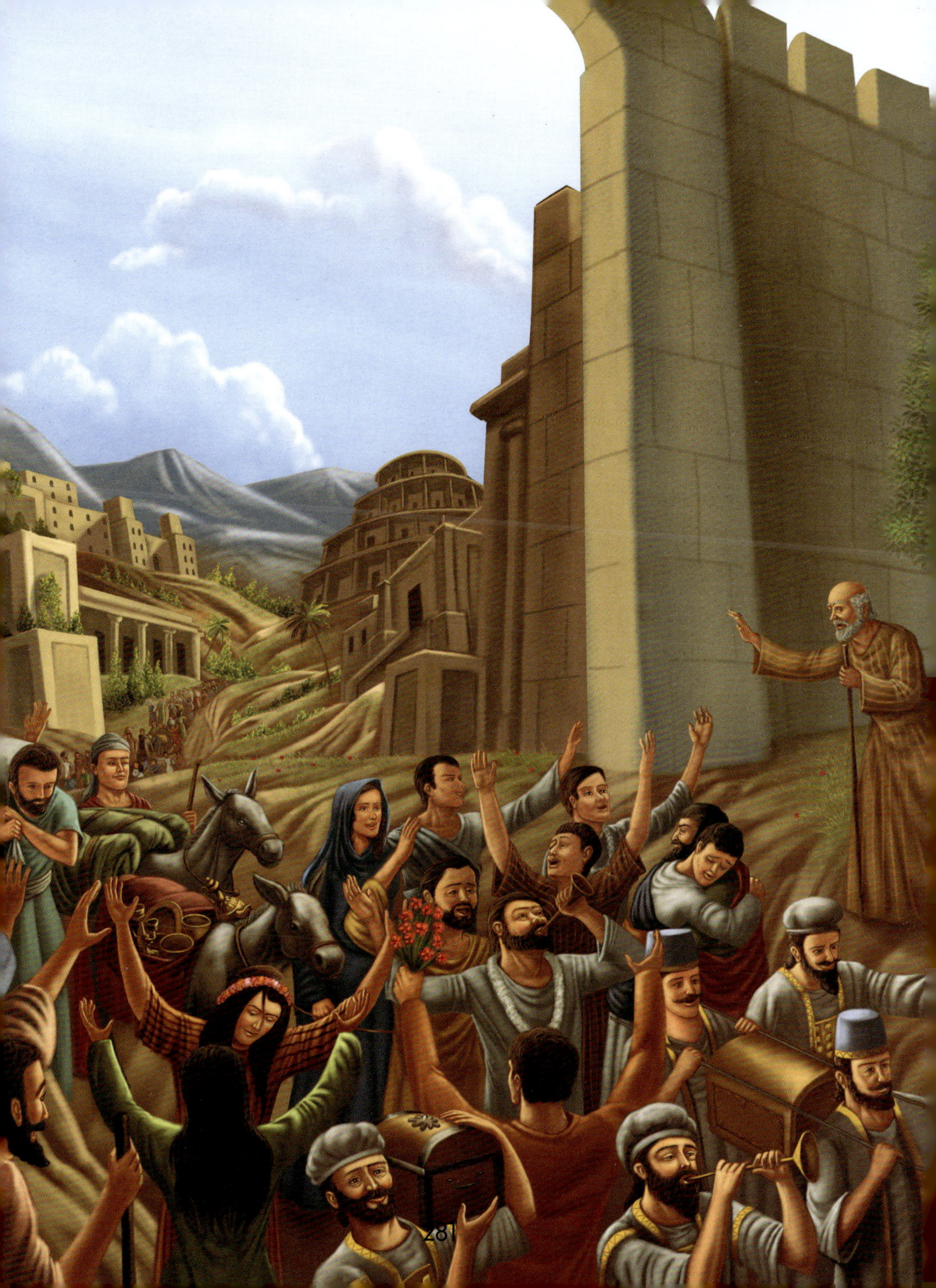

EL DURO TRABAJO POR DELANTE
Esdras 3

Cuando los exiliados regresaron a Jerusalén, se sintieron sorprendidos y entristecidos. Las murallas y los edificios estaban arruinados y el templo sagrado no era más que un montón de escombros. Aun así, todos se unieron para ayudar y dieron lo que pudieron.

Les llevó tiempo acomodar a todos, pero levantaron un altar donde antes estaba el templo, para poder adorar a Dios. Cuando por fin se pusieron los cimientos del templo de Dios, la gente se alegró y celebró, pero muchos también lloraron, porque los más ancianos habían visto el maravilloso templo que antes se alzaba allí con tanto orgullo, y sabían que nunca podría ser igualado.

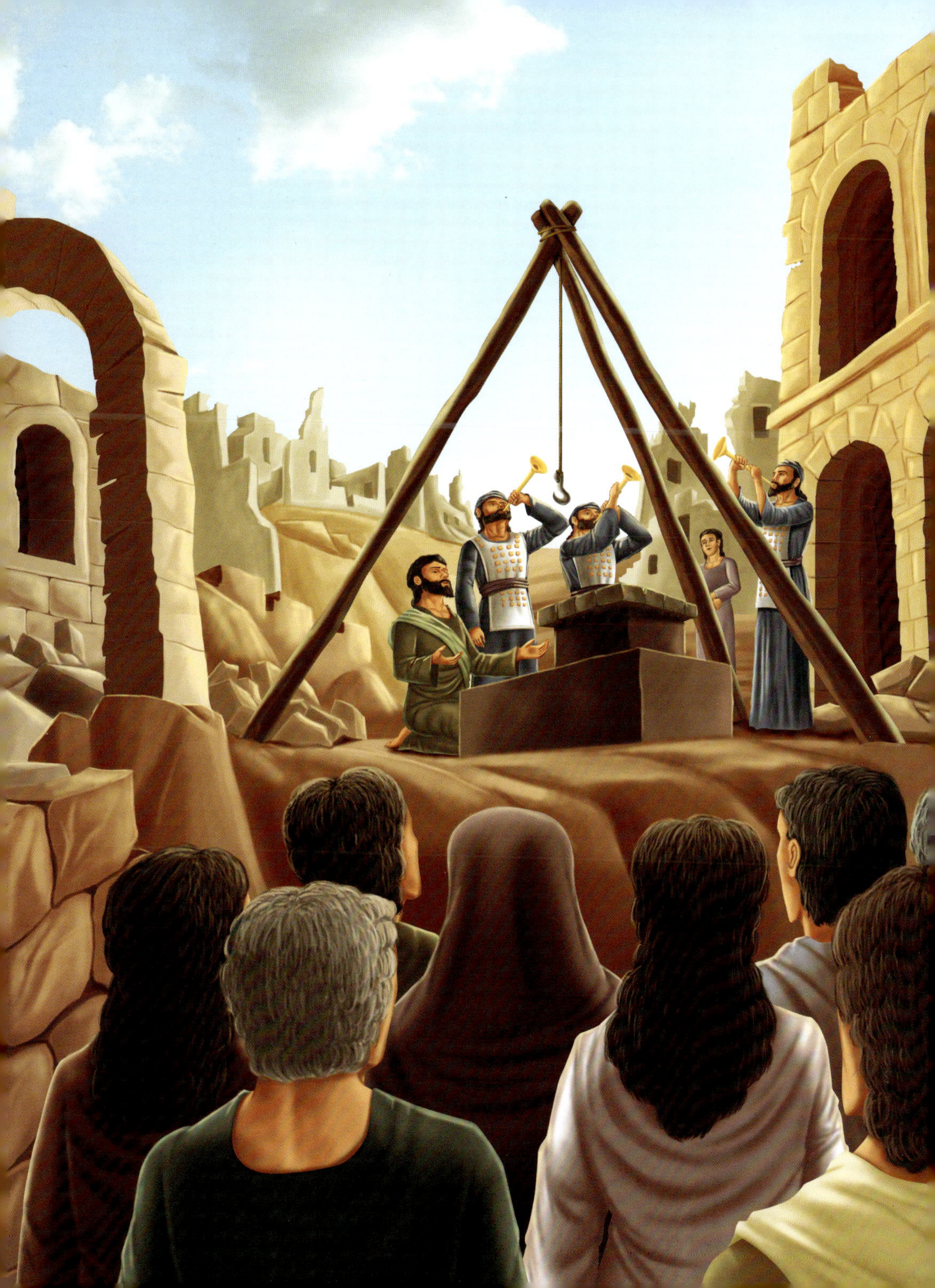

VECINOS DESAGRADABLES
Esdras 4

Mientras los israelitas habían sido exiliados, un nuevo pueblo había llegado a vivir en la rica y fértil tierra. Se les conocía como samaritanos y no se emocionaron al ver el regreso de los judíos. Sin embargo, se ofrecieron a ayudar a construir el templo. "Déjanos ayudar", dijeron. "¡Nosotros también adoramos a Dios!". Pero el príncipe Zorobabel se negó, porque ellos también adoraban falsos ídolos. Dios no quería que aceptara su ayuda.

Esto les enfureció y ahora estaban decididos a crear problemas a sus nuevos vecinos. Intentaron asustarlos para que dejaran de trabajar, sobornaron a los funcionarios para que trabajaran en su contra y, al final, enviaron una carta al nuevo rey de Persia:

"Su Majestad, pensamos que debería saber que los judíos se han instalado en Jerusalén y están reconstruyendo esa ciudad malvada. Jerusalén siempre ha sido una ciudad rebelde, y si consiguen reconstruirla, seguramente le darán problemas y dejarán de pagar sus impuestos. Como tus leales súbditos, nos sentimos obligados a advertirte de la situación".

El rey de Persia ordenó que cesaran todos los trabajos de reconstrucción de la ciudad y, durante dieciséis años, las obras del templo se detuvieron por completo.

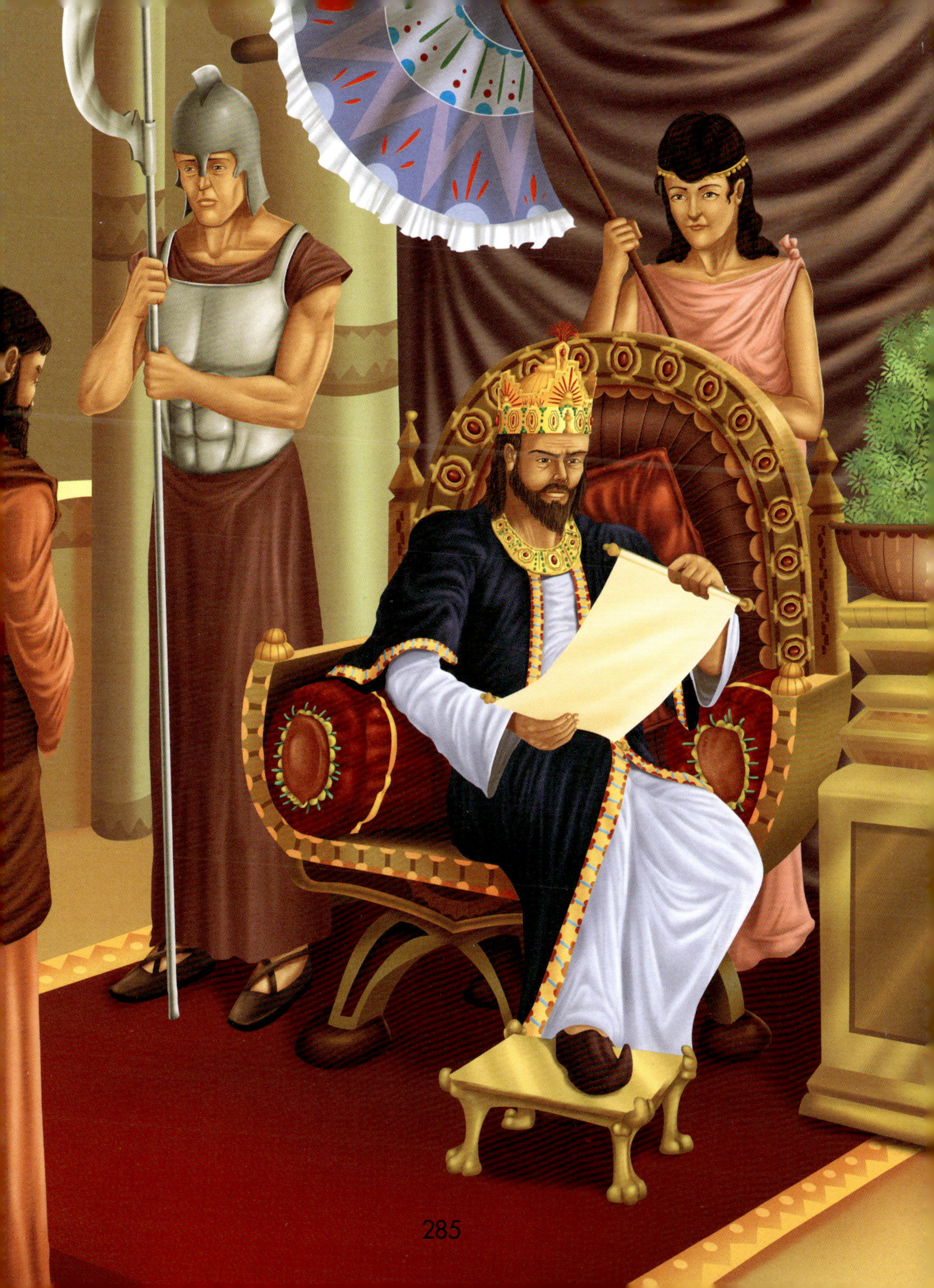

LA RECONSTRUCCIÓN DEL TEMPLO

Esdras 5; Hageo 2; Zacarías 8

Dios no quería que su pueblo se rindiera tan fácilmente, así que envió a dos profetas para que les hablaran: Zacarías le recordó al pueblo que Dios estaba con ellos, y que los protegería contra sus enemigos; mientras que Hageo les dijo que era un error estar acomodando sus propias casas cuando el templo de Dios no estaba terminado. ¡Hageo también dijo que Dios había prometido que el nuevo templo estaría tan lleno de su presencia que sería aún más glorioso que el templo del rey Salomón!

Los judíos se pusieron a trabajar de nuevo. Cuando los samaritanos los interrogaron, respondieron que estaban haciendo lo que el rey Ciro había ordenado. Los samaritanos enviaron otra carta a Persia diciendo al rey lo que los judíos habían dicho. Pero un nuevo rey estaba en el trono, y revisó los registros reales y encontró la orden original. Entonces les dijo a los samaritanos que dejaran de interferir, ¡y que les dieran a los judíos todo lo que pidieran!

Ahora los judíos pudieron trabajar adecuadamente en el templo, y cuando por fin estuvo terminado, todos dieron gracias a Dios.

LOS MISMOS ERRORES
Esdras 7-10

Muchos años después, cuando otro poderoso rey se sentó en el trono de Persia, hubo un hombre llamado Esdras. Estaba preocupado porque el pueblo de Judá no estaba obedeciendo la ley de Dios como debía, y le pidió al rey si podía regresar a Jerusalén para guiarlos. Esdras tenía la bendición de Dios, y el rey lo respetaba mucho. Lo envió de vuelta a Jerusalén y le dio plata y oro para el templo para que se lo llevara.

Cuando llegó a Jerusalén, Esdras se dio cuenta de que había tenido razón al preocuparse. Los hombres se habían casado con esposas extranjeras que tenían sus propios dioses. ¡Esto era lo que había metido a su pueblo en problemas antes! Esdras se sintió muy avergonzado de que hubieran cometido un error tan grave cuando se les había dado una segunda oportunidad tan maravillosa.

Habló con los líderes. Acordaron que debían arreglar las cosas, y las esposas extranjeras fueron despedidas. El pueblo prometió a Dios que trataría de honrar sus mandamientos.

LA AFLICCIÓN DE NEHEMÍAS
Nehemías 1-2

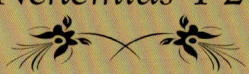

Nehemías era el mayordomo del vino del emperador Artajerjes. Era judío en Babilonia, pero era muy respetado. Se enteró de que, el templo había sido reconstruido en Jerusalén, y que las murallas seguían arruinadas, la ciudad no tenía puertas y la gente seguía luchando. Nehemías estaba triste. Se sentó y lloró. Quería estar con su pueblo y ayudarlo. Pidió a Dios que ablandara el corazón del emperador para que lo ayudara.

Un día, cuando estaba sirviendo el vino al emperador, Artajerjes lo miró detenidamente. "Tienes un aspecto triste", le dijo. "¿Hay algo que te hace infeliz?".

Se suponía que los sirvientes no debían mostrar ninguna expresión, pero el emperador parecía preocupado, y entonces Nehemías decidió hablar. "Su Majestad", respondió humildemente, "¿cómo no voy a estar triste cuando me entero de que mi ciudad sigue en ruinas?", y entonces suplicó que le dieran permiso para volver a su tierra natal y ayudar a reconstruir la ciudad.

El emperador lo miró por un momento, le sonrió y le dijo: "Dime lo que necesitas", y Nehemías agradeció a Dios por responder a sus oraciones.

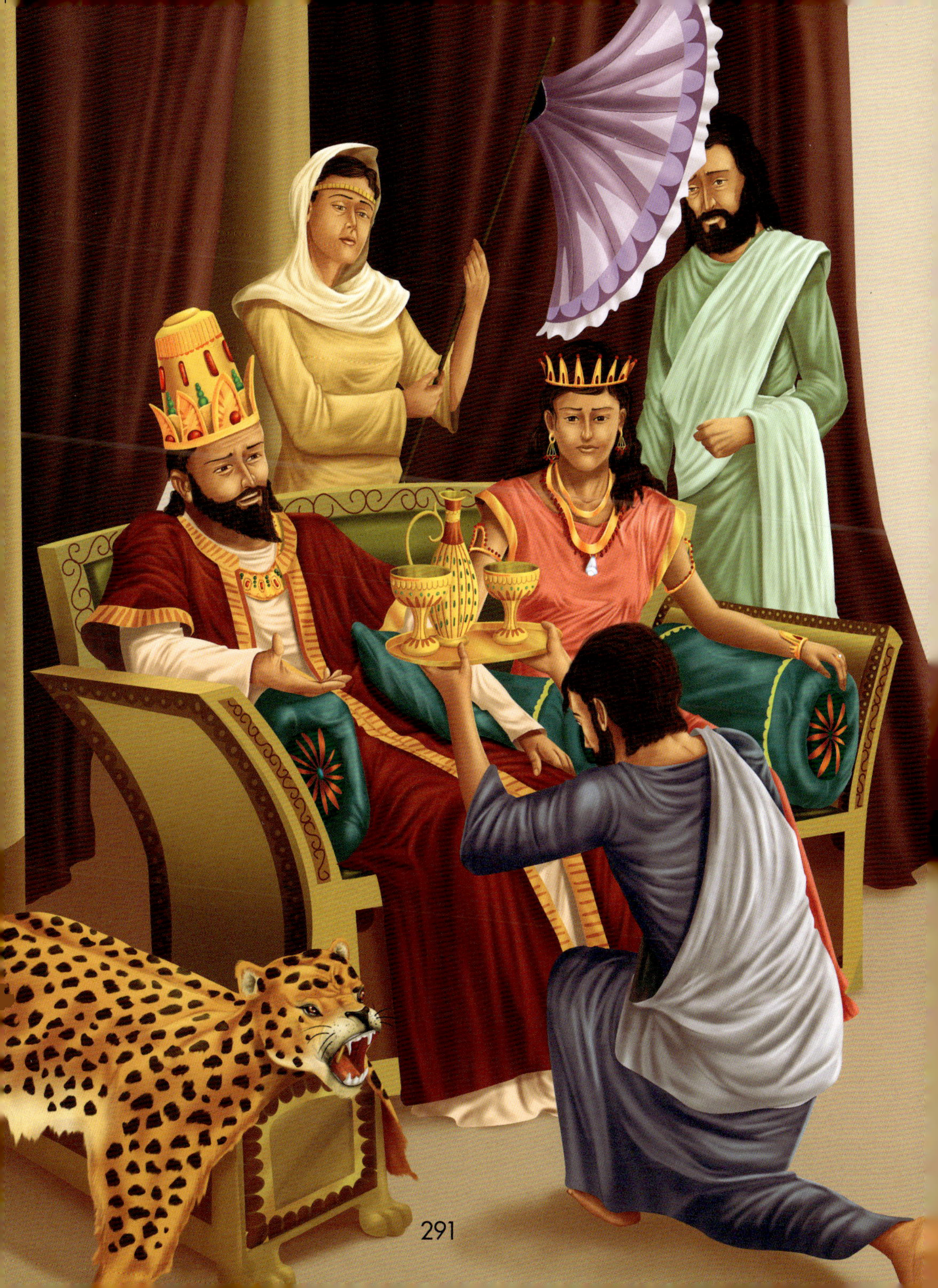

NEHEMÍAS EN JERUSALÉN
Nehemías 2

Cuando Nehemías llegó a Jerusalén, no le dijo a nadie que estaba allí. Quería ver lo que ocurría por sí mismo. Una noche, recorrió las murallas para ver en qué estado se encontraban. En algunos lugares había tantos escombros en el suelo que su burro no podía pasar.

A la mañana siguiente, se dirigió a los dirigentes del pueblo y les dijo: "¡Esto es una desgracia! Tenemos que reconstruir las murallas y hacer nuevas puertas. Dios respondió a mis oraciones cuando quise volver aquí, ¡y ahora nos ayudará!". Y así empezaron los trabajos en las murallas de la ciudad.

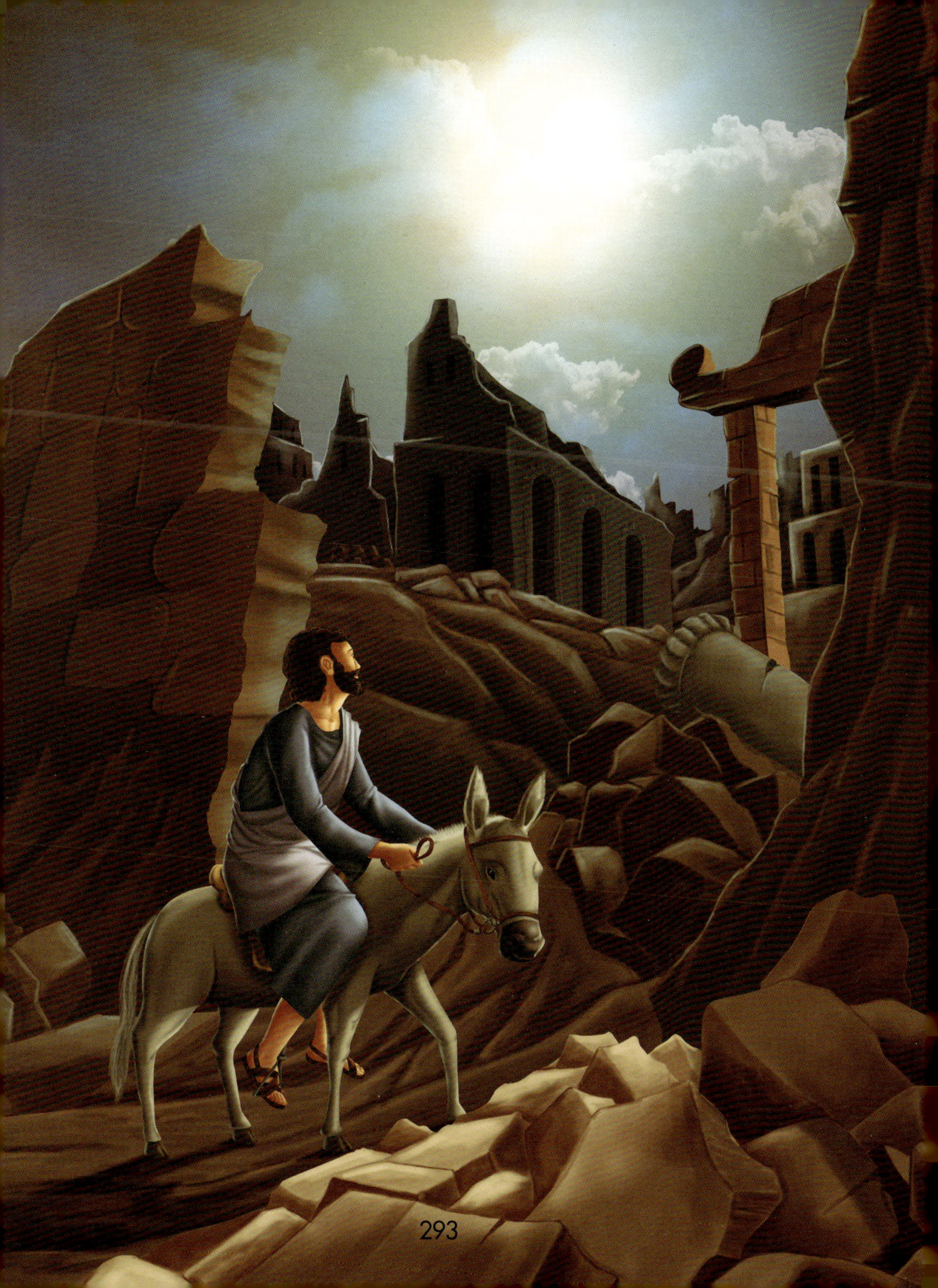

RECONSTRUYENDO LOS MUROS
Nehemías 3-4

Todo los que podían ayudaban en los muros. Pero incluso ahora los samaritanos trataron de desanimarlos. "¡Nunca podrán reconstruir esos muros!", se burlaban. "¡Piensan que pueden orar a su Dios y que todo se hará de la noche a la mañana! ¿Y qué clase de muro ridículo van a poder construir en cualquier caso?". Pero los hombres de Judá dieron la espalda y siguieron adelante. Fue un trabajo duro, pero nunca se rindieron.

Los samaritanos estaban preocupados. No querían que Jerusalén fuera fuerte y segura, así que tramaron un ataque. Pero Nehemías dividió a sus hombres en dos, la mitad trabajaba y la otra montaba guardia, y los que trabajaban llevaban armas, y les dijo que no se preocuparan, porque Dios estaba con ellos.

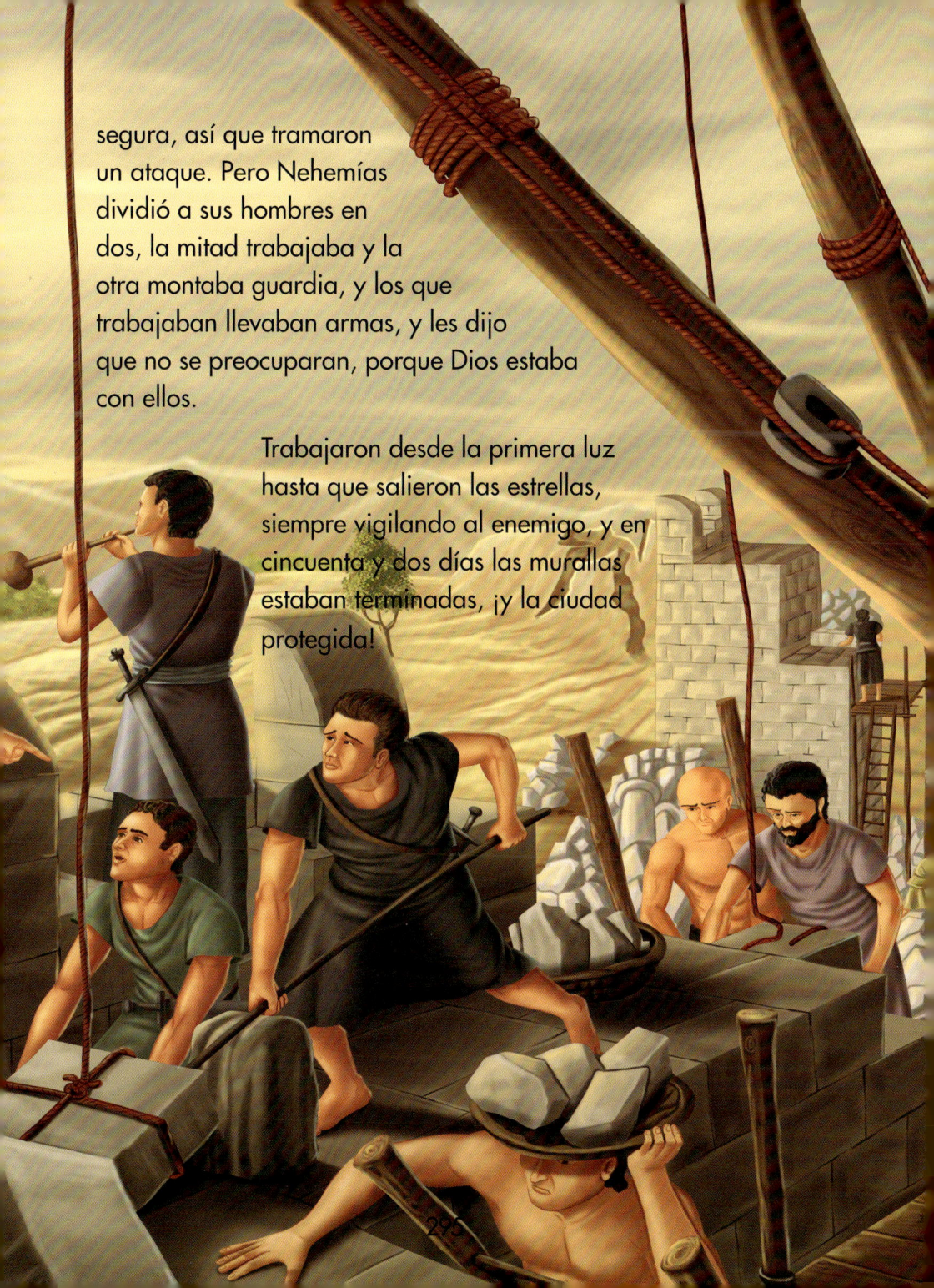

Trabajaron desde la primera luz hasta que salieron las estrellas, siempre vigilando al enemigo, y en cincuenta y dos días las murallas estaban terminadas, ¡y la ciudad protegida!

ESDRAS LEE LA LEY
Nehemías 8-10

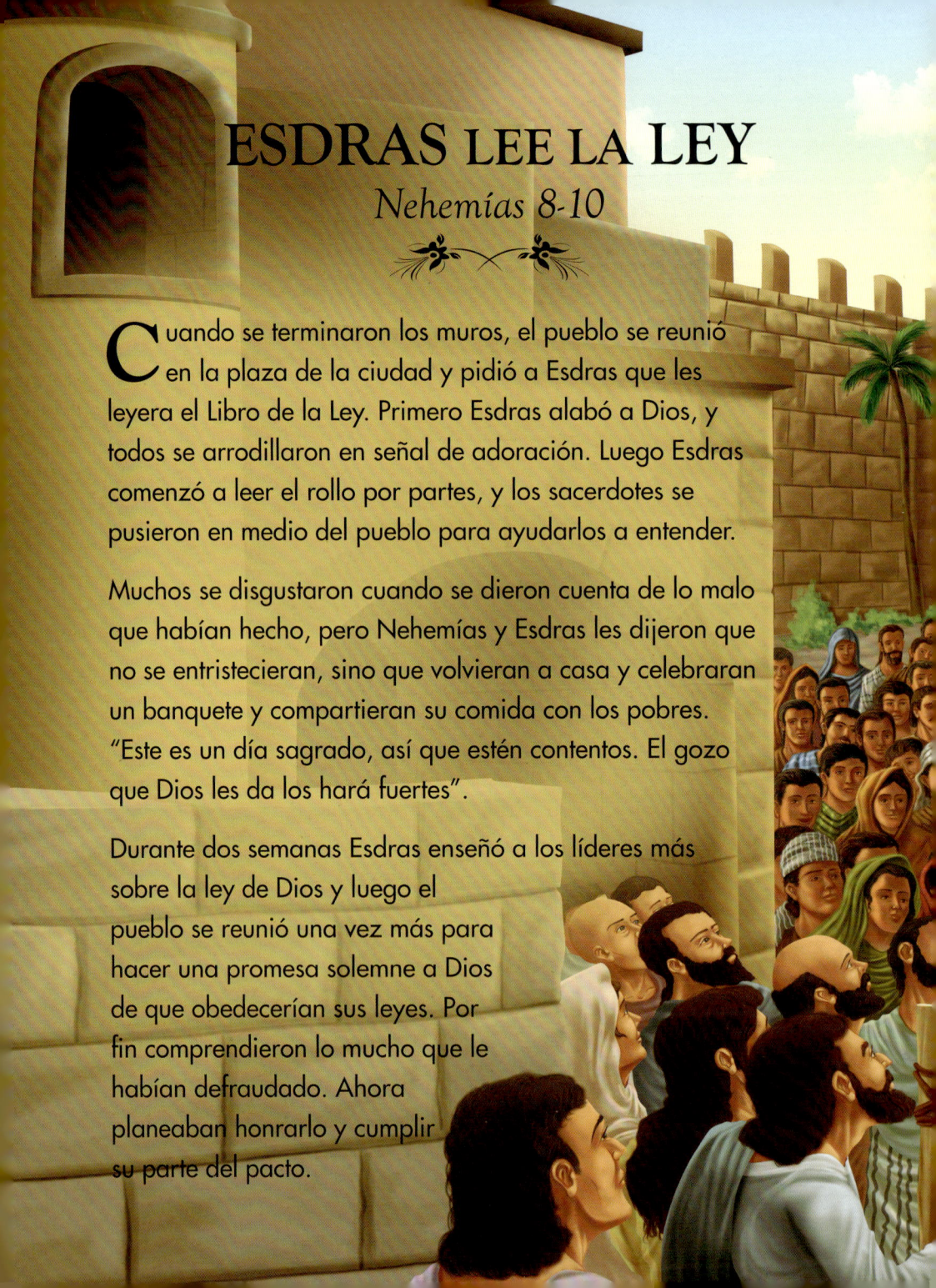

Cuando se terminaron los muros, el pueblo se reunió en la plaza de la ciudad y pidió a Esdras que les leyera el Libro de la Ley. Primero Esdras alabó a Dios, y todos se arrodillaron en señal de adoración. Luego Esdras comenzó a leer el rollo por partes, y los sacerdotes se pusieron en medio del pueblo para ayudarlos a entender.

Muchos se disgustaron cuando se dieron cuenta de lo malo que habían hecho, pero Nehemías y Esdras les dijeron que no se entristecieran, sino que volvieran a casa y celebraran un banquete y compartieran su comida con los pobres. "Este es un día sagrado, así que estén contentos. El gozo que Dios les da los hará fuertes".

Durante dos semanas Esdras enseñó a los líderes más sobre la ley de Dios y luego el pueblo se reunió una vez más para hacer una promesa solemne a Dios de que obedecerían sus leyes. Por fin comprendieron lo mucho que le habían defraudado. Ahora planeaban honrarlo y cumplir su parte del pacto.

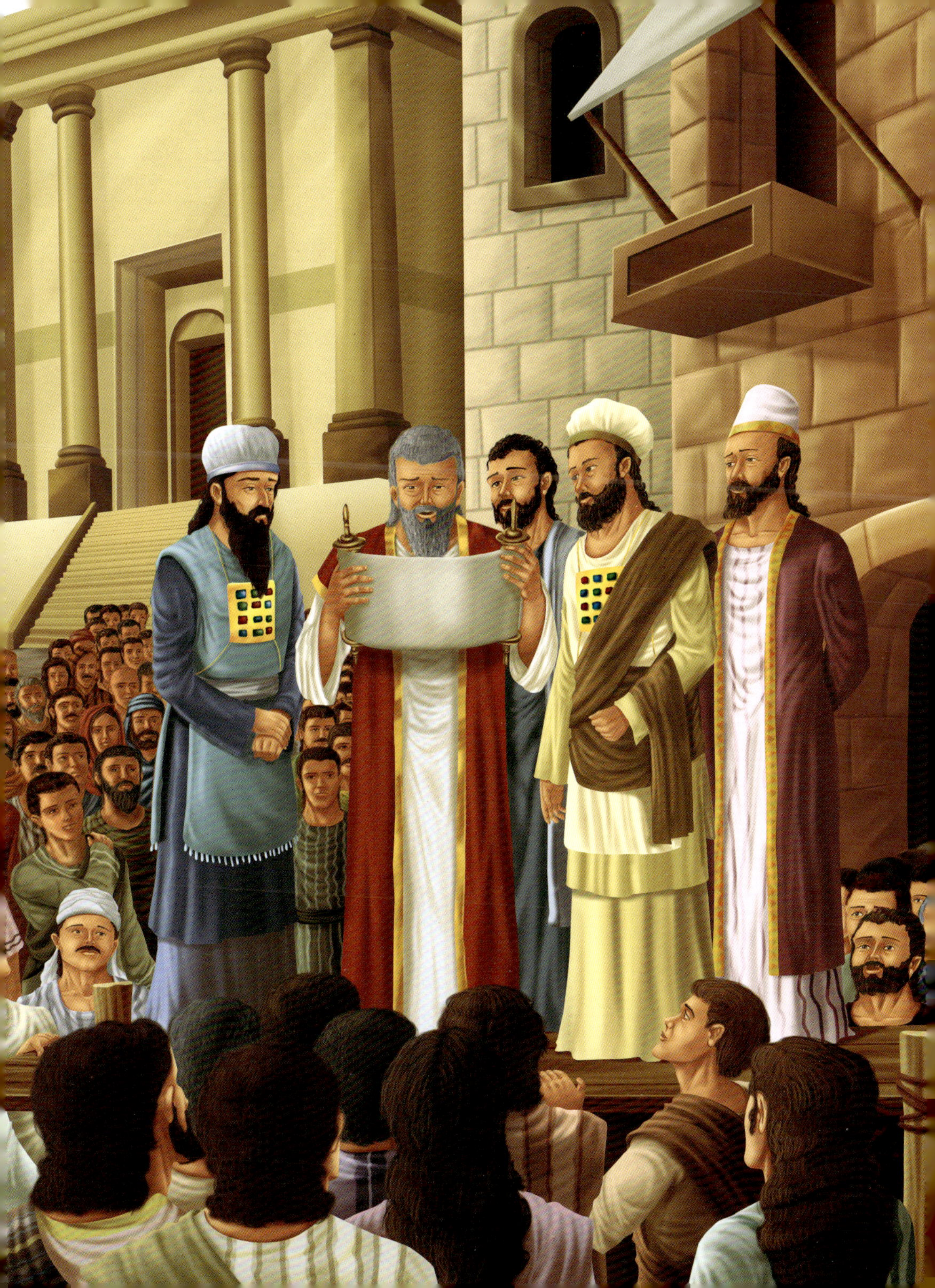

LA MOLESTIA DEL REY
Ester 1

Hubo un nuevo rey en Persia. El insensato rey Asuero quería impresionar a todos los príncipes y nobles de su poderoso imperio, así que los invitó a un fabuloso banquete, ¡que duró seis meses! A los invitados se les sirvió la mejor comida, en platos de oro, y bebieron el mejor vino. Él mismo bebió demasiado, y decidió mandar llamar a su bella esposa, la reina Vasti, ¡para lucirse!

La reina Vasti no quiso ser presentada y se negó a bajar. El rey se puso furioso y sus consejeros le sugirieron que diera un escarmiento. "Debes elegir una reina", le dijeron. "Si no, ¡todas las mujeres pensarán que está bien desobedecer a sus esposos!". El rey estuvo de acuerdo, ¡y mandó a decir que todos los esposos debían ser los dueños de su casa!

LA BELLA ESTER
Ester 2

El rey Asuero necesitaba una nueva reina, por lo que se enviaron sirvientes para encontrar a todas las jóvenes y hermosas doncellas del país y llevarlas a palacio.

Entre ellos había una joven encantadora llamada Ester, y en cuanto el rey Asuero la vio, declaró que sería su esposa. Ester no le dijo que era judía.

Cuando Ester se convirtió en reina de Persia, a su primo Mardoqueo le dieron un puesto administrativo en la corte del rey, y un día escuchó por casualidad una conversación entre dos de los guardias del rey, ¡que estaban conspirando para matar al rey!

Mardoqueo le dijo a Ester que advirtiera a Asuero, y el rey ordenó una investigación y los guardias traidores fueron colgados. Lo que había sucedido y la participación de Mardoqueo en ello se escribió en los registros oficiales, ¡pero el rey se olvidó de recompensar al hombre que había salvado su vida!

CONSPIRACIÓN DE AMÁN
Ester 3

El primer ministro del rey, Amán, estaba lleno de orgullo. Le encantaba cabalgar por las calles y ver cómo la gente se inclinaba ante él. Lo hacía sentir poderoso. Y le molestaba mucho que Mardoqueo nunca se inclinara ante él. Cuando Amán se enteró de que Mardoqueo era judío, decidió castigar no solo a él, sino también a todos los demás judíos.

Amán era astuto. "Su Majestad", le dijo al rey. "Hay un pueblo en su imperio que no obedece sus leyes. Le aconsejo que emita un decreto para que sean condenados a muerte".

El rey estuvo de acuerdo, y entonces Amán envió un decreto, sellado con el anillo real, que establecía que el decimotercer día del duodécimo mes de ese año, ¡todos los judíos (jóvenes y ancianos, mujeres y niños) debían ser asesinados en todo el imperio!

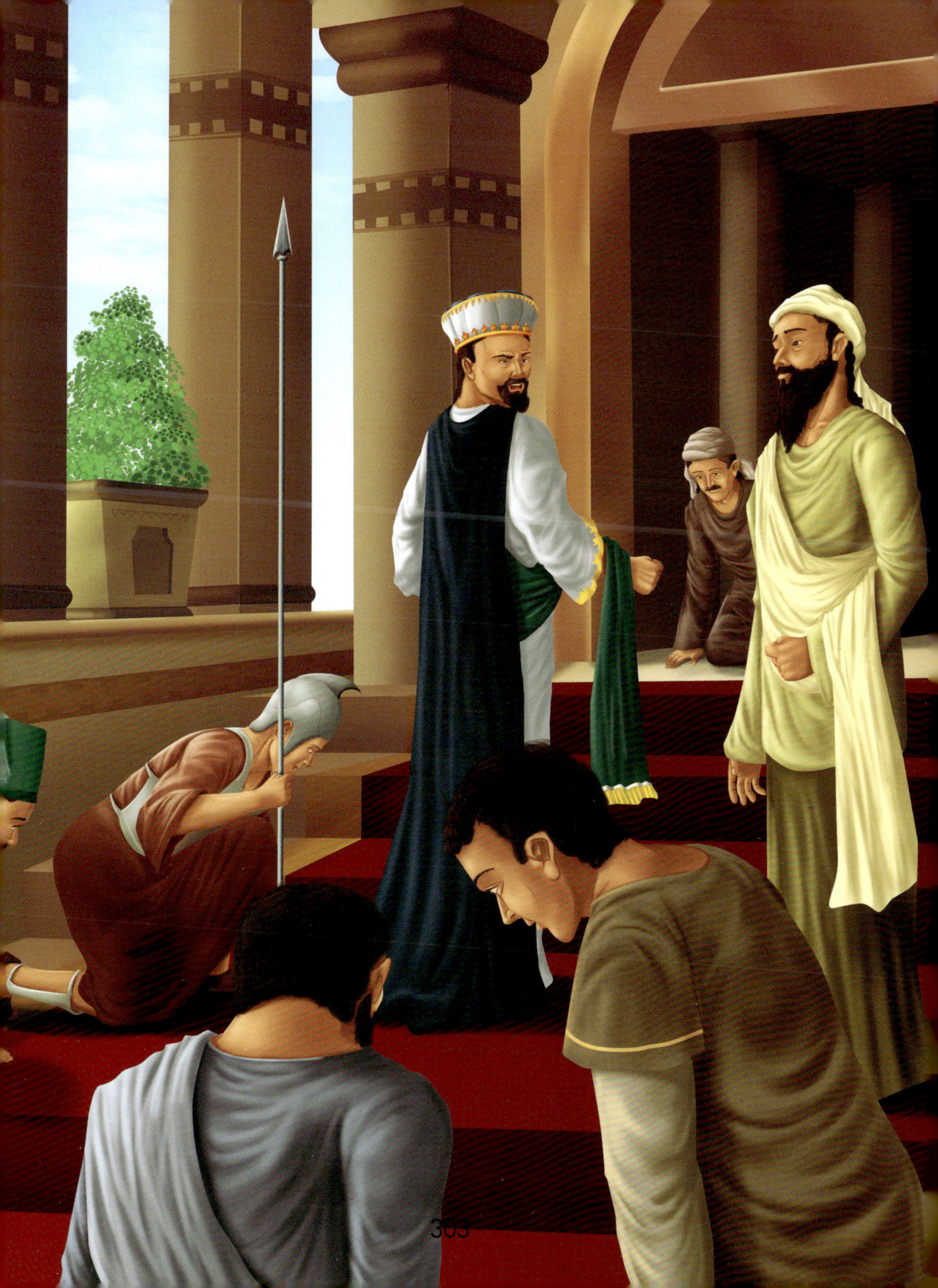

LA VALIENTE REINA
Ester 4-5

¡Nunca antes el pueblo judío se había enfrentado a tal aniquilación! Cuando Mardoqueo se enteró del decreto, se rasgó las vestiduras y se vistió de cilicio y ceniza. Envió un mensaje a su prima, rogándole que Ester defendiera su caso ante el rey.

Ester estaba aterrorizada. Presentarse ante el rey sin una invitación se castigaba con la muerte. Solo si el rey extendía su cetro, la persona se salvaría. Pero Mardoqueo envió otro mensaje, diciendo: "Debes ayudar a los judíos o Dios se enojará. Quizá te haya hecho reina precisamente para que salves a su pueblo".

Ester estaba asustada, pero decidió ir a ver al rey. Cuando el rey la vio, sonrió y le tendió su cetro de oro, diciendo: "Dime lo que quieres y lo tendrás!

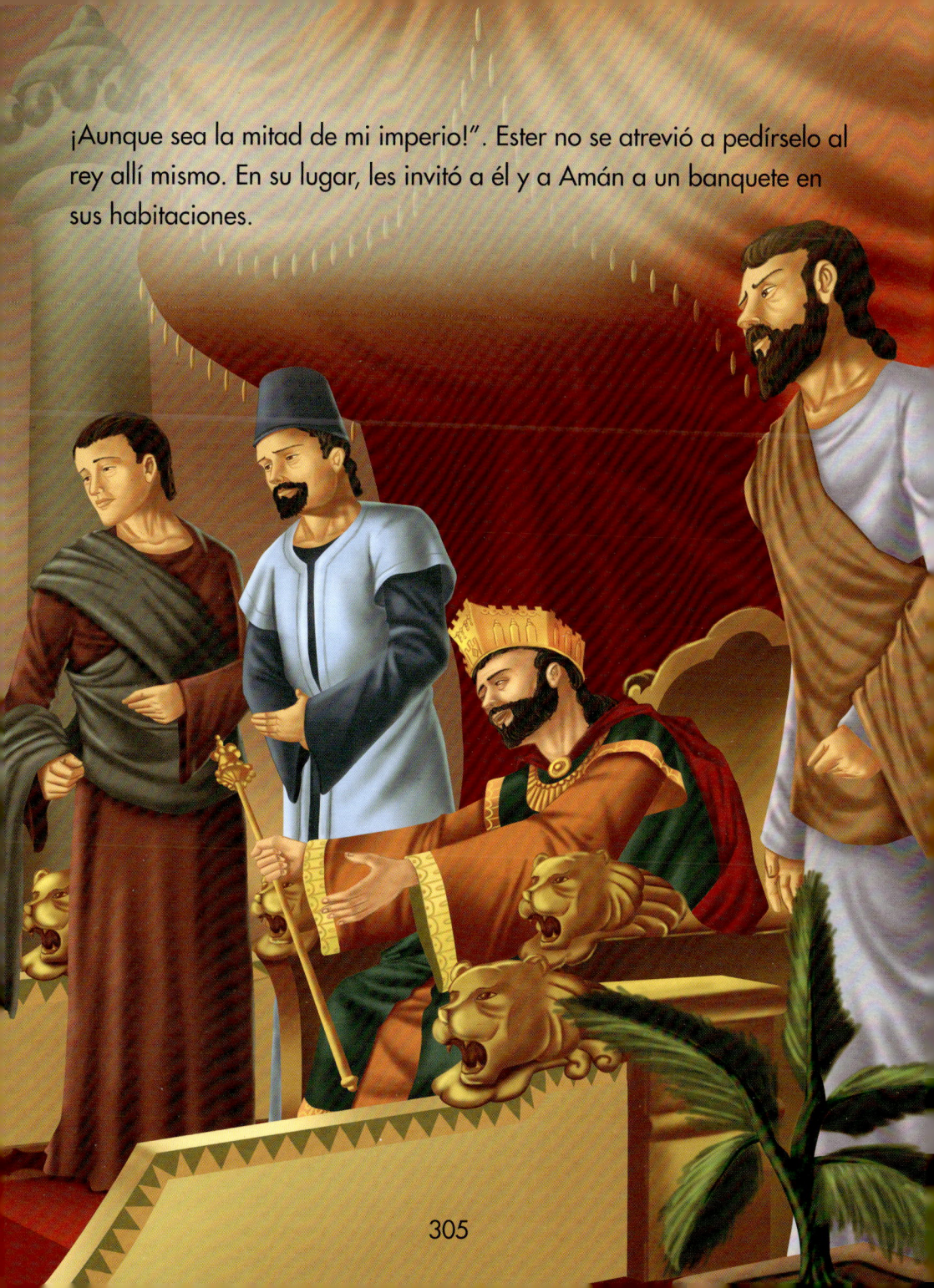

¡Aunque sea la mitad de mi imperio!". Ester no se atrevió a pedírselo al rey allí mismo. En su lugar, les invitó a él y a Amán a un banquete en sus habitaciones.

EL REY HONRA A MARDOQUEO
Ester 5-6

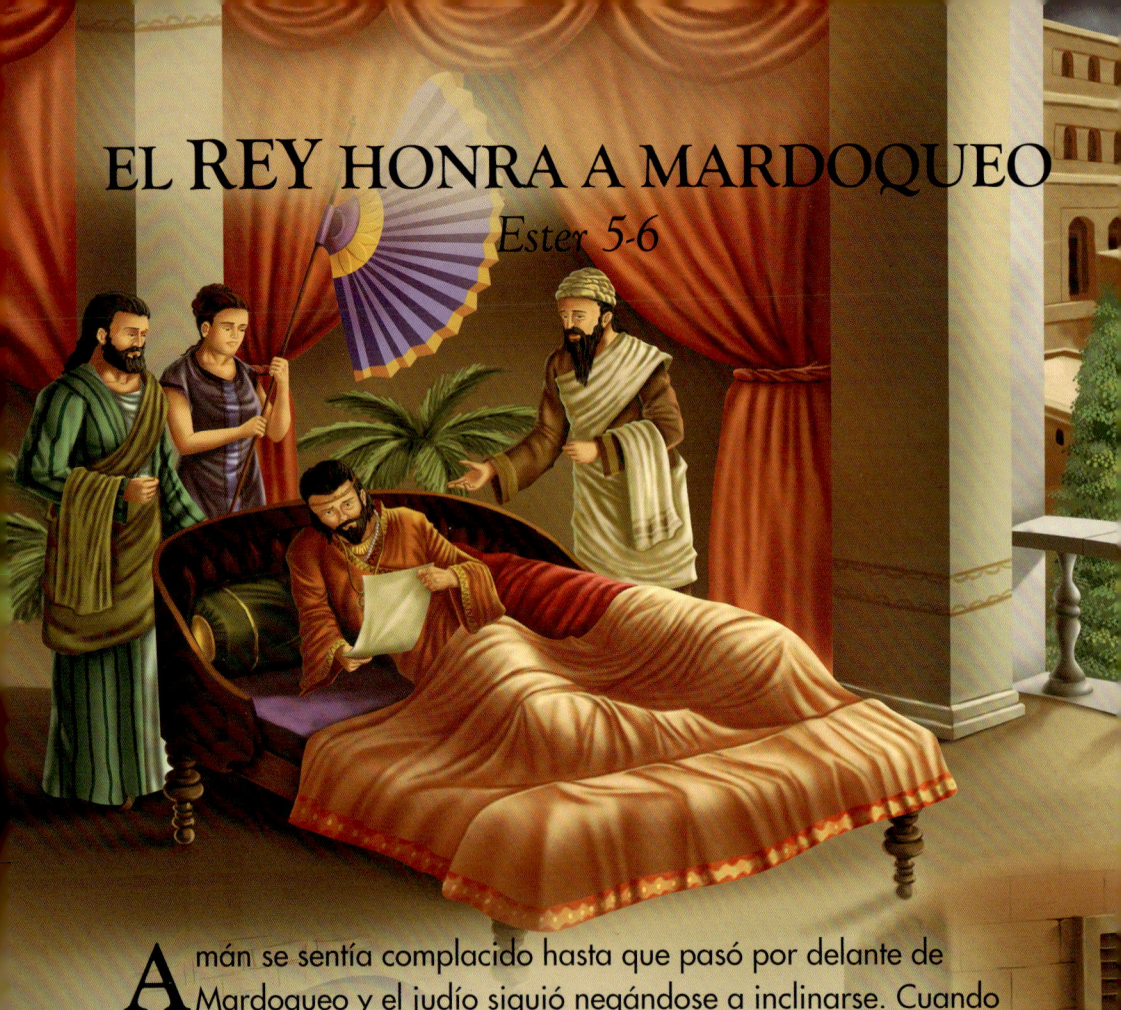

Amán se sentía complacido hasta que pasó por delante de Mardoqueo y el judío siguió negándose a inclinarse. Cuando sus amigos vieron lo furioso que estaba, le sugirieron que construyera una horca y que a la mañana siguiente pidiera al rey que colgara a Mardoqueo.

Esa misma noche, el rey no podía dormir, así que mandó a buscar los registros oficiales del reino, ¡quizás eso ayudara! Mientras leía, se encontró con el relato de cómo Mardoqueo le había salvado la vida, y sus funcionarios le confesaron que nunca había sido recompensado, así que cuando Amán llegó temprano al palacio esa mañana, el rey Asuero le preguntó: "Hay alguien a quien deseo honrar. ¿Qué debo hacer por él?".

Pensando que el rey se refería a él, Amán replicó: "Haz que el hombre se vista con una de tus túnicas reales y que sea conducido por la ciudad en uno de tus caballos, con un funcionario que proclame: 'Así es como el rey trata a los que quiere honrar'".

Se llevó un terrible susto cuando el rey le dijo que mandara llamar a Mardoqueo y se dio cuenta de que su odiado enemigo sería el honrado de la manera que él había sugerido.

EL CASTIGO DE AMÁN
Ester 7

Amán seguía enfurecido cuando llegó al banquete de la reina. Pero las cosas solo iban a empeorar. Durante el banquete, el rey volvió a preguntar a Ester qué era lo que quería. Esta vez la reina fue lo suficientemente valiente como para pedir: "Su Majestad, si he encontrado gracia ante sus ojos, le ruego que salve mi vida y la de mi pueblo, ¡pues hemos sido vendidos para la matanza!".

"¿Quién se ha atrevido a hacer algo así?", gritó el rey, y Ester señaló a Amán. El rey estaba tan furioso que salió de la habitación para calmarse. Amán, con el rostro pálido, se arrojó a los pies de Ester y le rogó que lo protegiera.

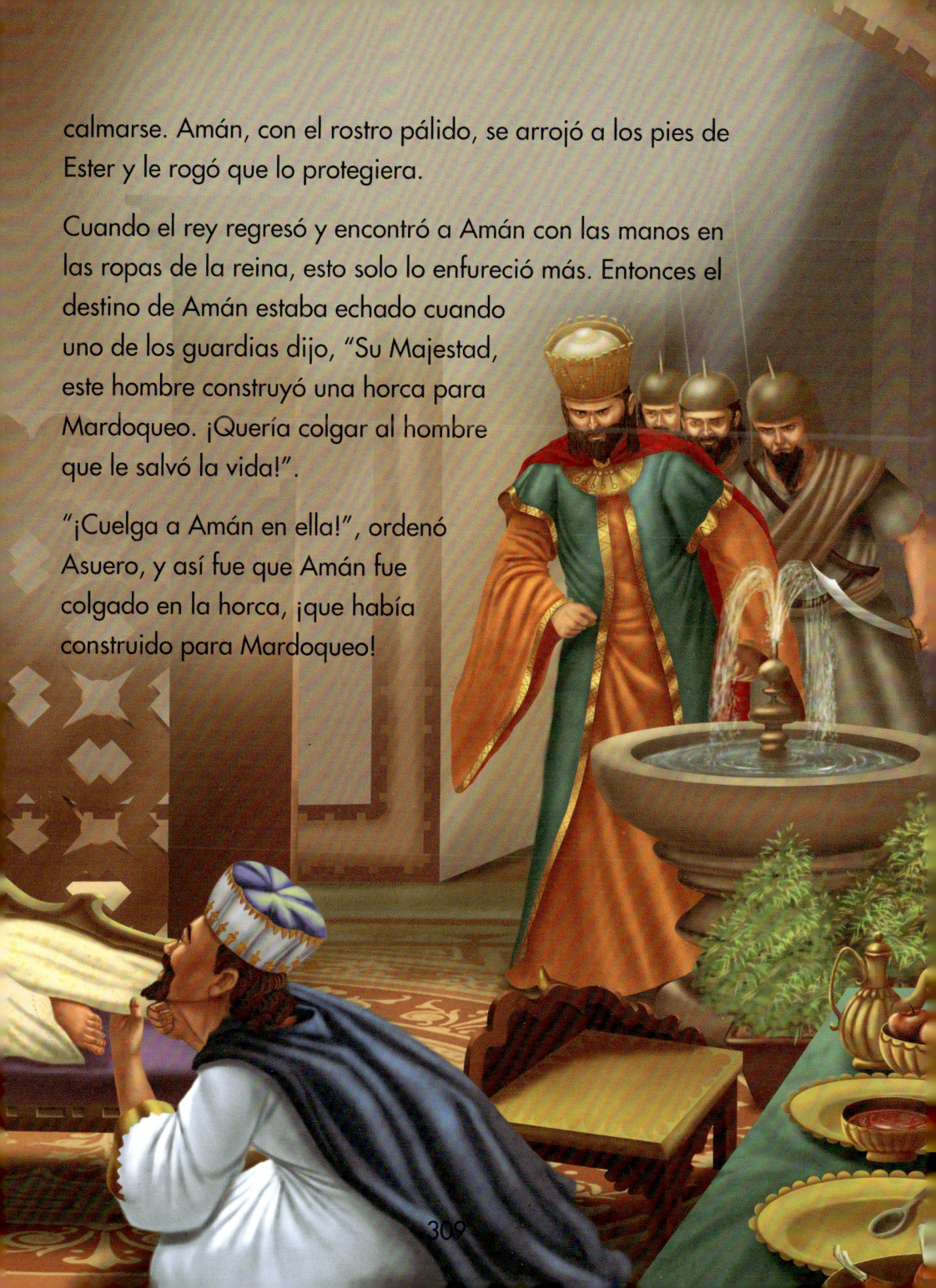

Cuando el rey regresó y encontró a Amán con las manos en las ropas de la reina, esto solo lo enfureció más. Entonces el destino de Amán estaba echado cuando uno de los guardias dijo, "Su Majestad, este hombre construyó una horca para Mardoqueo. ¡Quería colgar al hombre que le salvó la vida!".

"¡Cuelga a Amán en ella!", ordenó Asuero, y así fue que Amán fue colgado en la horca, ¡que había construido para Mardoqueo!

¡PREPÁRENSE PARA PELEAR!
Ester 8-9

Amán había muerto, pero el peligro no había terminado. Un decreto estampado con el sello real no podía ser cambiado. Los judíos seguían condenados a muerte. Una vez más, la valiente Ester pidió ayuda al rey.

El rey lo pensó detenidamente, y luego hizo que Mardoqueo enviara otra proclamación a todo el imperio. Esta vez decía que todos los judíos podían prepararse para pelear y, si eran atacados, podían defenderse y destruir a los atacantes y tomar todas sus posesiones.

Así fue que cuando los seguidores de Amán intentaron masacrar al pueblo judío, los judíos se defendieron y los destruyeron. Los diez hijos de Amán fueron colgados y en toda la tierra, en cada provincia, los enemigos de los judíos fueron destruidos. El pueblo judío se salvó. Y desde entonces, los judíos celebran cada año la fiesta sagrada de Purim, en agradecimiento por la liberación de Dios a través de Ester y Mardoqueo.

311

JONÁS DESOBEDECE A DIOS
Jonás 1

Jonás era un profeta. Dios le dijo que fuera a Nínive, a muchos kilómetros de distancia, y dijera a sus habitantes que, a menos que se convirtieran de sus malos caminos, Dios destruiría su hermosa ciudad.

Ahora bien, el pueblo de Nínive era enemigo de los judíos, y Jonás no quería ir a advertirles, solo para que Dios los perdonara. ¡Pensó que merecían ser castigados! Así que, en lugar de hacer lo que Dios le había dicho, ¡Jonás se embarcó en un barco que iba en dirección contraria a Nínive! Intentaba huir de Dios, pero, por supuesto, ¡Dios está en todas partes!

313

JONÁS HUYE DE DIOS
Jonás 1-2

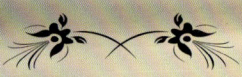

Una terrible tormenta surgió de la nada. Los vientos aullaban y las olas se elevaban por encima del barco. Los marineros, aterrorizados, arrojaron su carga por la borda para aligerar el barco y rogaron a sus dioses. El capitán encontró a Jonás dormido en su camarote. Lo despertó bruscamente, diciendo: "¿Cómo puedes dormir cuando estamos en tanto peligro? ¡Ruega a tu dios que nos salve!".

Los marineros sacaron pajitas para ver cuál de ellos había enfadado a los dioses. Cuando Jonás eligió la paja más corta, le preguntaron qué había hecho, y Jonás les dijo que estaba huyendo de su Dios y que estaba siendo castigado. Mientras hablaba, se dio cuenta de lo tonto y malvado que había sido. Les dijo que debían arrojarlo por la borda, pues Dios solo estaba enfadado con él.

El mar se volvió cada vez más agitado y, al final, los marineros bajaron a Jonás por la borda con el corazón oprimido. ¡Al instante, el mar se calmó! Los marineros se llenaron de temor y empezaron a orar a Dios de todo corazón, a darle las gracias por haberles perdonado la vida y a prometerle que, a partir de ese día, solo le adorarían a él.

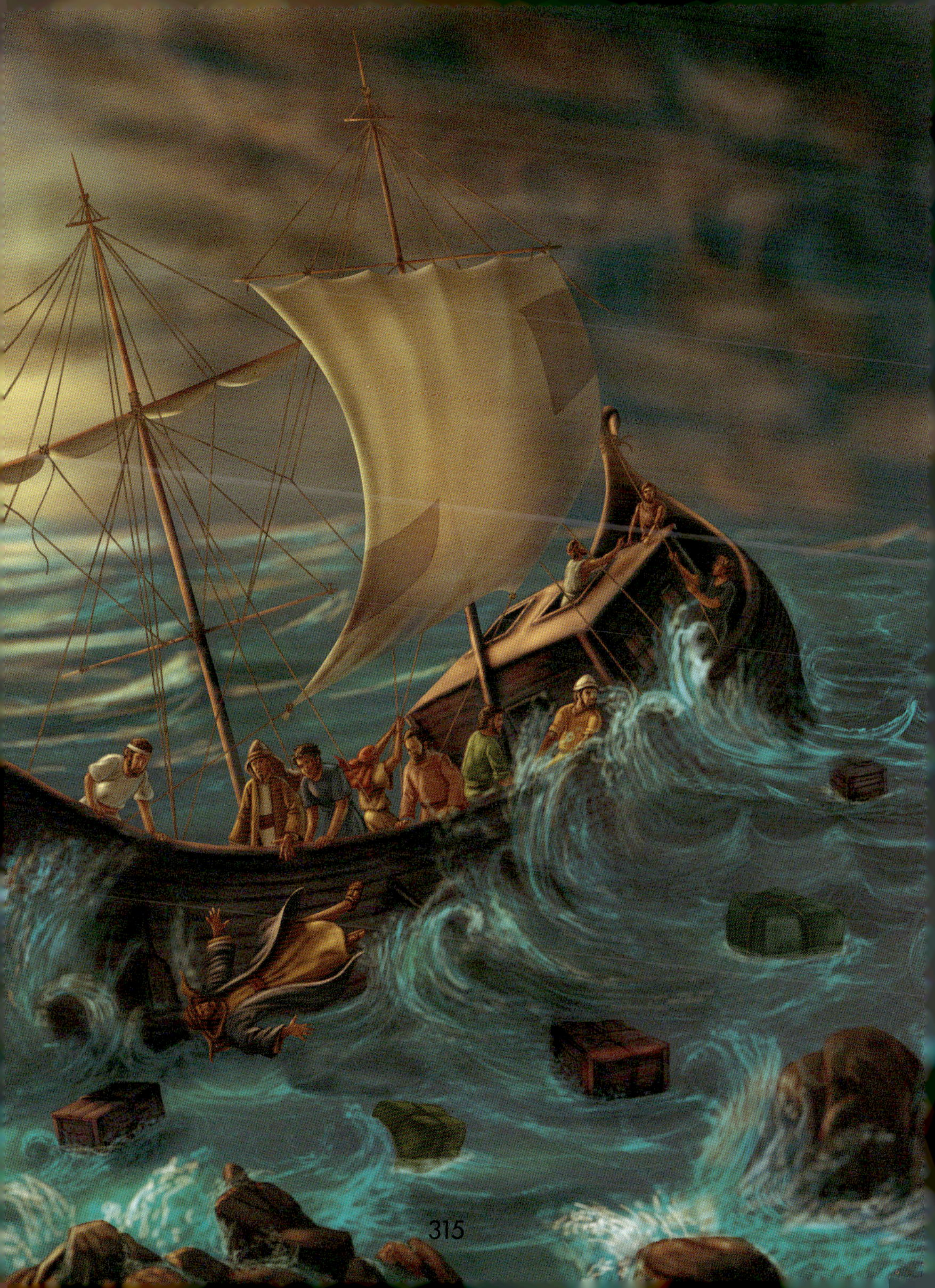

EL GRAN PEZ
Jonás 2

¿Qué pasó con Jonás? El profeta se hundió rápidamente en el fondo del mar, seguro de que iba a morir. Pero antes de que pudiera dar su último aliento, Dios envió un enorme pez. El pez abrió su boca y se tragó a Jonás entero, y allí, dentro del pez, Jonás pudo respirar de nuevo y estuvo a salvo.

Durante tres días y tres noches, Jonás estuvo sentado en el vientre del pez. Tuvo mucho tiempo para pensar en sus errores y arrepentirse de haber desobedecido a Dios. Oró a Dios, dándole las gracias por haberle librado del mar y haciéndole saber lo arrepentido que se sentía.

Después de tres días, Dios ordenó al pez que escupiera a Jonás, ileso, hacia tierra firme. Y cuando Dios le pidió de nuevo que llevara su mensaje a Nínive, Jonás estaba dispuesto a cumplir su voluntad.

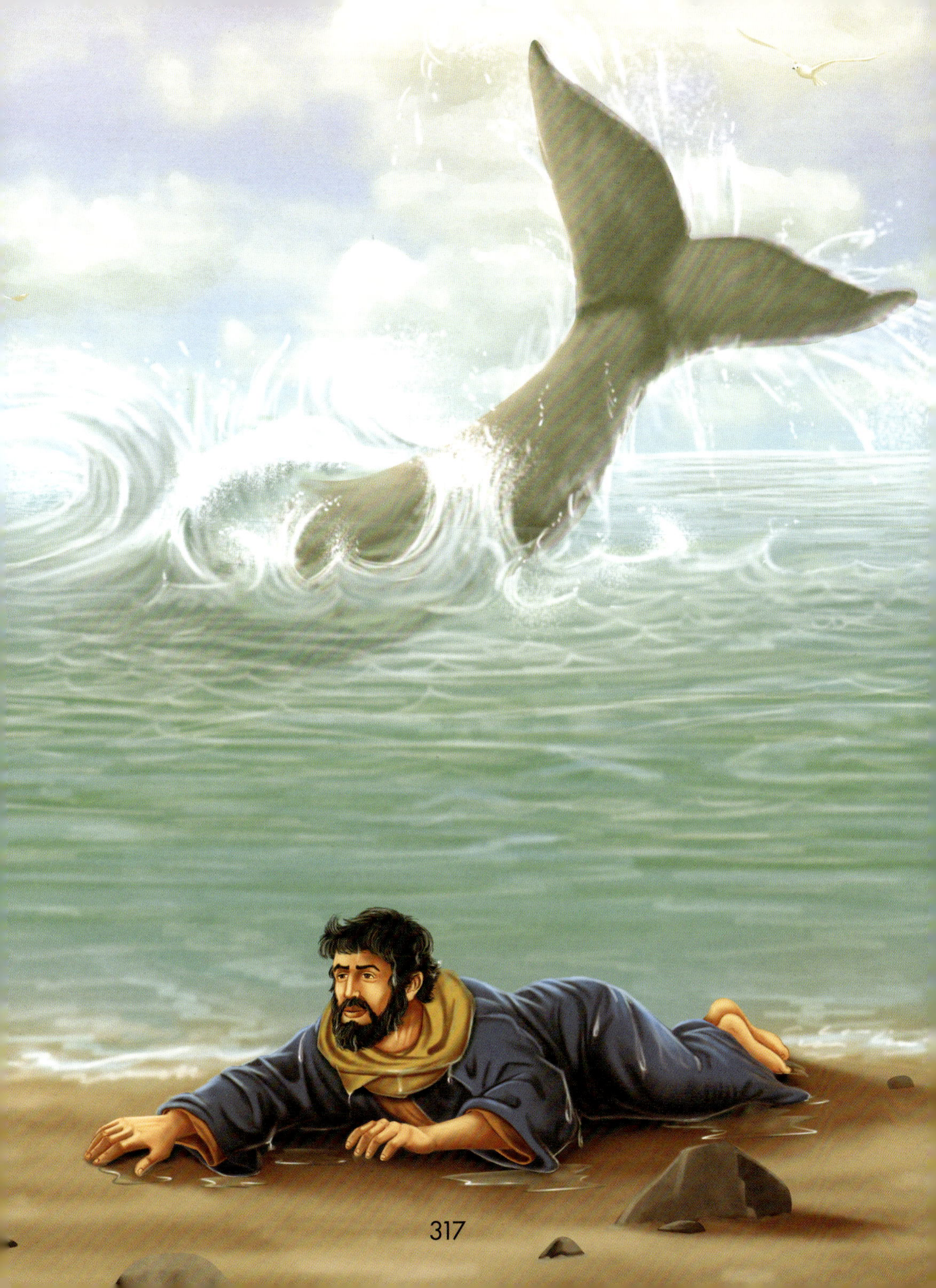

LA BONDAD DE DIOS
Jonás 3-4

Cuando el pueblo de Nínive escuchó el mensaje de Jonás, se horrorizó y se asustó. El rey emitió una proclamación real de que todos debían ayunar y vestirse de cilicio, y el pueblo oró a Dios y juró dejar sus malos hábitos. Cuando Dios vio lo arrepentidos que estaban, se llenó de compasión y los perdonó. ¡La ciudad se salvó! Pero esto enfureció a Jonás, que consideró que el pueblo de Nínive no merecía ser salvado, ¡y se fue molesto al desierto!

Hacía mucho calor en el desierto y Dios hizo crecer una planta grande y frondosa para proteger a Jonás del feroz sol. Pero al día siguiente Dios le dijo a un gusano que se comiera la planta, y pronto se marchitó y murió. Jonás se enfadó, pero Dios le preguntó con qué derecho se enfadaba.

"¡Todo el derecho!", respondió Jonás indignado. "¡Es mejor que me muera ahora que esa planta ha desaparecido!".

Entonces Dios contestó: "Jonás, estás descontento por haber perdido esa planta, aunque no la hayas plantado tú, ni la hayas cuidado, ¡y aunque un día estaba aquí y al siguiente ya no!".

"En Nínive viven más de ciento veinte mil personas: hombres, mujeres y niños que he hecho y cuidado a lo largo de los años. ¿No tengo derecho a preocuparme y apiadarme de ellos?".

LA INTEGRIDAD DE JOB
Job 1

Job vivió en los días de Abraham. Era rico, pero no era presumido ni egoísta. Adoraba a Dios y obedecía todas sus leyes, y Dios se complacía con él. Un día Satanás dijo: "Es fácil para Job ser bueno cuando las cosas van tan bien. Apuesto a que si la vida se pusiera difícil, cambiaría su actitud". Y Dios aceptó que Satanás pusiera a prueba la fe de Job.

Un día, poco después de esto, cuando todos los hijos de Job estaban festejando en casa de su hijo mayor, un mensajero llegó corriendo en un estado terrible para decirle a Job que todo su ganado había sido robado. Apenas había terminado de hablar cuando otro sirviente vino a decirle que una bola de fuego había caído del cielo y quemado todas las ovejas. Pero lo peor aún estaba por llegar, pues otro criado vino a decirle a Job que todos sus hijos habían muerto cuando un fuerte viento del desierto había golpeado la casa de su hijo y se había derrumbado, matando a todos los que estaban dentro.

Job se rasgó los cabellos y las ropas y se hundió en el fondo de su dolor, pero dijo: "Todo lo que tengo me lo ha dado Dios. Lo que me ha dado, me lo puede quitar. Todavía alabo su nombre".

Job había pasado la primera prueba.

321

LA SEGUNDA PRUEBA
Job 2-31

Satanás volvió a dirigirse a Dios. "Todo eso está muy bien", dijo, "pero sería una historia diferente si el propio Job tuviera que sufrir". Dios accedió a ponerlo a prueba de nuevo, y al día siguiente Job se despertó cubierto de llagas de la cabeza a los pies. Le dolían y le picaban tanto que lo único que podía hacer era sentarse en un rincón con un trozo de cerámica roto y utilizarlo para rascarse la piel.

Cuando su mujer le preguntó por qué no maldecía a Dios, Job le contestó: "Si aceptamos todo lo bueno que Dios nos envía, también deberíamos aceptar lo malo".

Los amigos de Job fueron a verlo. "¡Debes haber hecho algo muy malo para que Dios te castigue así!", le dijeron. "¡Dile que lo sientes y pídele perdón!".

Trataban de ayudar, pero solo lo empeoraron. Job sabía que no había hecho nada malo, pero sus palabras le preocupaban, y al final estalló de frustración: "¡Maldito sea el día en que nací! Hubiera sido mejor morir, para no tener que sufrir así. Oh, Dios, ¿qué he hecho para que te enfades tanto conmigo? ¿Cómo puedes hacerme esto?".

DIOS RESPONDE A JOB
Job 32-42

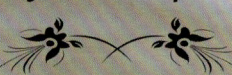

Otro de los amigos de Job dijo: "Me he callado hasta ahora, porque soy más joven y pensaba que todos ustedes serían más sabios que yo. Pero está claro que la sabiduría viene de Dios, ¡no de la edad! Job, no tienes derecho a criticar a Dios. Piensa en lo grande y poderoso que es. No puedes empezar a entender sus caminos. Dios es siempre justo y misericordioso. Piensa en todas las cosas maravillosas que ha hecho".

En ese momento, comenzó a desatarse una terrible tormenta. Los relámpagos llenaban el cielo y los truenos llenaban sus oídos. Entonces, de la tormenta salió la voz de Dios: "Job, ¿quién eres tú para discutir conmigo? ¿Estabas allí cuando hice el mundo? ¿Puedes ordenar que el día amanezca o que la lluvia caiga sobre la tierra? ¿Cómo puedes atreverte a poner en duda mi sabiduría?".

Entonces Job se avergonzó. "Oh, Señor", dijo. "Soy necio e ignorante. Por favor, ¡perdóname!".

Dios recibió con agrado a Job. Lo sanó y bendijo la última parte de su vida aún más que la primera. Job tuvo muchos más hijos y vivió felizmente durante muchos años más.

325

UN MENSAJERO EN CAMINO
Malaquías 1-4

Habían pasado años desde que los judíos regresaron a Jerusalén. Al principio, habían estado llenos de buenas intenciones, pero las cosas habían empezado a fallar. No se dieron cuenta de lo mucho que tenían que agradecer. En cambio, querían que las cosas fueran más fáciles, y sentían que Dios se había olvidado de ellos. Dios envió a Malaquías para que les hablara:

"Se quejan de que Dios no los bendice. Sin embargo, has dejado de amarlo con todo tu corazón. Amen y honren a Dios y entonces recibirán toda su bendición".

"Un día enviará un mensajero para que le prepare el camino. Será como un jabón para fregar, un fuego abrasador que quemará todo lo impuro, dejando solo a los que adoren a Dios como es debido. Porque un día, el juicio de Dios caerá sobre los que hacen el mal. ¡Pero los que le obedezcan sentirán que su poder brilla sobre ellos como los cálidos rayos del sol! ¡Recuerden que deben obedecer sus leyes!".

"Dios también ha prometido que antes del Día del Señor, Elías volverá a la tierra para reunir a padres e hijos a fin de que la gente siga los caminos de Dios".

Ahora el pueblo de Israel sabía que un día un poderoso mensajero vendría a preparar el camino para el Señor.

327

UN ÁRBOL JUNTO AL ARROYO
Salmos 1

Los Salmos son una maravillosa colección de oraciones, canciones y poesía. Muchos fueron escritos por el rey David. Están llenos de diferentes emociones, como la desesperación, la tristeza, la alegría y el amor, y alaban a Dios por su misericordia y sus bendiciones.

Qué feliz y bendecida es la persona que no
se junta con gente malvada,
o hace lo que ellos hacen,
o escucha lo que dicen,
sino que ama la ley de Dios
y piensa en sus palabras cada día y cada noche.
Esa persona es como un árbol plantado junto a una corriente de
agua que da su fruto en la estación correcta
y cuyas hojas no se marchitan.
Esa persona tendrá éxito en todo lo que haga.
¡Pero la gente malvada no!
Son como la paja que se lleva el viento.
Los malvados serán juzgados por Dios,
y no se les permitirá estar con el propio pueblo de Dios.
Dios vela por los que tratan de ser buenos y obedecen sus leyes,
¡pero la gente malvada se dirige a la destrucción!

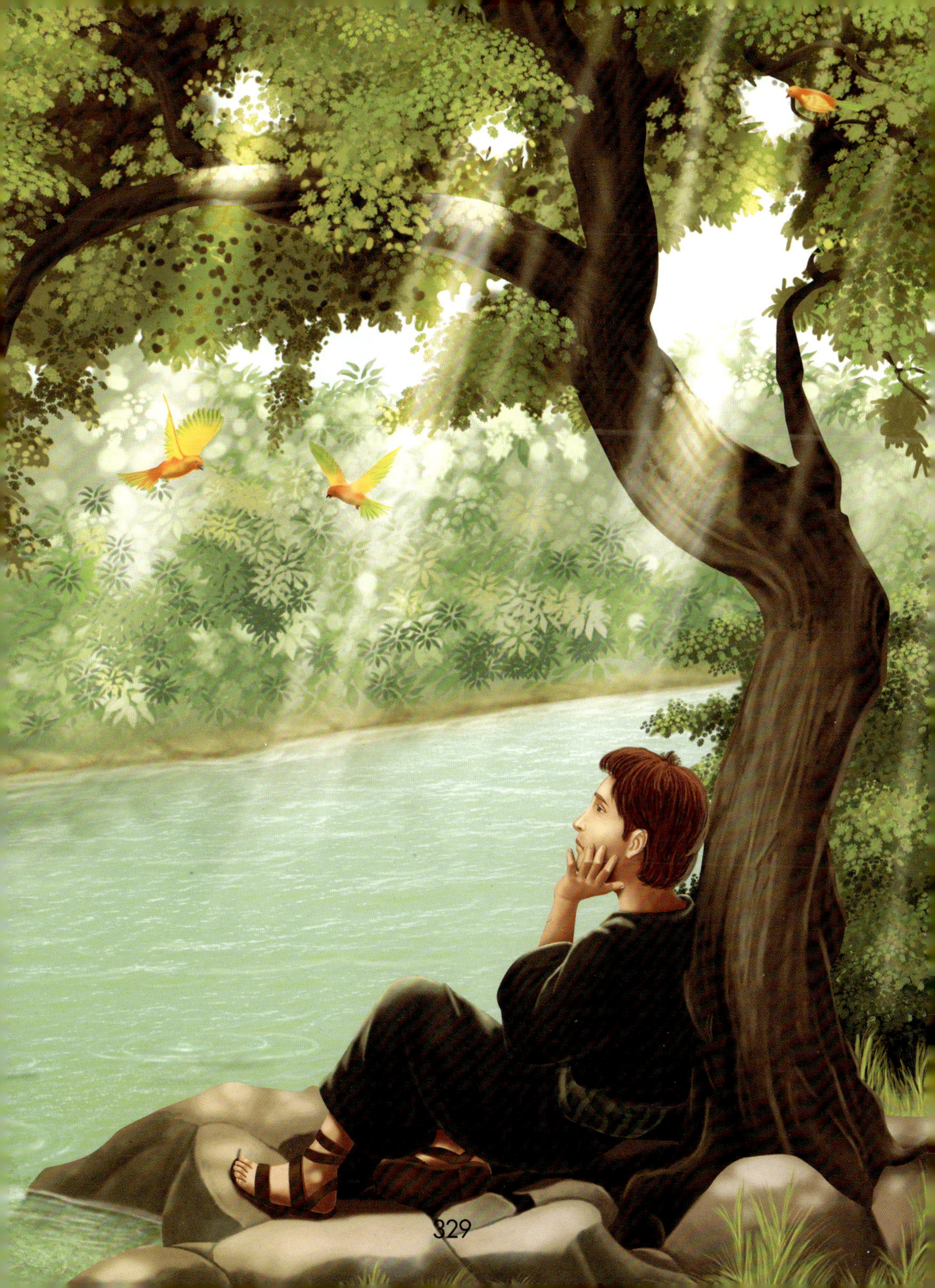

¡CUAN GRANDE ES TU NOMBRE!
Salmos 8

Oh, Señor, ¡qué maravilloso es tu nombre!
Tu gloria brilla desde el cielo se ve en toda la tierra.
La alabanza de los niños pequeños
silencia a tus enemigos y te hace fuerte.
Cuando pienso en cómo hiciste los cielos
cómo ubicaste la luna y las estrellas en el cielo,
me pregunto cómo puedes preocuparte por los seres humanos:
¡somos tan pequeños!

Sin embargo, nos has hecho un poco más bajos que los ángeles, nos has hecho gobernantes de todo lo que has creado: las aves y las bestias, los peces del mar.
Sobre todos ellos mandamos.
Oh, Señor, ¡cuán grande es tu nombre!

DIOS ES MI FORTALEZA

Salmos 18 y 91

¡Cuánto te amo, Señor!
Tú eres mi fortaleza y mi salvador,
contigo puedo estar siempre a salvo,
eres como un escudo para mí.
El peligro de la muerte me rodeaba,
me sentí agobiado.
Cuando clamé a ti, me escuchaste
y bajaste de los cielos
y me sacaste de las aguas profundas.
Oh Señor, con tu ayuda puedo hacer cualquier cosa.
Me haces fuerte y me mantienes a salvo
me sostienes, para que pueda estar fuerte y seguro.
Señor, cantaré tus alabanzas por toda la tierra,
alabaré tu nombre dondequiera que vaya.

El rey David cantó el Salmo 18 cuando Dios lo salvó de sus enemigos.

Si haces del Señor tu fortaleza
ningún mal te sobrevendrá,
ningún desastre te sobrevendrá.
Porque el Señor dice: Yo salvaré
a los que me aman.
Cuando me llamen, les
responderé;
cuando se encuentren en
dificultades, yo estaré con ellos.
Salmos 91

NO ME ABANDONES
Salmos 22

Este es otro de los salmos del rey David, que muchos cristianos leen o cantan el Viernes Santo, porque creen que no solo se trata del sufrimiento del rey David, sino que también se trata del sufrimiento de Jesús.

Dios mío, ¿por qué me has abandonado?
Clamo cada día, pero no respondes,
cada noche, pero no encuentro descanso.
Sin embargo, tú salvaste a nuestros antepasados.
Cuando clamaron a ti fueron salvados.
Confiaron en ti y no los defraudaste.
Pero yo no soy más que un gusano,
Todos se burlan de mí, diciendo,
"¡Si confía en el Señor, que el Señor lo salve!".
Sin embargo, fuiste tú quien me trajo a este mundo.
No te alejes de mí
porque estoy rodeado de problemas
y no hay nadie que me ayude.
Mis enemigos me rodean como bestias salvajes,
esperando para atacar, listos para destruirme.
Como una jauría de perros se acercan a mí;
desgarrando mis manos y mis pies.

Así que no te alejes, Señor mío, ven pronto a ayudarme.
¡Rescátame de estas bestias salvajes!
Contaré a todos lo que has hecho; alabaré tu nombre.
Porque no descuidas a los pobres ni ignoras su sufrimiento
sino que respondes cuando te piden ayuda.
Todos se inclinarán ante ti
y se contará a las generaciones futuras
que el Señor salvó a su pueblo.

EL SEÑOR ES MI PASTOR
Salmos 23

El Señor es mi pastor,
él se encargará de que tenga todo lo que necesito.
Él me deja descansar en verdes praderas
me conduce junto a tranquilos arroyos para beber,
refresca mi alma.
Me muestra el camino correcto
para que pueda dar honor a su nombre.
Aunque camine por los valles más oscuros
no temeré nada, porque tú estás conmigo;
tu vara y tu cayado de pastor me hacen sentir seguro.
Me preparas un banquete frente a mis enemigos.
Unges mi cabeza con aceite;
Me siento tan honrado que me siento emocionado.
Tu bondad y tu amor me acompañarán
todos los días de mi vida
y viviré en la casa del Señor para siempre.

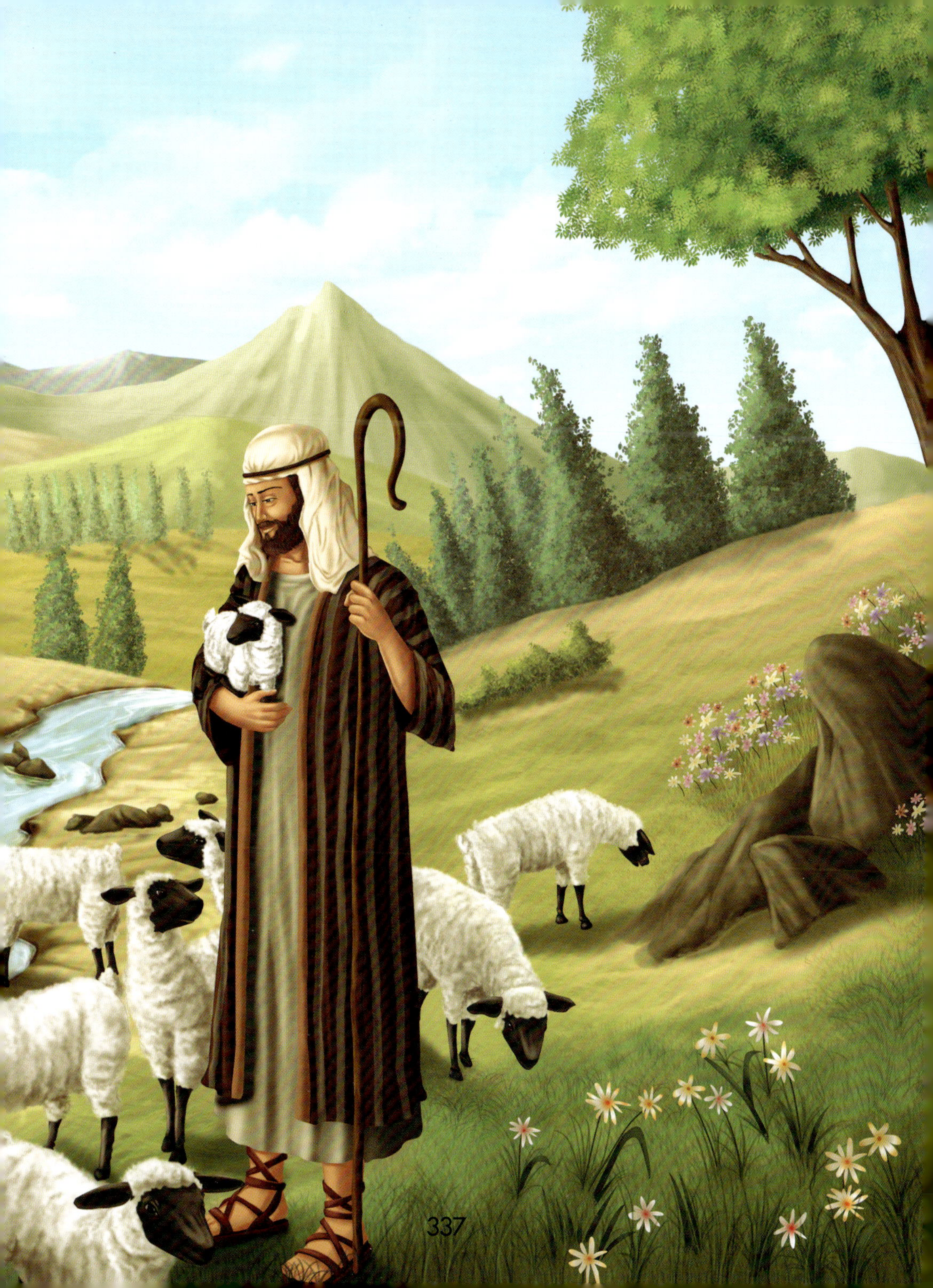

TU DÍA VENDRÁ
Salmos 37

No pierdas tiempo preocupándote
por la gente que hace cosas malas
porque no durarán mucho.
Confía en Dios y haz el bien,
ámalo y tendrás todo lo que necesitas.
Sigue sus caminos y tu recompensa brillará como el sol más brillante.
Ten calma y paciencia y tu día llegará.
Dios cuida de los que le aman.
Aunque tropiecen, les impide caer,
los sostiene con su mano.
Dios nunca los deja caer.
Dios siempre se asegurará de que los que le aman tengan lo suficiente.
Las personas malas se aferran a lo que tienen y se lo quitan.
Pero la gente buena quiere compartir las cosas que tiene,
y serán bendecidas.
Un día, los que hacen cosas malas serán castigados.
Entonces los seguidores de Dios heredarán la tierra.
Dios siempre cuidará de su pueblo
Cuidará de ellos cuando los tiempos sean malos,
Los rescatará de los malvados
porque se dirigen a él en busca de ayuda.

339

UN MANANTIAL EN EL DESIERTO

Salmos 63

Tú, Dios, eres mi Dios,
te busco con todo mi corazón;
Te necesito como un desierto seco y sediento necesita agua.
He visto lo maravilloso y glorioso que eres.
Tu amor es mejor que la vida misma, y te alabaré.
Te alabaré mientras viva, y te oraré.

Tu amor me saciará como el más rico alimento.
Cuando me acueste en mi cama me acordaré de ti
y pensaré en ti toda la noche.
Siempre has estado ahí para ayudarme
tus alas me protegen,
y cuando me aferro a ti, tu mano me mantiene a salvo.
El rey David escribió este salmo cuando estaba en el desierto de Judá.

LÁMPARA PARA MIS PIES
Salmos 119

Qué benditos son los que son buenos
que siguen los caminos del Señor
y lo buscan con todo su corazón.
Pero ¿cómo pueden los jóvenes mantener su vida pura?
Obedeciendo tus mandatos.
Te busco con todo mi corazón
y amo tus leyes.
Por favor, dame entendimiento
y mantenme fuerte
para que pueda seguir tus leyes.
Tus palabras tienen un sabor dulce en mi boca
son una lámpara para mis pies,
una luz en el camino por el que viajo.
Tú eres mi refugio y mi escudo,
en ti pongo toda mi esperanza y mi confianza.
Sujétame con tu mano
y ayúdame a honrarte.
Soy como una oveja que se ha perdido:
por favor, ven a buscarme
porque me acuerdo de todos tus mandatos.

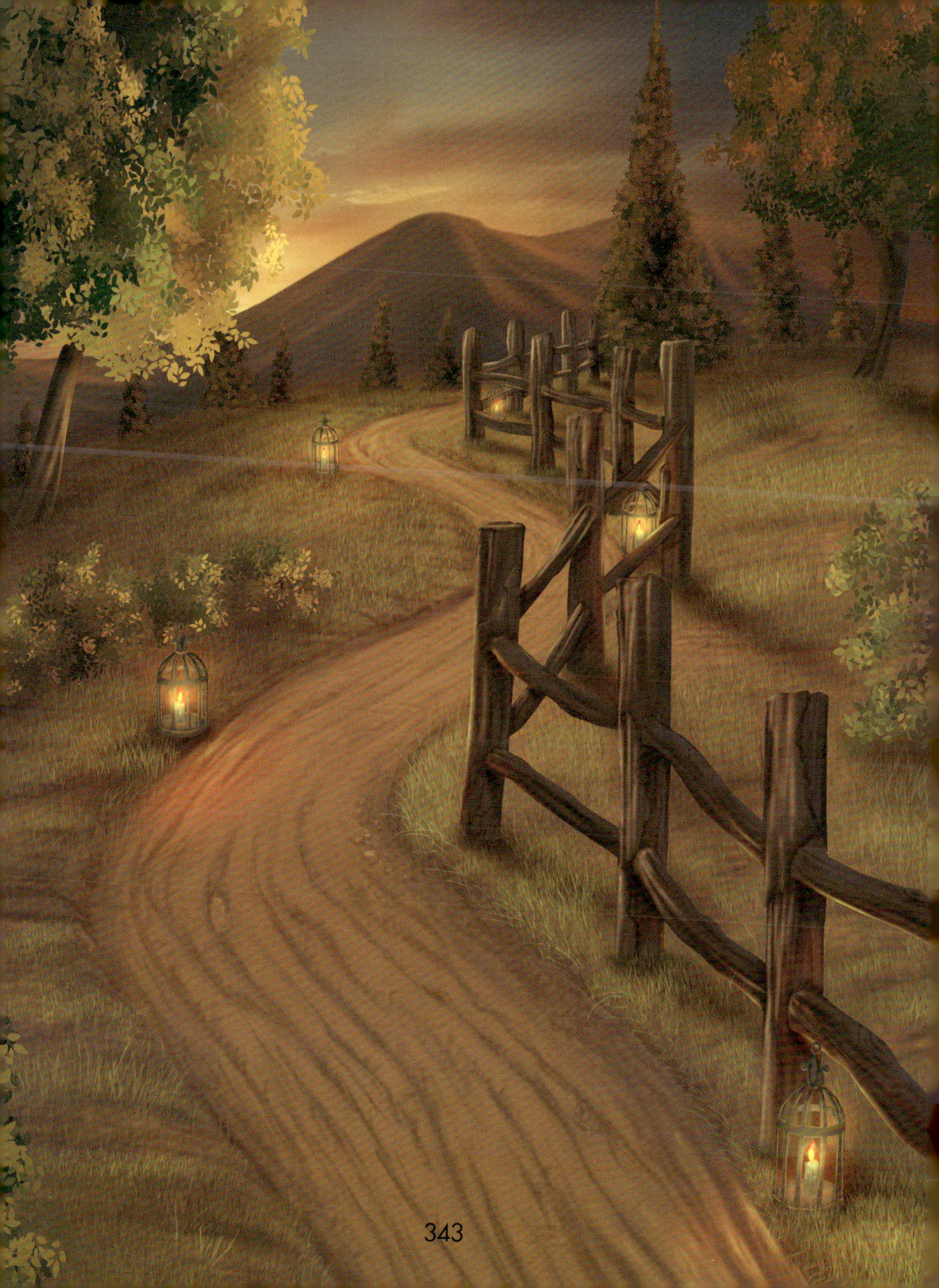

NUNCA DORMIRÁ
Salmos 121

Alzo mis ojos a las montañas,
¿de dónde vendrá mi ayuda?
Mi ayuda viene del Señor,
el Creador del cielo y de la tierra.
Él no me dejará tropezar ni caer,
Nunca dormirá mientras me cuide.
El protector de todo Israel nunca duerme.
El Señor vela por ti,
Él está a tu lado, dándote sombra;
el sol no te dañará de día
ni la luna de noche.
El Señor te protegerá de todo mal,
Él velará por ti durante toda tu vida;
Él velará por ti a diario,
ahora y siempre.

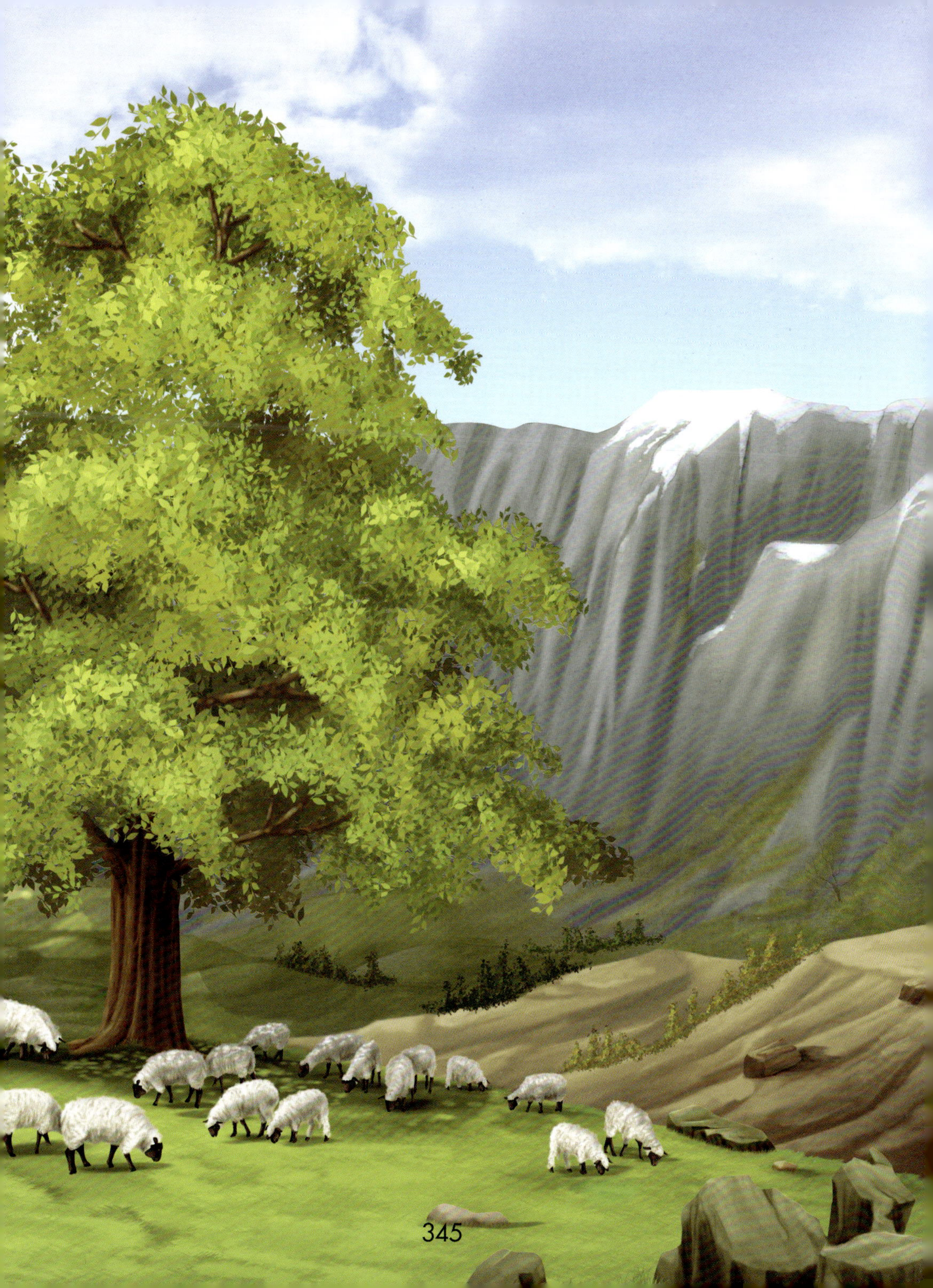

LAMENTOS EN BABILONIA
Salmos 137

Junto a los ríos de Babilonia nos sentamos y lloramos
al recordar a Sión.
Allí, en los sauces
colgamos nuestras arpas,
pues nuestros captores querían que los
entretuviéramos,
nuestros torturadores nos ordenaron que cantáramos
canciones de alegría.
Nos dijeron: "¡Cántenos uno de los cantos de Sión!".
¿Cómo podemos cantar las canciones del Señor
en una tierra extranjera?
Si te olvido, Jerusalén,
que mi mano derecha se olvide de su astucia
y que mi lengua se pegue al paladar,
si no me acuerdo de ti,
si no pienso en Jerusalén
por encima de todo.

*Este salmo expresa el anhelo y el dolor
del pueblo judío en el exilio*

347

ALABEN AL SEÑOR
Salmos 150

Alabad al Señor.
Alabad a Dios en su Templo,
alábenlo en sus maravillosos cielos.
Alabadle por sus actos de poder;
alábenlo por su grandeza extraordinaria.
Alábenlo con trompetas,
alábenlo con arpas y liras,
alábenlo con tambores y danzas,
alábenlo con instrumentos de cuerda y flautas,
alábenlo con el estruendo de los címbalos.
Que todo lo que respira alabe al Señor.

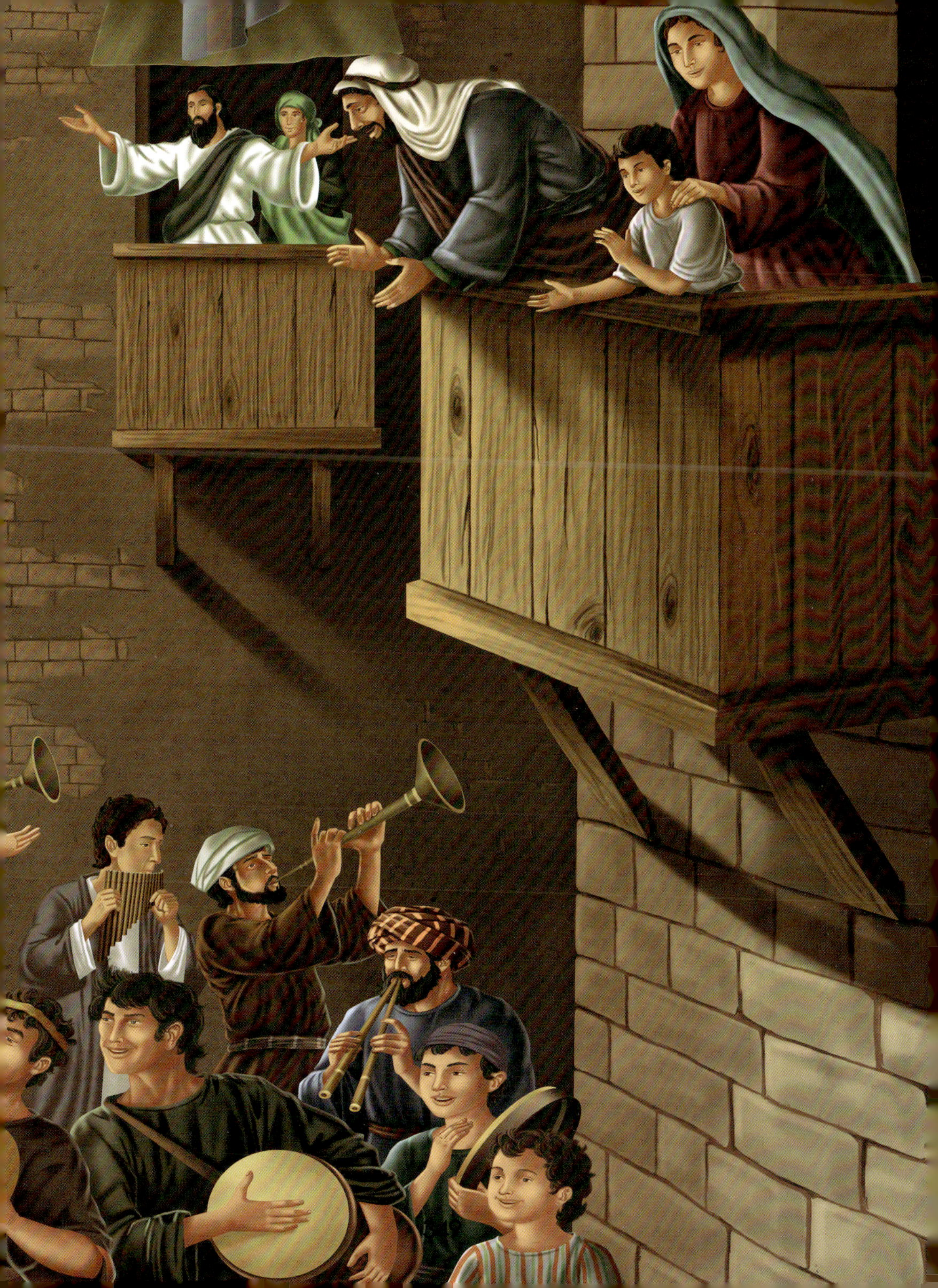

SABIDURÍA DE DIOS
Del Libro de Proverbios

La Biblia es un lugar maravilloso para buscar palabras de sabiduría. El Libro de los Proverbios está repleto de dichos sabios, muchos de ellos compuestos por el rey Salomón, mientras que otros fueron transmitidos a lo largo de los años, o escritos por otros sabios.

Dios

Confía en Dios con todo tu corazón: nunca confíes en lo que crees saber.

Podemos hacer nuestros planes, pero Dios tiene la última palabra. Dios ve todo lo que hacemos, sea bueno o malo: puede ver lo que hay dentro de nuestros corazones.

Sabiduría

Teme a Dios: toda la sabiduría viene de él.
La gente sensata piensa antes de actuar.
Pasar tiempo con gente sabia te hace sabio, pero pasar tiempo con gente necia, te arruinará.
La sabiduría y el conocimiento valen más que las joyas.
El entusiasmo sin conocimiento no es bueno.
Ser sabio es mejor que ser fuerte.
Búrlate de la sabiduría y nunca la encontrarás.

Riqueza y Dinero

Cuanto más fácil sea conseguir dinero, antes lo perderás.

Es mejor comer un pedazo de pan seco con tranquilidad que un banquete en una casa llena de problemas.

Si tienes que elegir entre la reputación y la riqueza, elige la reputación.

Los ricos y los pobres fueron creados por Dios.

Algunos gastan su dinero libremente y aún así se enriquecen: otros son precavidos, pero se empobrecen.

No te pases todo el tiempo intentando hacerte rico: el dinero puede desaparecer de la noche a la mañana, como si le hubieran salido alas y se hubiera ido volando.

Es mucho mejor ser sabio y sensato que ser rico.

Si pides dinero prestado, te conviertes en el esclavo del prestamista.

Flojera

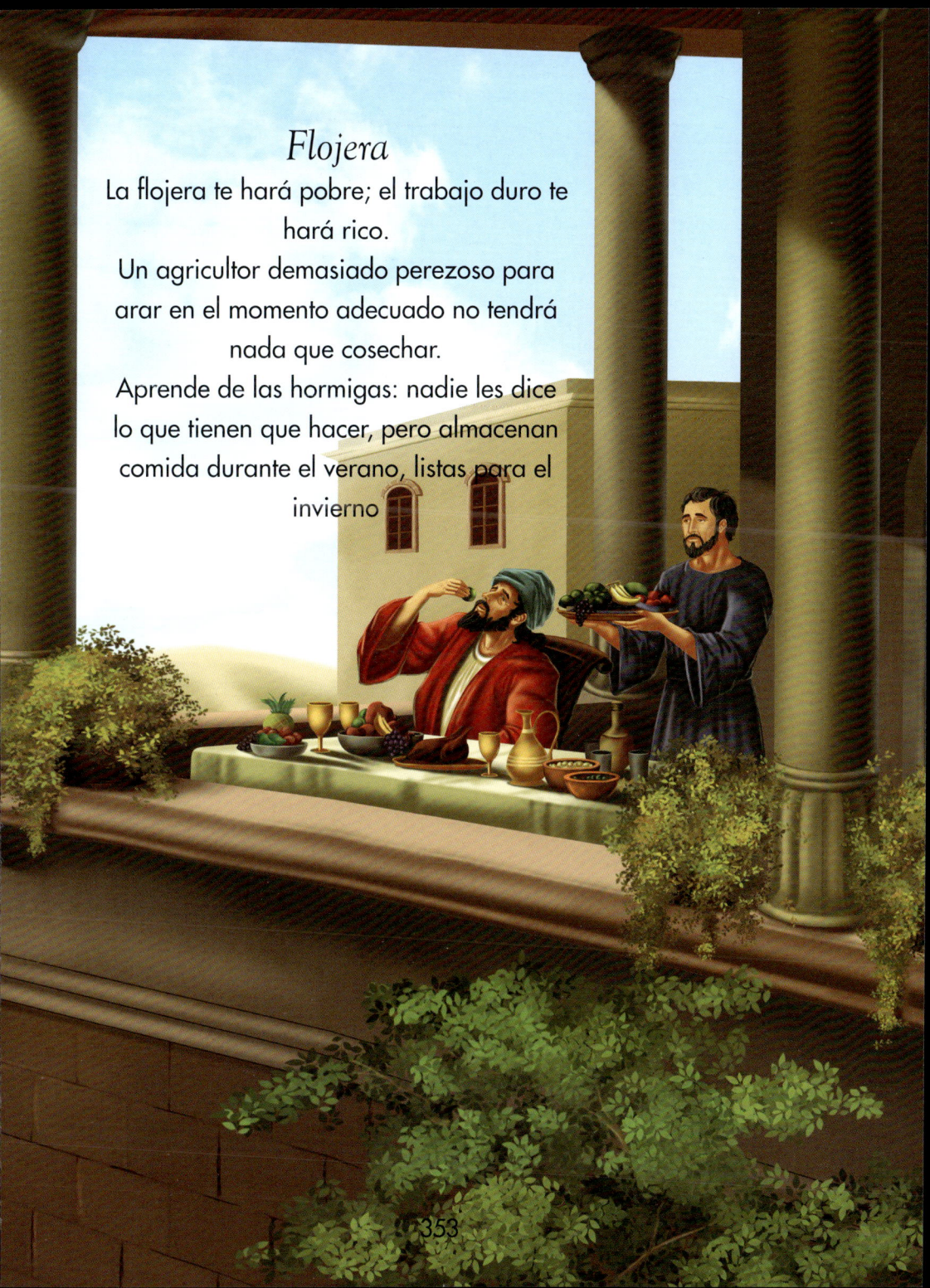

La flojera te hará pobre; el trabajo duro te hará rico.

Un agricultor demasiado perezoso para arar en el momento adecuado no tendrá nada que cosechar.

Aprende de las hormigas: nadie les dice lo que tienen que hacer, pero almacenan comida durante el verano, listas para el invierno

Palabras Imprudentes

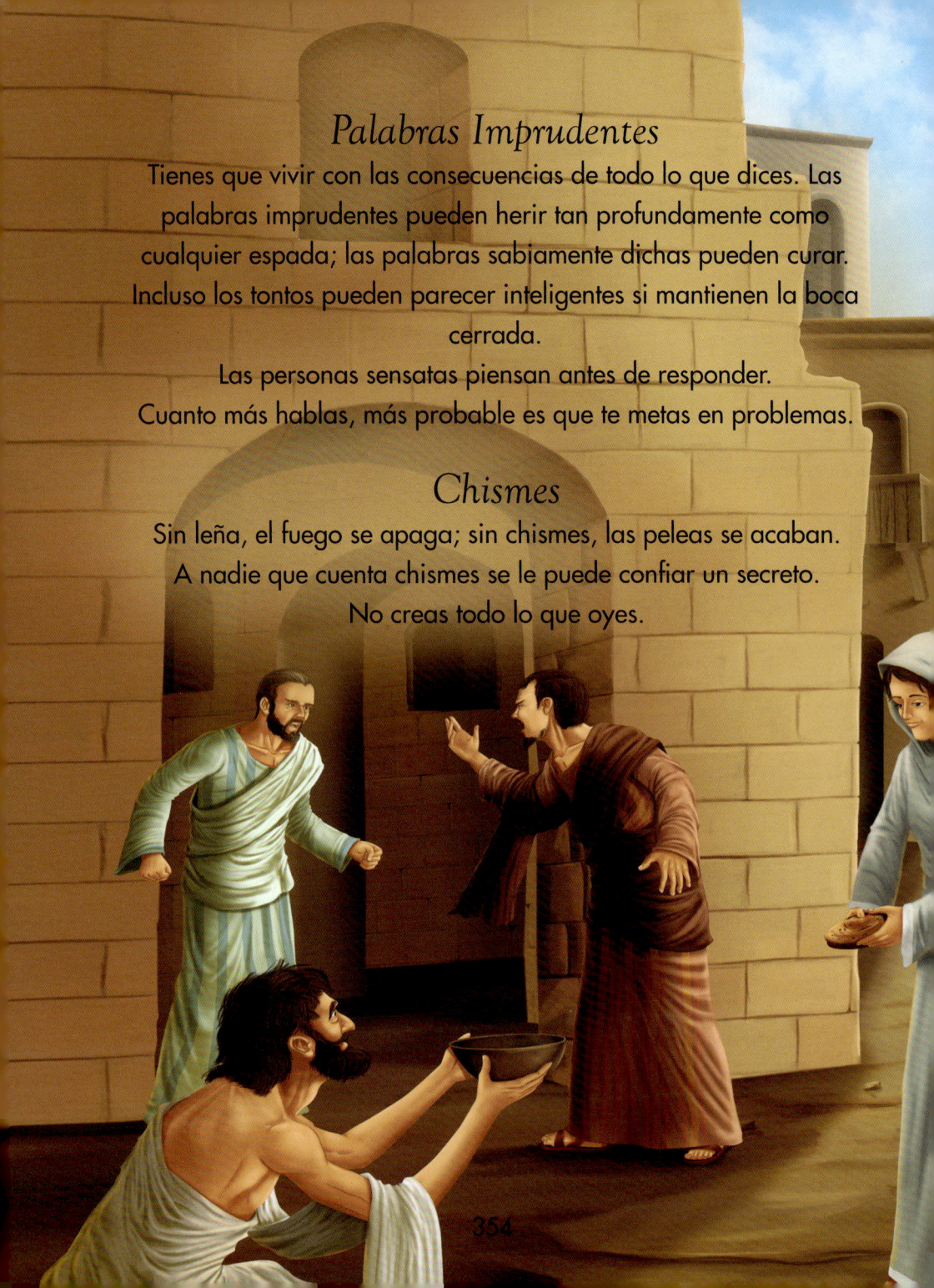

Tienes que vivir con las consecuencias de todo lo que dices. Las palabras imprudentes pueden herir tan profundamente como cualquier espada; las palabras sabiamente dichas pueden curar.
Incluso los tontos pueden parecer inteligentes si mantienen la boca cerrada.
Las personas sensatas piensan antes de responder.
Cuanto más hablas, más probable es que te metas en problemas.

Chismes

Sin leña, el fuego se apaga; sin chismes, las peleas se acaban.
A nadie que cuenta chismes se le puede confiar un secreto.
No creas todo lo que oyes.

Discusiones

Cualquier tonto puede iniciar una discusión: lo inteligente es evitarlas.
Si te han agraviado, no intentes vengarte: confía en que Dios lo arreglará.
El comienzo de una discusión es como la primera rotura de una presa; detenla antes de que vaya más lejos.
Involucrarse en una discusión que no es de tu incumbencia es como agarrar a un perro feroz por las orejas.
Las maldiciones no pueden hacerte daño a menos que las merezcas.
Es mejor ganar el control sobre ti mismo que sobre ciudades completas.
Si quieres caerle bien a la gente, sé comprensivo.

Familia

Respeta a tus padres y demuéstrales tu aprecio: haz que estén orgullosos de ti y les harás felices.

Cuando los padres corrigen a sus hijos, demuestran que los quieren.

Los hijos sensatos escuchan cuando sus padres les corrigen, los hijos testarudos los ignorarán.

Una esposa servicial es el mayor tesoro de su esposo.

Es mejor vivir en el tejado que compartir la casa con una esposa irritante.

Corrección y Consejos

Escucha cuando Dios te corrige; Él corrige a los que ama.

Las personas sensatas aceptan los buenos consejos y quieren que se les diga cuando se equivocan: es una necedad odiar que te corrijan.

Una persona inteligente aprende más de una corrección que un necio de ser golpeado cien veces.

Los malos consejos son una trampa mortal, pero los buenos consejos son un escudo.

Celos

La ira es cruel y destructiva, pero los celos son mucho peores.
La paz mental hace que el cuerpo esté sano; los celos son como un cáncer.

357

Honestidad

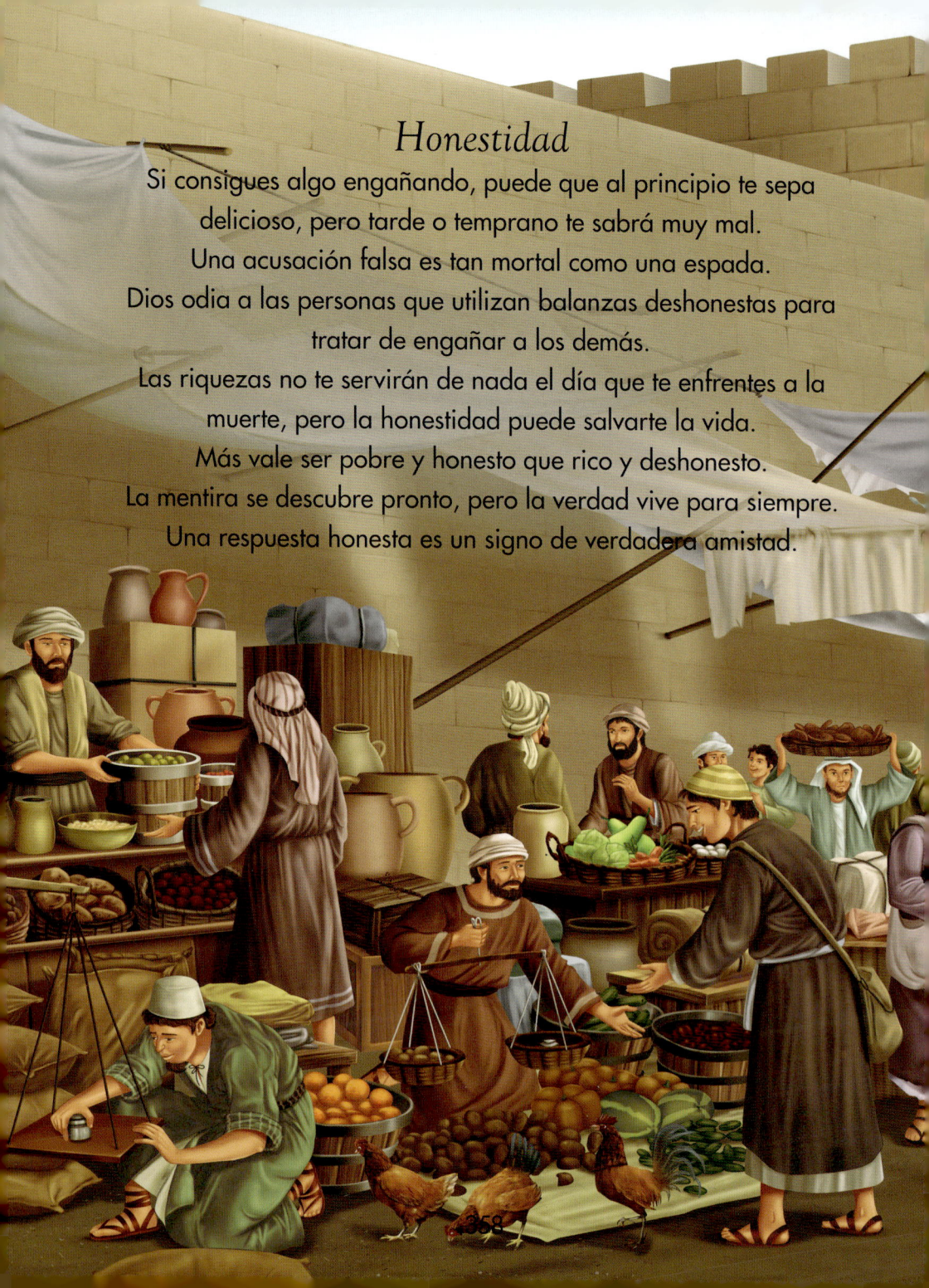

Si consigues algo engañando, puede que al principio te sepa delicioso, pero tarde o temprano te sabrá muy mal.
Una acusación falsa es tan mortal como una espada.
Dios odia a las personas que utilizan balanzas deshonestas para tratar de engañar a los demás.
Las riquezas no te servirán de nada el día que te enfrentes a la muerte, pero la honestidad puede salvarte la vida.
Más vale ser pobre y honesto que rico y deshonesto.
La mentira se descubre pronto, pero la verdad vive para siempre.
Una respuesta honesta es un signo de verdadera amistad.

Elogios y Halagos

Las palabras falsas que ocultan lo que realmente piensas
son como un fino esmalte en una vasija de barro barata.
Deja que otros te elogien: ¡nunca lo hagas tú!
Demasiada miel es mala para ti, y también lo es tratar
de ganar demasiados elogios.

Amor

Una simple comida con la gente que amas es mejor que un banquete donde hay odio.
El amor siempre está dispuesto a pasar por alto los males que hace la gente..

Compasión

Cuando das a los pobres, es como prestar a Dios, y Dios te lo devolverá.
Si no escuchas el grito de los pobres, tu propio grito de ayuda no será escuchado.
Siempre que puedas, haz el bien a los que lo necesitan, aunque sean tus enemigos.
Te haces un favor a ti mismo cuando eres amable: si eres cruel, te perjudicas a ti mismo.
No te alegres cuando tus enemigos estén en dificultades, Dios sabrá que te estás deleitando, y no le gustará; y tal vez no los castigue.

Amigos

Los amigos tienen buenas intenciones, incluso cuando te hacen daño; pero cuando un enemigo te rodea el hombro, ¡cuidado!
Algunos amigos son más leales que los hermanos.
No te mezcles con personas que te transmitan malas costumbres.

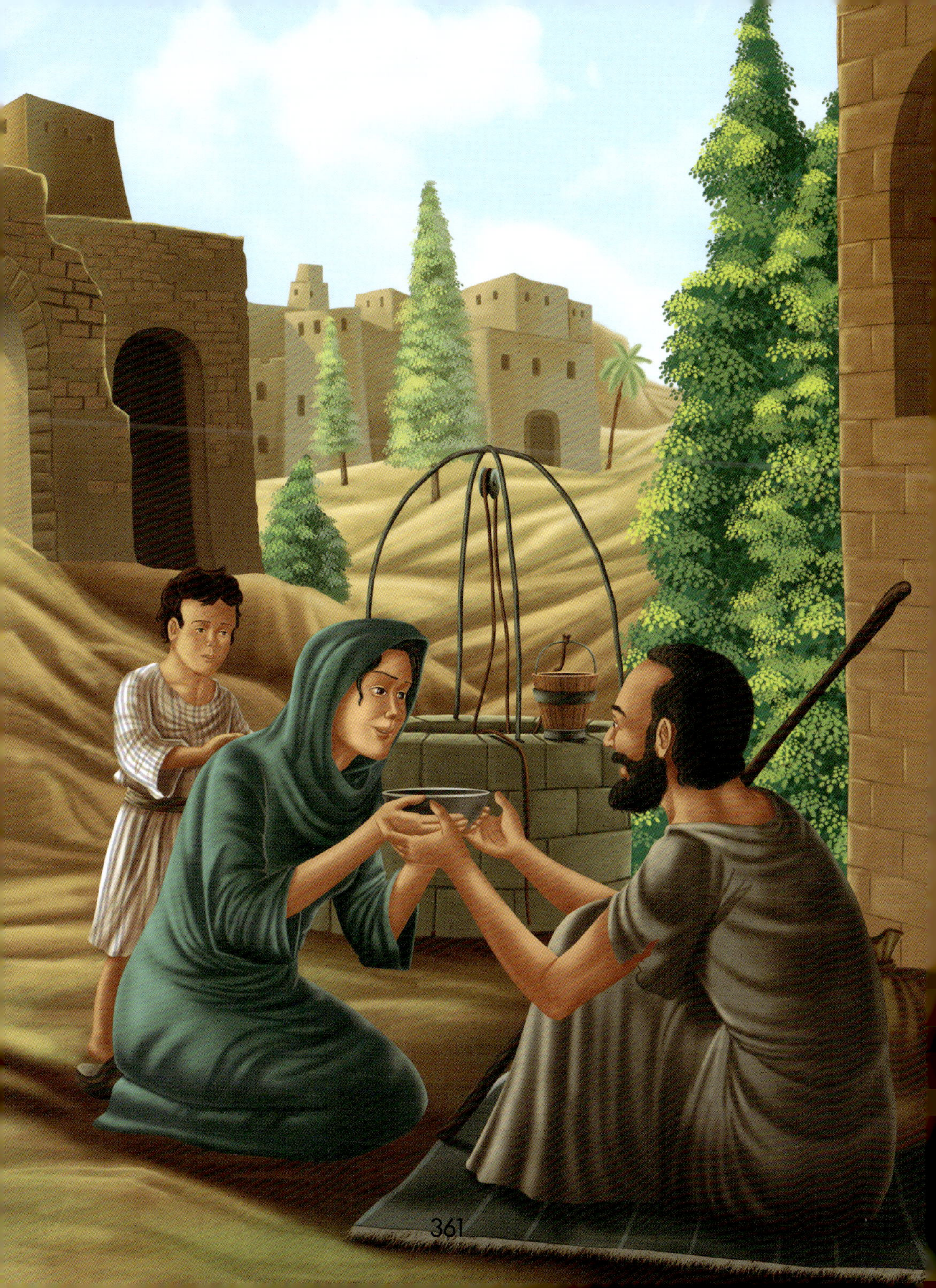

La Necedad

A un necio no le importa si entiende algo o no, lo único que quiere es demostrar lo inteligente que es.

Si responde a una pregunta necia, eso también te convierte en un necio.

Un necio demuestra que está molesto; la gente inteligente ignorará un insulto.

Beber demasiado te hace ruidoso y necio.

Felicidad y Tristeza

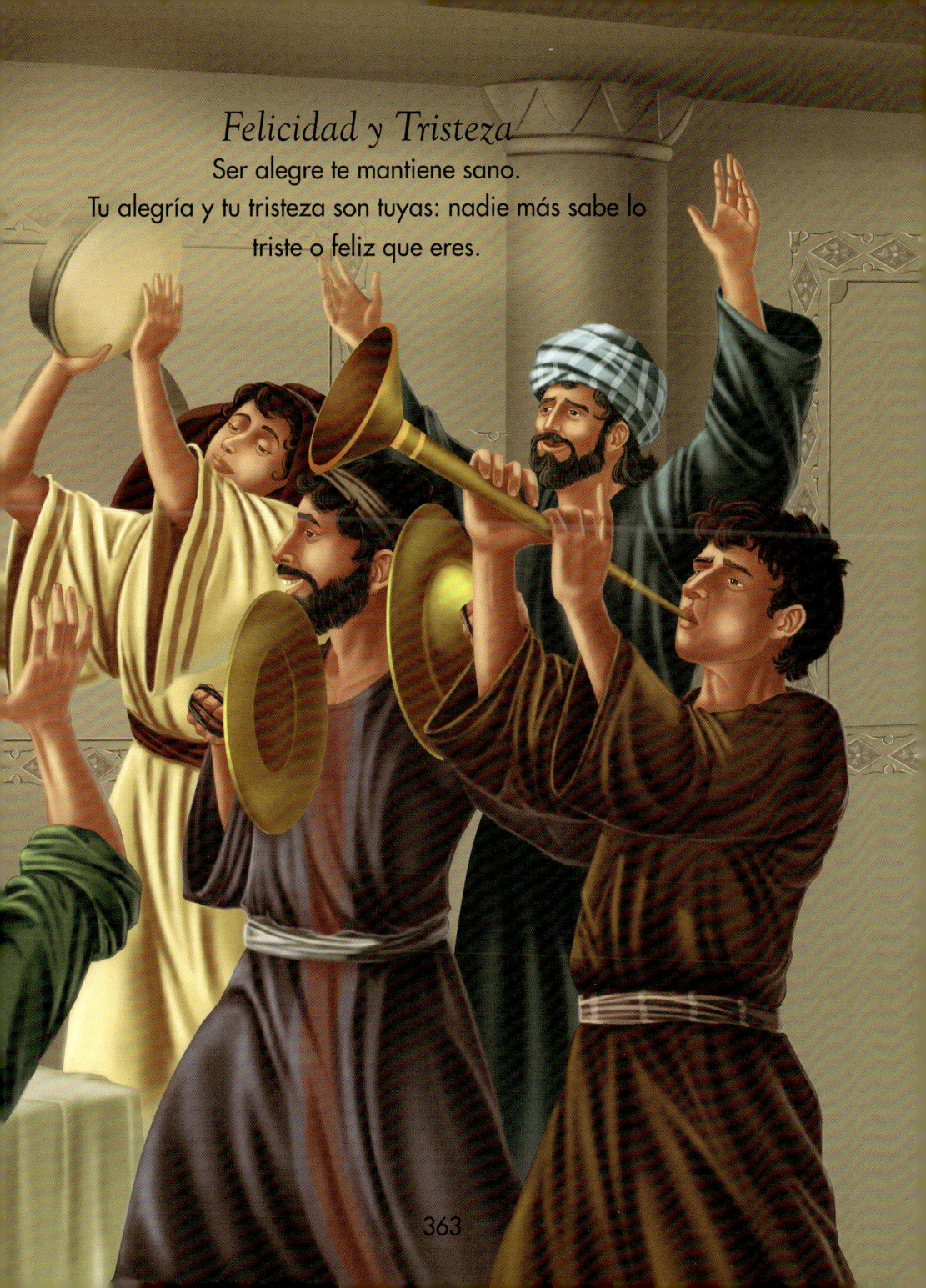

Ser alegre te mantiene sano.
Tu alegría y tu tristeza son tuyas: nadie más sabe lo triste o feliz que eres.

Más Dichos Sabios

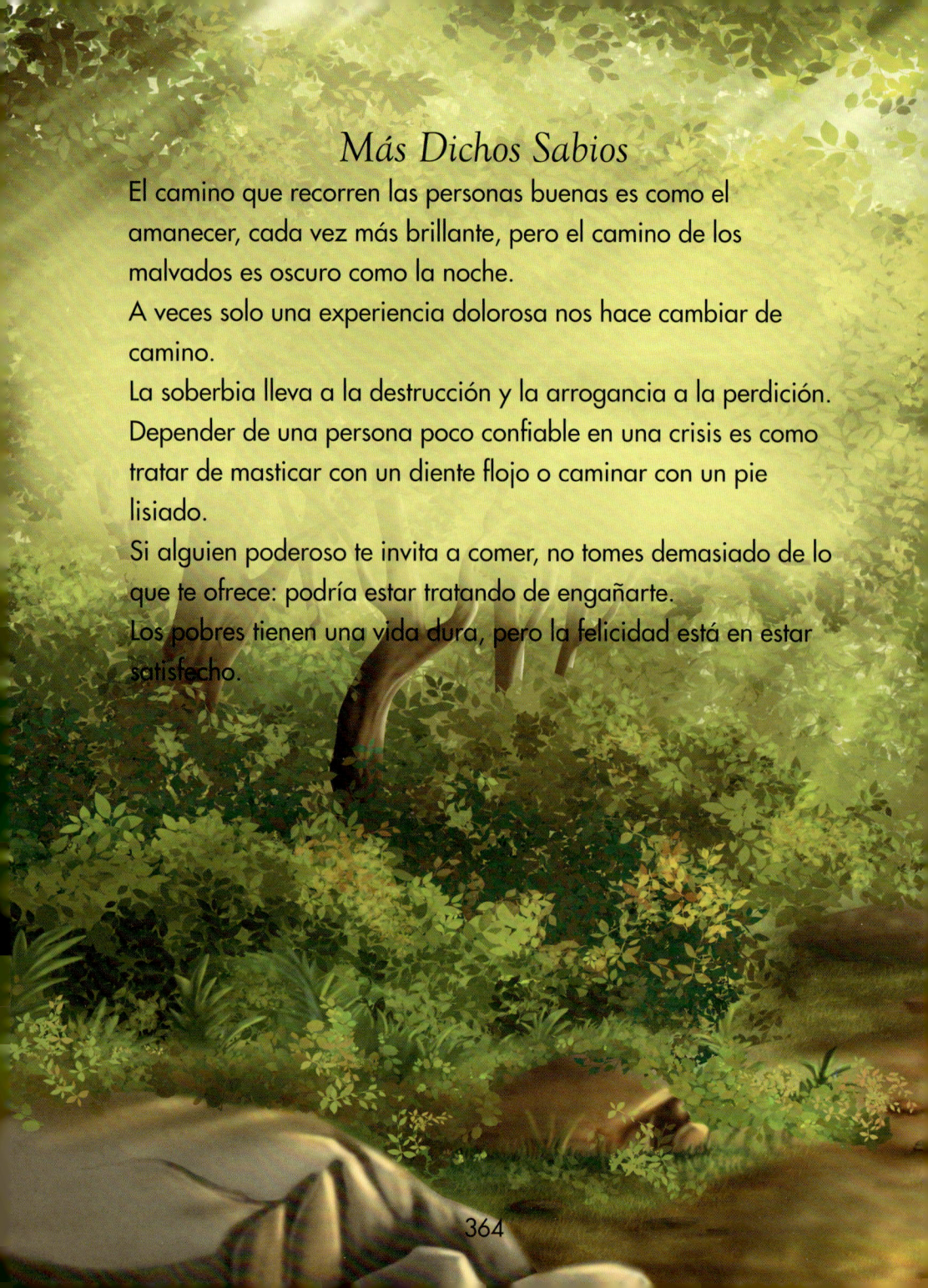

El camino que recorren las personas buenas es como el amanecer, cada vez más brillante, pero el camino de los malvados es oscuro como la noche.

A veces solo una experiencia dolorosa nos hace cambiar de camino.

La soberbia lleva a la destrucción y la arrogancia a la perdición.

Depender de una persona poco confiable en una crisis es como tratar de masticar con un diente flojo o caminar con un pie lisiado.

Si alguien poderoso te invita a comer, no tomes demasiado de lo que te ofrece: podría estar tratando de engañarte.

Los pobres tienen una vida dura, pero la felicidad está en estar satisfecho.

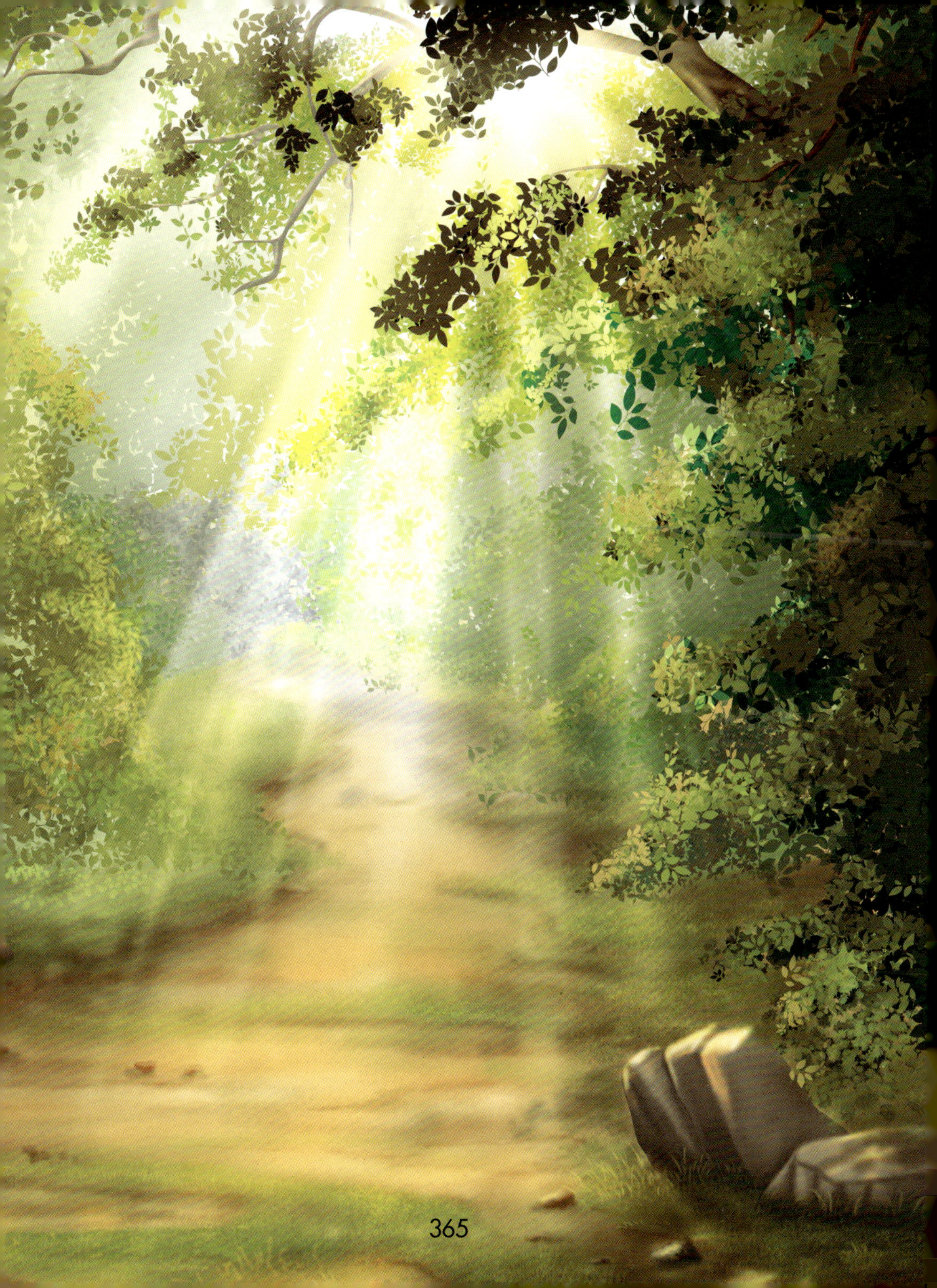

UN TIEMPO PARA TODO
Eclesiastés 3

El escritor del Libro del Eclesiastés creía que todo lo que sucede lo hace en el momento que Dios elige, que debemos pasar nuestra vida haciendo lo mejor que podamos y tratando de ser felices, y que debemos disfrutar de las cosas que trabajamos para conseguir, porque la vida es un regalo de Dios para nosotros.

Esto es lo que escribió:

Hay un tiempo y una temporada para todo:
un tiempo para nacer, y un tiempo para morir;
un tiempo para plantar, y un tiempo para arrancar;
un tiempo para matar, y un tiempo para curar;
un tiempo para derribar, y un tiempo para edificar;
un tiempo para llorar, y un tiempo para reír;
un tiempo para lamentarse, y un tiempo para bailar;

un tiempo para esparcir piedras, y un tiempo para juntarlas;
un tiempo para abrazar, y un tiempo para no abrazar;
un tiempo para buscar, y un tiempo para perder;
un tiempo para guardar, y un tiempo para tirar;
un tiempo para rasgar, y un tiempo para coser;
un tiempo para callar, y un tiempo para hablar;
un tiempo para amar, y un tiempo para odiar;
un tiempo para la guerra, y un tiempo para la paz.

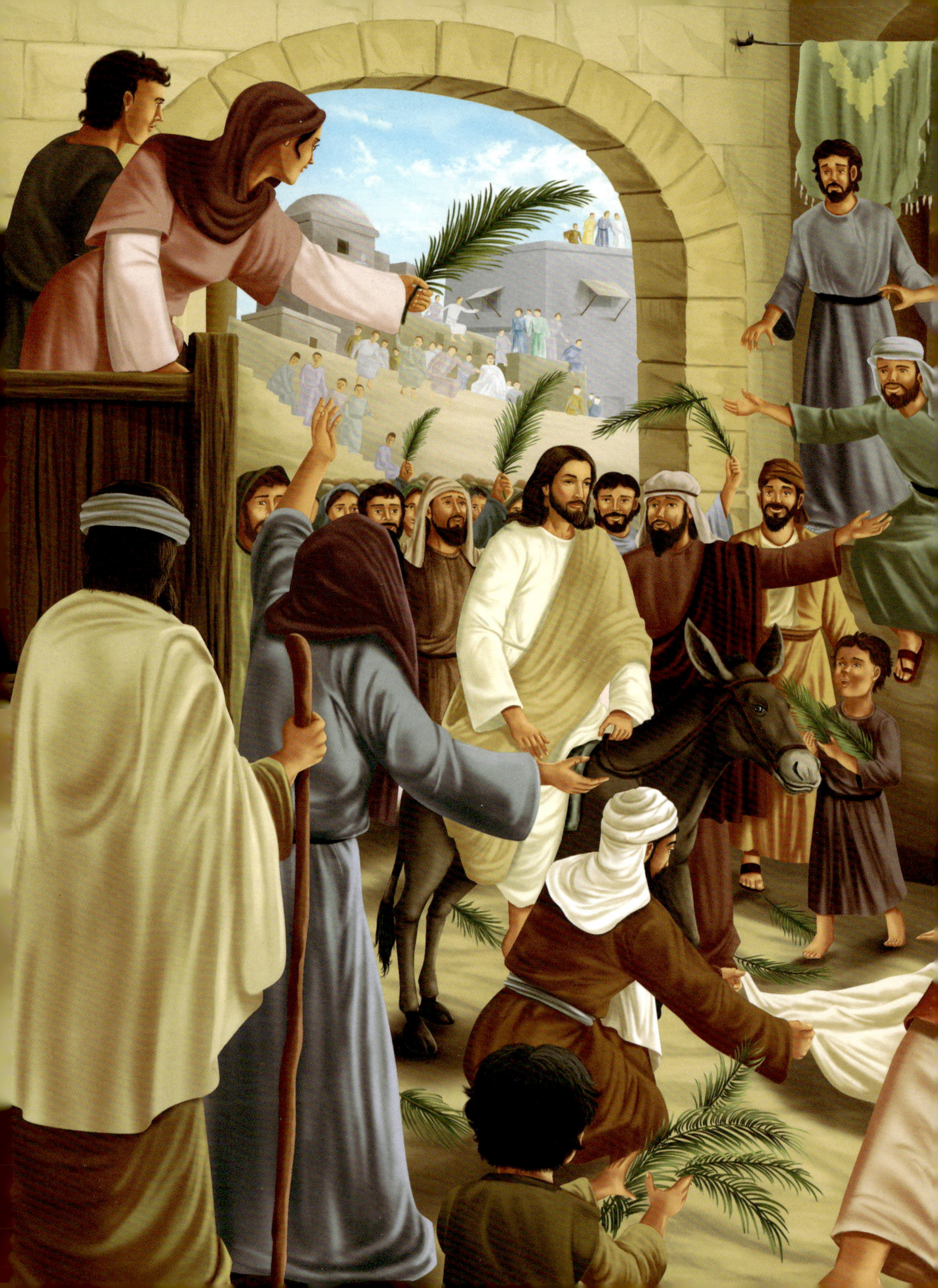

EL NUEVO TESTAMENTO

LA TIERRA SANTA
EN LOS TIEMPOS DE JESÚS

Sidón

FENICIA

Tiro

GALILEA

Capernaúm
Betsaida
Caná

Monte Carmelo ▲

Nazaret

Naín

El Gran Mar
(Mediterráneo)

Cesarea

SAMARIA

Samaria

Siquem
(Sicar)

Efraín

Betania

Emaús Monte de
Jerusalén los Olivos
Belén

JUDEA

Mar
Muerto

IDUMEA

ABILENE

Damasco

SIRIA

Cesarea de Filipo

TRACONITE DE FILIPO

Betsaida

ar de Galilea

DECÁPOLIS

ábara

NABATEOS

ANUNCIO DEL NACIMIENTO DE JUAN

Lucas 1

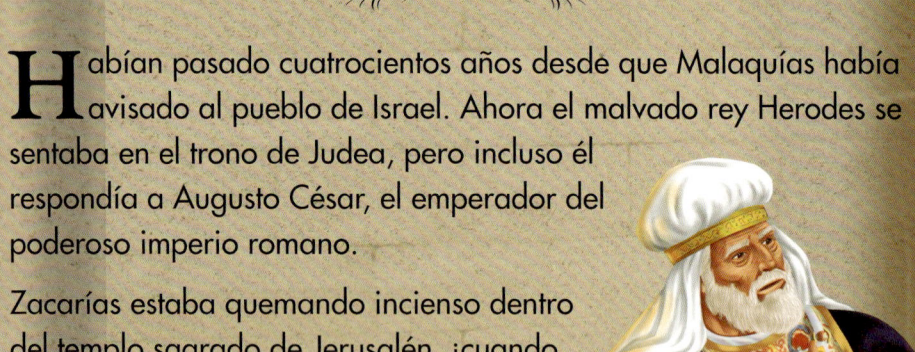

Habían pasado cuatrocientos años desde que Malaquías había avisado al pueblo de Israel. Ahora el malvado rey Herodes se sentaba en el trono de Judea, pero incluso él respondía a Augusto César, el emperador del poderoso imperio romano.

Zacarías estaba quemando incienso dentro del templo sagrado de Jerusalén, ¡cuando se le apareció un ángel! Zacarías estaba aterrorizado, pero el ángel le dijo: "No temas. Dios ha escuchado tus oraciones. Tu mujer Elisabet te dará un hijo, al que llamarás Juan. Será un gran hombre y preparará el camino al que venga después".

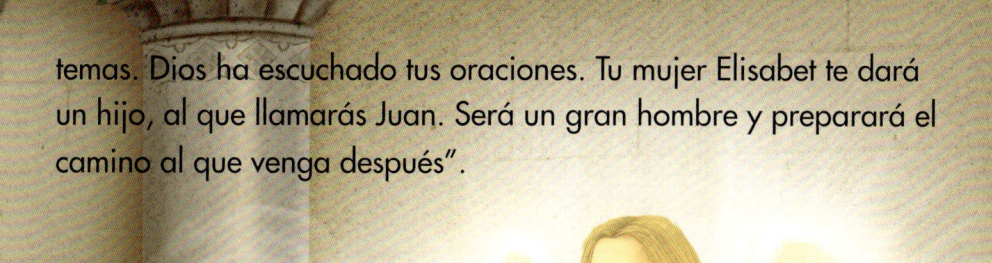

Zacarías estaba asombrado, pues él y su esposa habían deseado tener un hijo, pero ya eran muy viejos. "¿Cómo puedo estar seguro de esto?", preguntó. "Mi mujer y yo somos viejos. ¿Cómo puede ser esto?".

A causa de su duda, el ángel le dijo que no podría hablar hasta que se cumpliera lo que Dios había prometido, pero cuando Zacarías escribió la buena noticia para su mujer, ella se llenó de alegría.

DIOS ESCOGE A MARÍA
Lucas 1

Más o menos en la misma época, el ángel Gabriel visitó la casa de María en la ciudad de Nazaret, en Galilea. La dulce María era prima de Elisabet. Estaba prometida a José, un carpintero cuya familia provenía del rey David.

"No tengas miedo, María", le dijo a la confusa muchacha. " Haz hallado el favor de Dios. Vas a dar a luz un hijo, al que llamarás Jesús. Y lo llamarán Hijo de Dios, ¡y su reino no tendrá fin!".

María se llenó de asombro. "¿Cómo puede ser esto?", preguntó en voz baja. "¡Ni siquiera estoy casada!".

"Todo es posible para Dios", respondió el ángel. "El Espíritu Santo vendrá sobre ti y tu hijo será hijo de Dios".

María inclinó la cabeza humildemente, diciendo: "Será como Dios desee".

MARÍA VISITA A ELISABET
Lucas 1

María no podía esperar para contarle a su prima la buena noticia, y viajó a verla. Apenas dijo "Hola", Elisabet exclamó: "¡Oh, María, eres verdaderamente bendita entre las mujeres, y también lo es el niño que vas a dar a luz! ¡Cuánto me honra que me visite la madre de mi Señor! Cuando me saludaste, el niño de mi vientre saltó de alegría. ¡Qué bendecidas somos, prima!".

María estaba tan llena de agradecimiento y alegría que comenzó a cantar una canción de alabanza, agradeciendo a Dios con todo su corazón. Las dos mujeres tenían tanto que compartir que María se quedó con Elisabet durante varios meses antes de volver a casa.

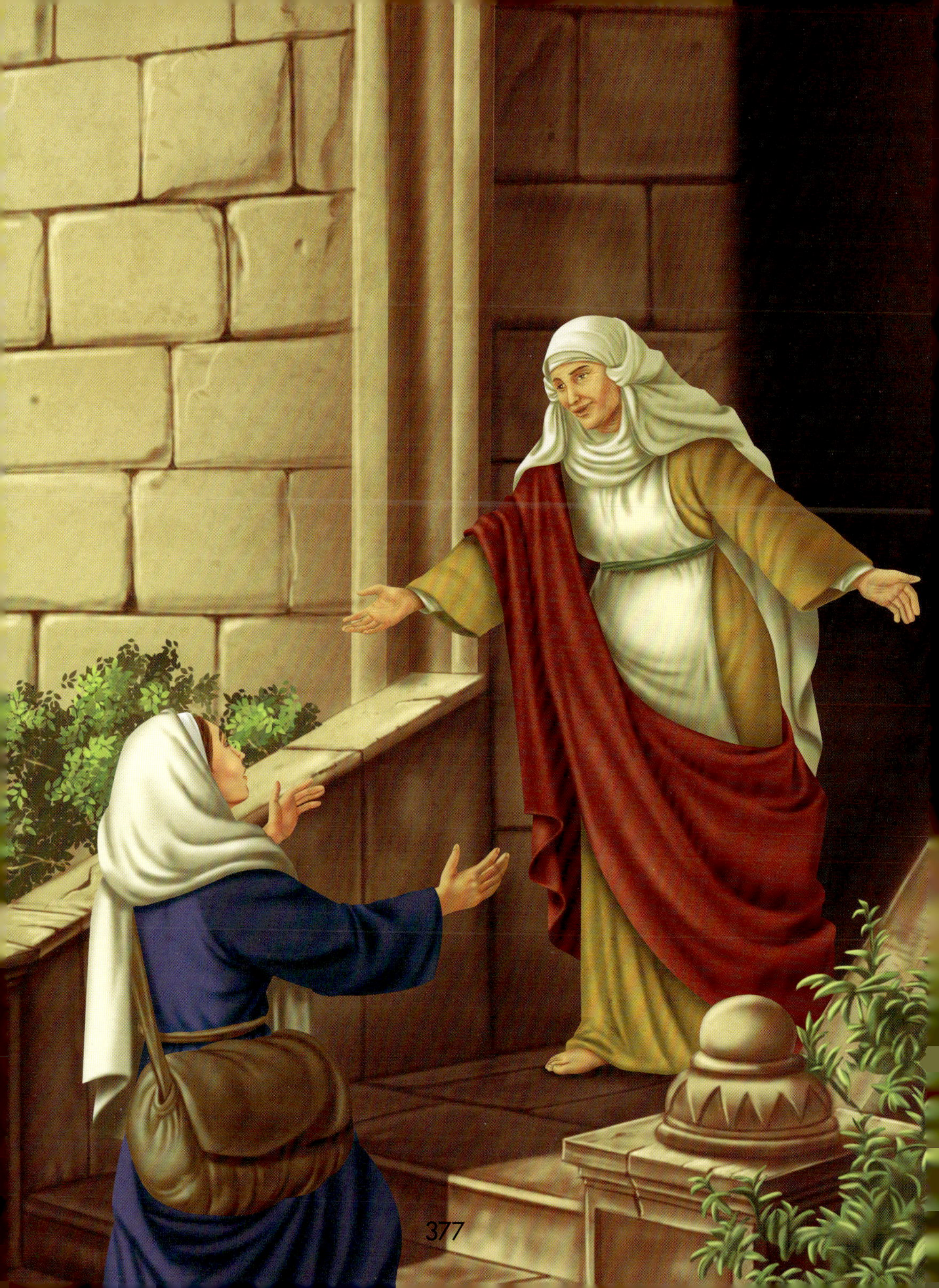

JOSÉ ESCUCHA LA VOZ DE DIOS
Mateo 1

Cuando José se enteró de que María estaba embarazada, pensó que ella le había sido infiel y se sintió amargamente decepcionado. Decidió romper el matrimonio, pero antes de hacerlo, Dios le habló en un sueño: "María no ha sido infiel. El niño que lleva en su vientre ha sido concebido por el Espíritu Santo. Dará a luz un hijo, y lo llamarás Jesús, porque salvará a su pueblo de sus pecados".

Cuando José se despertó, se sintió mucho más feliz. María le había sido fiel, y ahora haría todo lo posible para mantenerla a ella y al niño a salvo, por lo que se casó con ella sin demora.

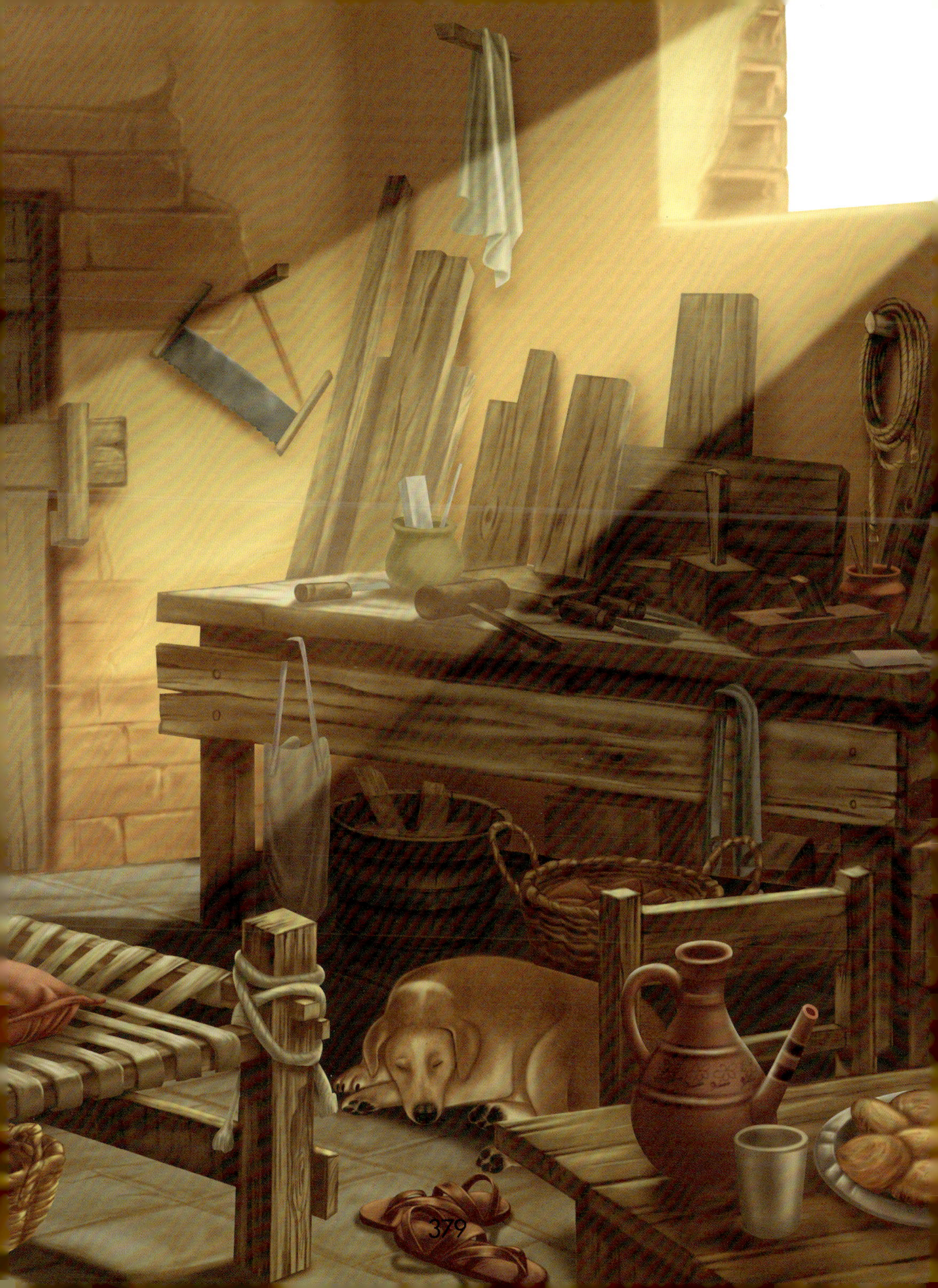

SU NOMBRE ES JUAN
Lucas 1

Pronto, Elisabet dio a luz a un niño. Sus amigos y parientes estaban encantados y le preguntaron cómo iba a llamarlo. Cuando les dijo que se llamaría Juan, se quedaron bastante sorprendidos, porque esperaban que el niño se llamara como su padre, ¡nadie más en la familia se llamaba Juan!

Le preguntaron a Zacarías, y se quedaron asombrados cuando tomó una tablilla y escribió en ella, con letras claras y gruesas: "Su nombre es Juan". En ese momento, la lengua de Zacarías se liberó, y las primeras palabras que pronunció fueron de alabanza al Señor: "¡Alabemos al Señor, el Dios de Israel! Él ha enviado a su pueblo un varón, de la casa de su siervo David, que irá delante del Señor para preparar el camino, para que su pueblo sepa que se salvará, pues sus pecados serán perdonados".

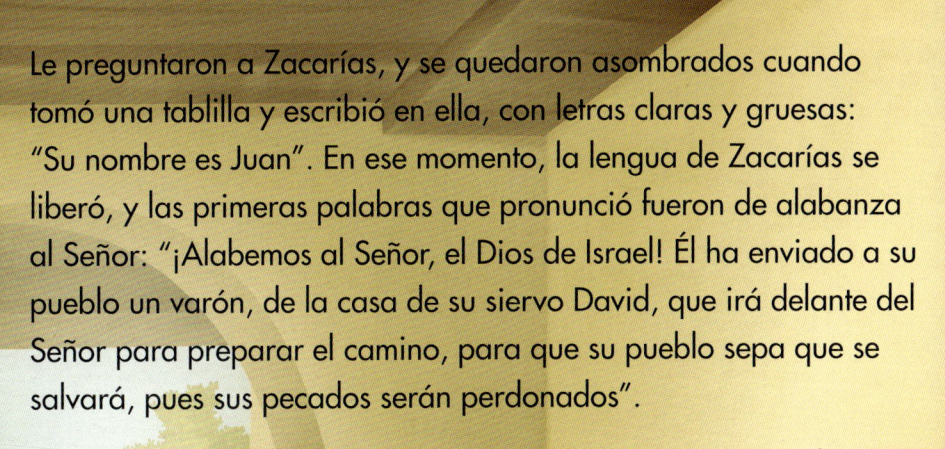

El pueblo se miró con asombro. Estaba claro que este niño iba a ser muy especial.

EL NACIMIENTO DE JESÚS
Lucas 2

En esta época, el emperador de Roma ordenó un censo de todos los pueblos que gobernaba. Toda la gente de las tierras gobernadas por Roma tenía que ir a su ciudad natal para ser censada.

María y José tuvieron que viajar a Belén, la ciudad del antepasado de José, David. Cuando llegaron, estaban cansados y deseaban desesperadamente encontrar una habitación para pasar la noche, pues estaba claro que había llegado el momento de que naciera el bebé de María. Pero la ciudad estaba completamente saturada. ¡Todas las posadas estaban llenas!

Por fin, un posadero les indicó un establo, y allí nació el niño de María. Lo envolvió en tiras de tela y lo colocó suavemente sobre paja limpia en un pesebre. María y José contemplaron a su hijo con alegría y le pusieron el nombre de Jesús, tal como les había dicho el ángel.

LOS ÁNGELES Y LOS PASTORES
Lucas 2

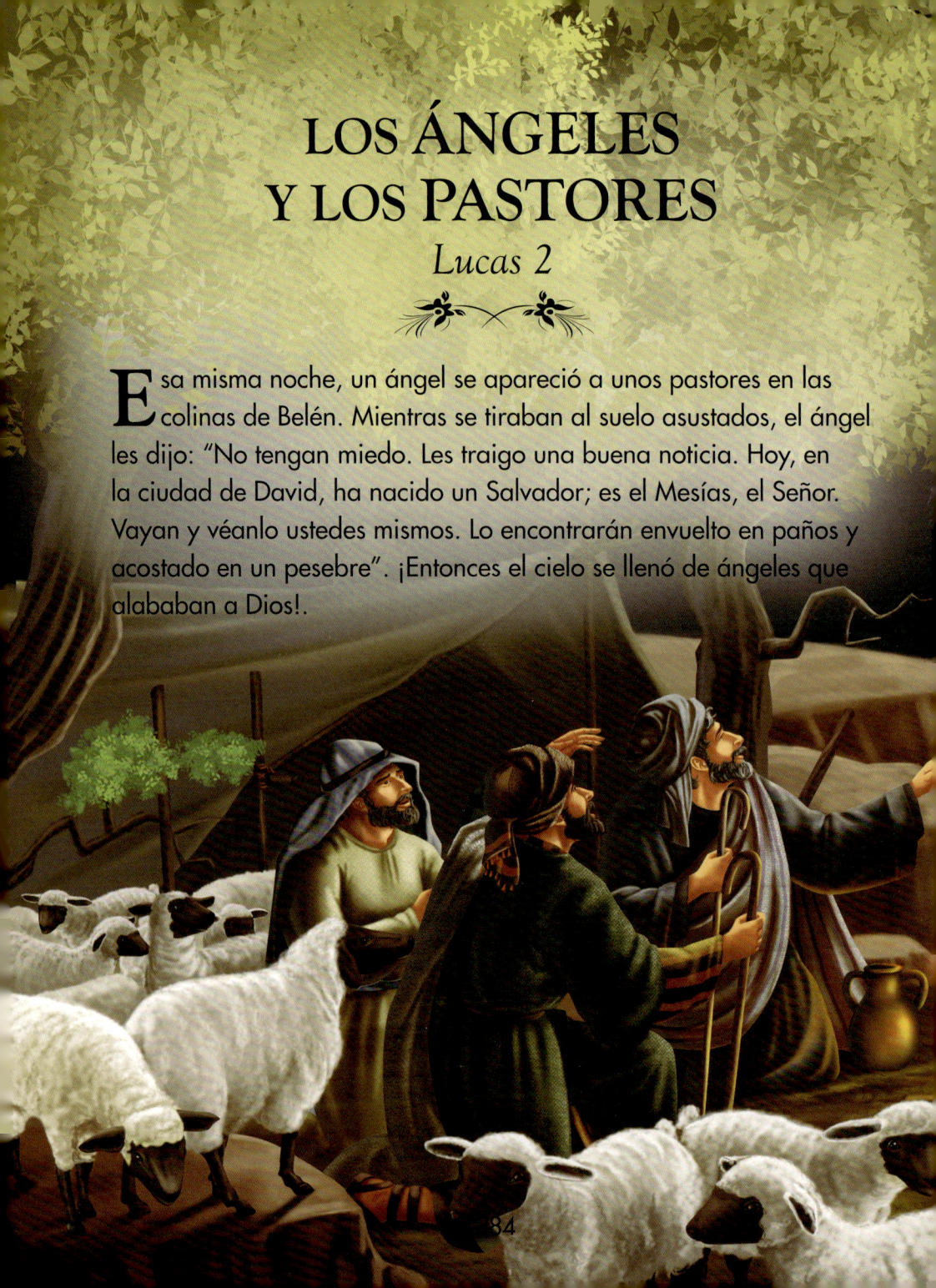

Esa misma noche, un ángel se apareció a unos pastores en las colinas de Belén. Mientras se tiraban al suelo asustados, el ángel les dijo: "No tengan miedo. Les traigo una buena noticia. Hoy, en la ciudad de David, ha nacido un Salvador; es el Mesías, el Señor. Vayan y véanlo ustedes mismos. Lo encontrarán envuelto en paños y acostado en un pesebre". ¡Entonces el cielo se llenó de ángeles que alababan a Dios!.

Cuando los ángeles se marcharon, los pastores se apresuraron a ir a Belén, donde encontraron al niño acostado en el pesebre, tal como se les había dicho. Cuando lo vieron y se arrodillaron ante él, se fueron a contar a todo el mundo la existencia de este bebé tan especial, ¡y la maravillosa noticia!

SIMEÓN Y ANA
Lucas 2

Cuando Jesús tenía unas semanas de vida, José y María lo llevaron al templo de Jerusalén para presentarlo a Dios, como era costumbre. Allí vieron a un anciano llamado Simeón, que estaba lleno del Espíritu Santo, y al que Dios había prometido que vería al Mesías antes de su muerte.

Cuando vio al niño Jesús, Simeón se llenó de alegría y asombro. Preguntó si podía tener al precioso niño en sus brazos, y luego exclamó agradecido: "Señor, has cumplido tu promesa, y puedes dejar que tu siervo se vaya en paz. ¡Con mis propios ojos he visto al niño que traerá la salvación a tu pueblo!". Luego se dirigió a María: "¡Tu hijo ha sido elegido por Dios para traer tanto la destrucción como la salvación de muchos pueblos de Israel!".

Mientras estaban allí, se acercó otra desconocida. Ana era una anciana viuda que se pasaba la vida adorando en el templo. También ella reconoció lo especial que era Jesús y dio gracias a Dios. ¡Jesús significaba tanto para tanta gente!

LA ESTRELLA BRILLANTE
Mateo 2

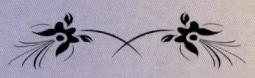

En una tierra lejana, tres sabios habían estado estudiando las estrellas. Cuando descubrieron una estrella muy brillante que resplandecía en el cielo, la siguieron hasta Judea, pues creían que era una señal de que había nacido un gran rey. Primero fueron a la corte del rey Herodes, y le preguntaron si podía mostrarles el camino hacia el bebé que sería el rey de los judíos. Herodes, preocupado, llamó a sus consejeros y le dijeron que un profeta había predicho que el nuevo rey nacería en la ciudad del rey David, en Belén.

Entonces el astuto rey dirigió a los sabios a Belén, diciendo: "Cuando lo hayan encontrado, vuelvan y díganme dónde está, para que yo también pueda visitarlo".

Los sabios siguieron la estrella hasta Belén, donde encontraron al niño Jesús en una casa humilde. Se arrodillaron ante él y le entregaron hermosos regalos de oro, incienso y mirra antes de volver a casa. Pero no se detuvieron en el palacio de Herodes, pues Dios les había advertido en sueños que no fueran allí.

ESCAPE A EGIPTO
Mateo 2

Herodes se puso furioso cuando se dio cuenta de que los sabios no volvían. Estaba decidido a acabar con esta amenaza a su poder, y dio la orden de matar a todos los niños menores de dos años.

Pero apenas los reyes magos abandonaron Belén, un ángel se le apareció a José en un sueño. "Debes tomar a María y a Jesús y partir de inmediato hacia Egipto", alertó el ángel. "Aquí corren peligro, pues Herodes enviará soldados para buscar al niño y matarlo".

José se despertó con un sobresalto. Él y María recogieron rápidamente sus pertenencias y, levantando suavemente al niño Jesús de su sueño, partieron rápidamente en el largo viaje a Egipto, donde vivieron hasta que murió el malvado rey Herodes. Luego volvieron a Nazaret y, con el paso de los años, Jesús creció lleno de gracia y sabiduría.

LA CASA DE MI PADRE
Lucas 2

Cuando Jesús tenía unos doce años, su madre y su padre lo llevaron a Jerusalén para celebrar la Pascua, la fiesta que recordaba a los judíos cómo Dios los había rescatado de la esclavitud en Egipto tantos años antes. Durante toda una semana, la ciudad estaba llena de gente.

Al final, María y José se dirigieron a su casa con otras personas, pero en el camino se dieron cuenta de que Jesús había desaparecido. Preocupados, se apresuraron a volver a la abarrotada ciudad para buscarlo. Por fin, al tercer día de búsqueda, lo encontraron en los atrios del templo, hablando con los maestros de la ley, que estaban asombrados de lo mucho que sabía.

"¡Jesús!", gritaron sus padres. "¡Estábamos tan preocupados por ti!".

"Pero ¿por qué me buscaban?", respondió el joven. "Seguramente sabían que estaría en la casa de mi Padre". Aunque Jesús quería mucho a María y a José, comprendía que Dios era su Padre de una manera muy especial.

UNA VOZ QUE CLAMA EN EL DESIERTO
Mateo 3; Marcos 1; Lucas 3

El primo de Jesús, Juan, vivía en el desierto cuando Dios lo llamó. Llevaba ropas hechas de pelo de camello y vivía de langostas y miel silvestre. Dios quería que Juan preparara al pueblo para la venida de su Hijo, así que Juan viajó por todo el país predicando a la gente.

"Arrepiéntanse de sus pecados y Dios los perdonará". Les decía a los que venían a escucharle que no bastaba con decir que eran descendientes de Abraham para salvarse. Tenían que arrepentirse y cambiar.

La gente venía de todas partes a escuchar. Muchos estaban verdaderamente arrepentidos, y Juan los bautizó en el río Jordán, como señal de que sus pecados habían sido lavados y que podían empezar de nuevo.

Algunos se preguntaban si el propio Juan podía ser el Rey prometido, pero él dijo: "Yo los bautizo con agua, pero el que viene después de mí los bautizará con el Espíritu Santo y con fuego. ¡No soy digno ni de ponerle las sandalias!".

EL BAUTISMO DE JESÚS
Mateo 3; Marcos 1; Lucas 3

En aquel momento, Jesús vino de Nazaret al río Jordán, donde Juan estaba predicando. Juan supo enseguida que se trataba del Rey prometido, el 'Cordero de Dios'. Por eso, cuando Jesús le pidió que lo bautizara, Juan se sorprendió.

"¡No deberías pedirme que te bautice!", exclamó. "¡Yo debería pedirte que me bautices a mí!". Pero Jesús insistió.

Justo cuando Jesús salía del agua, los cielos se abrieron y el Espíritu descendió sobre él como una paloma, y se oyó una voz desde el cielo: "Tú eres mi Hijo, a quien amo; en ti me complazco".

LA TENTACIÓN EN EL DESIERTO
Mateo 4; Marcos 1; Lucas 4

Jesús pasó cuarenta días y noches en el seco y caluroso desierto como prueba. No comió nada y pasó mucha hambre. El diablo se le acercó y le dijo: "Si eres el Hijo de Dios, seguro que puedes hacer cualquier cosa. ¿Por qué no dices a estas piedras que se conviertan en pan?".

Jesús respondió con calma: "Está escrito: 'No solo de pan vive el hombre, sino de toda palabra que sale de la boca de Dios'". Jesús sabía que la comida no era lo más importante en la vida.

El diablo llevó a Jesús a lo alto de un templo y le dijo que se arrojara, pues seguramente los ángeles lo rescatarían. Pero Jesús dijo: "También está escrito: 'No pongas a prueba al Señor tu Dios'".

Desde un monte alto, el diablo le ofreció todos los reinos del mundo, si Jesús simplemente se inclinaba y lo adoraba, pero Jesús respondió: "¡Aléjate de mí, Satanás! Porque está escrito:

'Adora al Señor tu Dios y sírvele solo a él'".

Cuando el diablo se dio cuenta de que no podía tentar a Jesús, se dio por vencido y lo dejó, y Dios envió a sus ángeles a Jesús para que lo ayudaran a recuperarse.

PESCADORES DE HOMBRES
Mateo 4; Marcos 1; Lucas 5

Jesús volvió a Galilea y comenzó a predicar. La gente viajaba para escucharle. Un día, en la orilla del lago de Galilea, la multitud era tan numerosa que Jesús pidió a Simón, el pescador que le llevara en su barca un poco más lejos, para que todos pudieran verle. Después, Jesús le dijo a Simón, que empujara la barca más adentro del agua y echara las redes. "Maestro", respondió Simón, "hemos estado toda la noche fuera y no hemos pescado nada. Pero si tú lo dices, volveremos a intentarlo".

¡No podía creer lo que veían sus ojos cuando sacó las redes llenas de peces! Llamó a su hermano Andrés y a sus amigos Jacobo y Juan para que le ayudaran, ¡y pronto las dos barcas estaban tan llenas de peces que estaban a punto de hundirse!

Simón cayó de rodillas, pero Jesús sonrió. "No tengas miedo, Simón. A partir de ahora te llamarás Pedro*, porque eso es lo que serás". Luego dijo a todos los hombres. "Quiero que dejen sus redes", "y vengan conmigo y sean pescadores de hombres, ¡para que podamos difundir la buena noticia!". Los hombres dejaron sus barcas en la playa, ¡lo dejaron todo y siguieron a Jesús!

* El nombre de Pedro viene de la palabra griega que significa roca.

LAS BODAS DE CANÁ
Juan 2

Jesús fue invitado a una maravillosa fiesta de bodas junto con sus amigos y su madre. ¡Todo iba bien hasta que se acabó el vino! María vino a decírselo a Jesús, que le preguntó: "¿Por qué me lo dices? Todavía no es hora de que me muestre". Pero María seguía esperando que él le ayudara, y habló en voz baja a los sirvientes, diciéndoles que hicieran todo lo que Jesús les dijera.

Había varias jarras enormes de agua cerca. Jesús dijo a los sirvientes que las llenaran de agua, y que luego la vaciaran en jarras y se la llevaran al jefe de camareros para que la probara. Cuando el jefe de camareros lo probó, exclamó al novio: "La mayoría de la gente sirve el mejor vino al principio de la comida, ¡pero tú has dejado lo mejor para el final!", ¡porque las jarras estaban ahora llenas de un vino delicioso! Este fue el primero de los muchos milagros que Jesús realizaría.

DEMONIOS Y SANIDADES
Mateo 8; Marcos 1; Lucas 4

Jesús estaba predicando en un pueblo de Galilea. La gente estaba asombrada, estaban acostumbrados a escuchar a los maestros de la ley, pero Jesús era diferente. Parecía hablar con verdadera autoridad. En la sinagoga, había un hombre que tenía un espíritu maligno. Jesús ordenó que el espíritu saliera del hombre y lo hizo. La noticia de lo sucedido se difundió rápidamente.

Después, Jesús fue a casa de Simón Pedro y Andrés. La suegra de Simón Pedro estaba enferma en la cama, pero Jesús le tomó suavemente la mano y la ayudó a sentarse.

Al instante, se sintió mejor. "Debería estar cuidando de ti", le sonrió a Jesús, y saltó directamente de la cama y comenzó a preparar la cena.

La noticia de su recuperación corrió por todas partes, y al anochecer se reunió una gran multitud en el exterior. La gente había traído a sus seres queridos o habían venido ellos mismos para ser sanados. Y Jesús salió a su encuentro.

JESÚS ES RECHAZADO
Marcos 6; Lucas 4

Un día, Jesús estaba en su ciudad natal, Nazaret, leyendo el rollo de Isaías que predecía la llegada del Mesías. Al principio, la gente estaba impresionada, pero cuando dijo: "Hoy se ha cumplido esta Escritura ante ustedes", se quedaron sorprendidos.

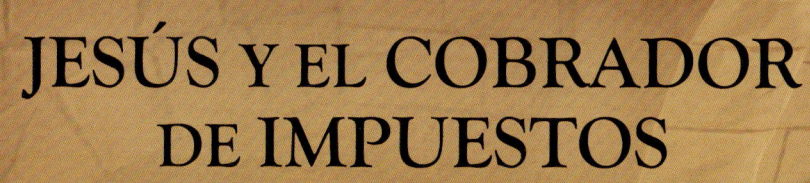

JESÚS Y EL COBRADOR DE IMPUESTOS
Mateo 9; Marcos 2; Lucas 5

Mateo tenía un trabajo bien pagado como recaudador de impuestos, pero cuando Jesús le dijo que le siguiera, dejó su trabajo de inmediato. Quería que todos sus amigos conocieran también a Jesús. Pero cuando los líderes religiosos judíos se enteraron de que Jesús se reunía con recaudadores de impuestos y pecadores, se indignaron. "¿Por qué se junta con gente como ellos?", se preguntaban. "¡Todo el mundo sabe que los

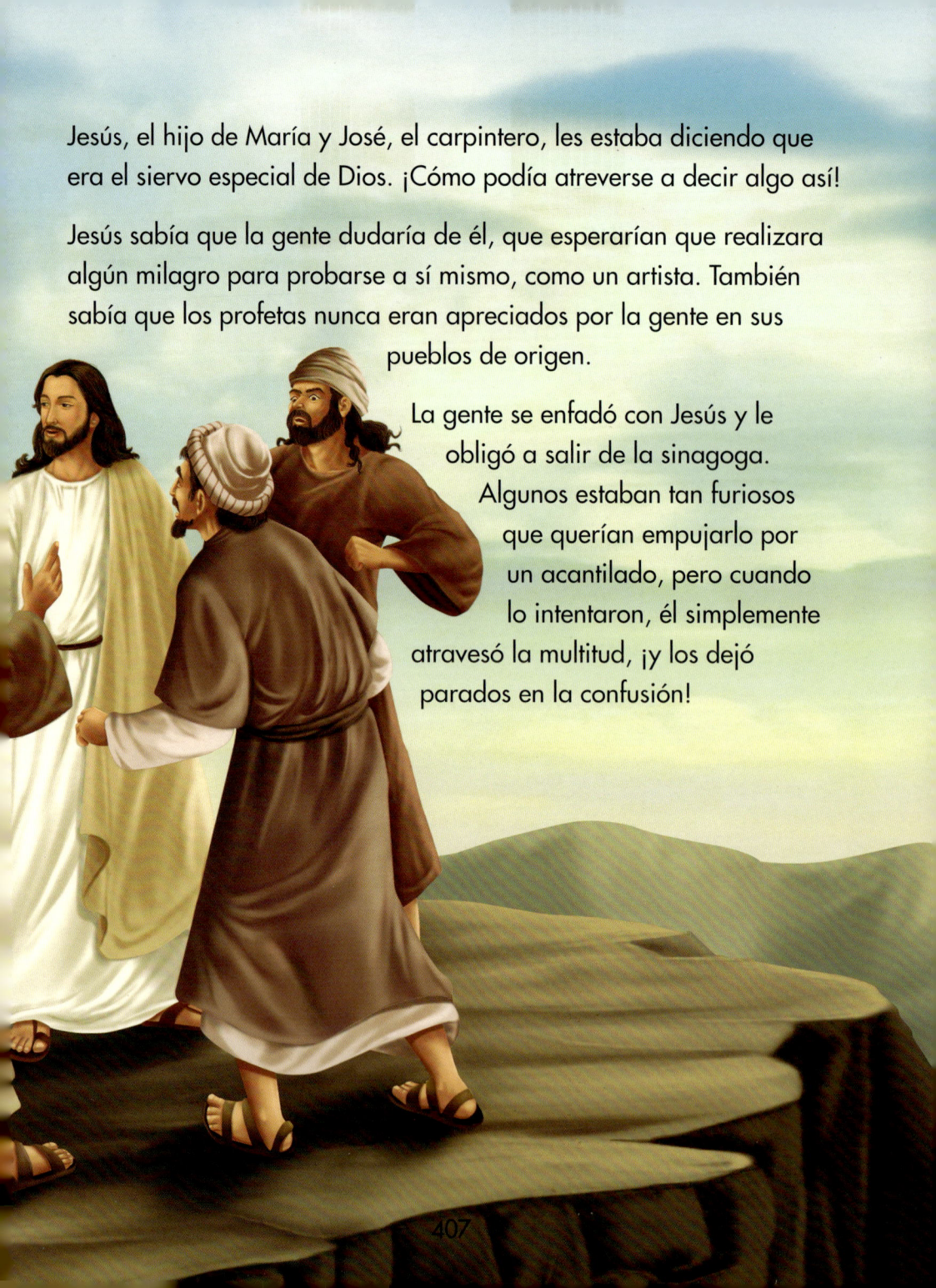

Jesús, el hijo de María y José, el carpintero, les estaba diciendo que era el siervo especial de Dios. ¡Cómo podía atreverse a decir algo así!

Jesús sabía que la gente dudaría de él, que esperarían que realizara algún milagro para probarse a sí mismo, como un artista. También sabía que los profetas nunca eran apreciados por la gente en sus pueblos de origen.

La gente se enfadó con Jesús y le obligó a salir de la sinagoga. Algunos estaban tan furiosos que querían empujarlo por un acantilado, pero cuando lo intentaron, él simplemente atravesó la multitud, ¡y los dejó parados en la confusión!

recaudadores de impuestos son avaros y deshonestos!".

Pero Jesús les dijo: "Si van a la consulta de un médico, no esperen ver a gente sana; son los enfermos los que necesitan ver al médico. Yo soy el médico de Dios. He venido aquí para salvar a las personas que son pecadoras y que quieren empezar de nuevo. Los que no han hecho nada malo no me necesitan".

¡SI QUIERES, PUEDES LIMPIARME!
Mateo 8; Marcos 1; Lucas 5

Una vez, un hombre con lepra, una horrible enfermedad de la piel, se acercó a Jesús y cayó de rodillas en el suelo.

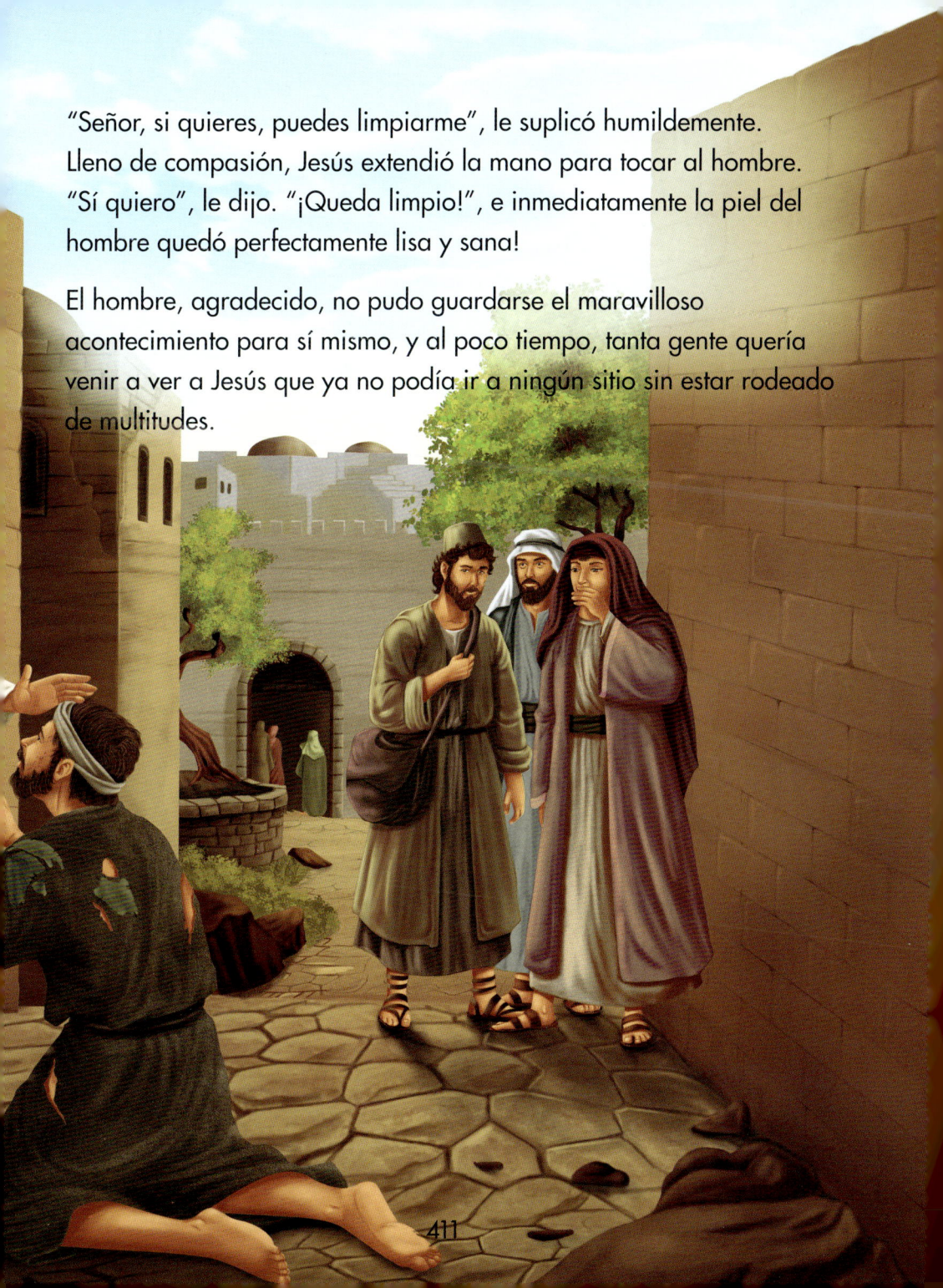

"Señor, si quieres, puedes limpiarme", le suplicó humildemente. Lleno de compasión, Jesús extendió la mano para tocar al hombre. "Sí quiero", le dijo. "¡Queda limpio!", e inmediatamente la piel del hombre quedó perfectamente lisa y sana!

El hombre, agradecido, no pudo guardarse el maravilloso acontecimiento para sí mismo, y al poco tiempo, tanta gente quería venir a ver a Jesús que ya no podía ir a ningún sitio sin estar rodeado de multitudes.

UN PARALÍTICO SANADO
Mateo 9; Marcos 2; Lucas 5

Una vez, unos hombres trajeron a su amigo paralítico para que lo curaran, ¡pero la casa donde estaba Jesús estaba tan llena que no pudieron entrar! Al negarse a rendirse, ¡hicieron un agujero en el techo y bajaron al hombre a través de él en una camilla!

Al ver que creían firmemente en él, Jesús le dijo al hombre: "Tus pecados están perdonados, amigo mío".

Esto ofendió a los maestros de la ley, pues solo Dios podía perdonar los pecados. Pero Jesús dijo: "¿Es más fácil decirle a este hombre: 'Tus pecados quedan perdonados', o decirle: 'Levántate y anda'? El Hijo del Hombre tiene autoridad en la tierra para perdonar los pecados". Entonces le dijo al hombre: "Levántate, coge tu camilla y vete a casa", y él se levantó, cogió la camilla y se fue, y todos se quedaron maravillados.

LA PURIFICACIÓN DEL TEMPLO
Juan 2

Jesús y sus discípulos fueron al templo de Jerusalén a orar. Pero cuando Jesús entró, se alarmó, porque estaba lleno de prestamistas y de gente que vendía animales. ¡Parecía más un mercado que un templo sagrado! Jesús se puso furioso. Expulsó a los animales del templo y derribó las mesas de los prestamistas. "¡Fuera!", gritó. "¿Cómo se atreven a convertir la casa de mi Padre en un mercado?

Una vez que el templo volvió a estar tranquilo y en paz, Jesús empezó a enseñar a sus seguidores la bondad y la misericordia de Dios. Muchos de los sacerdotes y dirigentes estaban celosos de Jesús y querían detenerlo, pero no podían hacer nada, porque la gente prestaba atención a lo que decía Jesús y lo escuchaba.

UNA VISITA EN LA NOCHE
Juan 3

Nicodemo era uno de los líderes judíos. Estaba impresionado por Jesús, pero no quería que nadie lo supiera, así que fue a hablar con Jesús a altas horas de la noche, para que no lo vieran. Dijo que sabía que Jesús había sido enviado por Dios debido a los maravillosos milagros que había realizado.

Pero Jesús no se dejó impresionar por los halagos. "Nadie puede ver el reino de Dios si no nace de nuevo", fue todo lo que dijo, lo que confundió a Nicodemo, que no podía entender cómo una persona vieja podía nacer de nuevo.

Entonces Jesús le contestó: "Si no naces de agua y del Espíritu, no puedes entrar en el Reino de Dios". Y, como Nicodemo seguía sin entender, Jesús continuó: "Es necesario que el Hijo del Hombre sea resucitado para que todo el que crea en él tenga vida eterna. Porque tanto amó Dios al mundo que entregó a su único Hijo, para que los que crean en él no se pierdan, sino que tengan vida eterna. Porque Dios envió a su Hijo al mundo, no para condenarlo, sino para que el mundo se salve por él".

Jesús hablaba de un nacimiento espiritual, no de un nacimiento físico, que se produciría al creer en el propio Jesús.

JESÚS Y LA MUJER SAMARITANA

Juan 4

Al pasar por Samaria, Jesús se detuvo a descansar en un pozo. Cuando una mujer del lugar se acercó a buscar agua, Jesús le pidió un poco. Ella se sorprendió, porque normalmente los judíos no hablaban con los samaritanos. Se sorprendió aún más cuando él le dijo: "Si supieras lo que Dios puede darte y quién es el que te pide de beber, se lo habrías pedido y te habría dado agua viva".

La mujer, desconcertada, le preguntó de dónde podía sacar esa agua tan especial, a lo que Jesús contestó: "Los que beban esta agua volverán a tener sed, pero los que beban el agua que yo les daré no volverán a tener sed".

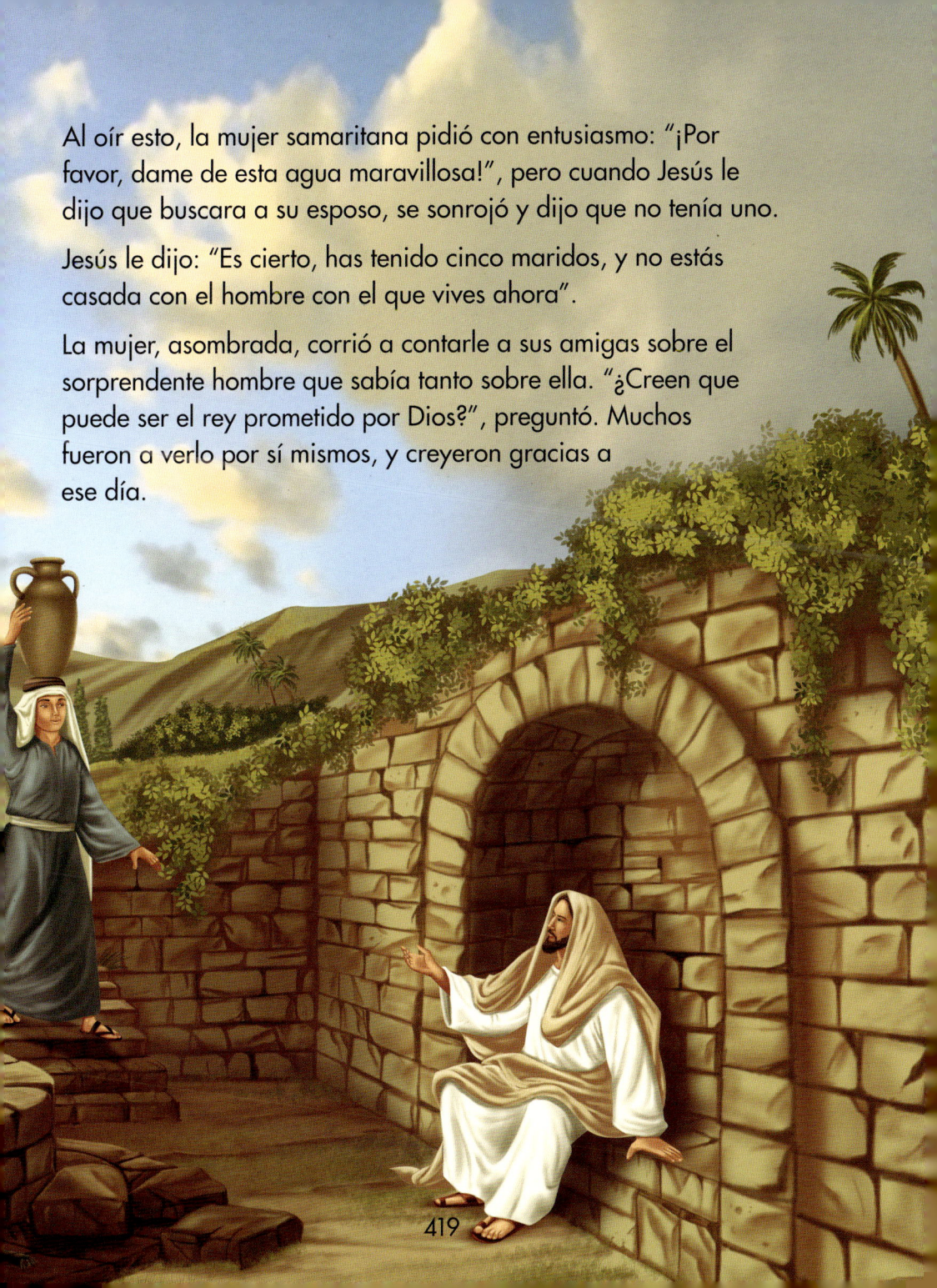

Al oír esto, la mujer samaritana pidió con entusiasmo: "¡Por favor, dame de esta agua maravillosa!", pero cuando Jesús le dijo que buscara a su esposo, se sonrojó y dijo que no tenía uno.

Jesús le dijo: "Es cierto, has tenido cinco maridos, y no estás casada con el hombre con el que vives ahora".

La mujer, asombrada, corrió a contarle a sus amigas sobre el sorprendente hombre que sabía tanto sobre ella. "¿Creen que puede ser el rey prometido por Dios?", preguntó. Muchos fueron a verlo por sí mismos, y creyeron gracias a ese día.

EL SIERVO DE UN CENTURIÓN
Mateo 8; Lucas 7

En Capernaúm vivía un oficial romano. Los romanos normalmente no se llevaban bien con los judíos, pero este oficial era un buen hombre, que trataba bien a los judíos. También era amable con la gente de su casa, pero uno de sus siervos estaba enfermo y a punto de morir. Cuando el oficial se enteró de que Jesús había llegado a Capernaúm, vino a pedirle ayuda.

Jesús le preguntó: "¿Quieres que vaya a sanarlo?".

Entonces el oficial respondió: "Señor, no merezco que vengas a mi propia casa, pero sé que no es necesario. Si solo dices la palabra, sé que mi siervo será curado, del mismo modo que cuando ordeno a mis soldados que hagan algo, ellos lo hacen". ¡El oficial creía completamente en Jesús que ni siquiera necesitó que él mismo visitara al enfermo!

Jesús dijo a la multitud que le seguía: "¡Les digo a todos que nunca he encontrado una fe así, ni siquiera en Israel!".

Y cuando el oficial regresó a su casa, ¡encontró a su sirviente de pie y sintiéndose perfectamente bien de nuevo!

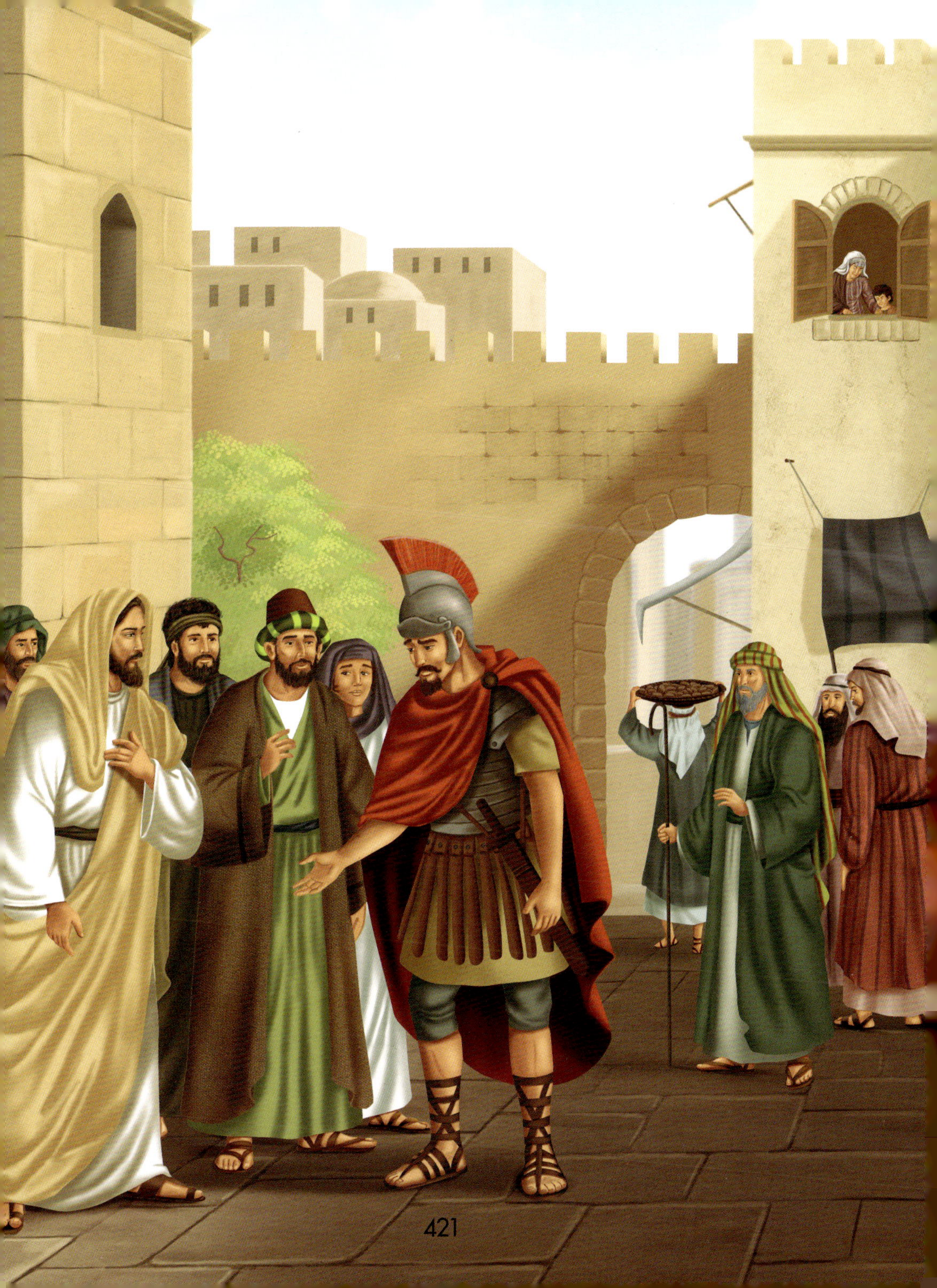

EL HIJO DE LA VIUDA RESUCITADO

Lucas 7

Un día, cuando Jesús y sus discípulos entraban en una ciudad, llegaron a tiempo de ver una procesión fúnebre que salía por las puertas de la ciudad. El muerto era el único hijo de una viuda, y ella estaba desconsolada..

Jesús dijo: "¡Joven! Levántate, te digo".

Al oír sus palabras, ante el asombro y la admiración de los dolientes, el muerto se sentó y empezó a hablar, y Jesús lo llevó hasta su madre, que estaba llena de alegría y agradecimiento.

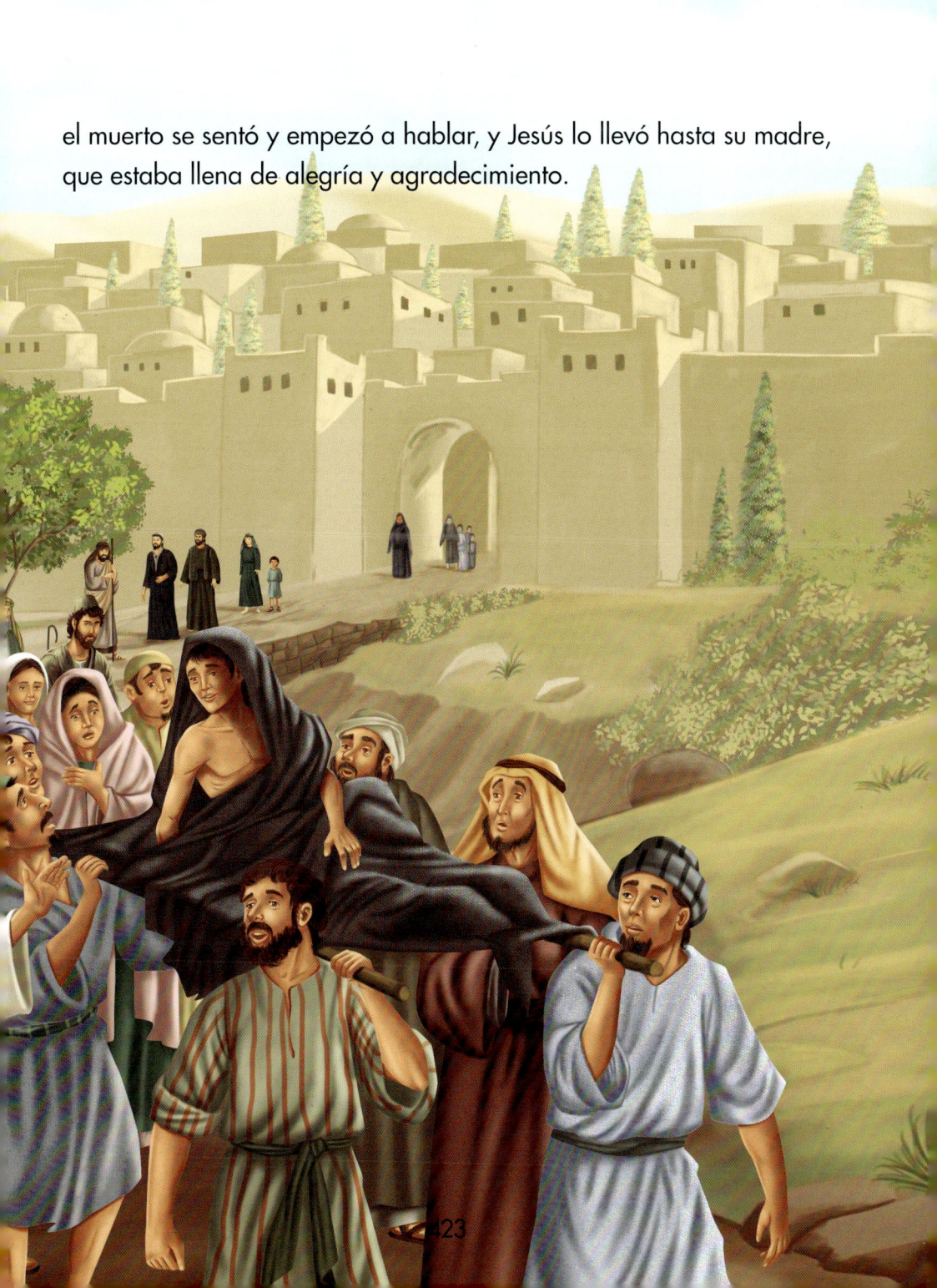

SOLO DUERME
Mateo 9; Lucas 8

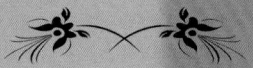

¡Jairo estaba desesperado! Su hijita estaba terriblemente enferma, y le preocupaba que Jesús no pudiera abrirse paso entre la multitud para sanarla a tiempo. Entonces Jesús se detuvo y le preguntó quién le había tocado. "¡Maestro, todo el mundo te toca en esta multitud!", dijo un discípulo, pero Jesús sabía que había sido tocado de una manera especial.

Cuando miró a su alrededor, una mujer se adelantó y se arrodilló a sus pies. "Señor, he sido yo", le dijo nerviosa. Durante años había estado enferma y nadie había podido ayudarla, pero sabía que si se acercaba a Jesús, quedaría sanada, y efectivamente, en el momento en que consiguió tocar el borde de su manto, ¡se puso bien!

Jesús no se enfadó. "Mujer", dijo amablemente. "Tu fe te ha sanado. Ve a casa".

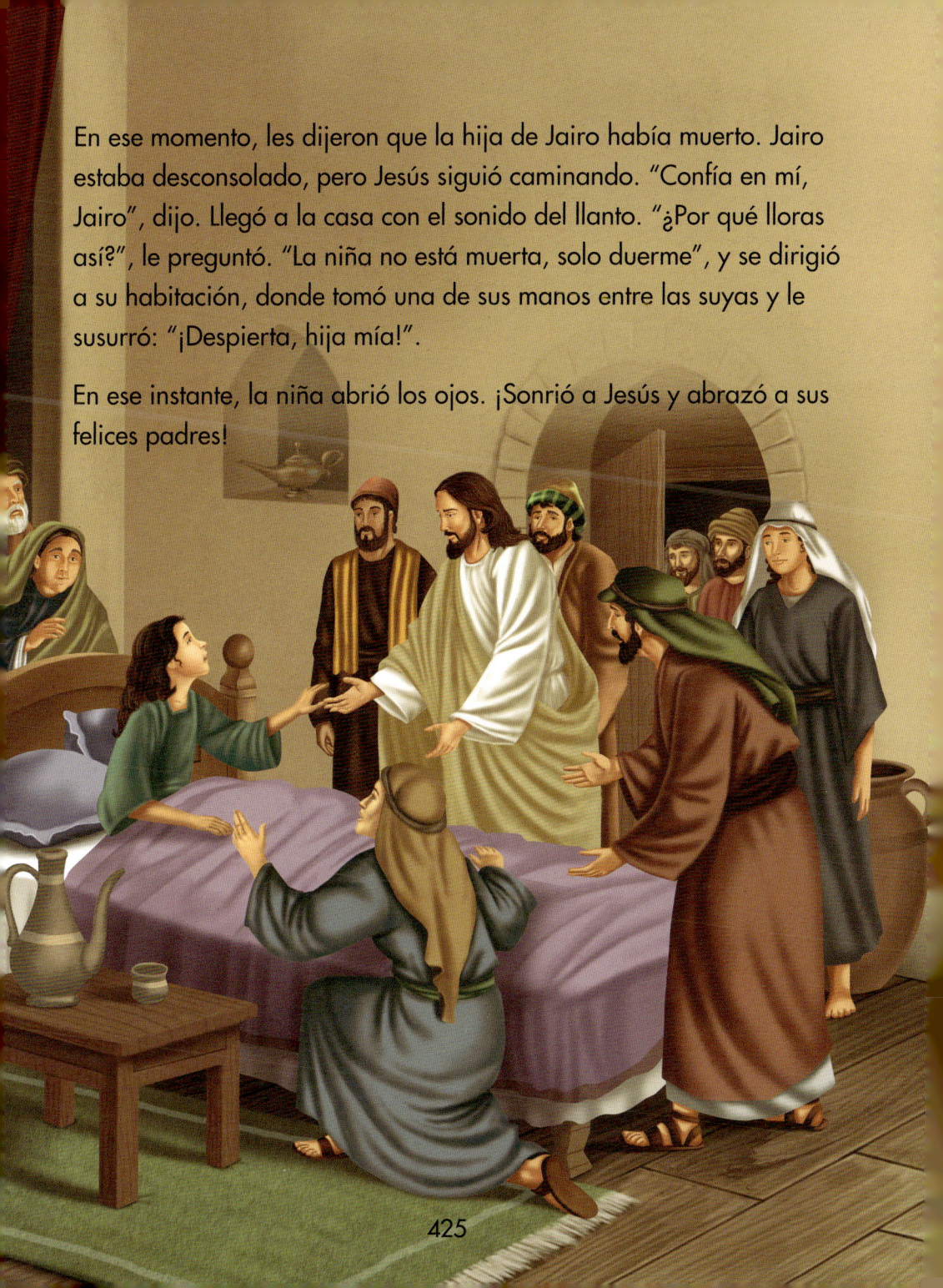

En ese momento, les dijeron que la hija de Jairo había muerto. Jairo estaba desconsolado, pero Jesús siguió caminando. "Confía en mí, Jairo", dijo. Llegó a la casa con el sonido del llanto. "¿Por qué lloras así?", le preguntó. "La niña no está muerta, solo duerme", y se dirigió a su habitación, donde tomó una de sus manos entre las suyas y le susurró: "¡Despierta, hija mía!".

En ese instante, la niña abrió los ojos. ¡Sonrió a Jesús y abrazó a sus felices padres!

SEÑOR DEL DÍA DE REPOSO
Mateo 12; Marcos 2-3; Lucas 6

Jesús y sus discípulos caminaban por un campo de trigo un día de reposo. Algunos fariseos vieron a sus discípulos recogiendo cabezas de trigo para comer. Les pareció mal, porque era como trabajar, y Dios les había ordenado santificar el sábado. A los fariseos les encantaba hacer sus reglas: ni siquiera pensaban que un médico debía trabajar en sábado, ¡a menos que su paciente estuviera a punto de morir!

Jesús les recordó: "Cuando David y sus hombres tuvieron hambre, entró en el templo y tomó el pan que había para que comieran los sacerdotes. El Hijo del Hombre es el Señor del día de reposo".

En otro sábado, Jesús curó a un hombre con una mano lisiada, diciendo a los furiosos fariseos: "¿Qué creen que nuestra Ley realmente quiere que hagamos en sábado? ¿Quiere que ayudemos a la gente o que la perjudiquemos?". Jesús estaba tratando de explicar que las leyes que Dios les había dado estaban allí para enseñarles el bien y el mal, no para ser usadas solo para castigar y juzgar. Debían amarse unos a otros y ayudarse mutuamente.

LA ELECCIÓN DE LOS DOCE
Mateo 10; Marcos 3,6

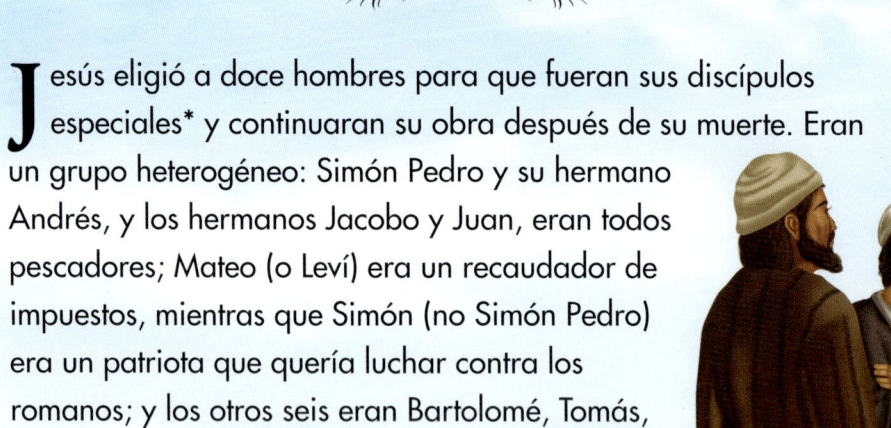

Jesús eligió a doce hombres para que fueran sus discípulos especiales* y continuaran su obra después de su muerte. Eran un grupo heterogéneo: Simón Pedro y su hermano Andrés, y los hermanos Jacobo y Juan, eran todos pescadores; Mateo (o Leví) era un recaudador de impuestos, mientras que Simón (no Simón Pedro) era un patriota que quería luchar contra los romanos; y los otros seis eran Bartolomé, Tomás, Jacobo hijo de Alfeo, Felipe, Judas (o Tadeo) hijo de Jacobo, y Judas Iscariote.

*Estos hombres fueron conocidos como apóstoles, o mensajeros, porque estos doce fueron elegidos por Jesús para transmitir su mensaje de buenas noticias.

Jesús sabía que tendrían una dura tarea por delante. Quería que enseñaran a la gente que el reino de Dios está cerca, y que también sanaran a la gente. Los envió a viajar de pueblo en pueblo, sin llevar nada más que un bastón, porque Dios les proporcionaría todo lo que necesitaran. En todos los lugares a los que iban debían confiar en la hospitalidad de la gente, y si no los recibían, debían marcharse. Pero quienes los recibían, en realidad estaban recibiendo al propio Jesús.

SANIDAD EN EL ESTANQUE
Juan 5

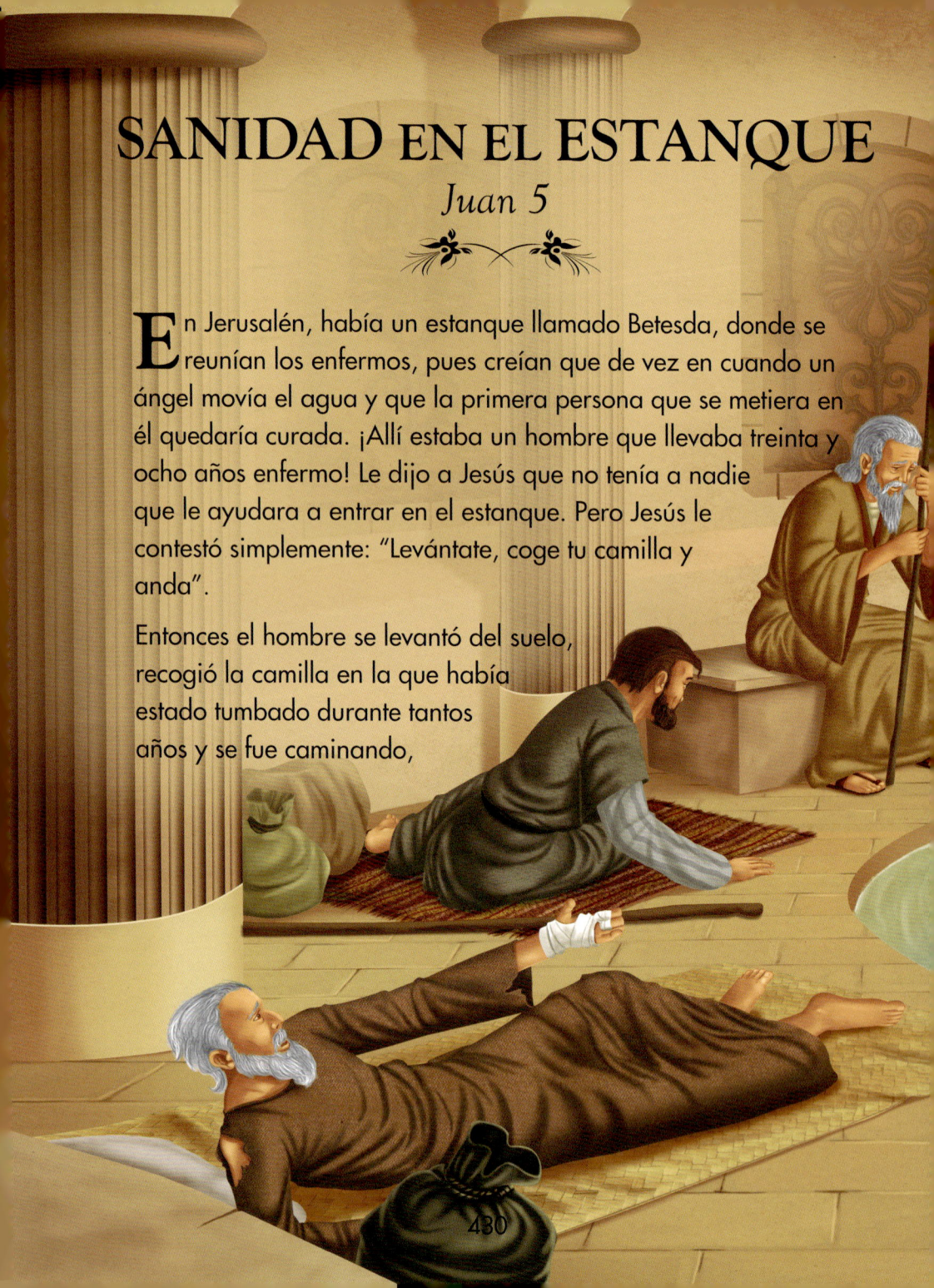

En Jerusalén, había un estanque llamado Betesda, donde se reunían los enfermos, pues creían que de vez en cuando un ángel movía el agua y que la primera persona que se metiera en él quedaría curada. ¡Allí estaba un hombre que llevaba treinta y ocho años enfermo! Le dijo a Jesús que no tenía a nadie que le ayudara a entrar en el estanque. Pero Jesús le contestó simplemente: "Levántate, coge tu camilla y anda".

Entonces el hombre se levantó del suelo, recogió la camilla en la que había estado tumbado durante tantos años y se fue caminando,

¡perfectamente sano!

Una vez más, los líderes religiosos se enfadaron con Jesús por curar en sábado. Se ofendieron aún más cuando les dijo: "Mi Padre siempre está trabajando, y yo también debo trabajar". ¿Quién se creía que era? ¡Era una ofensa!
Pero Jesús respondió: "No hago nada por mi cuenta, solo hago lo que Dios quiere que haga y me ha autorizado a hacer".

EL SERMÓN DEL MONTE
Mateo 5; Lucas 6

Jesús no siempre era bienvenido en las sinagogas, así que con frecuencia enseñaba a sus discípulos y a las grandes multitudes que se reunían al aire libre. Una de las charlas más importantes que dio fue en un monte cerca de Capernaúm. Se conoce como el Sermón del Monte. Jesús enseñó a la gente lo que era verdaderamente importante en la vida y dio consuelo y consejo:

"Qué felices son los pobres y los que están tristes o han sido maltratados, los que son humildes, amables y bondadosos, y los que tratan de hacer lo correcto, ¡porque todos ellos serán premiados en el cielo! Serán consolados y tendrán una gran alegría. Los que han sido misericordiosos recibirán misericordia, y Dios verá con buenos ojos a los que han tratado de mantener la paz, porque son verdaderamente sus hijos. Alégrense, pues, cuando la gente sea mala con ustedes y diga cosas desagradables por mi causa, ¡porque les espera una gran recompensa en el cielo!".

CONSEJOS SABIOS
Mateo 5-7; Lucas 6

Jesús continuó: "Es importante obedecer todas las leyes de Dios, pero hay que entender el significado que hay detrás de ellas. No basta con no matar a nadie: hay que aprender a perdonar de verdad para acercarse a Dios. Por eso, en lugar de pensar en el 'ojo por ojo y diente por diente', si alguien te da una cachetada en la mejilla, ¡ofrécele también la otra! La ira te consumirá. Es fácil amar a los que te aman, pero yo digo: ¡ama a tus enemigos! ¡Dios da su luz y su lluvia tanto a los buenos como a los malos!".

"Y que tu vida sea un ejemplo para los demás, para que tu luz brille con fuerza, y todos los que la vean alaben también a Dios. Pero no hagas cosas buenas solo para que la gente te mire y piense en lo bueno que eres. No necesitas sus alabanzas".

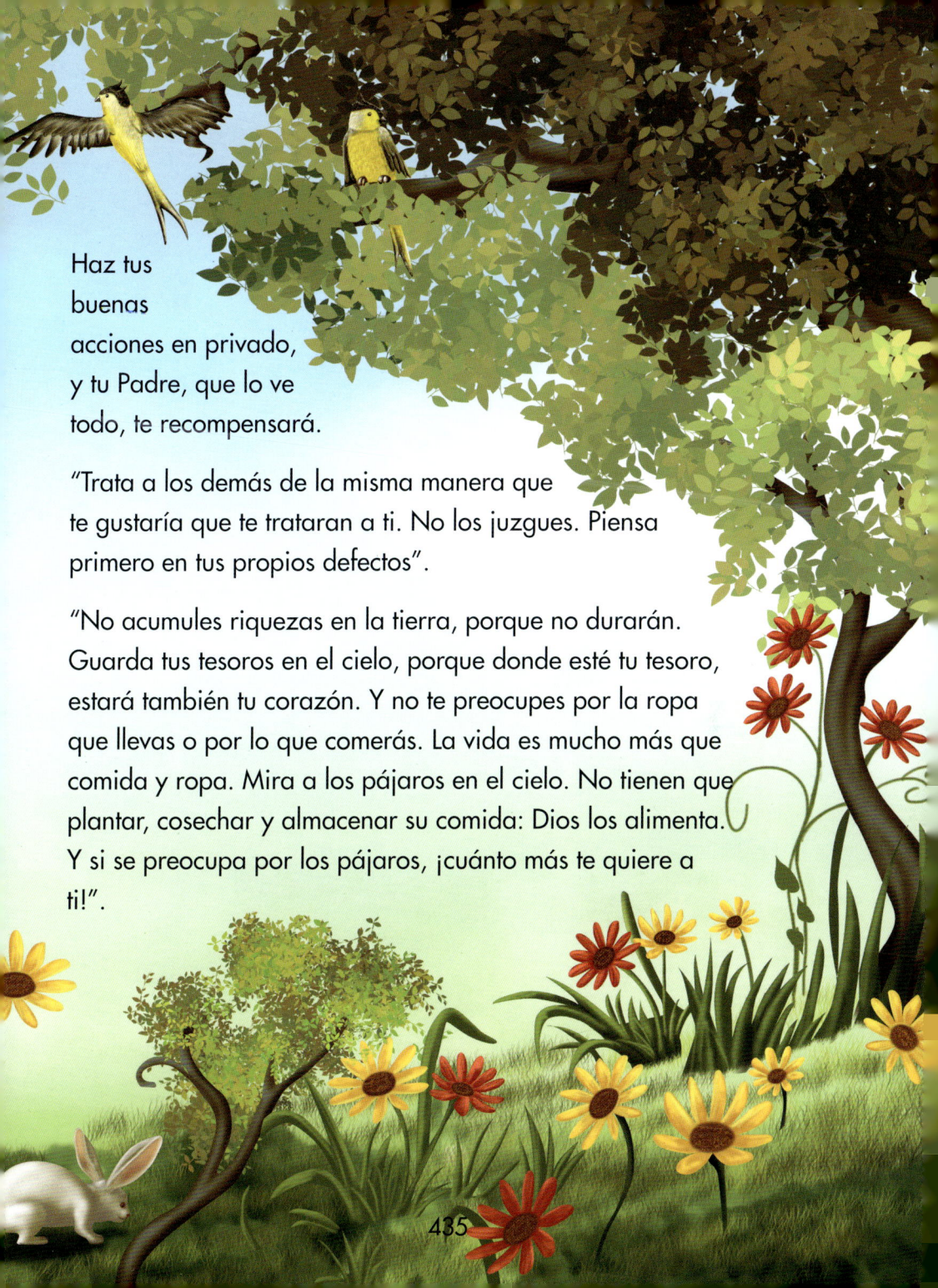

Haz tus buenas acciones en privado, y tu Padre, que lo ve todo, te recompensará.

"Trata a los demás de la misma manera que te gustaría que te trataran a ti. No los juzgues. Piensa primero en tus propios defectos".

"No acumules riquezas en la tierra, porque no durarán. Guarda tus tesoros en el cielo, porque donde esté tu tesoro, estará también tu corazón. Y no te preocupes por la ropa que llevas o por lo que comerás. La vida es mucho más que comida y ropa. Mira a los pájaros en el cielo. No tienen que plantar, cosechar y almacenar su comida: Dios los alimenta. Y si se preocupa por los pájaros, ¡cuánto más te quiere a ti!".

JESÚS ENSEÑA A ORAR
Mateo 6-7; Lucas 11

Jesús enseñó a la gente a orar. No deben tratar de impresionar a los demás orando en público, sino que deben ir a un lugar tranquilo y orar a Dios a solas. Tampoco deben repetir palabras sin sentido. Dios sabe lo que hay en nuestros corazones, y esta es la forma en que Jesús dijo a la gente que le orara:

    Padre nuestro que estás en los cielos,
    Santificado sea tu nombre.
    Venga tu reino.
    Hágase tu voluntad,
    Como en el cielo, así también en la tierra.
    El pan nuestro de cada día, dánoslo hoy.
    Y perdónanos nuestras deudas,
    Como también nosotros perdonamos a nuestros deudores.
    Y no nos metas en tentación,
    Mas líbranos del mal,
    Porque tuyo es el reino,
    y el poder, y la gloria, por todos los siglos.
    Amén

"Sigan pidiendo", dijo Jesús, "y lo recibirán.
Sigan buscando, y encontrarán.
Sigan llamando, y se les abrirá la puerta".

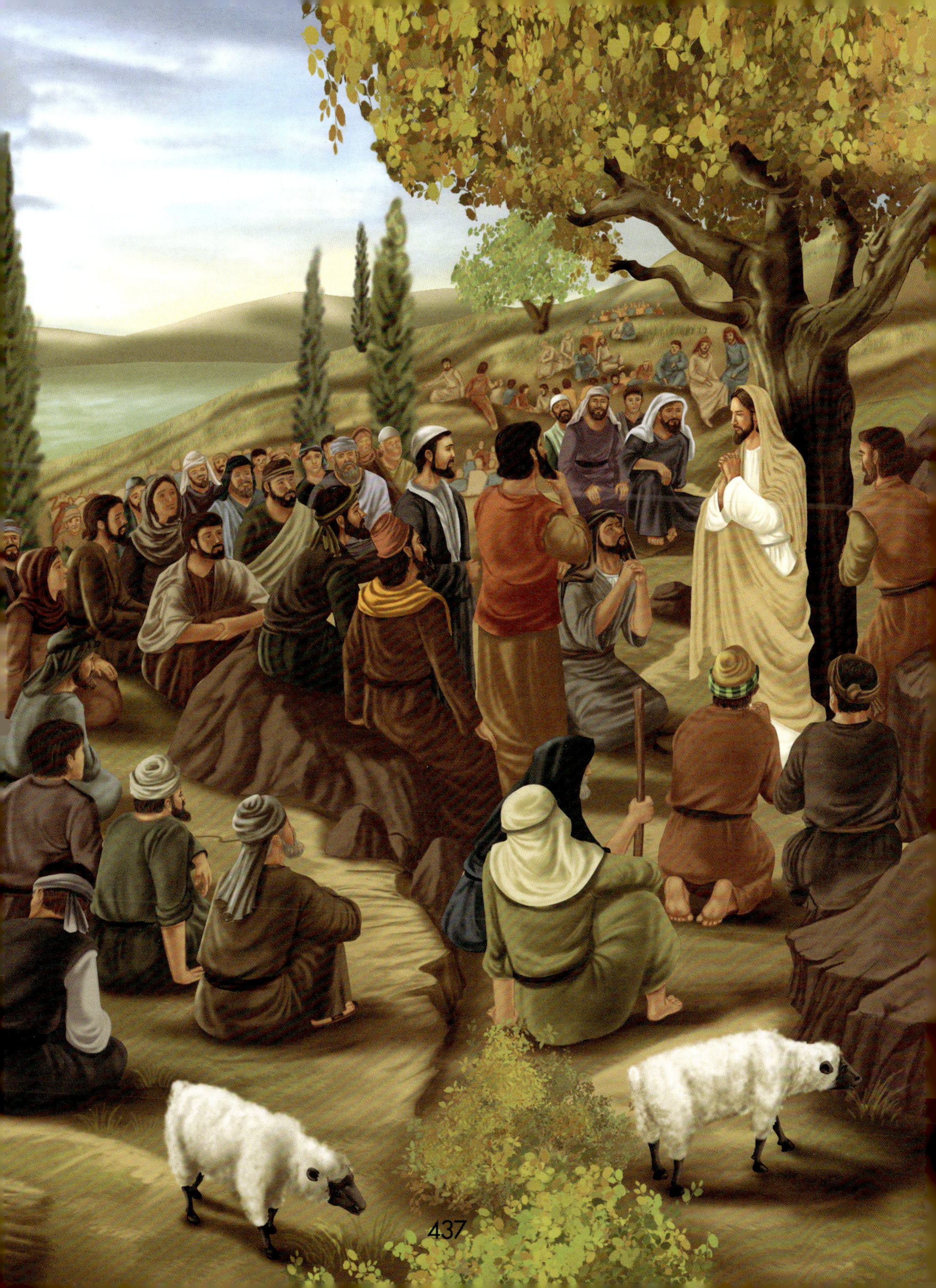

LA CASA SOBRE LA ROCA
Mateo 7; Lucas 6

Antes de terminar su sermón, Jesús dijo una última reflexión: "Si escuchan mi enseñanza y la siguen, son sabios, como el que construye su casa sobre roca sólida. Aunque llueva a cántaros, los ríos se desborden y los vientos soplen con fuerza, la casa no se derrumbará porque está construida sobre roca firme. Pero el que escucha y no obedece es un necio, como el que construye una casa sobre arena, sin cimientos".

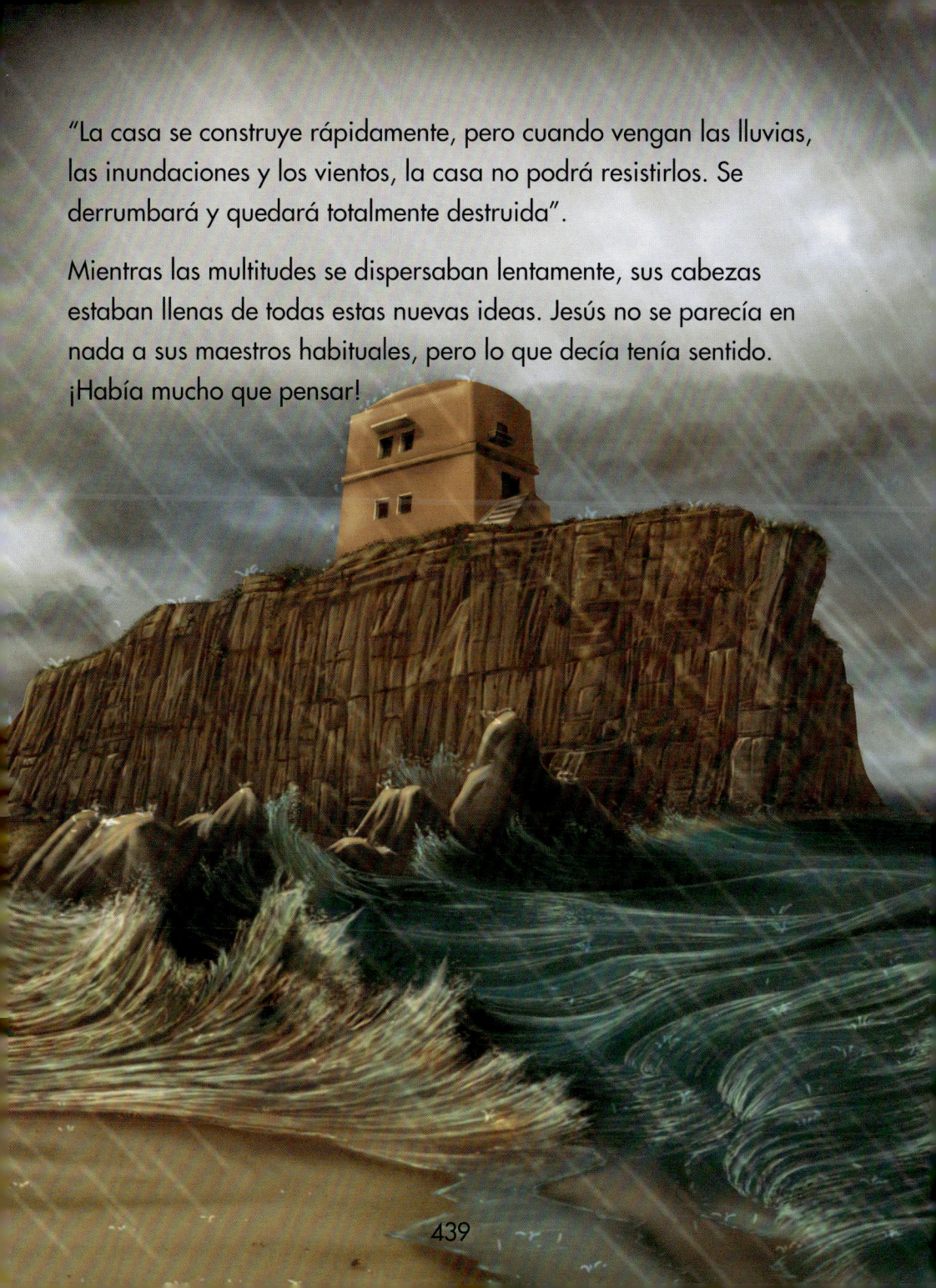

"La casa se construye rápidamente, pero cuando vengan las lluvias, las inundaciones y los vientos, la casa no podrá resistirlos. Se derrumbará y quedará totalmente destruida".

Mientras las multitudes se dispersaban lentamente, sus cabezas estaban llenas de todas estas nuevas ideas. Jesús no se parecía en nada a sus maestros habituales, pero lo que decía tenía sentido. ¡Había mucho que pensar!

LA DANZA MORTAL
Mateo 14; Marcos 6; Lucas 7

Algún tiempo antes, el rey Herodes había dado órdenes de encarcelar a Juan el Bautista. Él y la reina habían estado furiosos con Juan por haber dicho a todo el mundo que Herodes se había equivocado al divorciarse de su propia esposa para casarse con la esposa de su medio hermano, Herodías. De hecho, ¡la reina Herodías quería que su esposo ejecutara a Juan!

Cuando fue el cumpleaños del rey, Herodías dispuso que su hija Salomé bailara para él. Su baile era cautivador y exótico, y antes de que se diera cuenta, Herodes había prometido concederle todo lo que quisiera, a lo que la muchacha (según las instrucciones de su intrigante madre) respondió: "¡La cabeza de Juan el Bautista en un plato!". Herodes sabía que le habían tendido una trampa, pero había hecho una promesa. Un guardia fue enviado a la prisión de Juan y le cortó la cabeza.

Cuando los amigos de Juan se enteraron de la terrible noticia, vinieron, tomaron su cuerpo y lo enterraron. Y luego tuvieron que decírselo a Jesús.

ALIMENTACIÓN DE LOS CINCO MIL

Mateo 14; Marcos 6; Lucas 9; Juan 6

Cundo Jesús se enteró de lo de Juan, trató de ir a un lugar tranquilo, pero la gente le seguía y no se animaba a despedirlos. Cuando llegó la noche, todavía había una gran multitud. Jesús dijo a sus discípulos que les dieran algo de comer. "Pero Maestro", dijeron los discípulos, "¡hay miles de personas y solo tenemos cinco panes y dos peces!".

Jesús les mandó decir a la gente que se sentara, luego, tomando los cinco panes y los dos peces y mirando al cielo, dio gracias a su Padre y partió los panes en pedazos. Se los dio a los discípulos, que los llevaron a la gente y luego volvieron a Jesús por más panes y peces. ¡Volvió a llenar sus cestas… y otra vez… y otra vez! Para su sorpresa, todavía quedaban panes y peces en las cestas cuando llegaron a alimentar a las últimas personas. Más de cinco mil personas habían sido alimentadas ese día, ¡con cinco panes y dos peces!

JESÚS CALMA LA TEMPESTAD
Mateo 8; Marcos 4; Lucas 8

Jesús y sus discípulos subieron a una barca para cruzar al otro lado del lago. Jesús estaba tan cansado que se acostó y se quedó dormido. De repente, el cielo se oscureció, llovió a cántaros y una fuerte tormenta azotó el lago. Unas enormes olas sacudieron la barca y los discípulos temieron que volcara.

Jesús seguía durmiendo. Los discípulos, asustados, se acercaron y le despertaron, rogándole que les salvara. Jesús abrió los ojos y los miró. "¿Por qué tienen miedo? ¡Tienen tan poca fe!", dijo con tristeza. Luego se levantó tranquilamente, con los brazos abiertos, y mirando hacia el viento y la lluvia, ordenó: "¡Cálmate!". Al instante, el viento y las olas se calmaron y todo quedó en calma.

Los discípulos estaban asombrados. "¿Quién es este hombre?", se preguntaron. "¡Hasta los vientos y las olas le obedecen!".

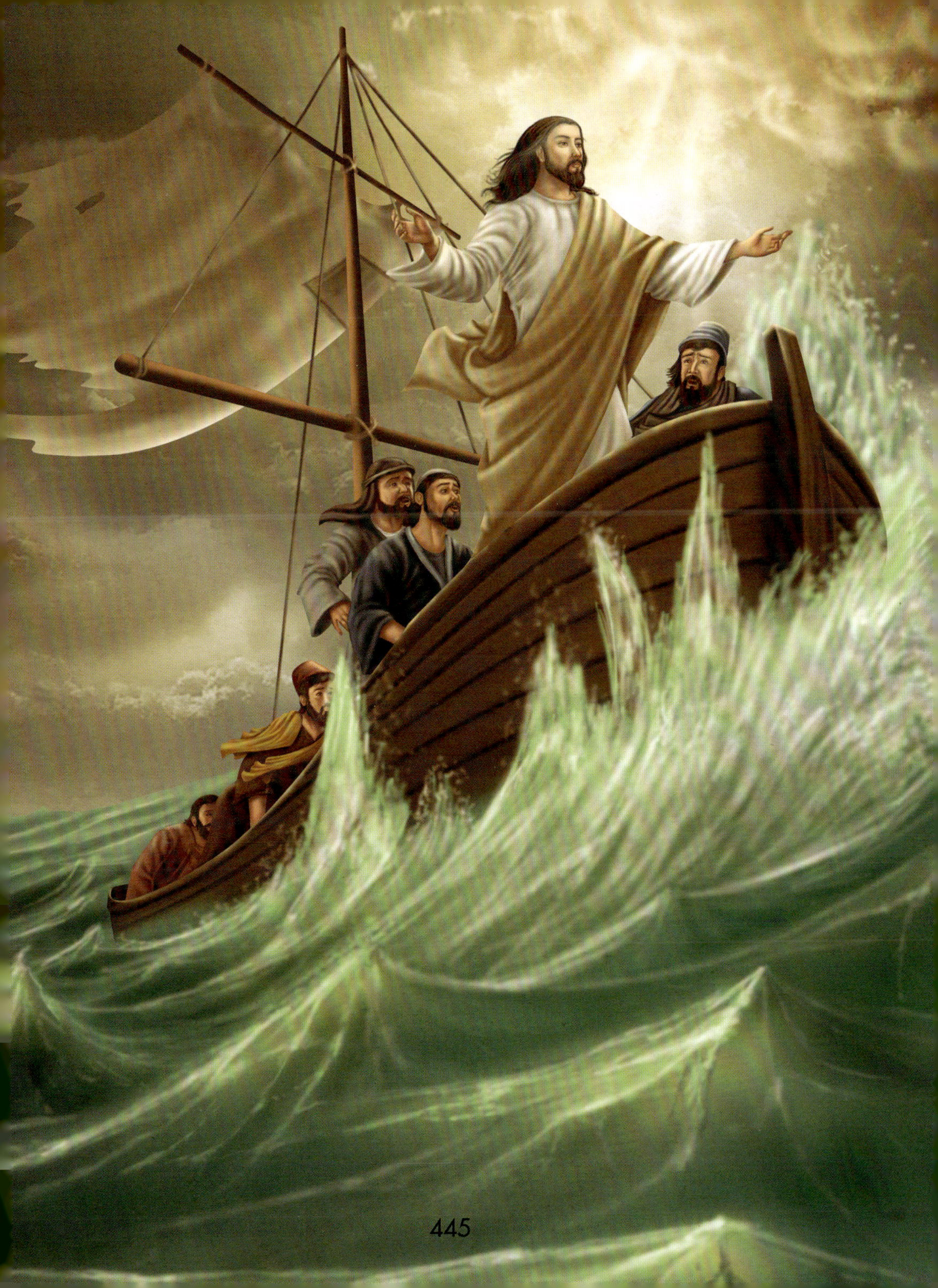

DEMONIOS Y CERDOS
Mateo 8; Marcos 5; Lucas 8

Jesús desembarcó y se encontró con un hombre poseído por espíritus malignos. Durante mucho tiempo este hombre había vivido de forma salvaje. La gente le tenía miedo y le había atado con cadenas, pero él era tan fuerte que las había destrozado. Cuando vio a Jesús, cayó de rodillas, gritando: "¿Qué quieres de mí, Hijo del Dios Altísimo? Por favor, ¡no me tortures!", pues estaba poseído por muchos demonios que le rogaban a Jesús que no los desterrara.

Muchos cerdos se alimentaban en la ladera cercana. Jesús dejó que los espíritus malignos entraran en los cerdos, tras lo cual todos se precipitaron por la ladera del monte hacia el lago y ¡se ahogó hasta el último cerdo!

La gente de los alrededores quedó tan sorprendida al ver el cambio en el hombre salvaje que le pidieron a Jesús que se fuera, pero el hombre que había sido poseído por el demonio contó su maravillosa historia por todas partes, y todos los que la oyeron quedaron asombrados.

PARÁBOLA DEL SEMBRADOR
Mateo 13; Marcos 4; Lucas 8

Muchas de las personas que venían a escuchar a Jesús eran agricultores. Jesús trató de transmitir su mensaje de forma que lo entendieran. Sus historias, llamadas habitualmente parábolas, permitían que la gente pensara por sí misma. Para algunos solo serían historias, pero otros entenderían el verdadero mensaje.

"Un agricultor salió a sembrar sus semillas. Mientras las esparcía, algunas cayeron en el camino y fueron pisoteadas o comidas por los pájaros. Otras cayeron en terrenos rocosos donde no había tierra, y cuando empezaron a crecer, las plantas se marchitaron porque sus raíces no podían alcanzar el agua. Otras semillas cayeron entre las malas hierbas, que las ahogaron. Otras cayeron en tierra buena y se convirtieron en plantas altas y fuertes y produjeron una cosecha mucho mayor que la sembrada".

Jesús les decía que él era como el agricultor, y las semillas eran como el mensaje que traía de Dios. Las semillas que cayeron en el camino y fueron comidas por los pájaros son como las personas que escuchan la buena noticia pero no prestan atención. Las que estaban en el suelo rocoso son como las personas que reciben la palabra con alegría cuando la escuchan, pero no tienen raíces. Creen por un tiempo, pero cuando la vida se pone difícil se rinden fácilmente. Las semillas entre la cizaña son como los que oyen, pero se dejan ahogar por las preocupaciones y los placeres de la vida. Pero las semillas que cayeron en buena tierra son como aquellas personas que escuchan el mensaje de Dios y lo mantienen firme en su corazón. Su fe crece y crece.

PARÁBOLA DE LA CIZAÑA ENTRE EL TRIGO
Mateo 13

Jesús contó otra parábola: "Una vez un agricultor sembró buena semilla en su campo, pero esa noche su enemigo sembró cizaña entre el trigo. Cuando el trigo empezó a crecer, también crecieron las malas hierbas. Sus siervos le preguntaron si debían arrancarlas, pero el dueño les dijo: 'Si arrancan la cizaña, pueden arrancar también parte del trigo. Debemos dejar que ambos crezcan hasta la cosecha, entonces recogeremos y quemaremos la cizaña, y recogeremos el trigo y lo llevaremos a mi granero'".

Después, Jesús explicó: "El agricultor que sembró la buena semilla es el Hijo del Hombre. El campo es el mundo, y la buena semilla es la gente del reino. La cizaña fue sembrada por el diablo, y es su pueblo. La cosecha vendrá al final de los tiempos. Entonces el Hijo del Hombre enviará a sus ángeles, y eliminarán de su reino todo lo que causa el pecado y a todos los que hacen el mal y los arrojarán al horno de fuego, pero los justos brillarán como el sol en el reino de su Padre".

JESÚS ANDA SOBRE EL MAR

Mateo 14; Marcos 6; Juan 6

Era de noche y las olas agitaban la barca con violencia. Jesús había bajado a tierra para orar y los discípulos tenían miedo. Al amanecer, vieron una figura que caminaba hacia ellos sobre el agua. Pensaron que era un fantasma y se asustaron hasta que oyeron la voz tranquila de Jesús: "Soy yo. No tengan miedo".

Simón Pedro fue el primero en hablar. "Señor", dijo, "si eres tú, haz que cruce el agua hacia ti", y Jesús lo hizo.

Metió un pie con cuidado en el agua. Luego bajó el otro y se levantó valientemente, soltando la barca. No se hundió. Pero cuando miró a las olas, le falló el valor. Cuando empezó a hundirse, gritó: "¡Señor, sálvame!".

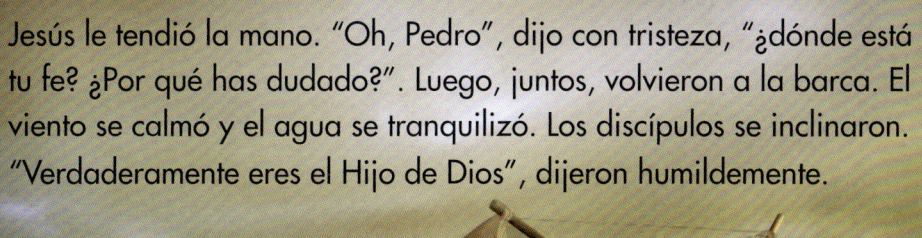

Jesús le tendió la mano. "Oh, Pedro", dijo con tristeza, "¿dónde está tu fe? ¿Por qué has dudado?". Luego, juntos, volvieron a la barca. El viento se calmó y el agua se tranquilizó. Los discípulos se inclinaron. "Verdaderamente eres el Hijo de Dios", dijeron humildemente.

LA FE DE LA MUJER CANANEA
Mateo 15; Marcos 7

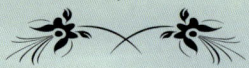

Un día, una mujer cananea se arrojó a los pies de Jesús, gritando con angustia y esperanza: "¡Señor, ten piedad de mí! ¡Mi hija está poseída por un demonio!". Jesús guardó silencio, pero sus discípulos le pidieron que la despidiera.

Jesús le dijo a la mujer con dulzura: "Yo solo he sido enviado a las ovejas perdidas de Israel", y cuando ella volvió a rogarle, él le contestó: "No está bien tomar el pan de los niños y echárselo a los perros".

"Señor", respondió ella, "hasta los perros comen las migajas que caen de la mesa de su amo".

Jesús, conmovido por su fe, le dijo: "Mujer, tienes mucha fe. Se te ha concedido tu petición". Y cuando la mujer regresó a su casa, encontró a su amada hija durmiendo plácidamente, sana y salva una vez más.

455

LA TRANSFIGURACIÓN
Mateo 17; Marcos 9; Lucas 9

Jesús subió a una montaña para orar, llevando consigo a Pedro, Jacobo y Juan. De repente, mientras Jesús oraba, los discípulos miraron hacia arriba y lo vieron cambiado. Su rostro y sus ropas brillaron, y mientras observaban asombrados, Moisés, que había sacado a su pueblo de Egipto, y Elías, el más grande de todos los profetas, aparecieron de repente ante sus ojos, ¡hablando con Jesús! Entonces una nube brillante los cubrió, y una voz dijo: "Este es mi Hijo, a quien amo. Escuchen lo que tiene que decir, ¡porque estoy muy contento con él!".

Los discípulos cayeron al suelo, demasiado asustados para levantar la vista. Pero Jesús se acercó y los tocó. "No tengan miedo", les dijo suavemente, y cuando levantaron la vista, no vieron a nadie más que a Jesús.

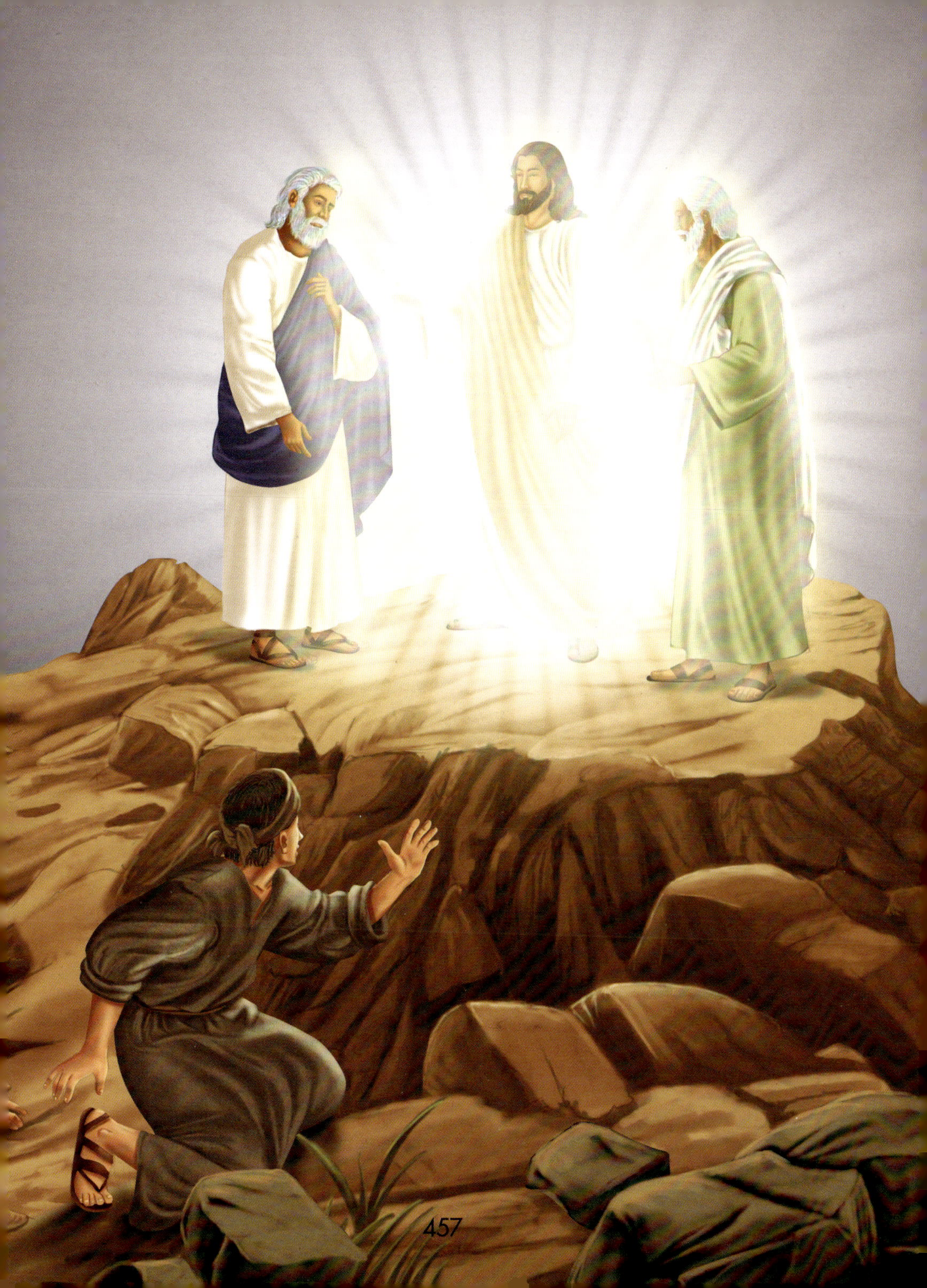

¡HAY QUE SER COMO UN NIÑO!
Mateo 19; Marcos 10; Lucas 18

Jesús amaba a los niños pequeños, porque eran buenos e inocentes. Siempre estaba rodeado de niños, y a veces sus discípulos intentaban alejarlos. "No impidan que los niños se acerquen a mí", les decía con seriedad. "El reino de los cielos es de ellos y de todos los que son como ellos".

Una vez, cuando los discípulos empezaron a discutir sobre cuál de ellos era el más importante, Jesús hizo una seña a un niño pequeño y lo abrazó. Se dirigió a sus discípulos y les dijo: "El que acoge a este niño en mi nombre, me acoge a mí; y el que me acoge a mí, acoge al que me ha enviado. Porque el más pequeño entre ustedes es el más grande. Para entrar en el cielo, ¡hay que ser como un niño!".

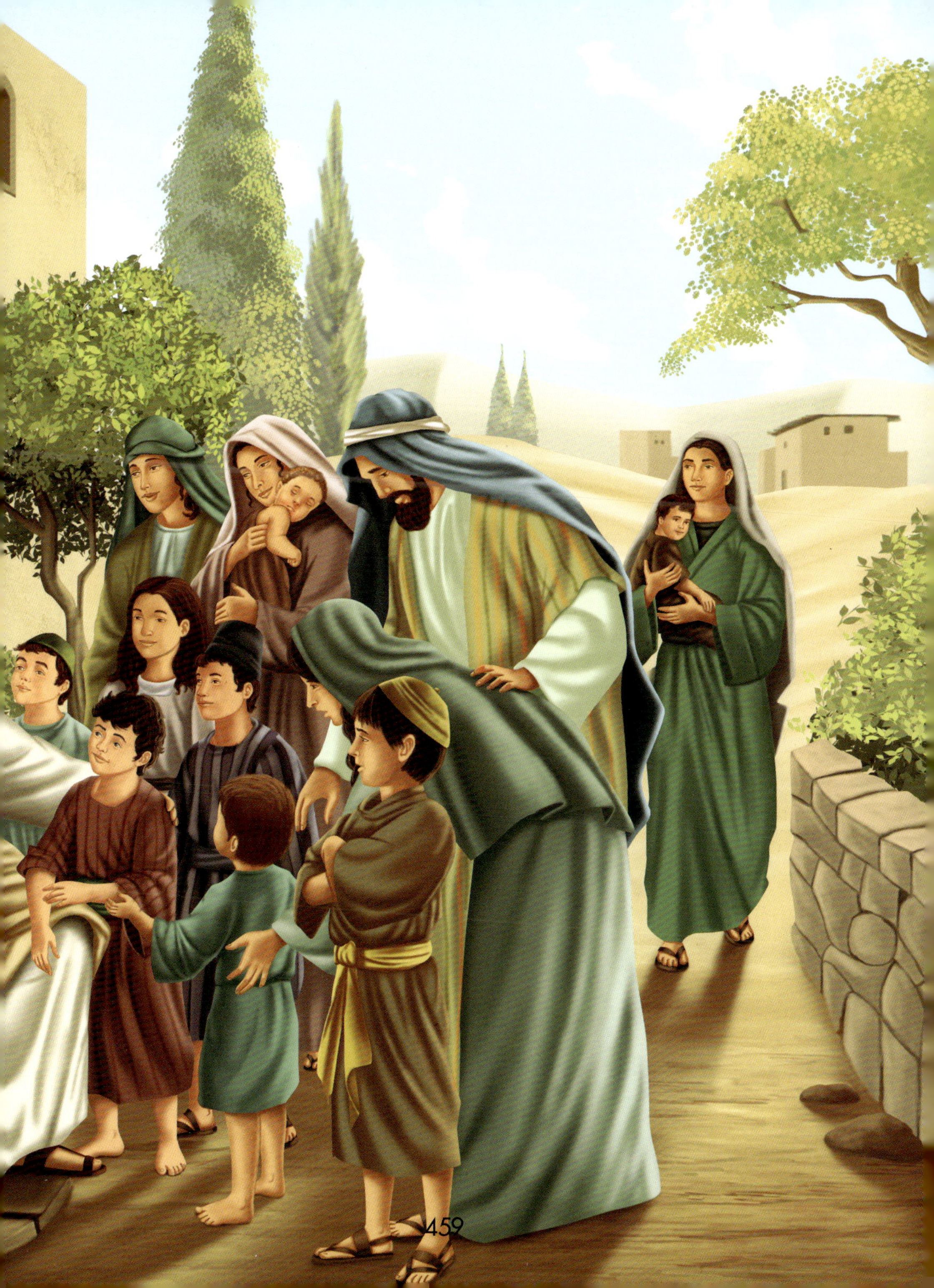

UNA SEGUNDA OPORTUNIDAD
Juan 8

En vez, mientras Jesús enseñaba, los fariseos trajeron a una mujer que había sido descubierta con un hombre que no era su esposo. "Según las leyes establecidas por Moisés, debe morir apedreada", dijeron. "¿Qué dices tú?". Porque querían ver lo que haría Jesús.

Jesús se inclinó y escribió en el suelo. Después de un largo silencio, los miró a los ojos. "El que no haya cometido ningún pecado que tire la primera piedra". Luego se inclinó de nuevo.

Nadie dijo una palabra. La gente bajó los ojos con incomodidad, hasta que uno de los hombres se volvió y se alejó. Luego, otra persona se alejó, y otra, y pronto solo quedaron Jesús y la mujer.

Jesús se levantó y le dijo a la mujer: "¿A dónde se ha ido la gente? ¿No queda nadie que te condene?". Y ella, temerosa, negó con la cabeza. "Bueno", dijo Jesús, "yo tampoco te condeno. Vete a casa, pero no vuelvas a pecar", y la mujer se puso en camino, llena de alegría y gratitud por haber recibido una segunda oportunidad.

461

CÓMO PERDONAR AL PRÓJIMO
Mateo 18

Jesús trató de hacer comprender a sus seguidores la importancia del perdón. Pedro preguntó: "Señor, ¿cuántas veces debo perdonar a quien me ha hecho daño? ¿Hasta siete veces?".

Jesús le miró directamente a los ojos. "No le perdones solo siete veces. ¡Perdónale setenta y siete veces!", le contestó, y continuó: "El reino de los cielos es como el amo cuyo siervo le debía mucho dinero. El hombre no podía pagar y le rogó a su amo que le diera más tiempo. El amable amo canceló la deuda y lo envió a casa".

"A este mismo siervo le debía una pequeña cantidad de dinero otro siervo, y al no poder pagarle, ¡hizo que metieran al segundo siervo en la cárcel!".

"Cuando el amo se enteró de esto, llamó al primer siervo. 'Has sido cruel y despiadado', le dijo. 'He cancelado tu deuda porque me lo has suplicado. ¿No deberías haber tenido la misma piedad que yo te he tenido a ti?'. Estaba tan furioso que lo entregó a los carceleros hasta que pudiera pagar todo lo que debía".

Jesús miró a sus seguidores. "Así los tratará mi Padre si no perdonan de corazón a su hermano".

JESÚS, EL BUEN PASTOR
Juan 10

La gente le preguntó a Jesús quién era realmente, y él explicó que era como un pastor. "El buen pastor haría cualquier cosa por sus ovejas, incluso daría su vida para salvarlas. Un jornalero huiría si viera venir un lobo, pero el pastor nunca las dejaría. Las ovejas lo escucharán y seguirán donde él las guíe, pero nunca seguirán a un extraño".

"Yo soy la puerta de las ovejas. Dejaré pasar a mis ovejas. Conozco a mis ovejas y ellas me conocen a mí. Daré mi vida por ellas por mi propia voluntad, y por eso mi Padre me ama".

Cuando la gente se quejaba de que Jesús hablaba con personas que habían hecho cosas malas, él decía: "Imagina que tienes cien ovejas y pierdes una de ellas. ¿Cómo te sentirías? ¿No dejarías las otras noventa y nueve a salvo, y saldrías corriendo a buscar la perdida? Y cuando la encontraras, ¿no crees que estarías tan emocionado que correrías a casa y lo celebrarías? De la misma manera, habrá más alegría en el cielo por un pecador que se arrepiente que por noventa y nueve personas que no necesitan arrepentirse".

465

PARÁBOLA DEL HIJO PRÓDIGO
Lucas 15

Jesús contó otra historia para explicar lo feliz que era Dios cuando los pecadores volvían a él: "Había una vez un hombre que tenía dos hijos. El más joven pidió su parte de la propiedad para poder salir al mundo, y pronto lo gastó todo en diversión. ¡Acabó trabajando para un granjero y tenía tanta hambre que a veces deseaba poder comer la comida que daba a los cerdos! Pero al final entró en razón y se fue a casa a decirle a su padre lo mucho que lo sentía. 'No soy digno de ser su hijo', pensó, 'pero quizá me deje trabajar en la granja'".

"Cuando su padre lo vio llegar, salió corriendo y lo abrazó. El joven trató de decirle que no era digno de ser llamado hijo suyo, pero dijo a sus sirvientes que trajeran su mejor túnica para que su hijo la vistiera y que mataran el becerro más valioso para un banquete".

"¡El hijo mayor se indignó! Había trabajado mucho para su padre durante todo este tiempo, ¡y nunca nadie le había hecho un banquete! Sin embargo, ahí estaba su hermano, que había malgastado todo su dinero, y su padre se moría de ganas de matar el becerro engordado y darle la bienvenida a casa".

"'Hijo mío', dijo el padre, 'siempre estás conmigo, y todo lo que tengo es tuyo. Pero celebra conmigo ahora, porque tu hermano estaba muerto para mí y ha vuelto a vivir; ¡estaba perdido y ha sido hallado!'".

EL RICO Y LÁZARO
Lucas 16

Jesús contó otra historia: «Hubo una vez un hombre rico que vivía en una grandiosa mansión y en cuya mesa se ofrecían todos los días un gran banquete. A su puerta yacía un hombre pobre y hambriento llamado Lázaro, que solía esperar las migajas de pan que caían de su mesa. Pero el hombre rico era egoísta y nunca se detenía a pensar en el pobre Lázaro. Al fin Lázaro murió, y los ángeles le llevaron junto a Abraham, y allí ya no sintió dolor ni hambre.

"Algún tiempo después, el hombre rico también murió, pero ningún ángel vino por él. Fue enviado al lugar para los malvados. Atormentado, suplicó: 'Padre Abraham, ten piedad y envía a Lázaro para que moje su dedo en agua y refresque mi lengua, ¡pues tengo mucha sed!'".

"Pero Abraham le contestó: 'Hijo, recuerda que tú recibiste tus bienes en tu tiempo en la tierra, mientras Lázaro sufría mucho, pero ahora él es consolado aquí y tú estás en agonía'".

"El rico suplicó que sus hermanos fueran prevenidos, pero Abraham le dijo que ya tenían los escritos de Moisés y los profetas para advertirles. ¡Sería su propia culpa si no cambiaban su actitud a tiempo para evitar el mismo destino que él!".

469

PARÁBOLA DEL BUEN SAMARITANO
Lucas 10

Una vez alguien preguntó a Jesús qué quería decir la Ley cuando decía que debíamos amar al prójimo tanto como a nosotros mismos. "¿Pero quién es mi prójimo?", preguntó, y Jesús le contó una historia:

"Un hombre iba de Jerusalén a Jericó, cuando fue atacado por unos ladrones, que lo golpearon y le quitaron todo antes de dejarlo al borde del camino, medio muerto. Pronto pasó un sacerdote. Al ver al hombre, cruzó al otro lado del camino y siguió su camino. Luego pasó un levita. También él se alejó sin detenerse".

"El siguiente en llegar fue un samaritano, que no es amigo de los judíos. Sin embargo, cuando este viajero vio al hombre que estaba sangrando al borde del camino, su corazón se llenó de piedad. Se arrodilló junto a él y le lavó y vendó cuidadosamente sus heridas, antes de llevarlo en su asno a una posada, donde dio dinero al posadero para que cuidara del hombre hasta que se curara".

Jesús miró al hombre que había planteado la pregunta y le preguntó quién creía que había sido un buen prójimo para el hombre herido.

El hombre respondió tímidamente: "El que fue amable con él".

Entonces Jesús le dijo: "Ve, pues, y sé como él".

471

LA VISITA DE JESÚS
Lucas 10

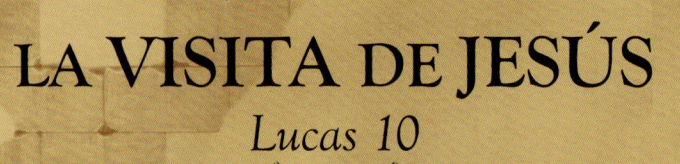

Jesús tenía cariño a dos hermanas: María y Marta. Un día, Jesús se detuvo a visitarlas. Marta se apresuró a asegurarse de que todo estuviera limpio y ordenado y a preparar la comida, pero María se sentó a sus pies, escuchando todo lo que decía, sin querer perderse ni una sola palabra.

Marta estaba enfadada. "Señor", le dijo a Jesús. "¿Por qué no le dices a María que me ayude? ¡Hay tanto que preparar y ella está sentada sin hacer nada mientras yo hago todo el trabajo!".

"Marta", dijo Jesús con voz calmada, "te estás preocupando por cosas pequeñas, pero no son lo realmente importante. Tu hermana entiende lo que es verdaderamente importante, y nadie podrá quitarle". ¡El trataba de explicar que lo más importante en la vida es amar a Jesús y escuchar sus palabras!

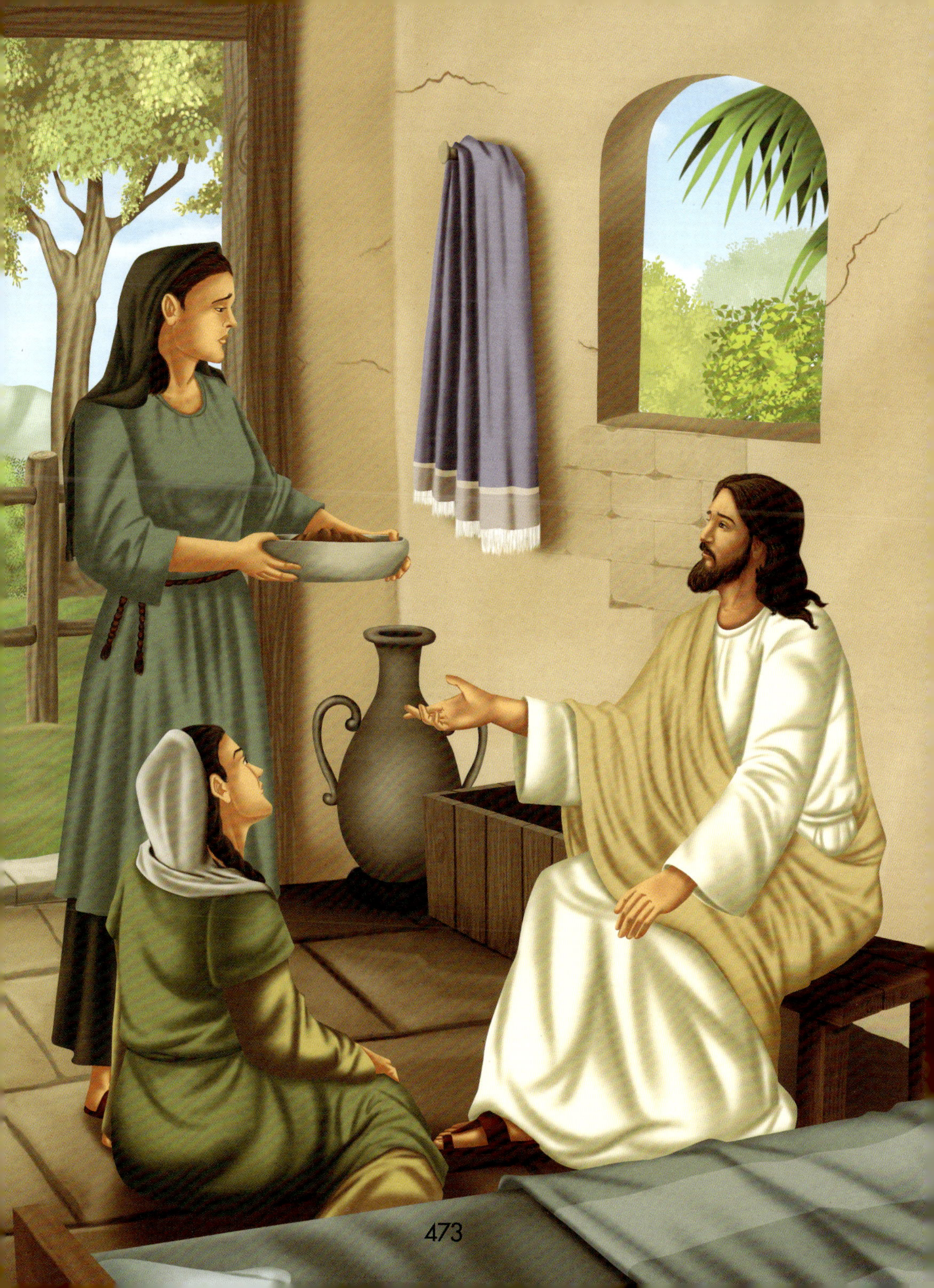

¡LÁZARO ESTÁ VIVO!
Juan 11

Jesús recibió un mensaje de Marta y María, diciéndole que su hermano Lázaro estaba muy enfermo, pero cuando Jesús llegó a la casa de las hermanas, Lázaro estaba muerto. Marta lloró diciendo: "Oh, Señor, si hubieras estado aquí, mi hermano no habría muerto. Pero sé que Dios te dará todo lo que pidas".

Entonces Jesús dijo con dulzura: "Resucitará. Todo el que cree en mí volverá a vivir, aunque haya muerto".

Pero cuando María subió llorando y vio a los demás parientes llorar, entonces Jesús lloró también y pidió que lo llevaran a la cueva donde habían puesto a Lázaro, y dijo a los hombres que la abrieran.

Hacía cuatro días que Lázaro había muerto, pero Jesús oró y dio gracias a Dios. Entonces dijo en voz alta: "¡Lázaro, sal!".

Todos observaron con asombro silencioso cómo salía una figura de la oscura cueva, con las manos y los pies envueltos en tiras de lino, y un paño alrededor de la cara. Era Lázaro, ¡y estaba vivo!

EL FARISEO Y EL COBRADOR DE IMPUESTOS
Lucas 18

En otra ocasión, Jesús miró a sus seguidores. Algunos de ellos tenían muy buena opinión de sí mismos y entonces Jesús contó esta historia: "Dos hombres entraron en el templo para orar. Uno era un fariseo, que siempre prestaba mucha atención a lo establecido en la ley, mientras que el otro era un cobrador de impuestos menospreciado. En el templo, el fariseo se puso de pie y oró: 'Dios, te agradezco que no soy como los demás, ladrones, delincuentes, adúlteros, ni tampoco como este cobrador de impuestos. ¡Ayuno dos veces por semana y doy la décima parte de todo lo que recibo!'. ¡Se creía muy bueno y mucho mejor que los demás!".

"Pero el cobrador de impuestos se mantuvo humildemente a distancia. Ni siquiera miraba al cielo, sino que se golpeaba el pecho y decía: 'Dios, ten piedad de mí, que no soy más que un miserable pecador'".

Jesús miró a los que le escuchaban. "No fue el fariseo arrogante el que se ganó el amor y el perdón de Dios aquel día, fue el humilde cobrador de impuestos. Porque todos los que pretenden presumir y creerse importantes serán humillados, y los que se humillan llegarán a ser importantes".

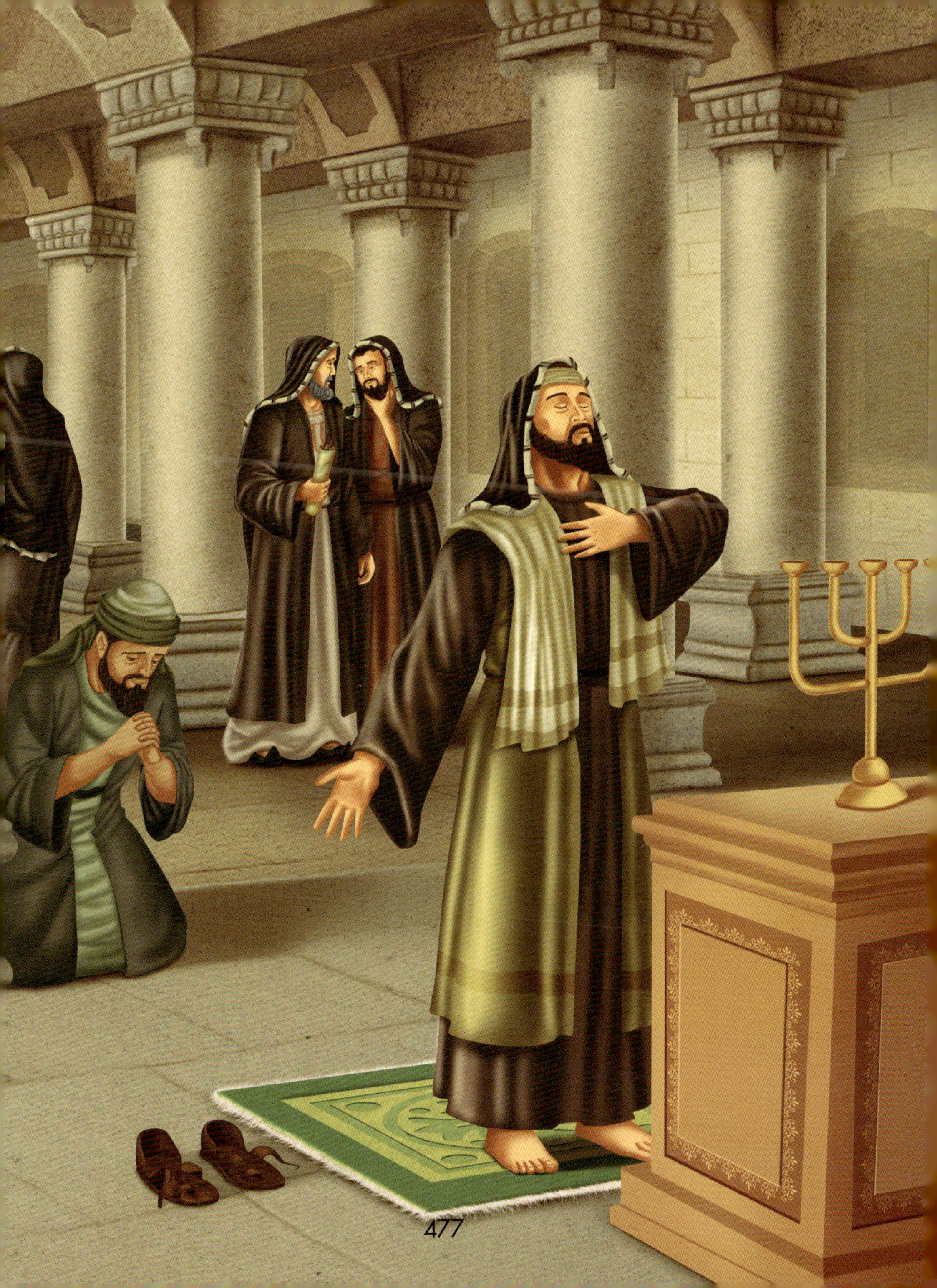

EL JOVEN RICO
Mateo 19; Marcos 10; Lucas 18

Una vez, un joven rico vino a preguntarle a Jesús qué debía hacer para heredar la vida eterna. Jesús le dijo que debía guardar todos los mandamientos que se le habían dado a Moisés, y el joven respondió: "Todo esto lo he guardado desde que era niño".

Jesús lo miró. "Todavía te falta una cosa. Vende todo lo que tienes y dáselo a los pobres, y tendrás un tesoro en el cielo. Después ven y sígueme".

Al oír esto, el joven se entristeció, pues era muy rico. "¡Qué difícil es para los ricos entrar en el Reino de Dios!", dijo Jesús. "De hecho, es más fácil que un camello pase por el ojo de una aguja que un rico entre en el Reino de Dios".

Pero dijo a sus discípulos, que habían dejado todo lo que tenían para seguirle: "Pueden estar seguros de que todo el que haya dejado su casa o a sus seres queridos por mí, recibirá mucho más a cambio, así como la vida eterna".

479

EL ÚLTIMO SERÁ EL PRIMERO
Mateo 20

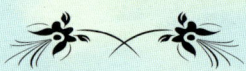

Jesús contó una parábola: "El reino de los cielos es como el dueño de una viña que salió una mañana a contratar trabajadores. Acordó pagarles una determinada suma de dinero por ese día y los puso a trabajar. Más tarde, volvió a la plaza, contrató a más hombres y les dijo que les pagaría lo justo. Hizo lo mismo a la hora de comer y por la tarde, y una vez más, a eso de las cinco. Cuando llegó la noche, dijo a su capataz que pagara a los trabajadores, empezando por los últimos contratados".

"Los trabajadores que fueron contratados tarde recibieron la misma cantidad que se había prometido a los primeros. Así que cuando llegaron los que fueron contratados primero, esperaban recibir más, y al no ser así, empezaron a quejarse. 'Estos trabajaron solo una hora', se quejó uno, '¡y usted les ha dado lo mismo que a los que trabajamos todo el día, con un calor sofocante!'".

"El dueño respondió: 'No estoy siendo injusto. ¿No aceptaron trabajar por esta cantidad? Quiero dar al último contratado lo mismo que a ti. ¿No tengo derecho a hacer lo que quiera con mi propio dinero? ¿O estás molesto porque soy generoso?'".

"Así que el último será el primero, y el primero será el último".

LAS MUCHACHAS PRUDENTES Y LAS INSENSATAS
Mateo 25

Jesús trató de hacer comprender a sus seguidores que debían estar preparados en todo momento para su regreso, pues nunca sabrían cuándo podría ocurrir. Les contó una historia: "Una vez, diez muchachas estaban esperando para unirse a un banquete de bodas. Cinco eran insensatas y, aunque llevaban lámparas, no tenían aceite de repuesto. Las otras cinco eran prudentes y llevaban aceite de más. Era tarde y las muchachas se durmieron, pues el novio tardaba en llegar".

"De repente, a medianoche, se oyó un grito, porque el novio estaba llegando. Entusiasmadas, las muchachas fueron a encender sus lámparas, pero las de las insensatas empezaron a parpadear, pues se les había acabado el aceite. Pidieron más aceite, pero las prudentes respondieron: 'No, porque no hay suficiente para todas. ¡Tendrán que ir a comprar más!', y fueron a reunirse con el novio y entraron con él en el banquete".

"Cuando las insensatas muchachas volvieron con lámparas encendidas, la puerta estaba cerrada y, aunque llamaron con fuerza, les dijeron: 'Llegan demasiado tarde. ¡No sé quiénes son ustedes!'".

Jesús dijo a sus discípulos: "¡Estén siempre preparados, porque no saben el día ni la hora de mi regreso!".

483

BARTIMEO
Mateo 20; Marcos 10; Lucas 18

Jesús pasaba por Jericó de camino a Jerusalén. Bartimeo, un ciego, estaba pidiendo limosna al lado del camino, cuando oyó una gran conmoción a su alrededor. Cuando se enteró de que era Jesús de Nazaret, de quien había oído tantas cosas maravillosas, se puso en pie con dificultad y gritó: "¡Jesús, Hijo de David, ten piedad de mí!".

La gente lo hizo callar, pero él siguió llamando. Jesús le oyó y se detuvo al lado del camino. "¿Qué quieres que haga por ti?", le preguntó amablemente.

Bartimeo cayó de rodillas. "¡Señor, quiero ver!", suplicó.

"Recibe la vista", dijo Jesús. "Tu fe te ha sanado". Inmediatamente, los ojos de Bartimeo se aclararon, ¡y pudo ver todo lo que le rodeaba! Al instante, se levantó de un salto y siguió a Jesús, alabando a Dios. Cuando toda la gente lo vio, también alabó a Dios.

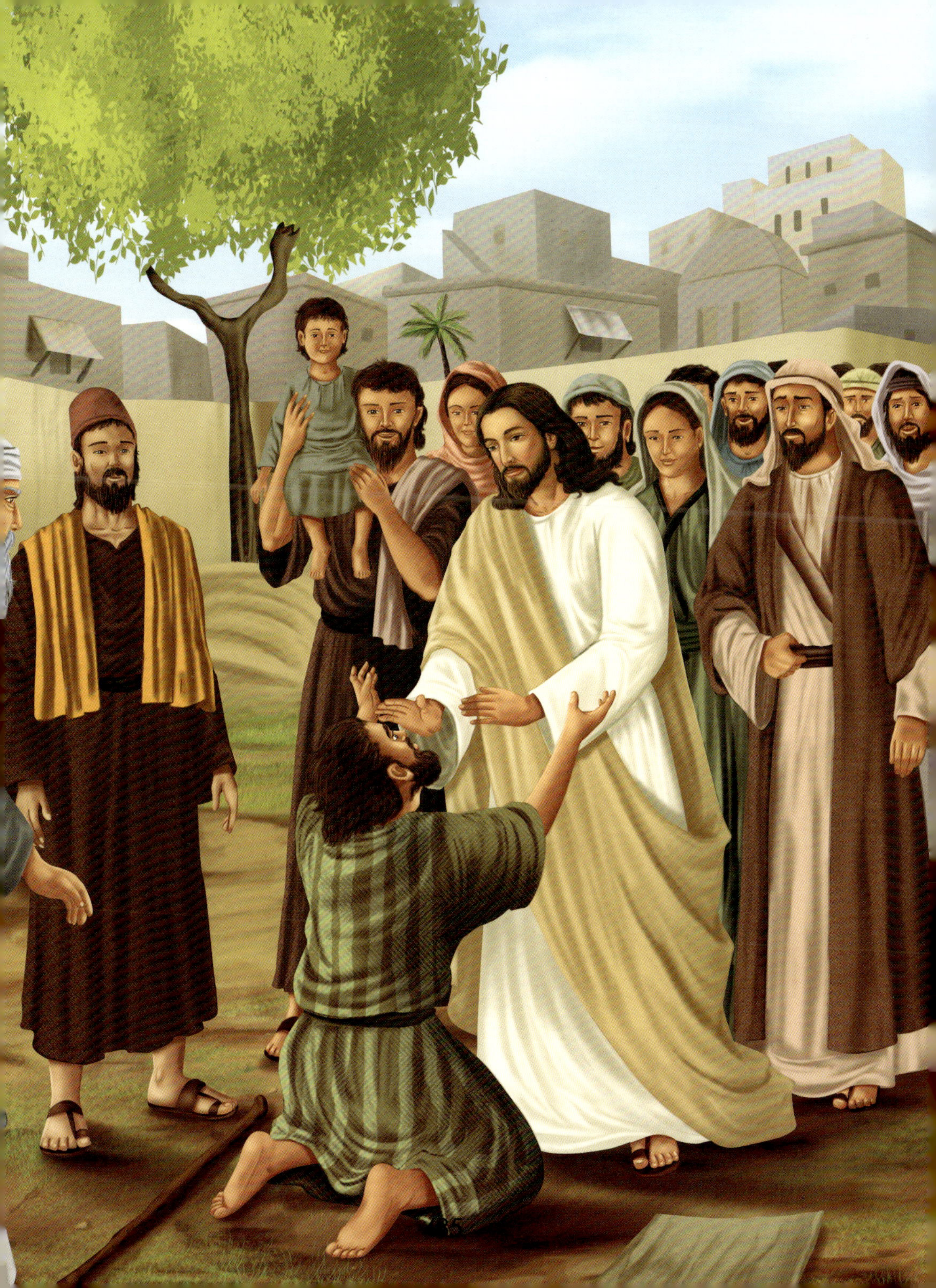

JESÚS Y ZAQUEO
Lucas 19

Las calles de Jericó estaban llenas de gente, ansiosa por ver a Jesús. Entre ellos había un cobrador de impuestos llamado Zaqueo. Todo el mundo odiaba a los cobradores de impuestos y creían que robaban parte de los impuestos para llenarse los bolsillos, así que nadie le abría paso, y él era demasiado pequeño para ver por encima de la multitud. Se sentía frustrado. Entonces tuvo una gran idea: ¡se subiría a un árbol! Desde sus ramas, pudo ver la multitud que se dirigía hacia él.

Casi se cae de la rama cuando Jesús se detuvo justo debajo y dijo: "Zaqueo, baja ahora. Hoy debo quedarme en tu casa". Bajó y se inclinó ante Jesús, mientras la multitud murmuraba enojada porque Jesús visitaba a un pecador.

Pero Zaqueo ya había cambiado. Le dijo a Jesús: "¡Señor! Voy a dar la mitad de todo lo que tengo a los pobres, y si he estafado a alguien, ¡le devolveré cuatro veces la cantidad!".

Entonces Jesús se dirigió a la multitud y dijo: "Es a la gente perdida como Zaqueo a la que he venido a salvar. ¡Hoy ha encontrado la salvación!".

487

EL COSTOSO PERFUME
Mateo 26; Marcos 14; Juan 12

Una noche, poco antes de la Pascua, Jesús estaba cenando con sus discípulos y amigos en Betania. María se acercó a él, llevando un costoso frasco de perfume. Arrodillándose ante él, derramó cuidadosamente el perfume sobre sus pies, utilizando sus propios cabellos para limpiarlos. Toda la casa se llenó de la maravillosa fragancia.

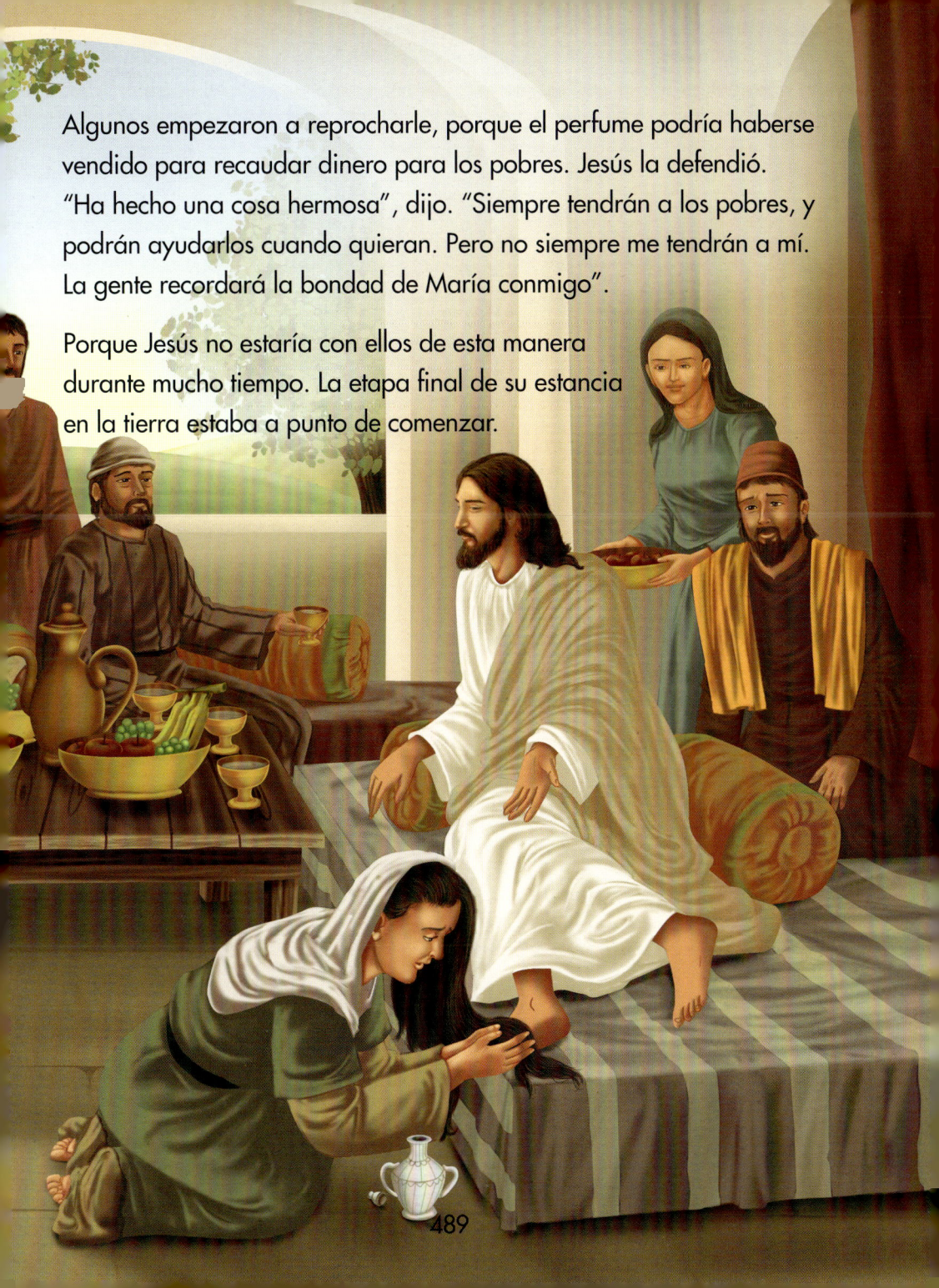

Algunos empezaron a reprocharle, porque el perfume podría haberse vendido para recaudar dinero para los pobres. Jesús la defendió. "Ha hecho una cosa hermosa", dijo. "Siempre tendrán a los pobres, y podrán ayudarlos cuando quieran. Pero no siempre me tendrán a mí. La gente recordará la bondad de María conmigo".

Porque Jesús no estaría con ellos de esta manera durante mucho tiempo. La etapa final de su estancia en la tierra estaba a punto de comenzar.

ENTRADA DE JESÚS A JERUSALÉN

Mateo 21; Marcos 11; Lucas 19; Juan 12

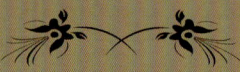

Jerusalén estaba muy visitada. Era la semana de la fiesta de la Pascua, y todo el mundo se había reunido para celebrar. También era el momento de que Jesús iniciara la última etapa de su vida terrenal.

Jesús entró en Jerusalén montado en un humilde burro. Algunos de sus seguidores arrojaron sus mantos o grandes hojas de palma en el polvoriento suelo ante él y fue recibido por una enorme multitud, pues muchos habían oído hablar de los milagros que había realizado. Los líderes religiosos podían temer y odiar a Jesús, pero mucha gente lo veía realmente como su Rey y trataban de darle una bienvenida de rey.

Sus seguidores gritaban: "¡Hosanna al Hijo de David! ¡Bendito sea el rey que viene en nombre del Señor!".

Pero Jesús estaba triste, pues sabía que en muy poco tiempo esa gente que lo aclamaba iba a volverse contra él.

491

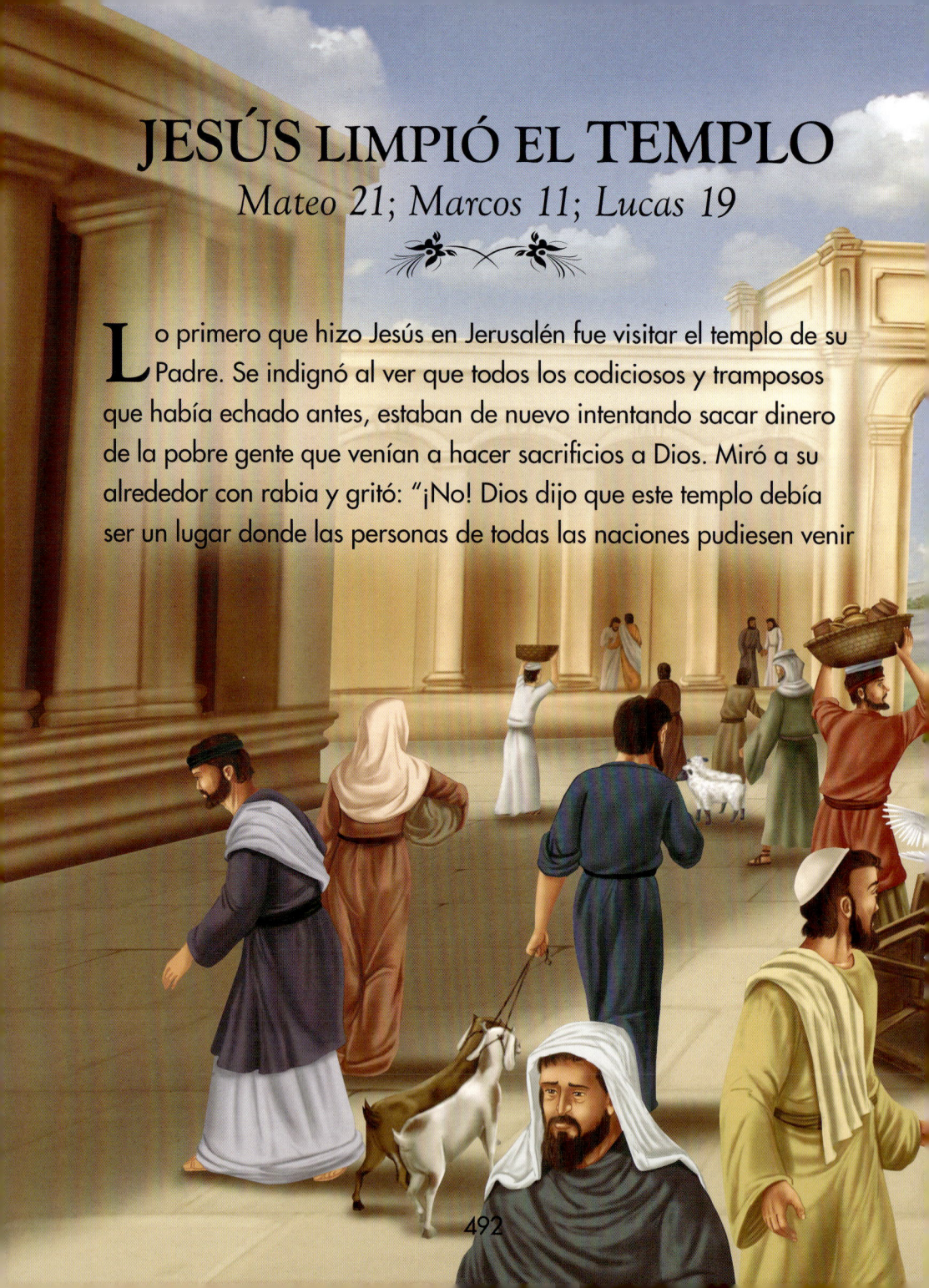

JESÚS LIMPIÓ EL TEMPLO
Mateo 21; Marcos 11; Lucas 19

Lo primero que hizo Jesús en Jerusalén fue visitar el templo de su Padre. Se indignó al ver que todos los codiciosos y tramposos que había echado antes, estaban de nuevo intentando sacar dinero de la pobre gente que venían a hacer sacrificios a Dios. Miró a su alrededor con rabia y gritó: "¡No! Dios dijo que este templo debía ser un lugar donde las personas de todas las naciones pudiesen venir a orarle. ¡Pero ustedes lo han convertido en una cueva de ladrones!", y con estas palabras limpió el templo, echando a todos los que no debían estar allí.

Cuando terminó y el templo volvió a estar tranquilo y en calma, los pobres, los mendigos y los enfermos empezaron a encontrar el camino de vuelta, y se acercaron a Jesús para ser curados y sentirse mejor. Los niños danzaban de alegría a su alrededor, y todo el mundo estaba contento, excepto los fariseos, que conspiraban para deshacerse de él.

¿BAJO QUÉ AUTORIDAD?
Mateo 21; Lucas 20

Cada día, Jesús iba al templo a enseñar a sus seguidores y a ofrecer consuelo y sanidad a los que lo necesitaban. Los sacerdotes, los maestros de la ley y los ancianos no estaban contentos con esto.

"¿Quién te ha dado autoridad para hacer estas cosas?", le preguntaron, y Jesús respondió: "Les haré una pregunta. Si pueden responderme, entonces les diré con qué autoridad estoy haciendo estas cosas. Díganme, ¿el bautismo de Juan era del cielo, o de origen humano?".

Los sacerdotes y los ancianos no sabían qué responder. Si decían que era del cielo, entonces él les preguntaría por qué no le creían, pero si decían que era de origen humano, entonces la gente se enfadaría con ellos, pues realmente creían que Juan era un profeta. Al final, murmuraron: "No lo sabemos".

Jesús dijo: "Entonces no les diré con qué autoridad hago estas cosas".

495

LOS LABRADORES MALVADOS
Mateo 21; Marcos 12; Lucas 20

Jesús contó una parábola: "Una vez un hombre plantó una viña, la alquiló a unos labradores y se marchó. En la época de la cosecha, envió a un siervo a recoger su parte de los frutos. Pero los labradores golpearon al siervo y lo despidieron sin nada. Envió a otro siervo, a este lo apedrearon y lo mandaron con las manos vacías. Envió a un tercero, ¡y a ese lo mataron!".

"Al final, decidió enviar a su querido hijo. Seguramente lo respetarán", pensó.

"Pero cuando los labradores lo vieron venir, conspiraron entre ellos. 'Este es el heredero', dijeron. 'Si nos deshacemos de él, ¡nos convertiremos en los nuevos propietarios!', y lo echaron de la viña y lo mataron".

Jesús miró a los sacerdotes y fariseos que le escuchaban. "¿Qué creéis que hará el dueño de la viña con los labradores cuando se entere?".

"Los matará y dará la viña a otros que le den la parte que le corresponde", respondieron. Pero cuando se dieron cuenta de que Jesús había estado hablando de ellos, ¡se sintieron engañados y enfadados!

497

DALE AL CÉSAR LO QUE ES DEL CÉSAR

Mateo 22; Marcos 12; Lucas 20

Los sumos sacerdotes y los fariseos enviaron espías para tratar de encontrar pruebas contra Jesús. Una vez le preguntaron: "Maestro, por favor, dinos si está bien que paguemos impuestos al César o no". Pensaron que lo habían atrapado, pues si respondía que no debían pagar impuestos, entonces podrían entregarlo a los romanos por rebelión, pero si respondía que debían pagar impuestos, entonces se haría impopular entre el pueblo.

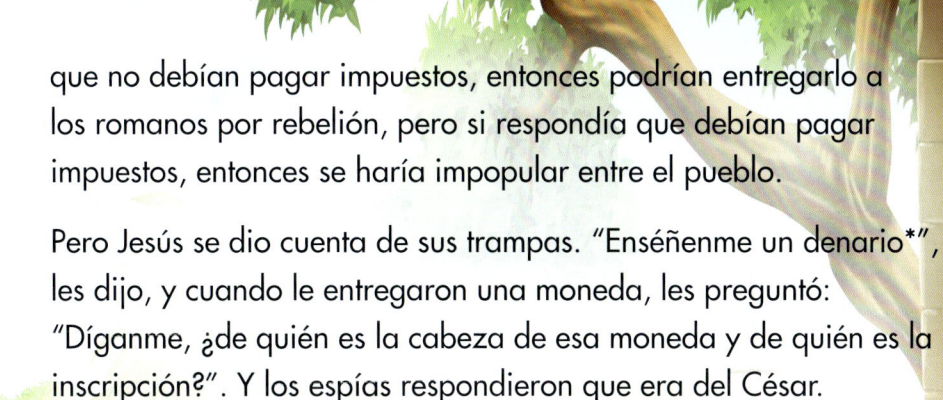

Pero Jesús se dio cuenta de sus trampas. "Enséñenme un denario*", les dijo, y cuando le entregaron una moneda, les preguntó: "Díganme, ¿de quién es la cabeza de esa moneda y de quién es la inscripción?". Y los espías respondieron que era del César.

Entonces les dijo: "Pues den al César lo que es del César, y a Dios lo que es de Dios", y los espías se quedaron callados.

*Una Moneda romana.

LA OFRENDA DE LA VIUDA
Marcos 12; Lucas 21

Jesús estaba sentado en el templo, viendo cómo la gente echaba dinero en las ánforas como ofrenda a Dios. Muchos ricos echaban un montón de monedas que tintineaban, asegurándose de que todo el mundo supiera lo buenos que estaban siendo. Entonces llegó una viuda pobre, con sus hijos pequeños vestidos con ropas rotas y descalzos. Puso dos pequeñas monedas de cobre. Juntas, ¡valían menos de un céntimo!

Jesús se dirigió a sus discípulos. "¿Ven a esa pobre viuda?", preguntó. "La verdad es que ha dado mucho más que cualquiera de los presentes". Los discípulos se mostraron desconcertados. ¡Seguramente sus monedas no tenían casi ningún valor!

Jesús trató de hacerles comprender: "Todos esos ricos tenían tanto dinero que les resultaba fácil dar grandes ofrendas; aún les quedaba mucho. Pero esa pobre viuda dio todo lo que tenía. Está claro que ama a Dios con todo su corazón, y confía en que él la cuidará, porque le dio todo lo que tenía".

501

¡ESTÉN PREPARADOS!
Mateo 24; Marcos 13; Lucas 21; Juan 12

Cuando Jesús salía del templo, algunos de sus discípulos se detuvieron para admirar el edificio. "Estos edificios pueden parecer impresionantes", les dijo Jesús, "pero les aseguro que no quedará ni una sola piedra en pie; ¡todas serán derribadas!".

Más tarde le preguntaron cuándo llegaría ese momento y qué señal habría. "Tengan cuidado", respondió Jesús. "Habrá muchos falsos profetas que tratarán de engañarlos. Habrá guerras, terremotos y hambrunas. Deben estar atentos.

"Hay que predicar el Evangelio en todo el mundo. Serán perseguidos y odiados, pero manténganse firmes hasta el final y se salvarán. Cuando venga, deben estar preparados. Al igual que los siervos a los que se les ha dejado para que cuiden la casa de su amo cuando está ausente, ustedes deben vigilar. Porque no saben cuándo regresará el amo: puede ser temprano en la mañana, tarde en la noche o en cualquier momento. ¡No permitan que los encuentre durmiendo cuando regrese!".

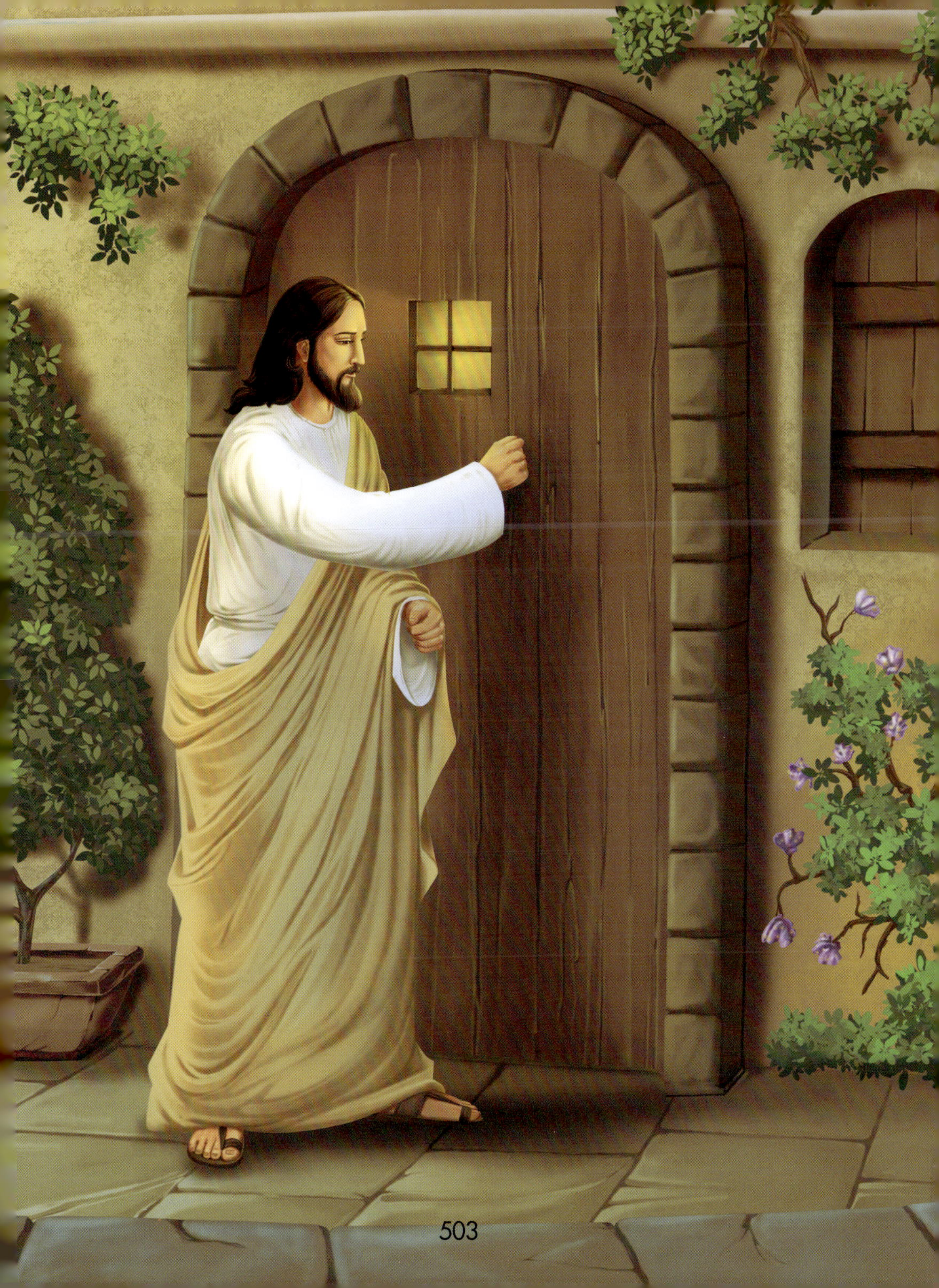

LA TRAICIÓN DE JUDAS
Mateo 26; Marcos 14; Lucas 22

Jesús sabía que los fariseos y los que le odiaban y temían estaban esperando cualquier oportunidad para arrestarle. Pasaba los días en Jerusalén en el templo, pero cada noche volvía a Betania para dormir. Sin embargo, incluso entre sus amigos más queridos había uno que sería su enemigo.

Judas Iscariote, el discípulo encargado del dinero, era deshonesto. Se quedó con una parte para él en lugar de dársela a los que la necesitaban. Su codicia le hizo hacer algo muy malo. Judas fue a los sumos sacerdotes en secreto y les preguntó cuánto le darían si entregaba a Jesús en sus manos.

¡Los sacerdotes no podían creer lo que oían! Sabían que Judas era uno de los amigos más cercanos y de mayor confianza de Jesús. Le ofrecieron treinta monedas de plata... ¡y Judas aceptó! A partir de ese momento, Judas no hizo más que esperar la oportunidad de entregar a Jesús.

JESÚS LAVA LOS PIES
Juan 13

Se acercaba la hora de la fiesta de la Pascua, y un hombre bondadoso había reservado una habitación para que los discípulos se prepararan para ella. Aquella noche, cuando estaban comiendo, Jesús se levantó de la mesa, se rodeó la cintura con una toalla, llenó una vasija con agua y, arrodillado en el suelo, se puso a lavar y secar los pies de los discípulos como un siervo.

Los discípulos se quedaron sin palabras, pero cuando se arrodilló ante Simón Pedro, el discípulo contestó: "¡Señor, no debes lavarme los pies!".

Jesús le contestó amablemente: "No entiendes lo que estoy haciendo, pero más tarde te quedará claro. Si no te lavo, no me pertenecerás de verdad", a lo que Pedro le rogó ¡que le lavara también las manos y la cabeza! Pero Jesús le contestó: "Si te has bañado, solo tienes que lavarte los pies; tu cuerpo está limpio".

Jesús les había lavado los pies como un siervo, para que aprendieran a hacer lo mismo entre ellos.

LA ÚLTIMA CENA
Mateo 26; Marcos 14; Lucas 22; Juan 13

Jesús sabía que pronto tendría que dejar a sus amigos. Estaba triste y preocupado. "Pronto, uno de ustedes me traicionará", dijo apenado. Los discípulos se miraron unos a otros, sorprendidos. ¿A quién se refería?

"El que moje su pan con el mío es quién lo hará", dijo Jesús, y cuando Judas Iscariote mojó su pan en el mismo cuenco, Jesús dijo en voz baja: "Ve y haz lo que tengas que hacer", y Judas se fue. Pero los demás no entendieron.

Entonces Jesús repartió un poco de pan, diciendo "Esto es mi cuerpo que será partido". A continuación, repartió una copa de vino, diciendo: "Beban esto, es mi sangre que quitará el pecado", y les dijo que pronto los dejaría.

Simón Pedro exclamó: "Pero, Señor, ¿a dónde vas? ¿Por qué no puedo seguirte? ¡De buena gana daría mi vida por ti!".

"¿Lo harías, amigo mío?", preguntó Jesús con dulzura. "¡Y aún así me negarás tres veces antes de que cante el gallo!". Pedro se asustó. Sentía que esto nunca podría suceder.

JESÚS, EL CAMINO AL PADRE
Juan 14-15

Jesús trató de consolar a los discípulos diciéndoles que iba a prepararles un lugar en la casa de su Padre, y que ellos sabrían cómo encontrar el camino. Cuando le preguntaron cómo, respondió: "Yo soy el camino, la verdad y la vida. El único camino hacia el Padre es creer en mí. Si me conocen de verdad, conocerán también a mi Padre".

"Yo soy la vid, y mi Padre es el labrador. Él cortará las ramas que no den fruto, pero cuidará de las que sí lo den. Ustedes son las ramas, y darán fruto mientras permanezcan en mí".

«Como el Padre me ha amado, así los he amado yo. Y les doy este mandato: ámense los unos a los otros, como yo los he amado a cada uno, y todos sabrán que son mis discípulos. No hay mayor amor que dar la vida por los amigos".

"Y recuerden que si el mundo parece odiarlos, primero me odiaba a mí. ¡Es porque no pertenecen a él que los odiarán!".

UNA NOCHE EN ORACIÓN
Mateo 26; Marcos 14; Lucas 22; Juan 17

Jesús y los discípulos dejaron la ciudad para ir a un tranquilo jardín llamado Getsemaní. Jesús oró a su Padre para que cuidara de sus discípulos y de todos los que llegarían a creer en él por el mensaje que difundirían por todo el mundo.

Entonces Jesús se apartó, pero se llevó consigo a Pedro, Jacobo y Juan, pidiéndoles que le hicieran compañía. Luego, se alejó un poco de ellos para orar en privado.

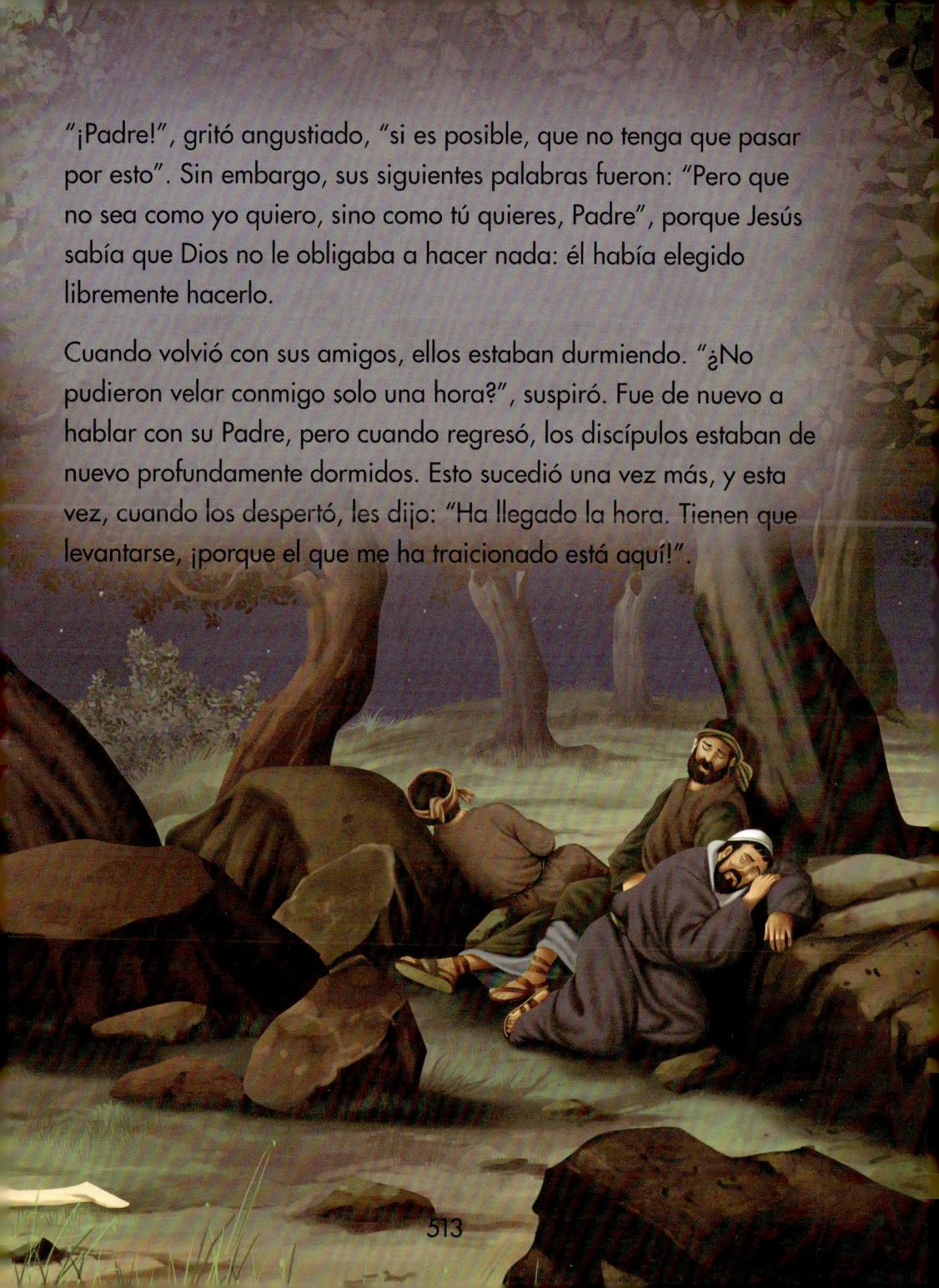

"¡Padre!", gritó angustiado, "si es posible, que no tenga que pasar por esto". Sin embargo, sus siguientes palabras fueron: "Pero que no sea como yo quiero, sino como tú quieres, Padre", porque Jesús sabía que Dios no le obligaba a hacer nada: él había elegido libremente hacerlo.

Cuando volvió con sus amigos, ellos estaban durmiendo. "¿No pudieron velar conmigo solo una hora?", suspiró. Fue de nuevo a hablar con su Padre, pero cuando regresó, los discípulos estaban de nuevo profundamente dormidos. Esto sucedió una vez más, y esta vez, cuando los despertó, les dijo: "Ha llegado la hora. Tienen que levantarse, ¡porque el que me ha traicionado está aquí!".

LA TRAICIÓN DE JUDAS
Mateo 26; Marcos 14; Lucas 22; Juan 18

Una multitud de personas entró en el jardín, muchas de ellas armadas. A la cabeza de ellos estaba Judas Iscariote. Había dicho a los jefes de los sacerdotes que besaría a Jesús para que supieran a quién debían arrestar, y cuando Judas se acercó a él, Jesús le dijo con tristeza: "Oh Judas, ¿vas a traicionar al Hijo del Hombre con un beso?".

Pedro hirió a un hombre con su espada, pero Jesús le dijo que guardara la espada y permitió que los soldados lo arrestaran. "Yo soy al que han venido a buscar", dijo en voz baja. "Dejen ir a estos otros. No tienen necesidad de venir aquí con espadas y palos. Podrían haberme capturado fácilmente cuando estaba en los patios del templo".

Cuando los discípulos se dieron cuenta de que Jesús iba a dejarse capturar, huyeron con miedo y desesperación.

EL CANTO DEL GALLO
Mateo 26; Marcos 14; Lucas 22; Juan 18

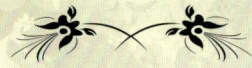

Cuando los soldados se llevaron a Jesús para interrogarlo, Simón Pedro los siguió hasta el patio del sumo sacerdote, donde esperó afuera muy triste, junto con los guardias que se calentaban junto al fuego. Al pasar una de las sirvientas, vio a Pedro junto al fuego. "¿No estabas con Jesús de Nazaret?", le preguntó. "Estoy segura de haberte visto con él".

"¡No, se han equivocado de hombre!", dijo Pedro en voz baja, esperando que nadie más lo hubiera oído, pues temía lo que ocurriría si creían que era uno de los discípulos de Jesús.

La chica se encogió de hombros y se alejó, pero al volver le dijo a uno de los guardias: "¿No crees que se parece a uno de los seguidores de Jesús?".

"¡Ya te he dicho que no tengo nada que ver con él!", se asustó Pedro.

Ahora los otros guardias lo miraban. "Debes ser uno de ellos", dijo uno. "Puedo decir por tu acento que eres de Galilea".

"¡Juro que no lo conozco!", gritó Pedro, con el corazón acelerado. En ese mismo momento, cantó un gallo, y Pedro recordó lo que había dicho Jesús, y rompió a llorar desconsoladamente.

JESÚS ANTE PILATO
Mateo 27; Marcos 15; Lucas 23; Juan 18

Los sacerdotes y fariseos pasaron la noche interrogando a Jesús. Le preguntaron si era el Mesías, el Hijo de Dios, y Jesús les contestó: "Ustedes lo han dicho. Pero a partir de ahora veréis al Hijo del Hombre sentado a la derecha de Dios".

Estaban furiosos, pero solo el gobernador romano, Poncio Pilato, podía ordenar su muerte. Así que lo arrastraron ante Pilato, pero aunque

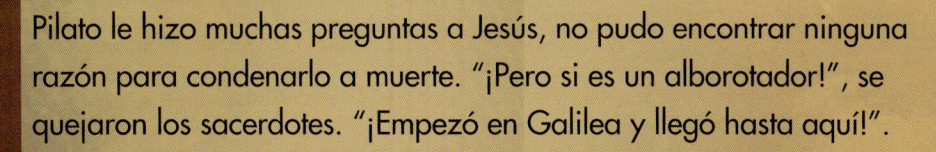

Pilato le hizo muchas preguntas a Jesús, no pudo encontrar ninguna razón para condenarlo a muerte. "¡Pero si es un alborotador!", se quejaron los sacerdotes. "¡Empezó en Galilea y llegó hasta aquí!".

Cuando Pilato se dio cuenta de que Jesús venía de Galilea, vio la manera de librarse del problema, pues Herodes estaba a cargo de esa zona. Así que Jesús fue llevado ante Herodes. Pero por muchas preguntas que le hiciera Herodes, Jesús permaneció tranquilo y callado. Al final, Herodes se cansó de su silencio. Entonces él y sus soldados se burlaron de Jesús, antes de enviarlo de vuelta a Pilato.

PILATO SE LAVA LAS MANOS
Mateo 27; Marcos 15; Lucas 23; Juan 18

Pilato estaba presionado para ordenar la ejecución de Jesús, pero había una posible salida. Durante la Pascua era costumbre liberar a un prisionero. En ese momento, había un hombre llamado Barrabás en prisión por rebelión y asesinato. Pilato llamó a los sacerdotes y al pueblo y les preguntó a quién querían que soltara, y la multitud respondió: "¡Barrabás!", pues les habían dicho que dijeran eso.

"¿Qué debo hacer con el que llaman Rey de los Judíos?", les preguntó Pilato.

"¡Crucifícalo!", gritó la multitud.

"Pero ¿por qué?", continuó Pilato. "¿Por qué delito?", pero la multitud solo gritaba más fuerte.

Pilato no quería ordenar la ejecución, pero tampoco quería un alboroto. Envió a buscar un recipiente de agua y se lavó las manos en él, para demostrar que no asumía ninguna responsabilidad por la muerte de Jesús. Luego liberó a Barrabás e hizo que entregaran a Jesús para que fuera crucificado.

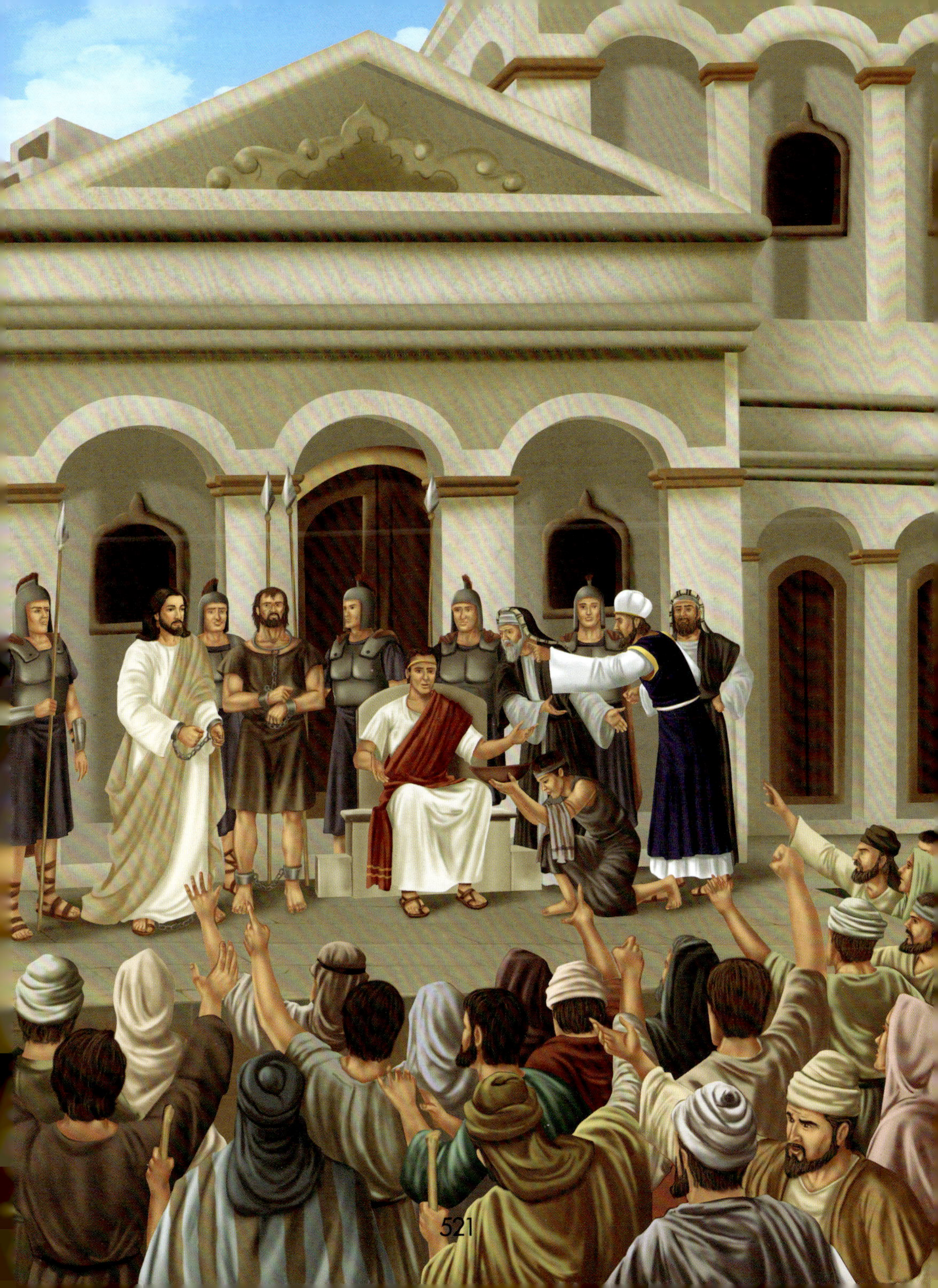

LAS BURLAS
Mateo 27; Marcos 15; Lucas 23; Juan 19

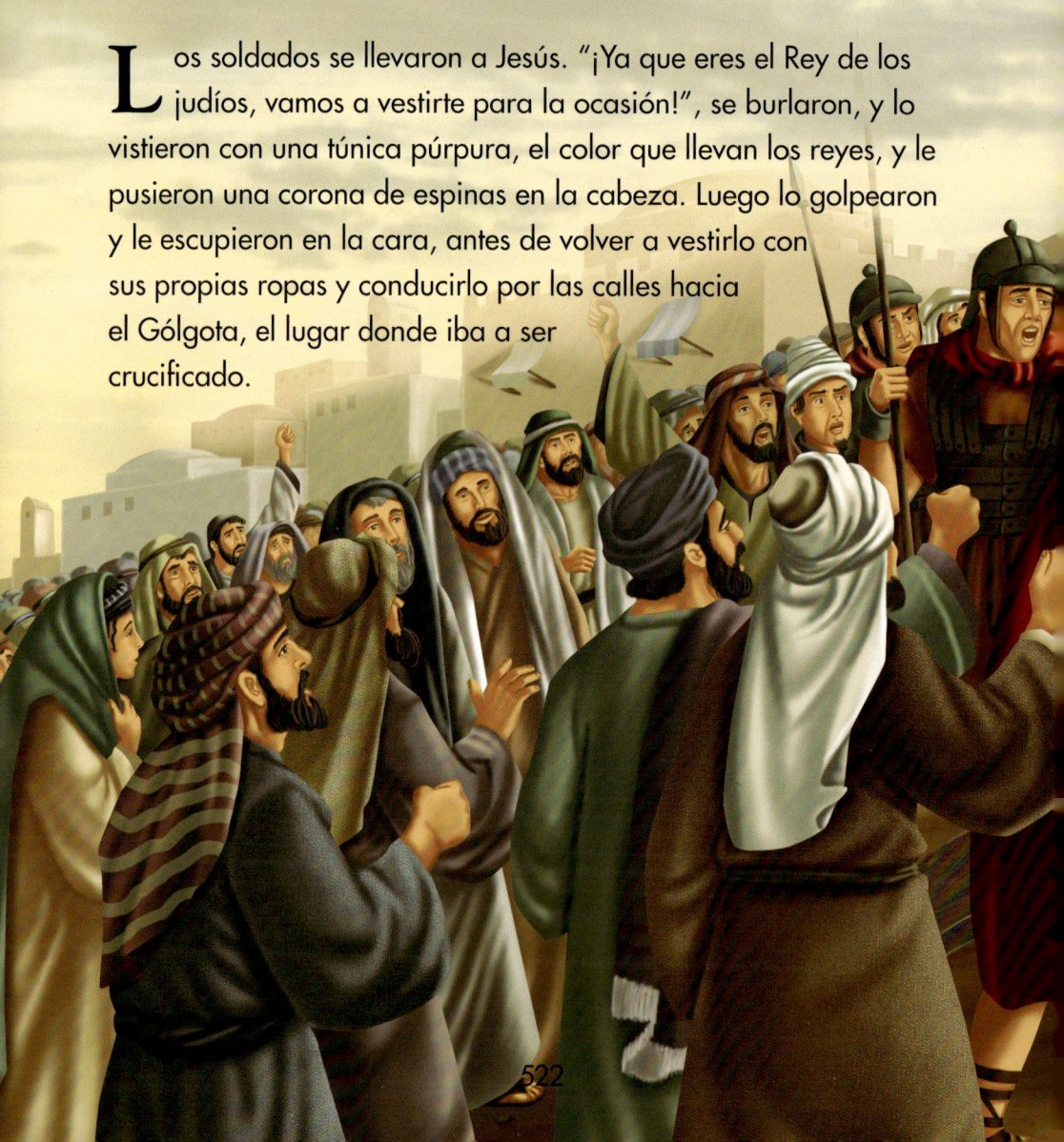

Los soldados se llevaron a Jesús. "¡Ya que eres el Rey de los judíos, vamos a vestirte para la ocasión!", se burlaron, y lo vistieron con una túnica púrpura, el color que llevan los reyes, y le pusieron una corona de espinas en la cabeza. Luego lo golpearon y le escupieron en la cara, antes de volver a vestirlo con sus propias ropas y conducirlo por las calles hacia el Gólgota, el lugar donde iba a ser crucificado.

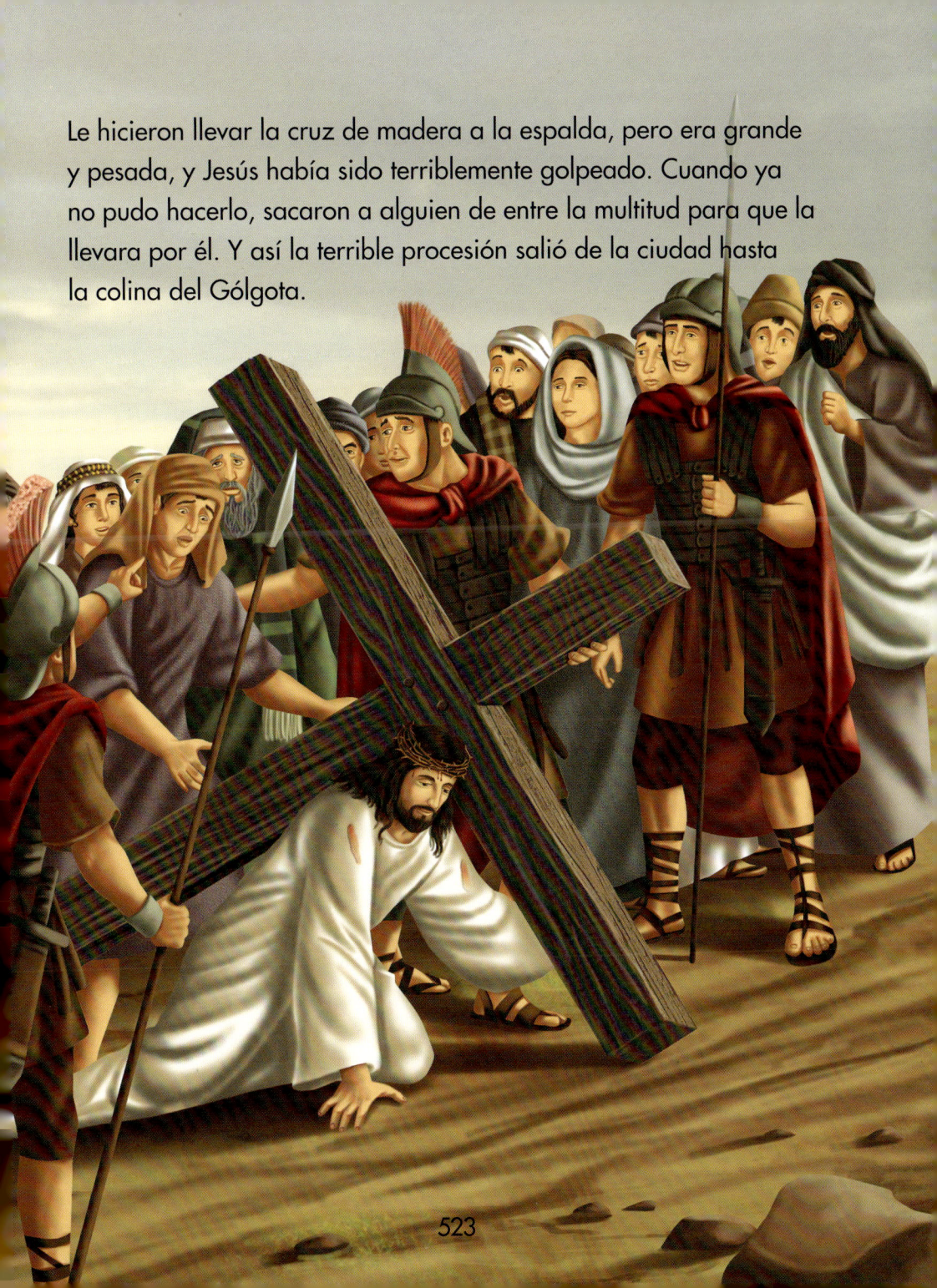

Le hicieron llevar la cruz de madera a la espalda, pero era grande y pesada, y Jesús había sido terriblemente golpeado. Cuando ya no pudo hacerlo, sacaron a alguien de entre la multitud para que la llevara por él. Y así la terrible procesión salió de la ciudad hasta la colina del Gólgota.

LA CRUCIFIXIÓN
Mateo 27; Marcos 15; Lucas 23; Juan 19

Los soldados le clavaron las manos y los pies en la cruz y colocaron sobre su cabeza un cartel que decía: "JESÚS DE NAZARET, REY DE LOS JUDÍOS". Mientras levantaban la cruz, Jesús gritó: "Padre, perdónalos. No saben lo que hacen".

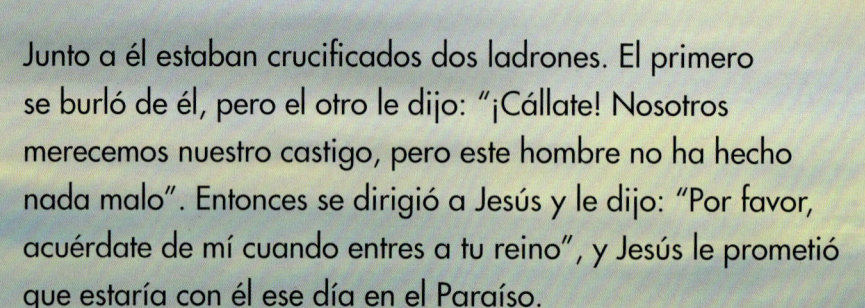

Junto a él estaban crucificados dos ladrones. El primero se burló de él, pero el otro le dijo: "¡Cállate! Nosotros merecemos nuestro castigo, pero este hombre no ha hecho nada malo". Entonces se dirigió a Jesús y le dijo: "Por favor, acuérdate de mí cuando entres a tu reino", y Jesús le prometió que estaría con él ese día en el Paraíso.

Los guardias echaron suertes de quién ganaría la ropa de Jesús, mientras los sacerdotes y los fariseos se burlaban de él diciendo: "¡Si bajas ahora de la cruz, creeremos en ti!".

LA MUERTE DE JESÚS
Mateo 27; Marcos 15; Lucas 23; Juan 19

A mediodía, una sombra atravesó el sol y la oscuridad cayó sobre la tierra durante tres largas horas. A las tres de la tarde, Jesús gritó con voz fuerte: "Dios mío, ¿por qué me has abandonado?". Luego dio un gran grito: "¡Consumado es!", y con estas palabras, entregó su espíritu.

En ese momento la tierra tembló, y la cortina del santo templo se rasgó de arriba abajo. Cuando los soldados romanos sintieron que el suelo se movía bajo sus pies y vieron cómo Jesús fallecía, se inquietaron profundamente. "¡Seguramente era el Hijo de Dios!", susurró uno con asombro.

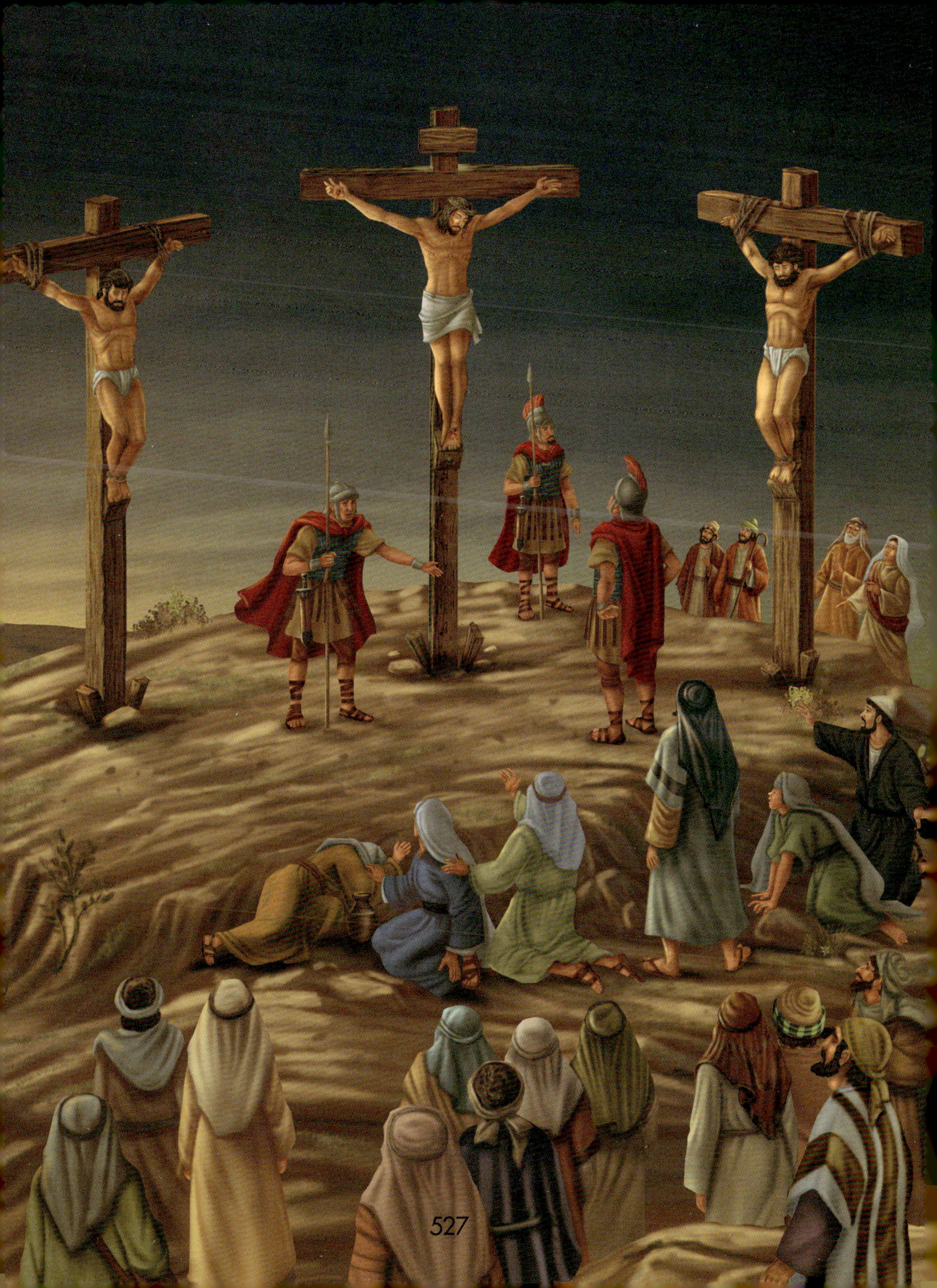

LA SEPULTURA
Mateo 27; Marcos 15; Lucas 23; Juan 19

Como el día siguiente iba a ser un día de reposo especial, los dirigentes judíos no querían que los cuerpos quedaran en las cruces, y por eso le pidieron a Pilato que los hiciera bajar. Un hombre llamado José de Arimatea pidió permiso para llevarse el cuerpo de Jesús, y así los amigos de Jesús envolvieron cuidadosamente el cuerpo en lino y especias, y luego lo colocaron en un sepulcro que José había hecho construir para sí mismo. Luego hicieron rodar una gran piedra frente a la entrada del sepulcro, y se fueron con tristeza.

Pero al día siguiente, los jefes de los sacerdotes y los fariseos fueron a Pilato y le pidieron que pusiera una guardia en el sepulcro y que lo sellara, porque recordaban que cuando estaba vivo Jesús había dicho: "Después de tres días resucitaré", y creían que sus discípulos podrían venir a robar el cuerpo y luego tratar de persuadir a la gente de que había resucitado. Pilato les dijo que aseguraran la tumba y así lo hicieron.

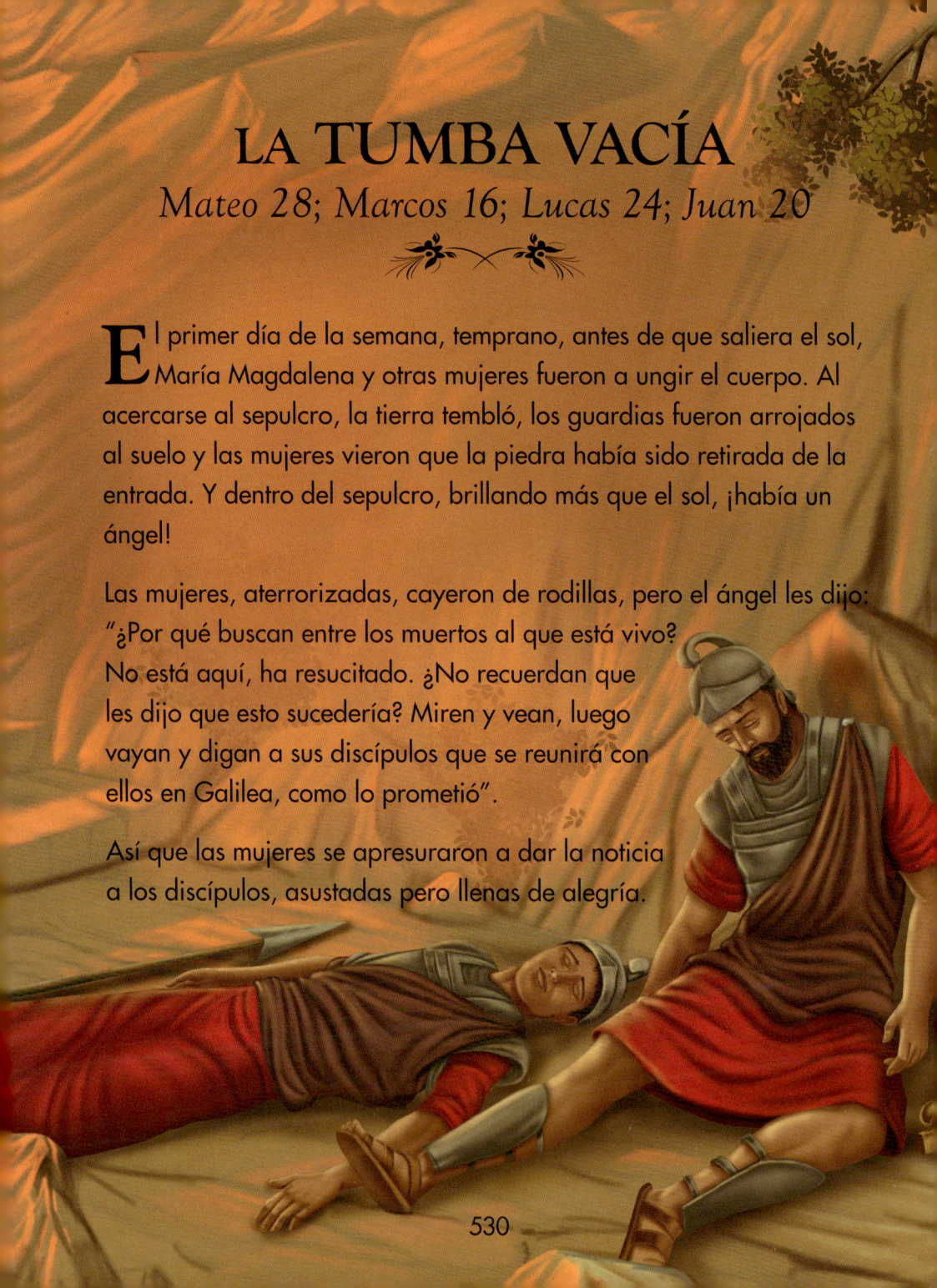

LA TUMBA VACÍA
Mateo 28; Marcos 16; Lucas 24; Juan 20

El primer día de la semana, temprano, antes de que saliera el sol, María Magdalena y otras mujeres fueron a ungir el cuerpo. Al acercarse al sepulcro, la tierra tembló, los guardias fueron arrojados al suelo y las mujeres vieron que la piedra había sido retirada de la entrada. Y dentro del sepulcro, brillando más que el sol, ¡había un ángel!

Las mujeres, aterrorizadas, cayeron de rodillas, pero el ángel les dijo: "¿Por qué buscan entre los muertos al que está vivo? No está aquí, ha resucitado. ¿No recuerdan que les dijo que esto sucedería? Miren y vean, luego vayan y digan a sus discípulos que se reunirá con ellos en Galilea, como lo prometió".

Así que las mujeres se apresuraron a dar la noticia a los discípulos, asustadas pero llenas de alegría.

531

¡ESTÁ VIVO!
Mateo 28; Marcos 16; Juan 20

María Magdalena estaba de pie fuera de la tumba. Pedro y otro de los discípulos habían venido, habían visto las vendas y se habían marchado, asombrados y confundidos. Ahora estaba sola. Extrañaba mucho a Jesús.

En ese momento oyó unos pasos detrás de ella y un hombre le preguntó: "Mujer, ¿por qué lloras? ¿A quién buscas?".

Pensando que debía ser el jardinero, le rogó: "Señor, si lo ha trasladado, dígame por favor dónde está y lo traeré".

El hombre solo dijo su nombre, "María", pero al instante ella volteó. Reconoció esa voz clara y suave.

Jesús dijo: "No te aferres a mí, porque aún no he subido a mi Padre. Ve y díselo a los demás". Así que María se apresuró a dar la sorprendente noticia de que había visto a Jesús vivo.

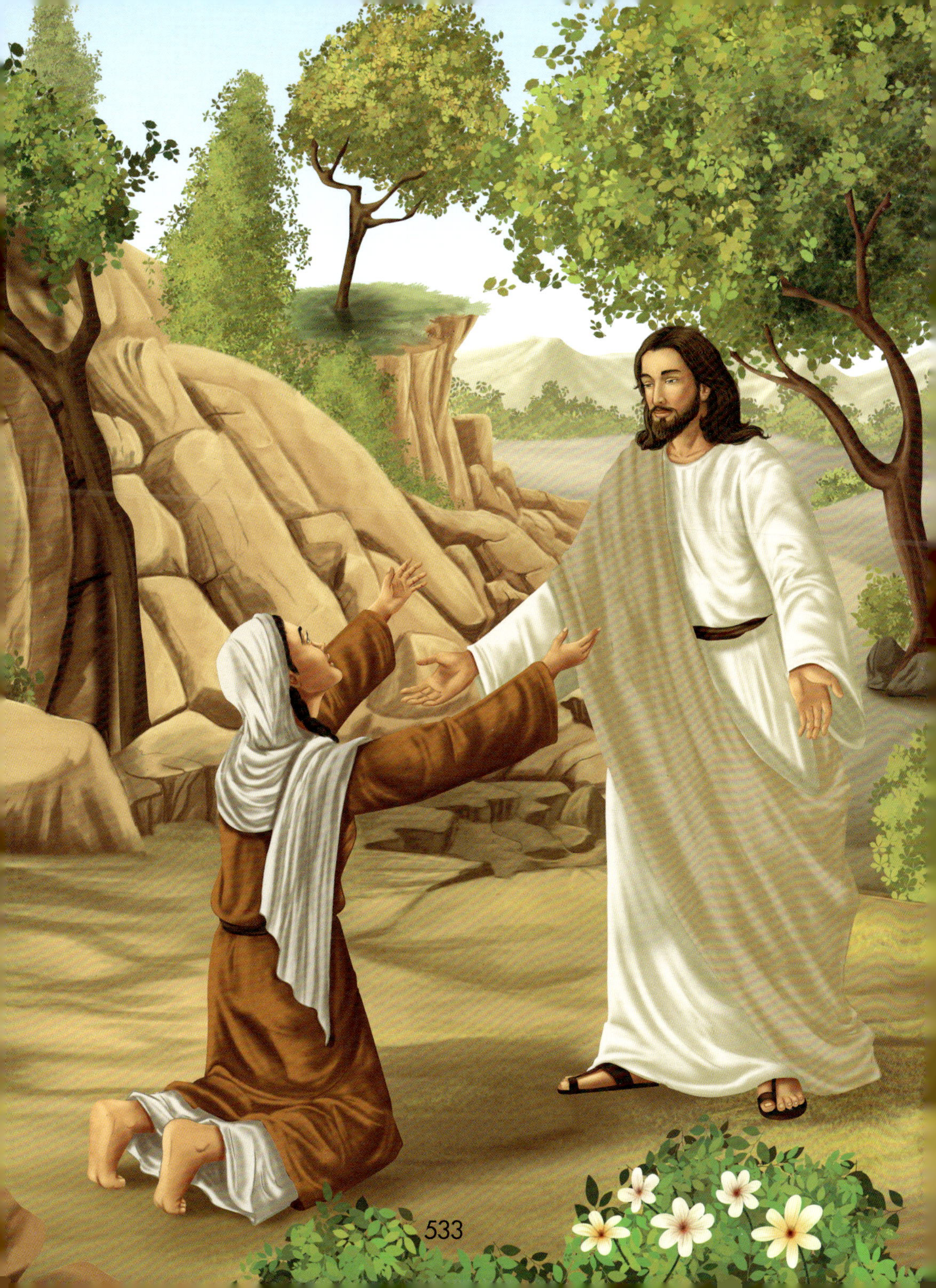

EN EL CAMINO A EMAÚS
Marcos 16; Lucas 24

Ese mismo día, dos seguidores de Jesús viajaban por el polvoriento camino de Jerusalén a una aldea. No podían dejar de hablar de los últimos días. De pronto, otro hombre se les acercó y les preguntó de qué estaban hablando.

"¿Dónde has estado?", le preguntaron asombrados, y pasaron a contarle con entusiasmo todo sobre Jesús, las cosas sorprendentes que había enseñado y los milagros que había realizado. Luego, con una expresión más seria, le hablaron de su muerte y de su desaparición del sepulcro.

"¡Qué lentos son para entender lo que les dijeron los profetas!", dijo el extraño. "¿No ven que el Mesías tenía que sufrir estas cosas y luego entrar en su gloria?". Y comenzó a hablarles de todo lo que se había dicho en las Escrituras sobre Jesús. Se quedaron maravillados, porque lo dejó todo muy claro.

En la aldea, le pidieron que cenara con ellos. Mientras comían, tomó un poco de pan y, dando gracias por ello, lo partió en pedazos y se lo dio. De repente, se dieron cuenta de quién era realmente aquel desconocido: ¡Jesús en persona! ¡Y de repente desapareció!

Los amigos se apresuraron a volver a Jerusalén. No veían la hora de comunicar a los discípulos la buena noticia.

535

LA DUDA DE TOMÁS
Lucas 24; Juan 20

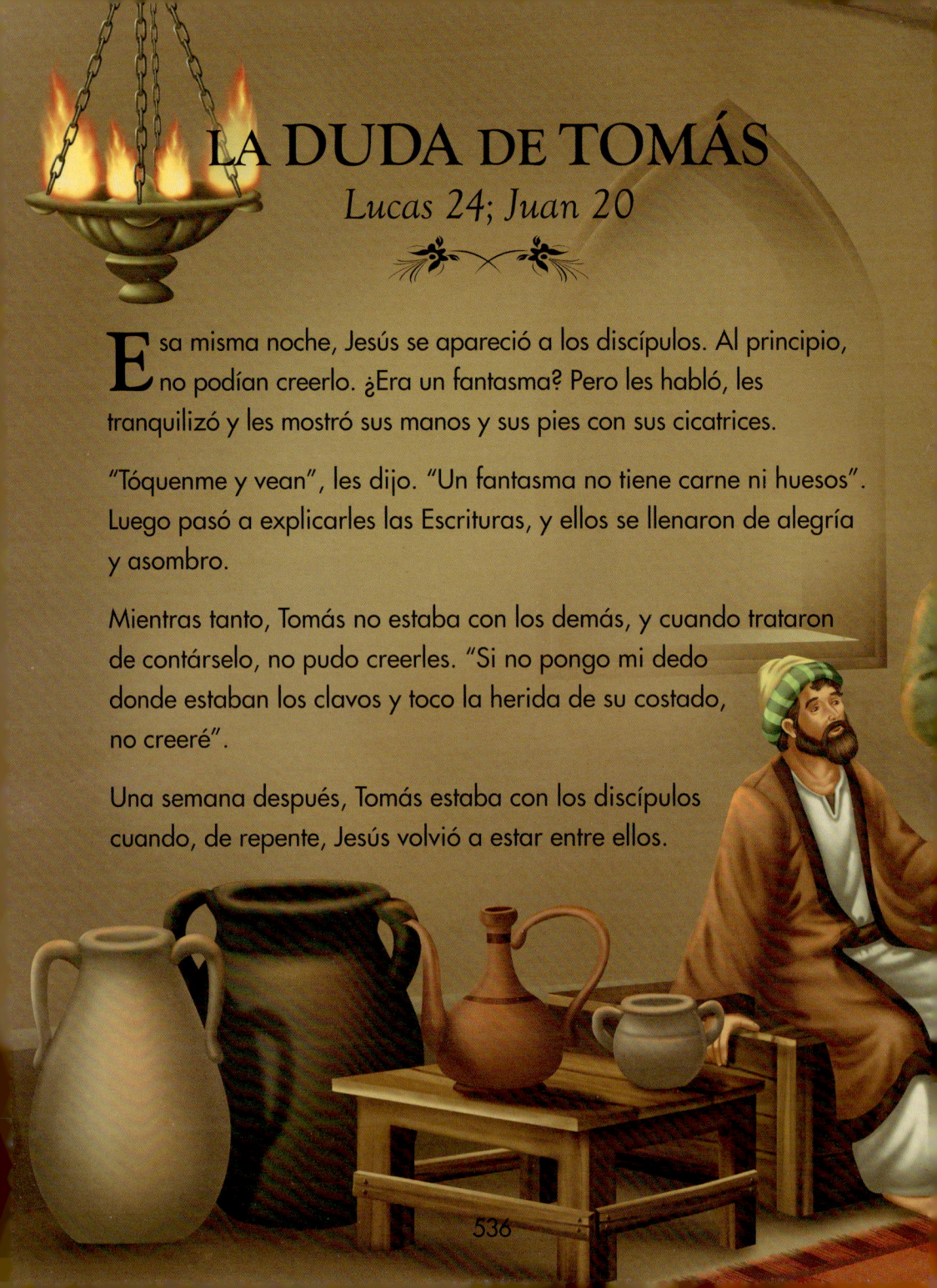

Esa misma noche, Jesús se apareció a los discípulos. Al principio, no podían creerlo. ¿Era un fantasma? Pero les habló, les tranquilizó y les mostró sus manos y sus pies con sus cicatrices.

"Tóquenme y vean", les dijo. "Un fantasma no tiene carne ni huesos". Luego pasó a explicarles las Escrituras, y ellos se llenaron de alegría y asombro.

Mientras tanto, Tomás no estaba con los demás, y cuando trataron de contárselo, no pudo creerles. "Si no pongo mi dedo donde estaban los clavos y toco la herida de su costado, no creeré".

Una semana después, Tomás estaba con los discípulos cuando, de repente, Jesús volvió a estar entre ellos.

Dirigiéndose a Tomás, le dijo: "Mete el dedo en las heridas de mis manos. Estira la mano y toca mi costado. ¡Deja de dudar y cree!".

Tomás cayó de rodillas, sobrecogido de alegría. ¡A partir de ese momento, creyó!

Jesús dijo: "Solo has creído porque me has visto a mí en persona. ¡Cuán dichosa será la gente que crea sin haberme visto!".

UNA COMIDA CON JESÚS
Juan 21

Poco después, algunos de los discípulos fueron a pescar, pero por la mañana volvieron con las manos vacías. Cuando se acercaban a la orilla, un hombre les gritó: "¿No han pescado nada, amigos míos?". Cuando negaron con la cabeza, les dijo que echaran la red por el lado derecho de la barca. Encogiéndose de hombros, lo hicieron, ¡y se sorprendieron cuando la red estaba tan llena de peces que era demasiado pesada para sacarla!

"¡Es Jesús!", gritó Juan, y Simón Pedro saltó al agua. Los demás le siguieron en la barca, y cuando desembarcaron, vieron que Jesús estaba cocinando una comida para ellos. Les dijo que trajeran más pescado para cocinar, ¡tenían mucho!

Después de haber comido, Jesús se dirigió a Simón Pedro y le preguntó si lo amaba profundamente. El discípulo respondió: "Sí, Señor", pero se llenó de vergüenza, recordando cómo había negado a Jesús. Jesús le hizo la misma pregunta dos veces más. Entonces Simón Pedro dijo con voz dolida: "Señor, tú lo sabes todo; tú sabes que te amo".

Jesús dijo: "Entonces tengo trabajo para ti. Te encargarás de mis ovejas", pues Simón Pedro sería un líder importante en los años posteriores.

LA ASCENSIÓN
Marcos 16; Lucas 24; Hechos 1

Jesús y sus amigos estaban en una ladera de las afueras de Jerusalén. Había llegado el momento de que Jesús dejara el mundo. En el tiempo transcurrido desde su resurrección, les había aclarado muchas cosas y les había hablado un poco de lo que les esperaba en el futuro.

Jesús se dirigió a sus discípulos. "Por ahora, deben quedarse aquí en Jerusalén y esperar el don que mi Padre les ha prometido, pues pronto serán bautizados con el Espíritu Santo. Entonces deben difundir mi mensaje no solo en Jerusalén, y en Judea y Samaria, sino en todos los países".

Levantó las manos para bendecirlos y luego, ante sus ojos, fue llevado al cielo, y una nube lo ocultó de la vista.

Mientras miraban hacia arriba con asombro, de repente dos hombres vestidos de blanco se pusieron a su lado. "¿Por qué miran al cielo? Jesús ha sido llevado al cielo, ¡pero volverá de nuevo de la misma manera que se fue!".

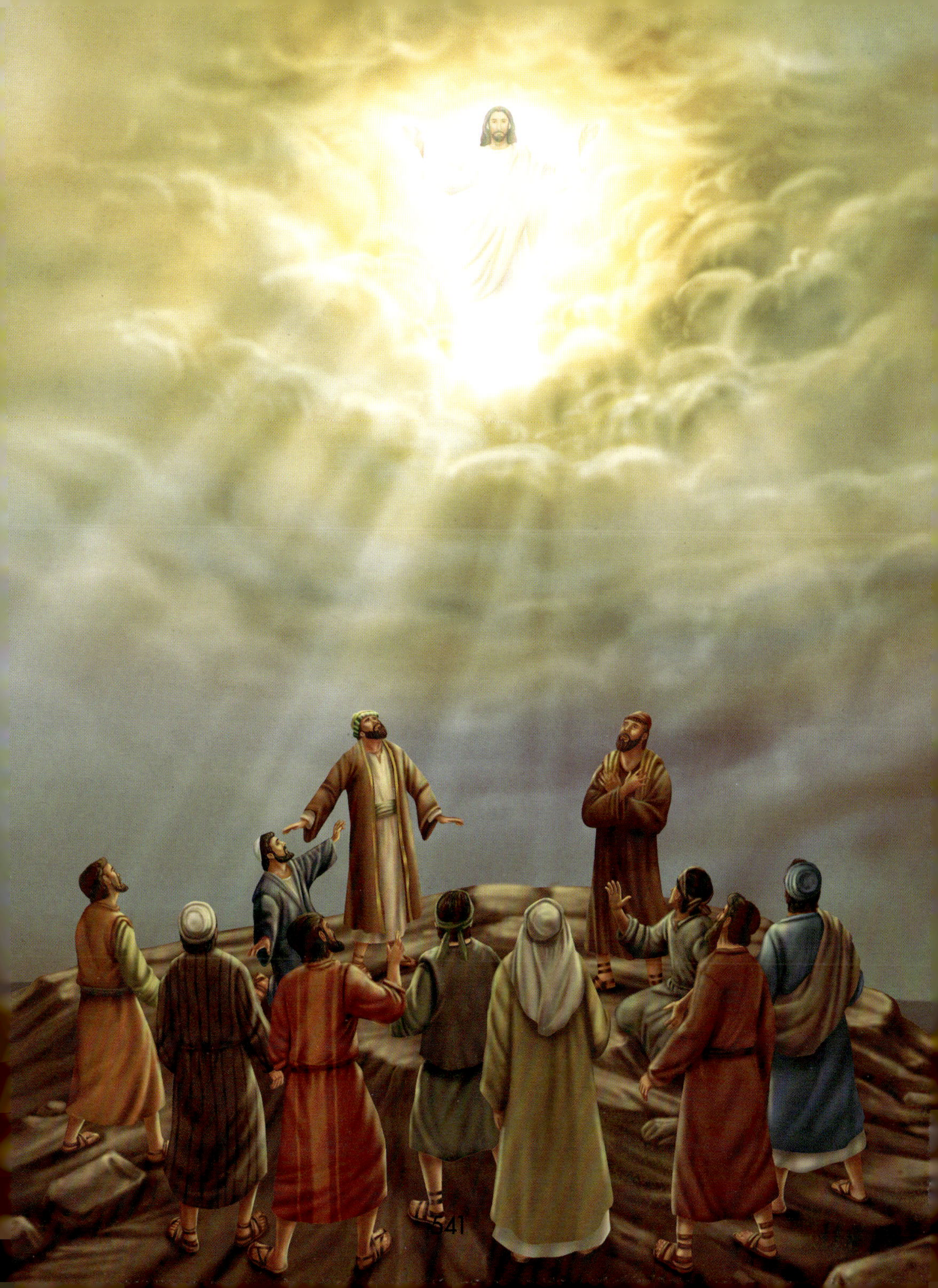

EL ESPÍRITU SANTO
Hechos 2

Ya habían pasado diez días desde que Jesús fue llevado al cielo. Los doce discípulos (pues habían elegido a un hombre llamado Matías para que se uniera a ellos y ocupara el lugar de Judas Iscariote) estaban reunidos cuando, de repente, la casa se llenó con el sonido de un fuerte viento que venía del cielo.

Mientras observaban asombrados, lenguas de fuego parecían posarse sobre cada una de las personas allí presentes. Todos fueron llenos del Espíritu Santo, y comenzaron a hablar en diferentes idiomas, ¡idiomas que nunca habían hablado antes o estudiado!

Al oír la confusión, una gran multitud se reunió en el exterior.

Grande fue su asombro cuando los discípulos salieron, ¡y comenzaron a hablar en diferentes idiomas! "¿Cómo puede ser esto?", exclamaron. "Hay aquí gente de Asia y de Egipto, de Libia y de Creta, de Roma y de Arabia: ¿cómo es posible que todos los oigamos usar nuestras propias lenguas para hablarnos de Dios?".

Algunos solo querían burlarse de lo que estaba ocurriendo. "¡Todos han bebido demasiado vino!".

LOS SALVADOS
Hechos 2

Entonces Pedro se adelantó. "¡Escuchen!", dijo en voz alta. "Por supuesto que no estamos borrachos: ¡hemos sido llenos del Espíritu Santo! Hace apenas unas semanas, Jesús de Nazaret murió en una cruz. ¡Pero cualquiera de nosotros puede decir que Dios ha resucitado a Jesús! Todo esto era parte del plan de Dios. Ustedes saben que Jesús fue enviado a ustedes por Dios, porque hizo muchos milagros y les mostró muchas señales. Pero Dios había planeado que Jesús fuera entregado a ustedes, así que lo rechazaron y lo mandaron matar por hombres malvados. Sin embargo, ¡la muerte no pudo retenerlo! Dios hizo a este Jesús, al que ustedes crucificaron, ¡Señor y Mesías!".

La gente parecía preocupada y angustiada. ¿Qué habían hecho? ¿Y cómo podrían mejorar la situación?

"Si de verdad lo sienten", continuó Pedro, "arrepiéntanse. Reciban el bautismo en el nombre de Jesucristo, y sus pecados serán perdonados. Y recibirás el don del Espíritu Santo. Esta promesa no es solo para ustedes, sino también para sus hijos, y para las personas que están lejos: ¡el don de Dios es para todos!".

¡EN PROBLEMAS!
Hechos 3-4

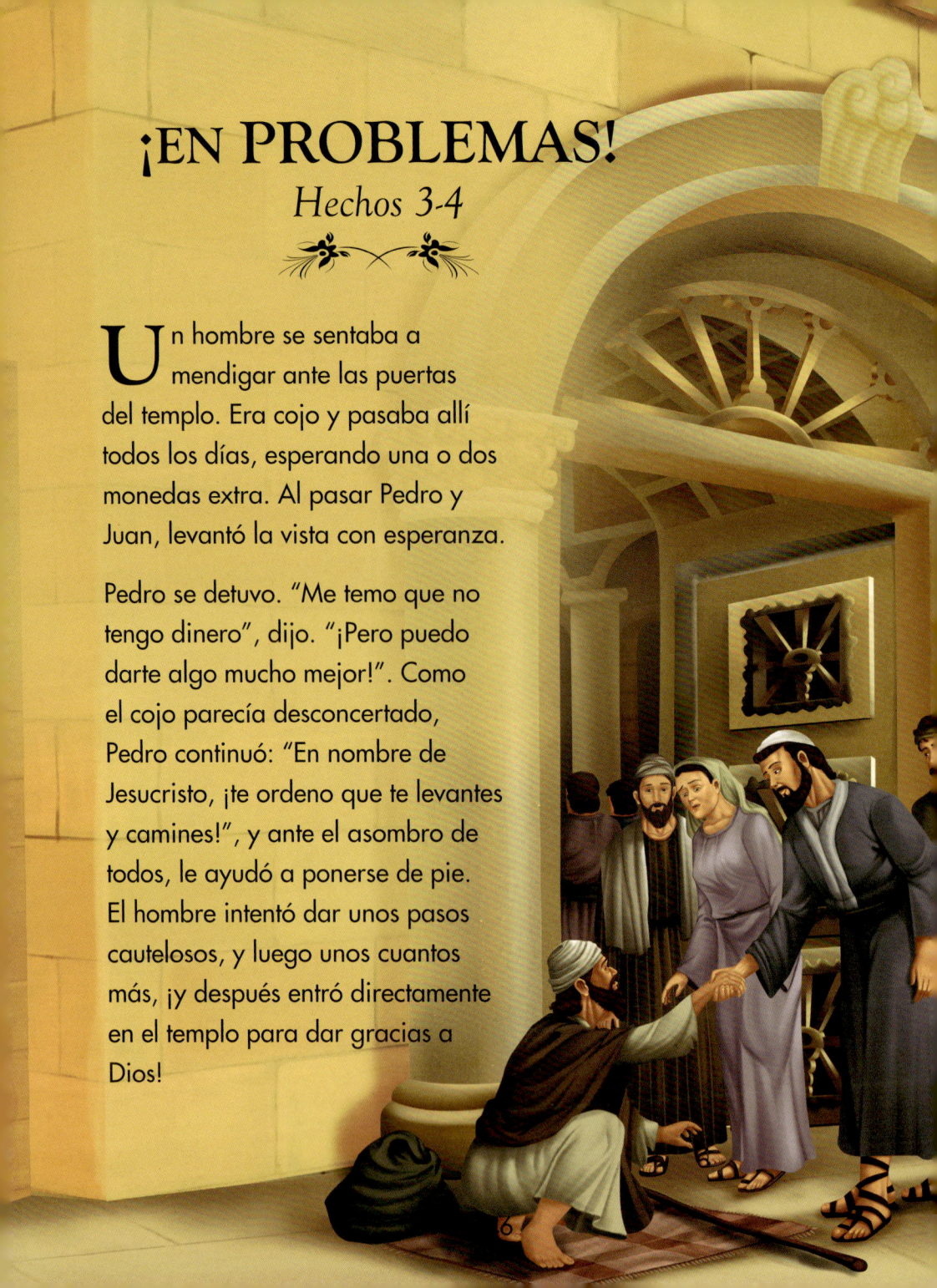

Un hombre se sentaba a mendigar ante las puertas del templo. Era cojo y pasaba allí todos los días, esperando una o dos monedas extra. Al pasar Pedro y Juan, levantó la vista con esperanza.

Pedro se detuvo. "Me temo que no tengo dinero", dijo. "¡Pero puedo darte algo mucho mejor!". Como el cojo parecía desconcertado, Pedro continuó: "En nombre de Jesucristo, ¡te ordeno que te levantes y camines!", y ante el asombro de todos, le ayudó a ponerse de pie. El hombre intentó dar unos pasos cautelosos, y luego unos cuantos más, ¡y después entró directamente en el templo para dar gracias a Dios!

Pero cuando los dirigentes judíos se enteraron, metieron a Pedro y a Juan en la cárcel, y a la mañana siguiente les preguntaron: "¿Quién les ha dado derecho a hacer esto?".

"Es por el nombre de Jesucristo que este hombre ha sido curado", respondió Pedro, y cuando los sacerdotes le dijeron que no hablara más de Jesús, contestó con valentía: "¿Qué creen que sería lo correcto: que hagamos lo que ustedes dicen o lo que Dios nos dice? De todos modos, ¡no podemos dejar de hablar de lo que hemos visto y oído!". Al final, los dos hombres fueron liberados.

LIBERADOS DE LA CÁRCEL
Hechos 5

Después de esto, los apóstoles se reunían cada día para hablar a la gente sobre Jesús y sanar a las personas en su nombre. Mucha gente se hizo cristiana, y los líderes judíos se enfadaron mucho. Querían que la gente los escuchara a ellos, ¡no a los apóstoles!

Un día, metieron a los apóstoles en la cárcel. Pero durante la noche un ángel abrió las puertas de la cárcel y los sacó, diciéndoles que volvieran a los atrios del templo y difundieran su mensaje.

Los sacerdotes mandaron a buscarlos a la mañana siguiente, ¡pero encontraron la cárcel cerrada y la celda vacía! Cuando encontraron a los apóstoles y los llevaron ante ellos, los sacerdotes los acusaron de desobedecer sus instrucciones. Pero Pedro y los demás respondieron valientemente: "¡Debemos obedecer a Dios antes que a los seres humanos!".

Algunos sacerdotes querían ejecutarlos, pero uno de ellos dijo sabiamente: "Si solo están incitando a la rebelión, al final todo se desvanecerá. Pero si realmente vienen de Dios, ¡no podrán detenerlos y acabarán luchando contra Dios!". Así que los apóstoles fueron liberados bajo estrictas instrucciones de no hablar más de Jesús, ¡pero por supuesto que lo hicieron!

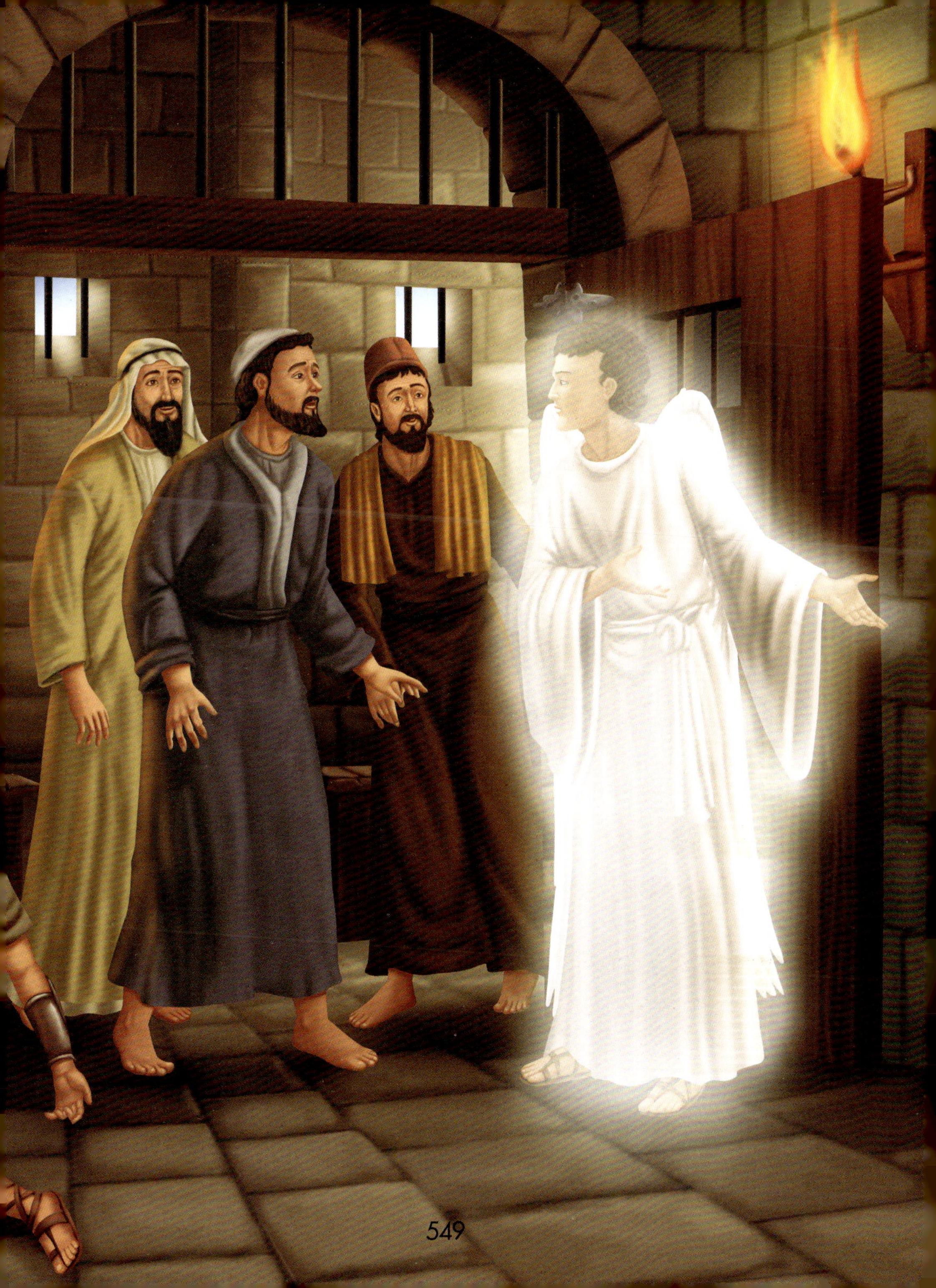

ANANÍAS Y SAFIRA
Hechos 5

Muchos llegaron a creer en Jesús. Se unieron, compartiendo lo que tenían: algunos incluso vendieron casas o tierras para que el dinero pudiera utilizarse donde más se necesitaba. Pero no todos los nuevos creyentes eran honestos. Ananías y su esposa Safira vendieron parte de sus tierras. Decidieron que se quedarían con una parte del dinero y le darían el resto a Pedro, creyendo que nunca lo sabría.

Pero cuando Ananías trajo el dinero, Pedro lo miró a los ojos y le dijo: "¿Por qué has mentido y te has quedado con una parte? La tierra era tuya antes de venderla, y el dinero también era tuyo. ¿Por qué mentir? No solo me has mentido a mí, ¡sino al mismo Dios!", ¡y Ananías cayó muerto en el acto!

Cuando su esposa llegó desprevenida un poco más tarde, Pedro le preguntó si le había dado todo el dinero, y cuando ella le respondió que sí, suspiró. "Oh, Safira, ¿cómo has podido mentir así? ¿No oyes ese ruido?" (se escuchaban pasos fuera de la habitación). "Esos hombres acaban de enterrar a tu esposo, ¡y ahora se llevarán tu cuerpo también!", y en eso, ¡Safira cayó muerta!

La historia de la pareja mentirosa se difundió por todas partes y llenó a todo el mundo de miedo y asombro.

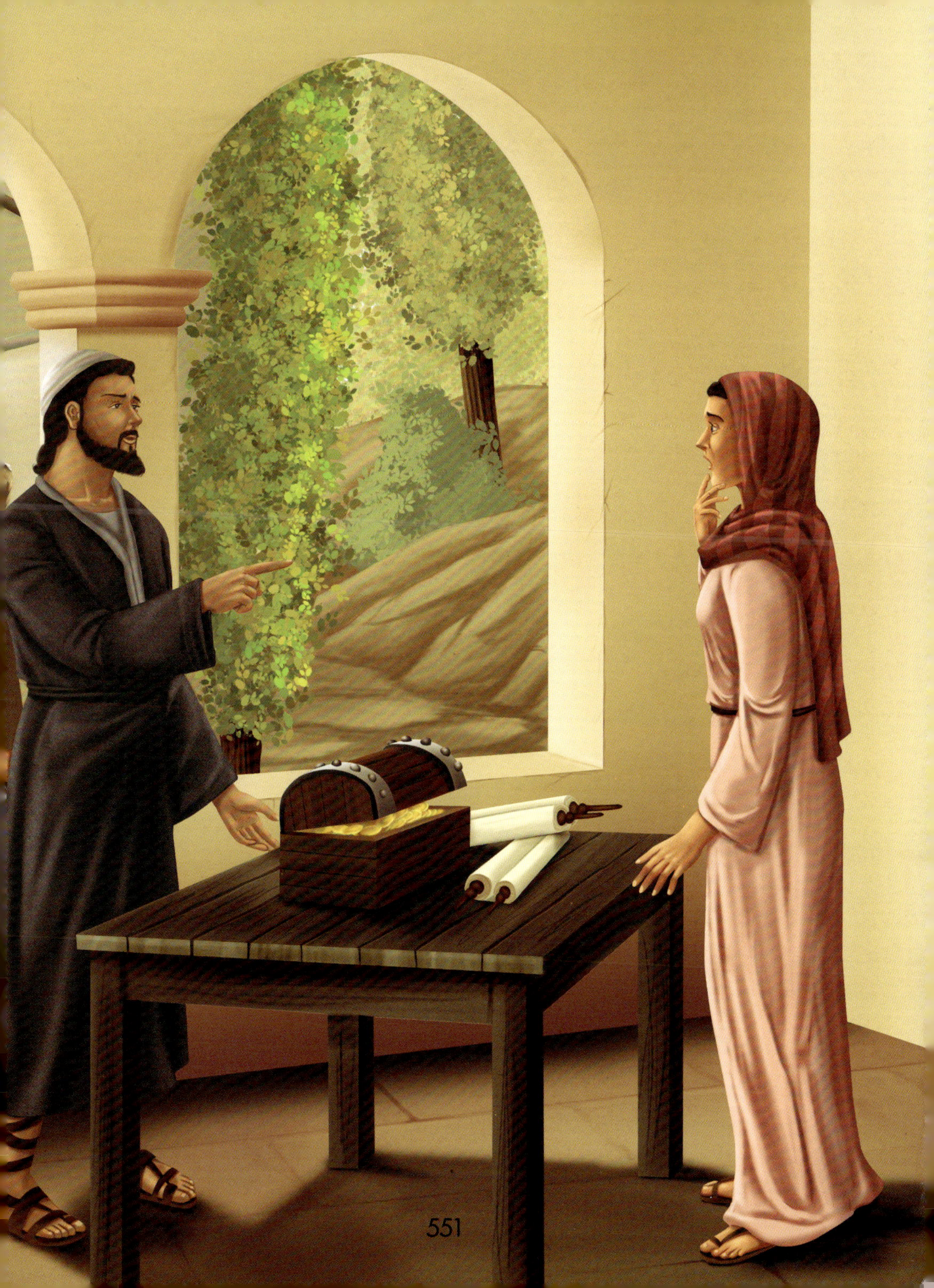

APEDREADO HASTA LA MUERTE
Hechos 6-7

Esteban era uno de los siete hombres sabios y buenos encargados de repartir todo entre los nuevos cristianos. Estaba lleno del Espíritu Santo y realizó tantos prodigios que pronto se ganó enemigos entre los que odiaban a Jesús. Fue llevado ante el Concilio Judío, donde falsos testigos declararon en su contra.

Se enfrentó a sus acusadores con valentía, su rostro brillaba como el de un ángel. "A lo largo de nuestra historia han perseguido a nuestros profetas y se han negado a escucharlos. Ahora has traicionado y asesinado al mayor mensajero de Dios. Los ángeles te han dado la ley y; sin embargo, ¡no la has obedecido!". Lleno del Espíritu Santo, continuó: "¡Mira hacia arriba! ¡Puedo ver el cielo y al Hijo del Hombre de pie a la derecha de Dios!".

Esto fue demasiado para el Concilio. Arrastraron a

Esteban fuera de la ciudad y comenzaron a apedrearlo.

Pero mientras lo apedreaban, Esteban oró: "Señor Jesús, recibe mi espíritu". Luego cayó de rodillas y gritó: "Señor, no se lo tomes en cuenta", y con estas palabras murió.

FELIPE Y EL ETÍOPE
Hechos 8

Uno de los espectadores era un hombre llamado Saulo que odiaba a los seguidores de Jesús. Quería poner fin a su predicación y creía que estaba haciendo la voluntad de Dios. Muchos cristianos tuvieron que huir para evitar ser encarcelados, pero difundieron la palabra allá donde iban.

Entre ellos estaba Felipe. Llamado por un ángel para viajar desde Jerusalén hacia el sur, Felipe se encontró con un hombre poderoso y rico, tesorero de la reina de Etiopía, que leía el Libro de Isaías mientras viajaba en su fino carruaje.

El etíope estaba frustrado: estaba leyendo las palabras de Isaías sobre cómo el siervo de Dios fue llevado como una oveja al matadero y quería saber de quién hablaba el profeta. Felipe le explicó que se trataba de Jesús, y pasó a contarle todo sobre el Hijo de Dios.

El funcionario quería convertirse en cristiano de inmediato, ¡por lo que Felipe lo bautizó en un río junto al camino! Dios se llevó a Felipe a predicar el evangelio en muchos otros lugares, pero el etíope siguió su camino, lleno de alegría y felicidad.

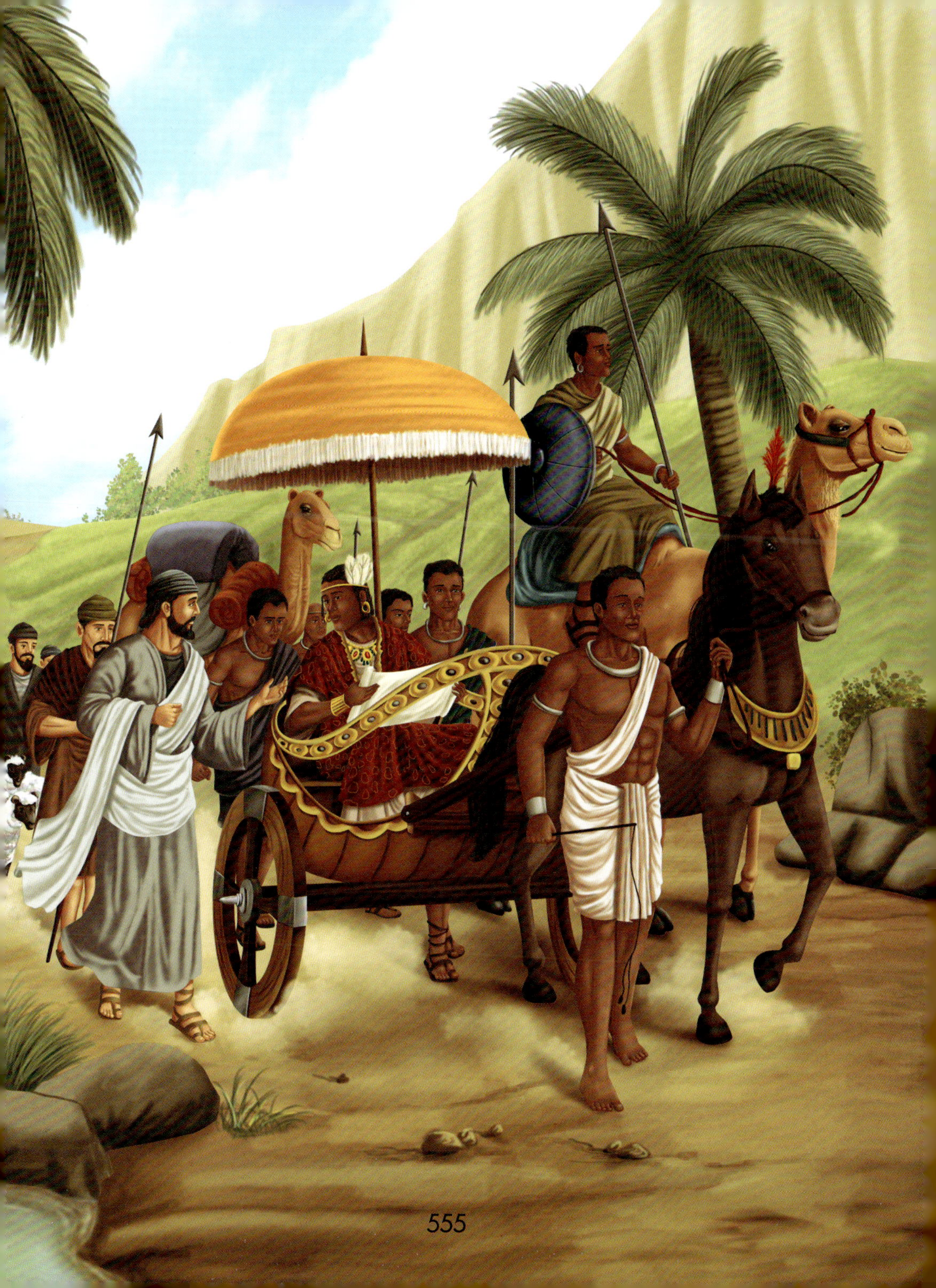

VIAJE A DAMASCO
Hechos 9

Mientras tanto, Saulo seguía decidido a detener a los seguidores de Jesús. Al saber que muchos habían huido a la ciudad de Damasco, se dispuso a arrestarlos. De repente, una luz cegadora del cielo descendió. Saulo cayó al suelo, cubriéndose los ojos. Entonces oyó una voz que le decía: "Saulo, ¿por qué sigues persiguiéndome?".

Saulo empezó a temblar. Creyó saber quién hablaba, pero tuvo que preguntar.

"Yo soy Jesús", respondió la voz. "Levántate y entra en la ciudad, y se te dirá lo que debes hacer".

Saulo se levantó con dificultad, ¡pero cuando abrió los ojos, no pudo ver nada! Sus guardias tuvieron que tomarlo de la mano y llevarlo a la ciudad. Allí permaneció tres días sin comer ni beber, pasando el tiempo en oración.

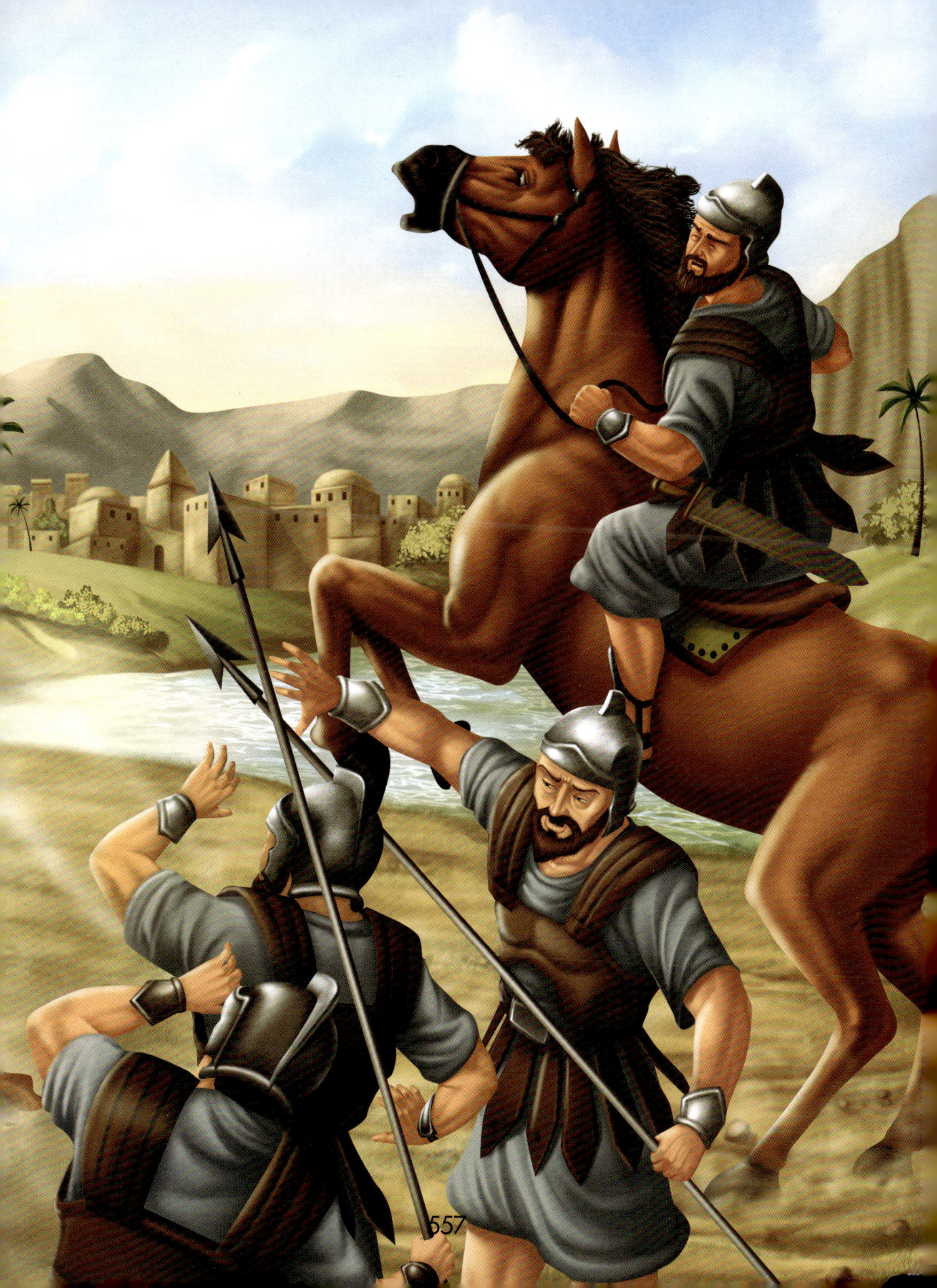

LA CONVERSIÓN DE SAULO
Hechos 9

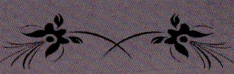

Dios tenía grandes planes para Saulo. Envió a un cristiano llamado Ananías a la casa donde se alojaba. Al llegar allí, Ananías impuso sus manos sobre Saulo, diciendo: "¡Jesús me ha enviado para que vuelvas a ver y seas lleno del Espíritu Santo!". Al instante, ¡fue como si se le cayeran las escamas de los ojos y Saulo pudo volver a ver! Se levantó y fue bautizado.

Saulo (o Pablo, pues se le conoció por la versión romana de su nombre) comenzó a difundir las buenas nuevas sobre Jesús en Damasco y la gente se asombró, pues antes había sido el mayor enemigo de los cristianos. Pero mientras sus enemigos se convirtieron en sus amigos, sus antiguos amigos pronto se convirtieron en sus enemigos, y tuvo que escapar de la ciudad en una gran cesta, bajada por encima de los muros de la ciudad al amparo de la noche. Regresó a Jerusalén y se convirtió en uno de los más grandes apóstoles.

PEDRO Y LA AMABLE TABITA
Hechos 9

La amable Tabita (en griego se llamaba Dorcas) vivía en Jope. Pasaba sus días ayudando a los demás, especialmente a los pobres, para los que hacía ropa. Por desgracia, enfermó y falleció. Los demás cristianos la lloraron amargamente. Lavaron su cuerpo con ternura y lo colocaron en una habitación para esperar su entierro.

Los amigos de Tabita enviaron un mensaje a Pedro, rogándole que fuera. Cuando entró en la habitación en la que habían depositado su cuerpo, Pedro fue recibido por una multitud de viudas que lloraban. Las calmó, las hizo salir de la habitación y, una vez solo, se arrodilló y oró con todo su corazón. Luego se dirigió a la mujer muerta, diciendo: "¡Tabita, levántate!".

Al oír esto, Tabita abrió los ojos y se incorporó. Pedro la llevó hasta sus amigos. Asombrados y llenos de alegría, apenas podían creer lo que veían. Cuando la noticia se difundió, muchas más personas llegaron a creer en Jesús.

LA SÁBANA DE ANIMALES
Hechos 10

Un día, mientras oraba en el tejado bajo el sol abrasador, Pedro se quedó dormido y tuvo un extraño sueño. En su sueño, colgaba ante él una enorme sábana blanca que bajaba del cielo por sus esquinas. Estaba llena de toda clase de animales, reptiles y pájaros. Al mirar con atención, se dio cuenta de que todas eran criaturas que los judíos tenían prohibido comer, pues las consideraban "inmundas". Entonces oyó la voz de Dios que decía: "Levántate, Pedro. Sacrifica y come".

"¡Seguro que no, Señor!". Pedro respondió asustado. "¡Nunca he comido nada inmundo!".

La voz volvió a hablar: "No llames inmundo lo que Dios ha limpiado".

Esto sucedió tres veces, y luego la sábana volvió a subir al cielo.

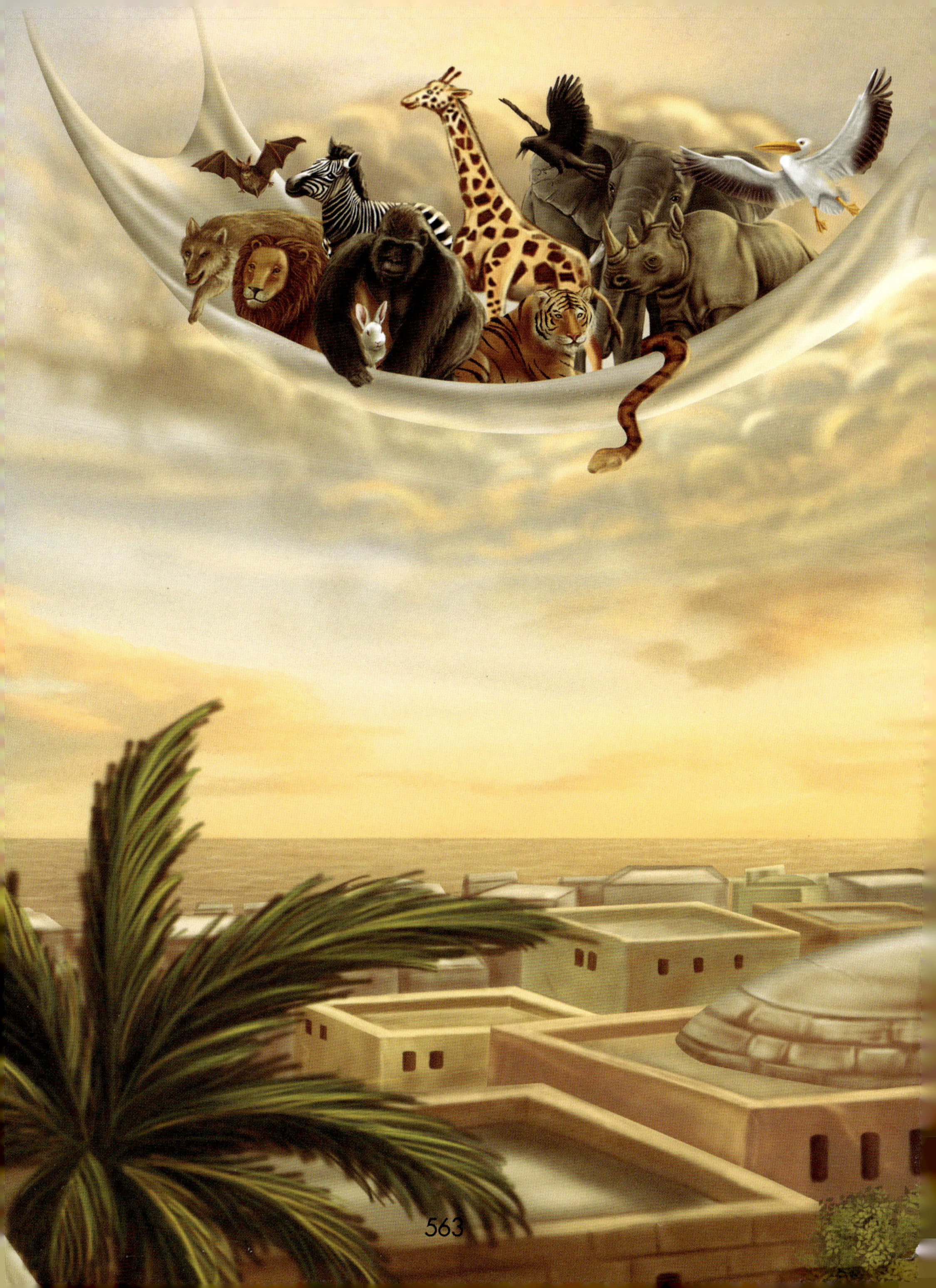

PEDRO Y CORNELIO
Hechos 10

Pedro se despertó con el sonido de unos golpes. Abajo había tres hombres enviados por un oficial llamado Cornelio. Aunque eran romanos, Cornelio y su familia creían en Dios. Dios le había dicho que hiciera venir a Pedro a su casa. Los hombres eran gentiles*, pero Pedro los invitó a entrar, pues ahora comprendía su visión, y al día siguiente fue con ellos a la casa de Cornelio, donde se habían reunido los amigos y la familia de Cornelio.

*(personas no judías).

Pedro miró a su alrededor. Esta gente era gentil, pero todos estaban dispuestos a escuchar lo que tenía que decir sobre Jesús. "Dios no hace distinción entre las personas", les dijo Pedro. "Acogerá a cualquiera que crea en él y trate de seguir sus leyes".

Mientras hablaba de Jesús, vino el Espíritu Santo. Dios había dado a los gentiles el mismo don que había dado a los discípulos especiales de Jesús. El mensaje de Dios es para todos los pueblos del mundo, no solo para los judíos. ¡Eso es lo que significaba la visión de Pedro!

ESCAPE DE LA PRISIÓN
Hechos 12

Poco después, Pedro fue encarcelado. La noche anterior a su juicio, dormía entre dos soldados, atado fuertemente con cadenas, mientras los centinelas vigilaban la entrada. De repente, la luz llenó la celda y apareció un ángel. "¡Rápido, levántate!", le dijo a Pedro, y las cadenas cayeron de las muñecas de Pedro. Pedro siguió al ángel fuera de la celda y de la prisión, pasando entre varios guardias. ¡Ninguno pareció darse cuenta de su presencia! Pronto llegaron a la puerta. Se abrió, y entonces Pedro estaba afuera, caminando por una calle, ¡y el ángel había desaparecido!

Pedro finalmente se dio cuenta de que no estaba soñando. Se dirigió a una casa donde sus amigos se habían reunido para orar, y llamó a la puerta. Cuando la sirvienta oyó su voz, se emocionó tanto que corrió a decírselo a los demás, ¡sin ni siquiera abrir la puerta! Al principio no la creyeron, pero Pedro siguió llamando, y cuando por fin abrieron la puerta, se quedaron asombrados y llenos de alegría.

Por la mañana, cuando nadie podía explicar cómo había escapado Pedro, Herodes mandó ejecutar a los pobres guardias.

EL PRIMER VIAJE MISIONERO
Hechos 13-14

Dios les dijo a Pablo y a Bernabé que emprendieran un viaje para decir a las personas las buenas noticias que aún no habían oído hablar de Jesús. Primero fueron a Chipre, donde un falso profeta habló contra ellos, pero

ASIA

Antioquía

Iconio

PISIDIA

Listra

Perge PANFILIA

Atalia

LICIA

MAR MEDITERRÁNEO

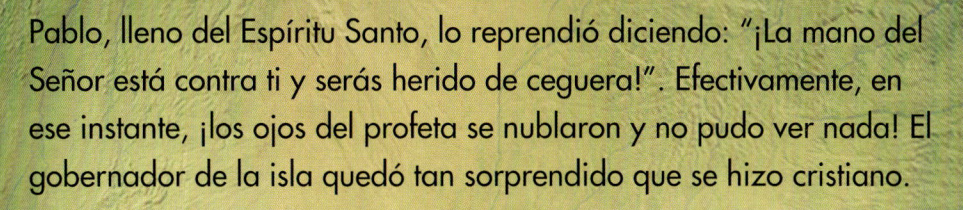

Pablo, lleno del Espíritu Santo, lo reprendió diciendo: "¡La mano del Señor está contra ti y serás herido de ceguera!". Efectivamente, en ese instante, ¡los ojos del profeta se nublaron y no pudo ver nada! El gobernador de la isla quedó tan sorprendido que se hizo cristiano.

A continuación, Pablo y Bernabé navegaron hasta la tierra que conocemos como Turquía, yendo de pueblo en pueblo, predicando la buena nueva. Primero fueron a las sinagogas, pero si los judíos no escuchaban, enseñaban a los gentiles. Hicieron muchos amigos, ¡y muchos enemigos! A veces los echaban, y a veces les tiraban piedras. Pero en cada ocasión, se levantaban y seguían con su misión.

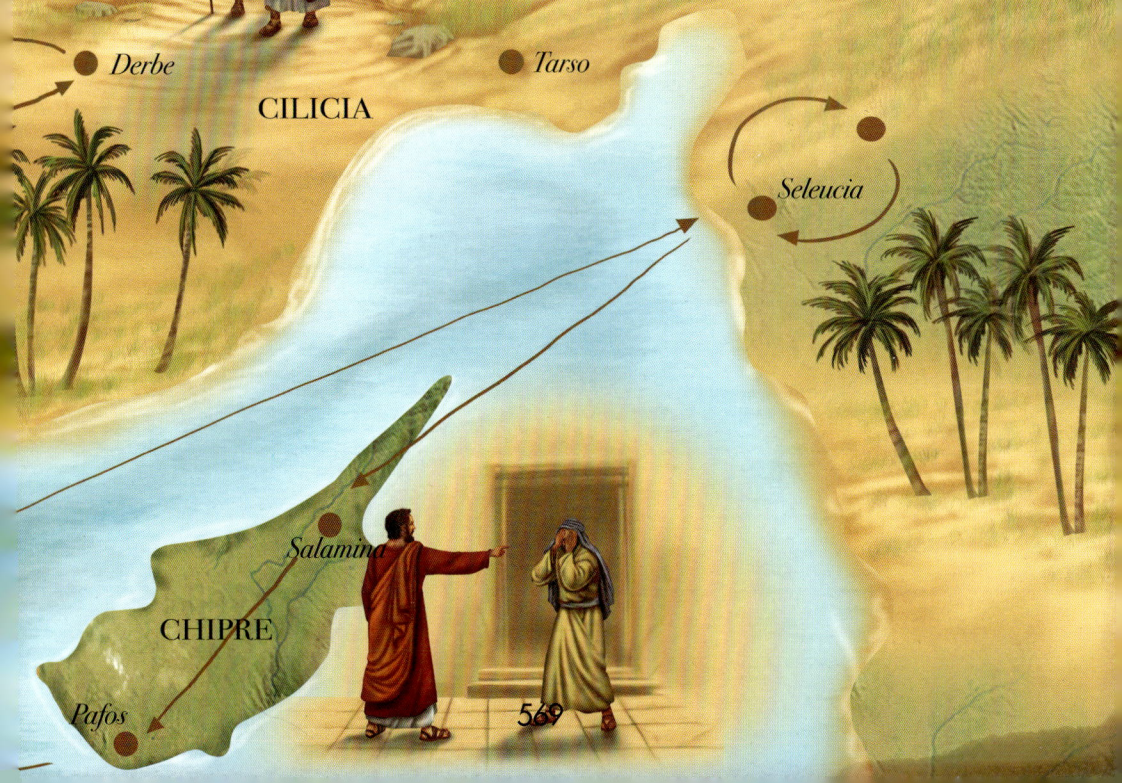

GALACIA

Derbe *Tarso*

CILICIA

Seleucia

Salamina

CHIPRE

Pafos

PROBLEMAS EN LISTRA
Hechos 14

En Listra, donde pocas personas conocían al único Dios verdadero, Pablo curó a un cojo. ¡La multitud emocionada creyó que él y Bernabé eran dioses! El sacerdote de Zeus llevó toros y coronas a las puertas de la ciudad, ¡porque él y la multitud querían ofrecer sacrificios a los apóstoles! ¡Bernabé y Pablo tuvieron un duro trabajo explicando que eran hombres normales y tratando de hablarles de Dios!

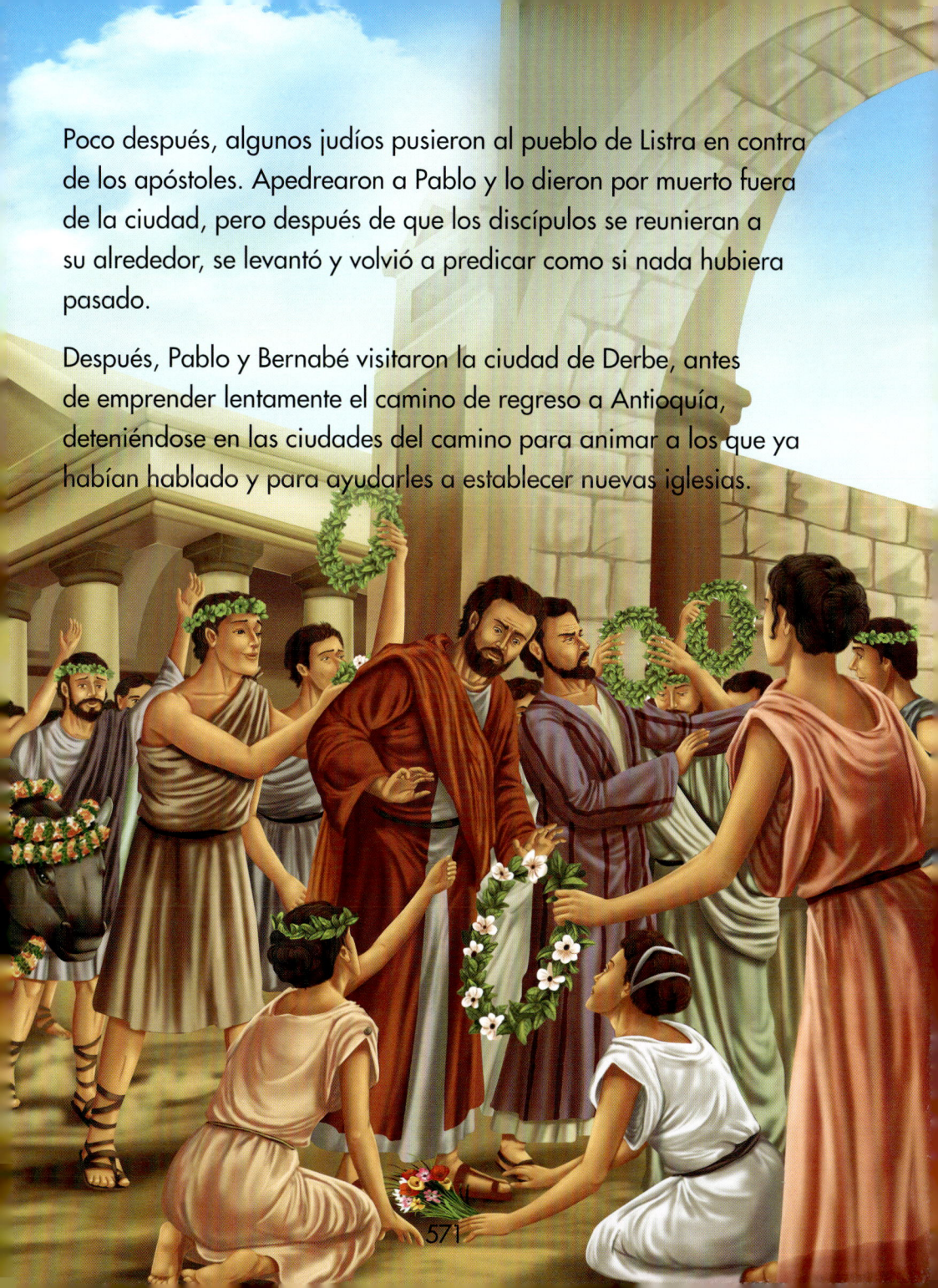

Poco después, algunos judíos pusieron al pueblo de Listra en contra de los apóstoles. Apedrearon a Pablo y lo dieron por muerto fuera de la ciudad, pero después de que los discípulos se reunieran a su alrededor, se levantó y volvió a predicar como si nada hubiera pasado.

Después, Pablo y Bernabé visitaron la ciudad de Derbe, antes de emprender lentamente el camino de regreso a Antioquía, deteniéndose en las ciudades del camino para animar a los que ya habían hablado y para ayudarles a establecer nuevas iglesias.

SANIDAD DE UNA JOVEN ESCLAVA
Hechos 16

Pablo pasó algún tiempo en Antioquía, pero luego volvió a salir de viaje. Esta vez, llevó a un hombre llamado Silas con él a Asia Menor. Después de haber pasado por el país, fortaleciendo las nuevas iglesias, Pablo tuvo un extraño sueño en el que un hombre de Macedonia estaba parado y le rogaba: "¡Ven a Macedonia y ayúdanos!".

Al día siguiente se prepararon para partir hacia Macedonia, en la Europa moderna, donde se les unió un médico llamado Lucas. En la ciudad de Filipos, fueron seguidos por una esclava que estaba poseída por un espíritu. Ella gritaba y deliraba tanto que, al final, Pablo ordenó al espíritu que la dejara en el nombre de Jesucristo.

Al instante, el espíritu la abandonó, pero sus dueños se enfadaron porque ya no podía predecir el futuro, ¡y habían ganado mucho dinero con sus predicciones! Hicieron que Pablo y Silas fueran arrastrados ante los magistrados de la ciudad. La multitud se unió al ataque, y Pablo y Silas fueron azotados, golpeados y arrojados a la cárcel, con los pies encerrados en el cepo.

ALABANDO EN LA CÁRCEL
Hechos 16

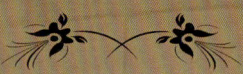

Era medianoche. Pablo y Silas estaban en prisión. Las cadenas estaban apretadas y la madera era pesada, pero no se desesperaron. Al contrario, oraban y cantaban himnos. ¡Los otros prisioneros apenas podían creer lo que oían!

De repente, un violento terremoto sacudió la prisión, las puertas de las celdas se abrieron de golpe, ¡y las cadenas de todos se soltaron!

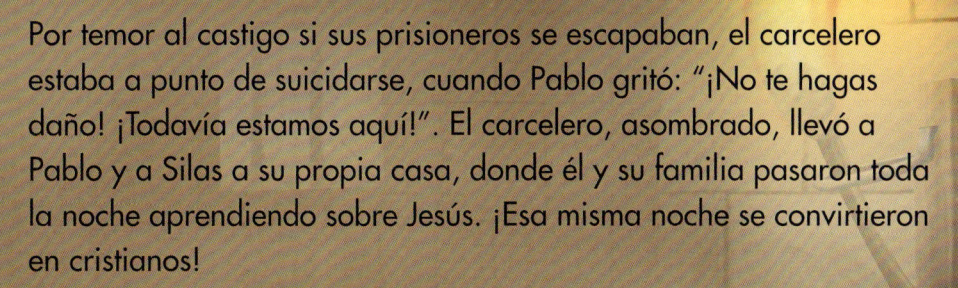

Por temor al castigo si sus prisioneros se escapaban, el carcelero estaba a punto de suicidarse, cuando Pablo gritó: "¡No te hagas daño! ¡Todavía estamos aquí!". El carcelero, asombrado, llevó a Pablo y a Silas a su propia casa, donde él y su familia pasaron toda la noche aprendiendo sobre Jesús. ¡Esa misma noche se convirtieron en cristianos!

Pablo y Silas volvieron a la cárcel y cuando los funcionarios llegaron a la mañana siguiente, Pablo les dijo que eran ciudadanos romanos y que no se les había hecho un juicio. Los magistrados, preocupados, vinieron a disculparse, pero también a pedirles que se fueran.

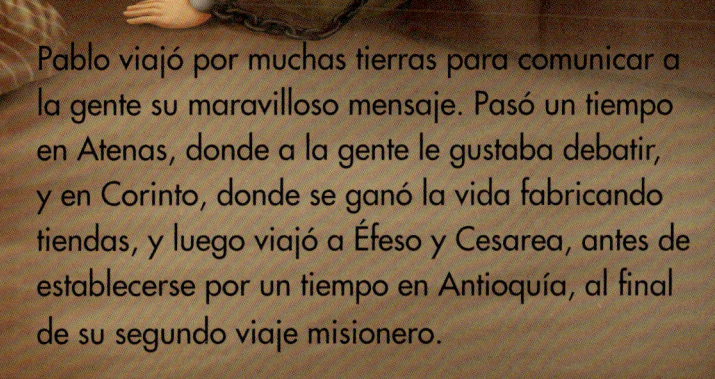

Pablo viajó por muchas tierras para comunicar a la gente su maravilloso mensaje. Pasó un tiempo en Atenas, donde a la gente le gustaba debatir, y en Corinto, donde se ganó la vida fabricando tiendas, y luego viajó a Éfeso y Cesarea, antes de establecerse por un tiempo en Antioquía, al final de su segundo viaje misionero.

ALBOROTO EN ÉFESO
Hechos 19

Pablo estaba en Éfeso, en el tercero de sus viajes misioneros, cuando estallaron los problemas. El pueblo adoraba a la diosa Artemisa y había construido un maravilloso templo en su honor. La gente venía de lejos a visitarlo, y la ciudad estaba llena de plateros que vendían imágenes de plata de la diosa.

Pero cuando Pablo empezó a predicar, mucha gente se hizo cristiana y dejó de comprar las imágenes. Los plateros se enfurecieron y pronto toda la ciudad se alborotó. La turba enfurecida agarró a dos amigos de Pablo y los arrastró al teatro al aire libre, donde gritaron y discutieron hasta que un funcionario de la ciudad consiguió calmar a todos.

Después de esto, Pablo se dio cuenta de que sería más seguro para todos si abandonaba la ciudad, por lo que emprendió el regreso a Jerusalén, dirigiéndose primero a Macedonia y luego a Grecia.

Assos
Mitilene
ASIA
Antioquía
FRIGIA
GALACIA
Iconio
Derbe
Tarso
Éfeso
PISIDIA
Listra
Mileto
Perge
Antioquía
PANFILIA
CILICIA
LICIA
SIRIA
Patara
Salamina
CHIPRE
MAR MEDITERRÁNEO
Pafos
Tiro
Ptolemaida
Cesarea
Jerusalén
ARABIA

LA GRAN CAÍDA
Hechos 20

Pablo quería volver a Jerusalén, para ayudar a los cristianos judíos de allí. En su camino, pasó la noche en una ciudad llamada Troas. Los cristianos estaban encantados de que Pablo estuviera entre ellos. Se amontonaron en una habitación del piso superior para escucharle, y habló hasta altas horas de la noche.

Uno de sus oyentes era un joven llamado Eutico. Quería escuchar todo lo que Pablo decía, pero tenía mucho sueño y apenas podía mantenerse despierto. Estaba sentado junto a la ventana, con la esperanza de que el aire fresco le mantuviera despierto, pero al final no pudo mantener los ojos abiertos por más tiempo y se quedó dormido, ¡cayendo tres pisos abajo! Cuando la gente se dio cuenta de lo sucedido, bajó corriendo las escaleras y lo encontró muerto. Pero Paul, que venía detrás de ellos, se arrodilló junto al joven y lo recogió en sus brazos. Volviéndose hacia la multitud, sonrió: "No se preocupen. ¡Está vivo!".

La gente apenas podía creer lo que había sucedido, y se llenó de alegría por el milagro. ¡Volvieron a subir y Pablo siguió hablando con ellos hasta el amanecer!

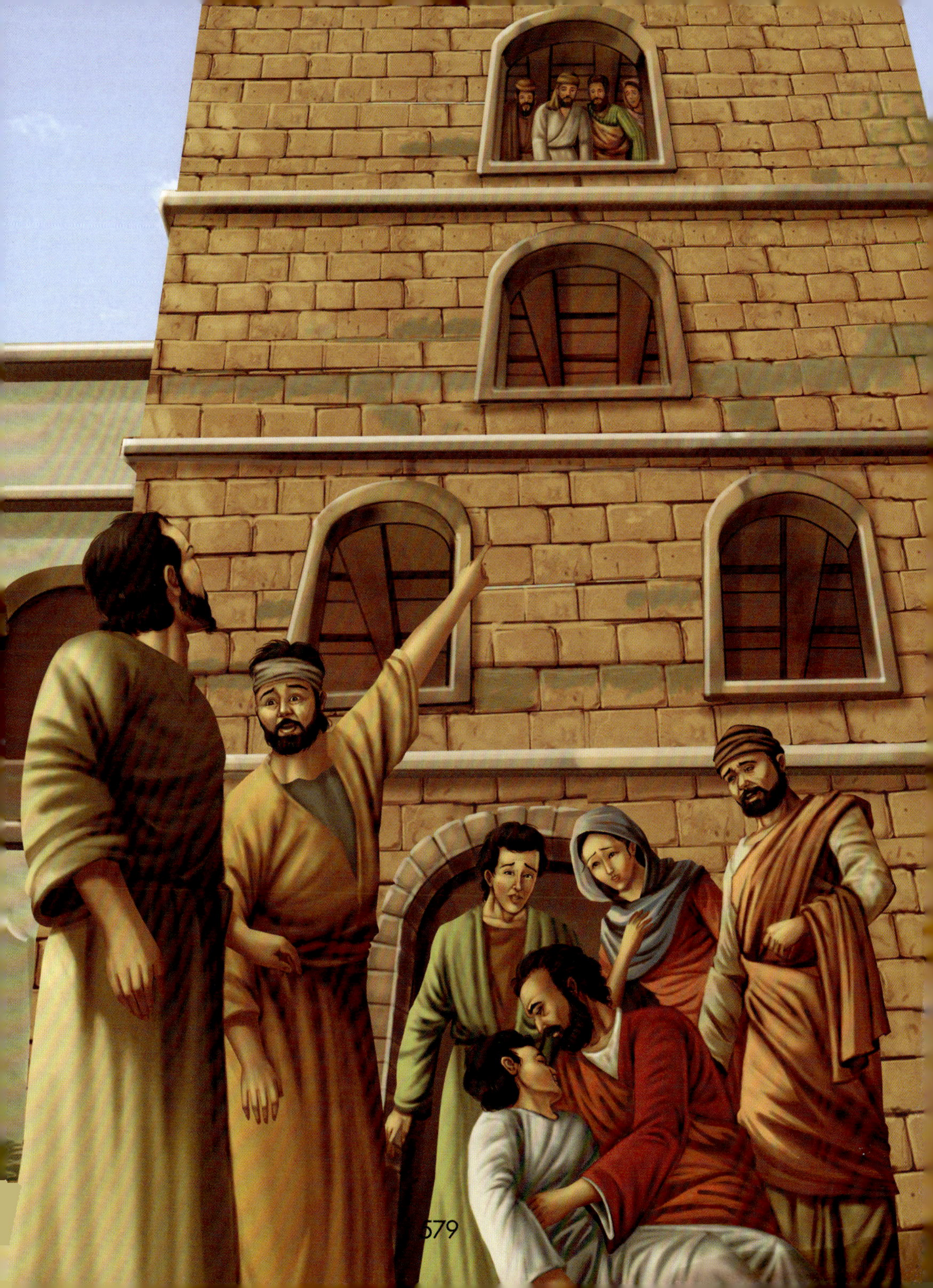

DESPEDIDA DE PABLO
Hechos 20

Los amigos de Pablo no querían que fuera a Jerusalén. Todos le advirtieron que sería muy peligroso para él: temían que lo encarcelaran allí, y probablemente lo mataran. "¡Por favor, no vayas!", le rogaron.

Pero Pablo tristemente dijo: "Por favor, no intenten hacerme cambiar de opinión con sus lágrimas. Esto es lo que tengo que hacer. Estoy dispuesto no solo a ser encadenado por Jesús, sino a morir por él".

Aunque sabía en su corazón que le esperaban sufrimientos y dificultades, Pablo iría a donde Dios quisiera que fuera. Antes de subir al barco que lo llevaría, Pablo se arrodilló con sus amigos y oró. Todos lloraron mientras él se alejaba. Sabían que no volverían a verlo.

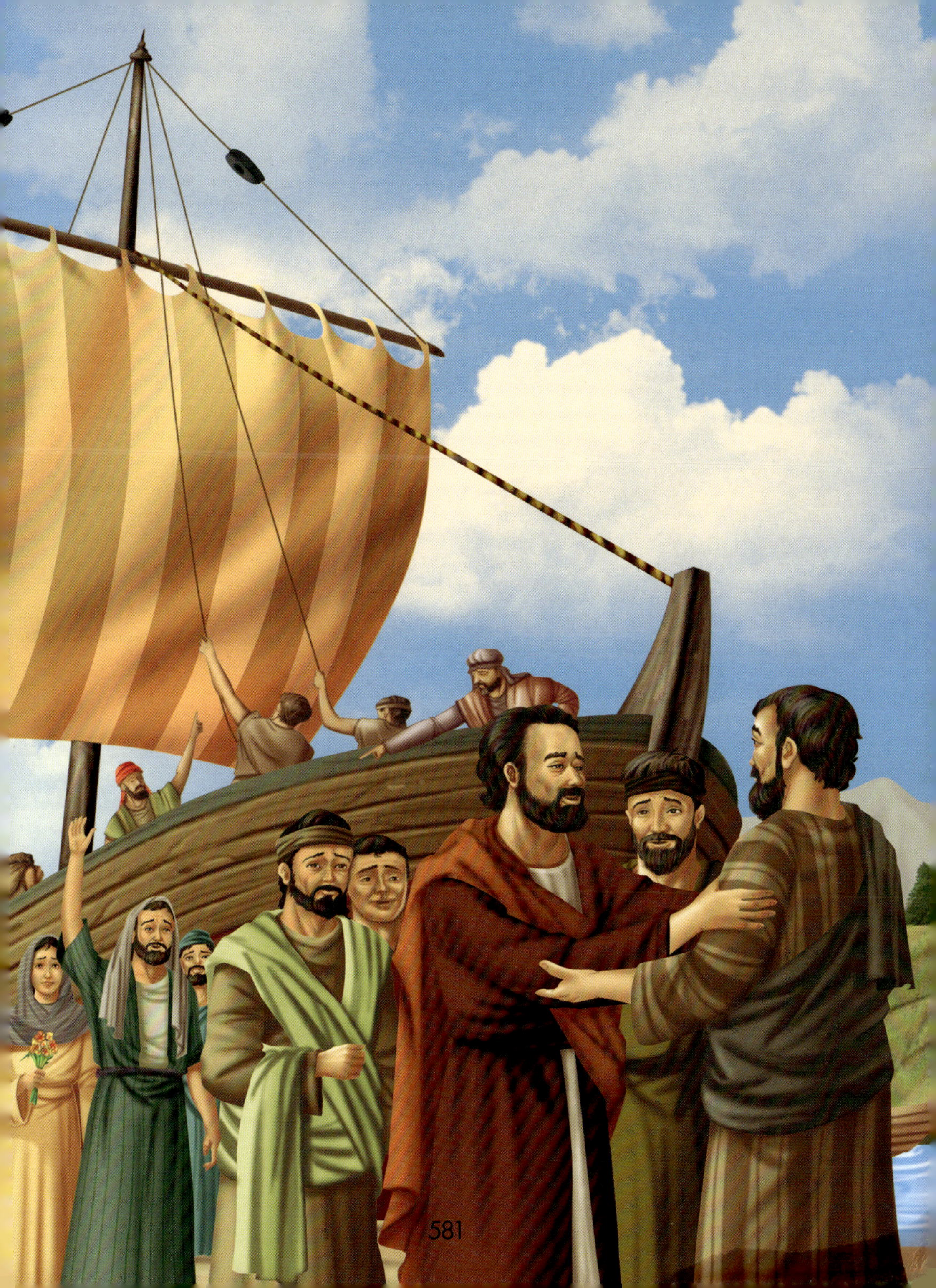

PABLO EN JERUSALÉN
Hechos 21-26

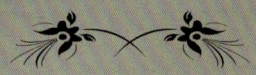

Muy pronto, los problemas estallaron en Jerusalén. Algunos judíos dijeron mentiras sobre Pablo cuando estaba en el templo, y agitaron a la multitud. Lo habrían matado allí mismo si el gobernador romano de la ciudad no hubiera enviado soldados. Pablo trató de hablar con la multitud, pero estaban demasiado enfadados para escucharle, así que el comandante ordenó a sus soldados que llevaran a Pablo al fuerte romano.

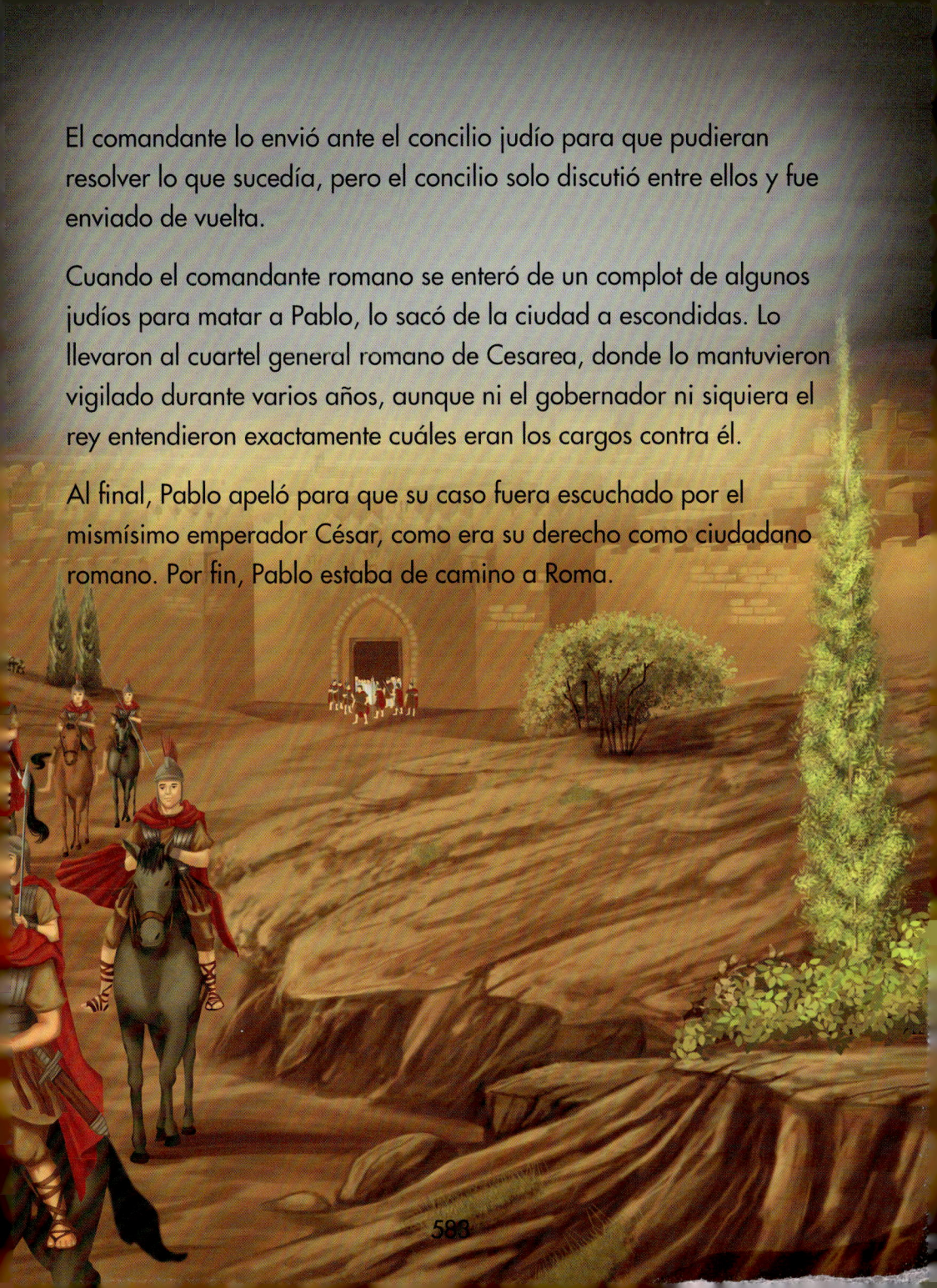

El comandante lo envió ante el concilio judío para que pudieran resolver lo que sucedía, pero el concilio solo discutió entre ellos y fue enviado de vuelta.

Cuando el comandante romano se enteró de un complot de algunos judíos para matar a Pablo, lo sacó de la ciudad a escondidas. Lo llevaron al cuartel general romano de Cesarea, donde lo mantuvieron vigilado durante varios años, aunque ni el gobernador ni siquiera el rey entendieron exactamente cuáles eran los cargos contra él.

Al final, Pablo apeló para que su caso fuera escuchado por el mismísimo emperador César, como era su derecho como ciudadano romano. Por fin, Pablo estaba de camino a Roma.

LA TORMENTA
Hechos 27

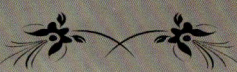

Pablo viajaba a Roma a bordo de un barco. El centurión romano Julio, que estaba al mando, se encariñó con Pablo y lo trató con amabilidad, pero su viaje se vio perturbado por el mal clima. Pablo trató de advertir al capitán de que sería peligroso seguir navegando, pero este ignoró su consejo.

Pronto se encontraron en medio de una terrible tormenta. Durante días, el barco estuvo bajo el dominio de la furia del mar. Pablo consoló a la tripulación y a los demás pasajeros, pues Dios le había prometido que todos llegarían a tierra con vida. Algunos de los marineros intentaron marcharse en uno de los botes salvavidas, pero Pablo les dijo que tendrían que quedarse en el barco para salvarse.

Todo el mundo estaba entusiasmado cuando por fin se divisó la costa, pero de repente, el barco chocó con un banco de arena. ¡La proa se atascó rápidamente y el barco empezó a romperse en pedazos por el oleaje!

Julio ordenó a todos los que sabían nadar que se dirigieran a tierra, y a los que no sabían nadar les dijo que se aferraran a trozos de los restos y flotaran hasta la orilla. De este modo, todos llegaron a tierra sanos y salvos. Hasta la última de las doscientas setenta y seis personas que iban a bordo se salvó, ¡tal y como Dios había prometido!

PABLO LLEGA A ROMA
Hechos 28

Pablo y sus compañeros se encontraban en la isla de Malta. Tenían frío y estaban mojados, pero estaban vivos. Algunos isleños vinieron a ayudarles. Encendieron un gran fuego para calentarlos. Mientras Pablo echaba más leña al fuego, una serpiente venenosa se deslizó y le agarró la mano. Pablo se sacudió tranquilamente la serpiente y siguió como si nada hubiera pasado. ¡Los isleños, asombrados, pensaron que debía ser un dios!

Al cabo de tres meses, partieron de nuevo hacia Roma. Mientras esperaba que su caso fuera escuchado, a Pablo se le permitió vivir solo, con un soldado que lo custodiaba. Aunque no se le permitía salir, podía recibir visitas, y así pudo seguir difundiendo el mensaje a nuevas personas. También escribió cartas a los cristianos que había conocido durante sus viajes, para animarles y ayudarles a establecer sus iglesias. No se sabe con certeza cómo murió Pablo, pero muchos creen que fue ejecutado mientras estaba en Roma.

EL AMOR DE DIOS
Romanos 8,12

Pablo escribió a los creyentes de Roma antes de ir a la ciudad, para presentarse y hablar de su fe: "Creo que nuestros sufrimientos actuales no son comparables con la gloria que se revelará en nosotros y el sufrimiento mismo produce la perseverancia, ¡y así el carácter y la esperanza!

"Si Dios está a favor de nosotros, ¿quién puede estar en contra? Ni siquiera eximió a su propio Hijo, sino que lo entregó por todos nosotros. Si hizo esto, ¿no nos dará gratuitamente todas las cosas? No hay nada que pueda separarnos del amor de Dios, que es nuestro por Cristo Jesús, nuestro Señor, ni las dificultades, ni la persecución, ni el hambre, ni la pobreza, ni el peligro, ni la muerte".

Les animó a vivir una buena vida, llena de amor y bondad: "El amor debe ser sincero. Odien lo que es malo; aférrense a lo que es bueno. Ámense y respétense unos a otros, sean alegres en la esperanza, pacientes en el sufrimiento, fieles en la oración. Compartan lo que tienen con los necesitados. Vivan en paz y no piensen en las recompensas. No te dejes vencer por el mal, sino vence el mal con el bien".

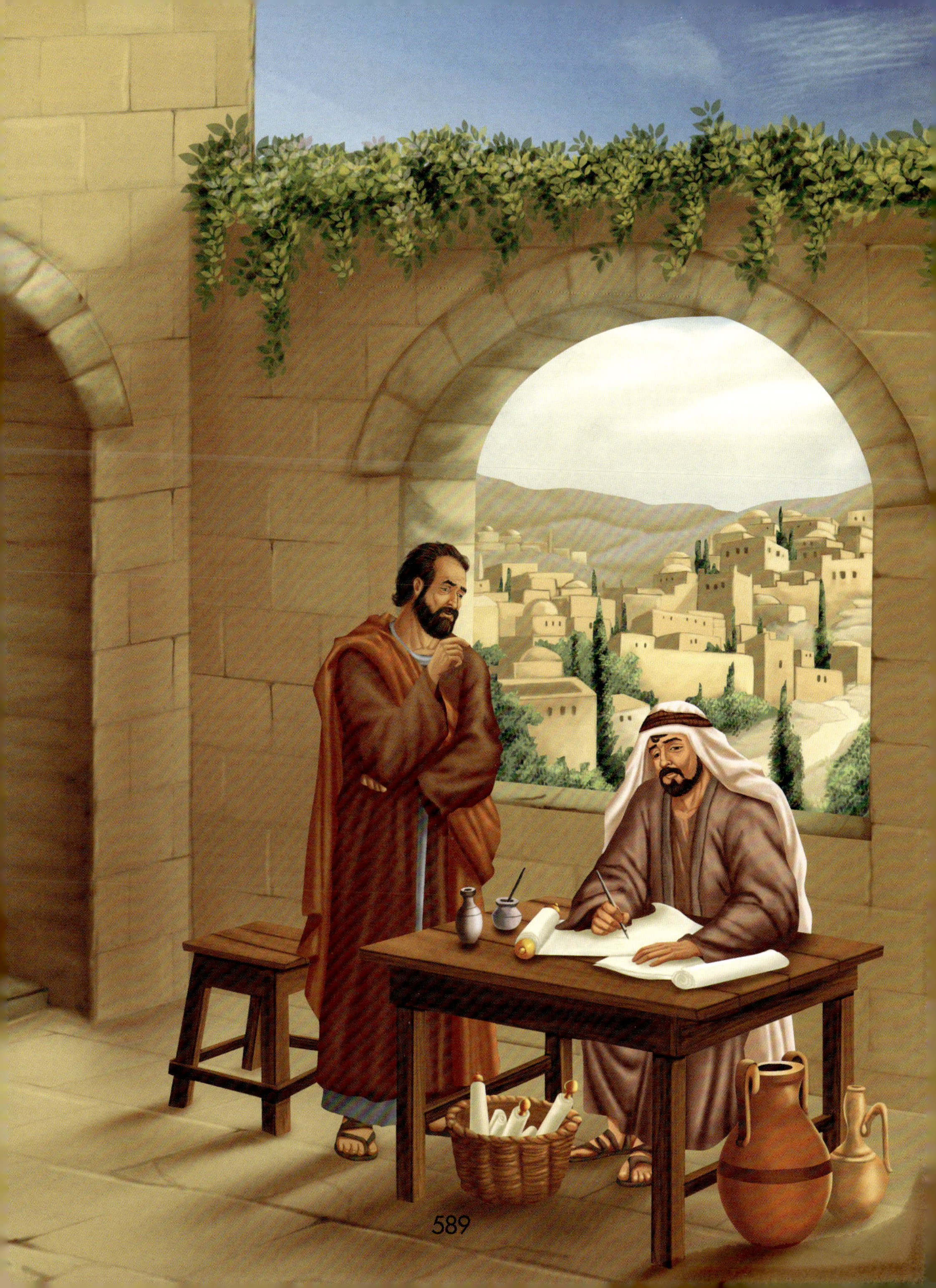

EL MAYOR DE TODOS
1 Corintios 12-13

Pablo escribió a la gente que se asentaba en Corinto: "A muchos de ustedes el Espíritu Santo les ha dado dones maravillosos. Quizá puedan hablar en lenguas extranjeras, profetizar, enseñar o sanar. Ninguno de ellos es mejor que los demás, ¡así que no sean arrogantes! ¿Es el ojo más importante que el oído, o el pie que la mano? ¡No! Cada uno tiene su papel. Cada uno de ellos forma parte de todo el cuerpo".

"Si pudiera hablar todos los idiomas del mundo e incluso hablar con los ángeles, pero no amara a los demás, no sería más que un tambor ruidoso. Si tuviera el don de la profecía, o el conocimiento, o una fe tan grande que pudiera mover montañas, no serviría de nada si no tuviera amor. Podría dar todo lo que poseo a los pobres y sufrir grandes dificultades, pero no tendría sentido si no sintiera amor por las personas por las que lo hago".

"El amor es paciente y amable. No es celoso, jactancioso, orgulloso o grosero. No insiste en salirse con la suya, ni se irrita, ni busca la venganza, ni se alegra cuando alguien fracasa. El amor protege, confía y espera. Es firme y verdadero, y nunca, nunca se rinde. Hay tres cosas que duran para siempre: la fe, la esperanza y el amor, y el mayor de ellos es el amor".

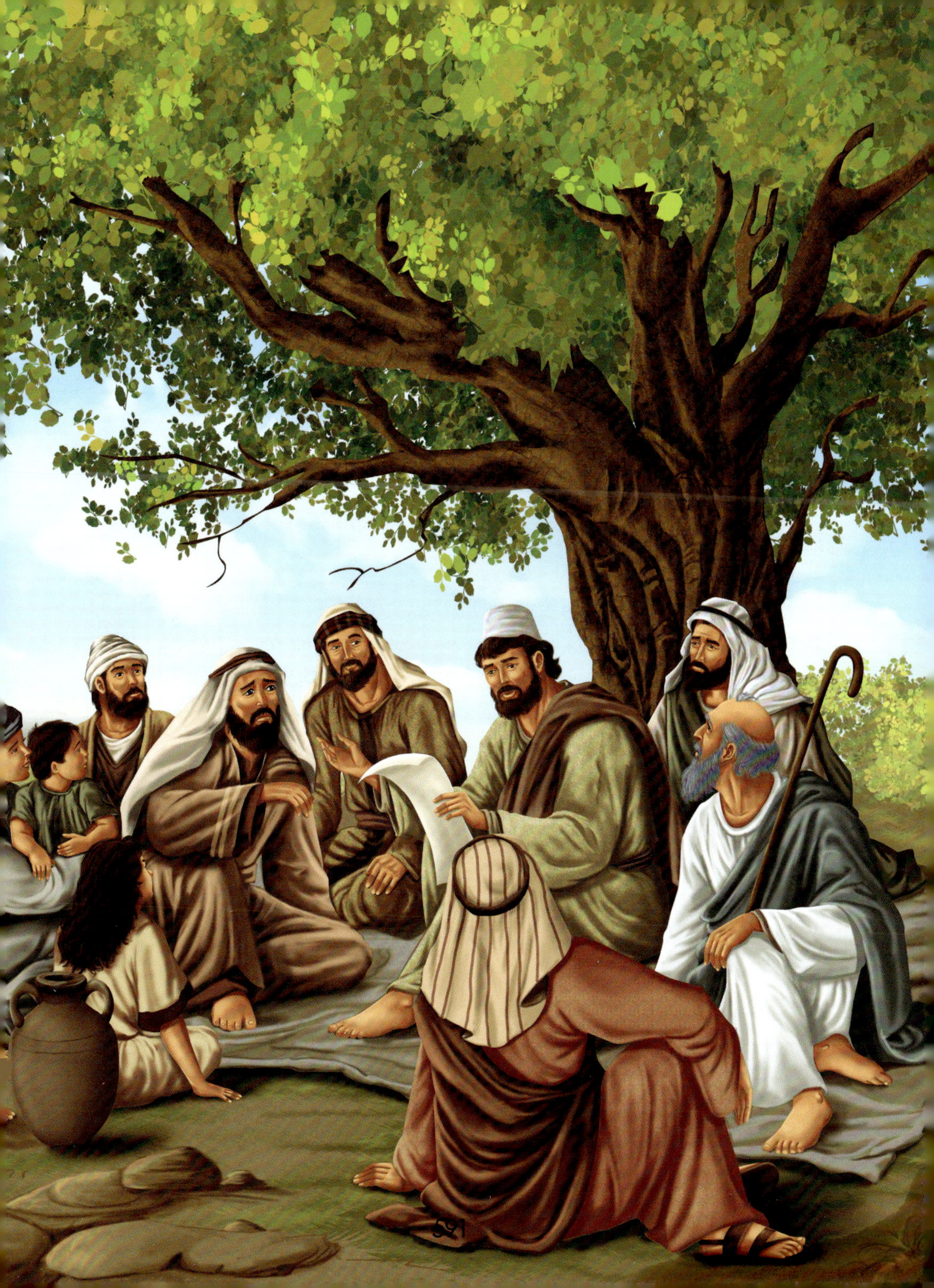

LAS COSAS ESPIRITUALES
Gálatas 2-5; Colosenses 3

A Pablo le preocupaba que muchos creyentes estuvieran volviendo a sus viejas costumbres y pensando demasiado en leyes y rituales, cuando el verdadero camino hacia Dios es la fe en Jesús. Escribió a la iglesia de Galacia: "Una persona se hace justa con Dios por la fe en Jesucristo, no por obedecer la ley. Si cumplir la ley fuera suficiente, ¡no habría sido necesario que Cristo muriera!".

"No recibiste el Espíritu Santo por obedecer la ley de Moisés, ¡sino porque creíste en el mensaje sobre Cristo! Entonces, ¿por qué ahora tratas de ser perfecto? ¿No lo entiendes? Cristo tomó sobre sí mismo la maldición por nuestras malas acciones. ¡Él nos liberó! Asegúrate de seguir siendo libre, ¡y no te conviertas en esclavo de la ley!".

Envió el mismo mensaje a los creyentes de Colosas: "No pasen demasiado tiempo pensando en las viejas costumbres. Piensen en las cosas del cielo, ¡no en las de la tierra!".

PONTE LA ARMADURA DE DIOS
Efesios 6; 2 Corintios 1,4-5

Pablo dijo a los efesios: "Sean fuertes en el Señor. Nuestros enemigos no son de carne y hueso, así que ponte todas las partes de la armadura de Dios. Así podrán mantenerse firmes, con el cinturón de la verdad abrochado a la cintura y el pectoral de la justicia. Que tus pies estén calzados con la disposición que viene del evangelio de la paz, y toma el escudo de la fe. Y tomen el casco de la salvación y la espada del Espíritu, que es la palabra de Dios".

Les dijo a los corintios: "Dios nos consuela en nuestros problemas para que podamos consolar a los demás. Cuanto más suframos por Cristo, más nos consolará Dios por medio de él. Estamos rodeados de problemas, pero no estamos aplastados. ¡Nunca nos rendiremos! Los problemas que afrontamos ahora son pequeños, y no durarán, porque cuando dejemos estos cuerpos terrenales, tendremos una casa en el cielo, ¡y un cuerpo eterno hecho para nosotros por el propio Dios!".

LA BUENA BATALLA
2 Timoteo 2,4

Hacia el final de su vida, Pablo escribió a uno de sus amigos íntimos, Timoteo: "Estoy sufriendo y he sido encadenado como un criminal, pero la palabra de Dios no puede ser encadenada. Estoy dispuesto a soportar por el pueblo elegido por Dios, para que también ellos obtengan la salvación que viene por medio de Cristo Jesús y trae la gloria eterna. Recuerda a todos este dicho:

> 'Si morimos con él, también viviremos con él.
> Si soportamos las dificultades, reinaremos con él.
> Si le negamos, él nos negará.
> Si somos infieles, él permanece fiel,
> porque no puede negar quién es'".

"En cuanto a mí, mi vida ha sido una ofrenda a Dios. El momento de mi muerte está cerca. He peleado la buena batalla, he terminado la carrera y he mantenido la fe. Ahora espero mi recompensa, que el Señor me dará el día de su regreso: una recompensa no solo para mí, ¡sino para todos los que esperan ansiosamente su llegada!".

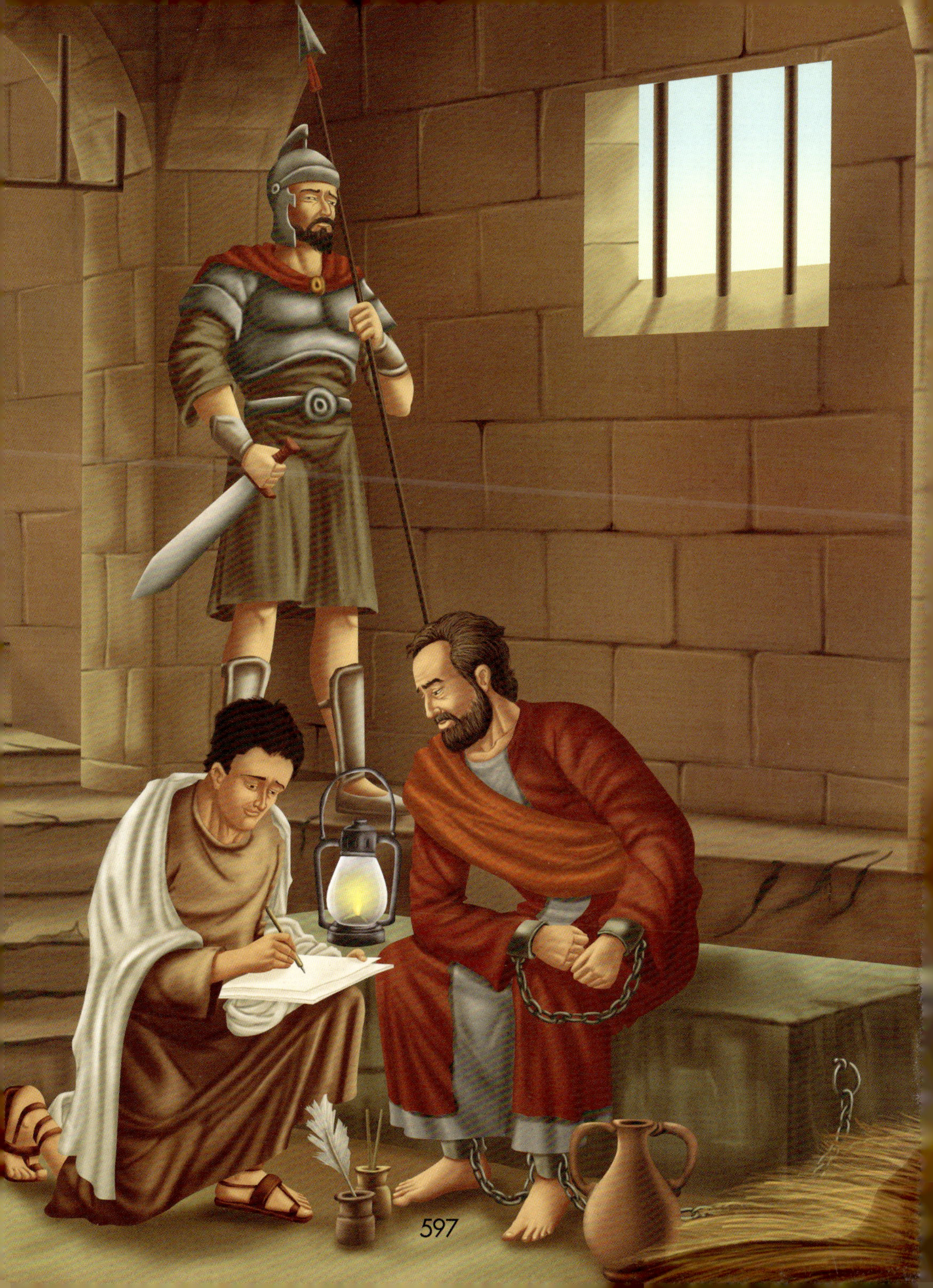

DIOS ES AMOR

Hebreos 11-12; Santiago 2; 1 Pedro 4; 2 Pedro 3; 1 Juan 4

Otras cartas inspiradoras forman parte del Nuevo Testamento. En Hebreos se nos dice: "La fe es la confianza en que lo que esperamos ocurrirá realmente. Nuestros antepasados tenían fe: Noé construyó un arca cuando todo el mundo se reía de él; Sara creyó que tendría un hijo aunque era vieja; Moisés sacó a su pueblo de Egipto solo porque Dios se lo dijo. Déjate llenar de fe. Deshazte de las cosas que te pesan, ¡para que tengas la fuerza y la resistencia para correr la carrera que se nos ha propuesto!".

El apóstol Jacobo continuó diciendo: "¿De qué sirve decir que se tiene fe, si no se demuestra con las acciones? Las palabras no son suficientes, la fe no es suficiente, a menos que produzca buenas acciones".

Pedro escribió: "Ustedes enfrentan dificultades y sufrimientos, pero no se desesperen. Al contrario, alégrense, porque estas pruebas los hacen partícipes de Cristo en su sufrimiento. Pondrán a prueba su fe como el fuego pone a prueba y purifica el oro, ¡y recuerden que les espera una alegría maravillosa! No te desanimes si te parece que tarda mucho en llegar: Dios está siendo paciente porque quiere que todos se arrepientan. Pero el día del Señor llegará de forma inesperada, ¡así que prepárate!".

El apóstol Juan escribió: "Dios es amor. Ha demostrado cuánto nos ha amado enviando a su Hijo unigénito al mundo para que tengamos vida eterna por medio de él. Ya que nos ha amado tanto, procuremos amarnos unos a otros, para que Dios viva en nosotros y nosotros en Dios. Y a medida que vivamos en Dios, nuestro amor será cada vez más perfecto, y cuando llegue el día del juicio no tendremos que temer nada. ¡El amor perfecto expulsa todo temor! Nos amamos unos a otros porque él nos amó primero".

LA SORPRENDENTE REVELACIÓN DE JUAN
Apocalipsis 1

El último libro de la Biblia es el Apocalipsis. Muchos creen que fue escrito por el discípulo Juan. El autor tuvo una visión asombrosa que transmitir: "En el día del Señor, el Espíritu se apoderó de mí, y oí una fuerte voz, que venía desde atrás, diciendo: 'Escribe lo que ves y envíalo a las siete iglesias'".

"Cuando me volví, vi siete candelabros de oro, y en medio de ellos vi a un ser parecido al Hijo del Hombre, vestido con una larga túnica y con una faja de oro alrededor del pecho. Su cabeza y sus cabellos eran blancos como la nieve, y sus ojos eran como fuego ardiente. En su mano derecha tenía siete estrellas, y de su boca salía una afilada espada de doble filo. Su rostro brillaba como el más brillante de los soles".

"Caí a sus pies, pero me dijo que no tuviera miedo. 'Yo soy el primero y el último', dijo. 'Estuve muerto, ¡y he aquí que estoy vivo por los siglos de los siglos! Y tengo las llaves de la muerte y del Hades'".

En la visión de Juan, los siete candelabros eran las siete iglesias de Asia Menor, y el Señor quería que Juan enviara un mensaje a esas iglesias, para corregirlas y animarlas. Pero esto no fue todo. También le envió una visión del futuro…

EL TRONO EN EL CIELO
Apocalipsis 4-5

Juan se encontró ante el Trono de Dios. Un arco iris parecido a una esmeralda rodeaba el trono, y estaba rodeado de otros veinticuatro tronos, en los que se sentaban veinticuatro ancianos, vestidos de blanco, con coronas de oro.

Del trono salían relámpagos y truenos, y ante él ardían siete lámparas. A su alrededor había cuatro criaturas vivientes (una como un león, otra como un buey, otra con cara de hombre y otra como un águila en vuelo), todas cubiertas de ojos. Cada uno de ellos tenía seis alas y cantaba sin cesar: "¡Santo, santo, santo es el Señor Dios Todopoderoso, el que era, el que es y el que ha de venir!".

El que estaba en el trono sostenía un pergamino cubierto de escritura y sellado con siete sellos. Al principio parecía que no se podía encontrar a nadie digno de abrirlo, pero uno de los ancianos declaró que el León de la tribu de Judá, el gran descendiente de David, podía romper los sellos y abrir el rollo. Entonces Juan vio un Cordero de pie en el centro del trono, y los cuatro seres y todos los ancianos se postraron en señal de alabanza, a los que se unió una multitud de ángeles y todas las criaturas del cielo y de la tierra.

EL FIN DE LOS DÍAS
Apocalipsis 6-20

En la visión de Juan, los siete sellos se rompieron uno por uno, y muchas cosas terribles sucedieron en la tierra, pero los que fueron fieles a Jesús fueron protegidos por el sello de Dios.

Entonces sonaron siete trompetas. Llovió granizo y fuego, las aguas se envenenaron y el mundo se sumió en la oscuridad. Las langostas con alas estruendosas cubrieron la tierra, atormentando a todos menos a los que tenían el sello de Dios. Un ejército de caballeros descargó sobre la tierra terribles plagas de fuego, humo y azufre. Luego, cuando sonó la séptima trompeta, el templo de Dios se abrió en el cielo y se pudo ver el arca de su pacto. Hubo relámpagos, truenos, un terremoto y granizo.

Juan vio que iba a venir un tiempo terrible, pero finalmente todo lo que es malo será destruido y el Reino de Dios reinará. Después del Juicio Final, un nuevo cielo y una nueva tierra sustituirán a los antiguos.

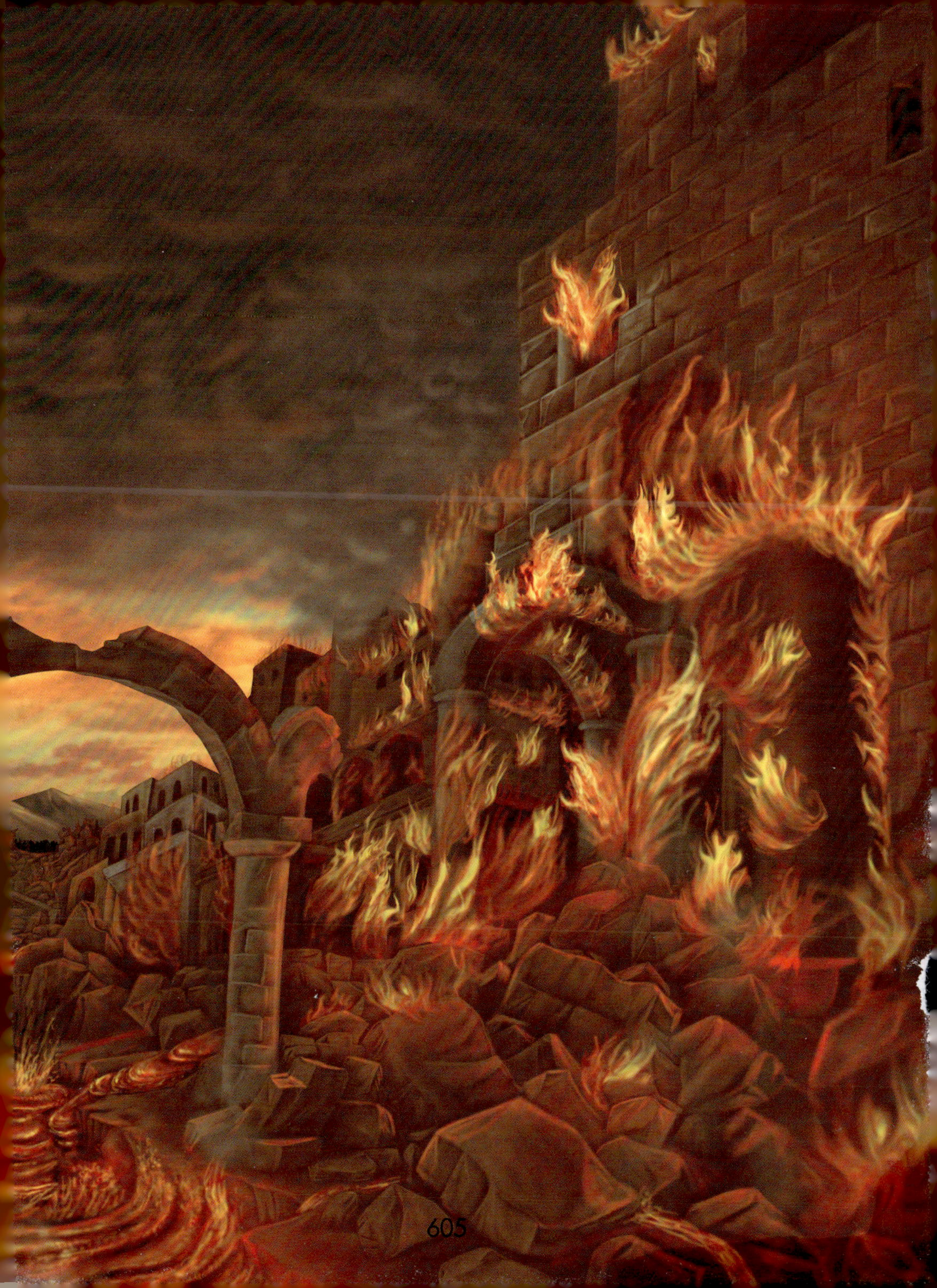

¡MI VENIDA SERÁ PRONTO!
Apocalipsis 21-22

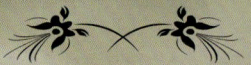

Juan escribió: "Entonces vi un nuevo cielo y una nueva tierra, y vi la Ciudad Santa que bajaba del cielo como una hermosa novia. Oí una fuerte voz que hablaba desde el trono: '¡Ahora la casa de Dios está con su pueblo! Él vivirá con ellos. Ellos serán su pueblo y él será su Dios. No habrá más muerte, ni más pena, ni llanto, ni dolor. ¡Él hará que todas las cosas sean nuevas! Porque él es el primero y el último, el principio y el fin'".

"Y se me mostró la Ciudad Santa, resplandeciente de la gloria de Dios. Tenía un gran muro alto con doce puertas y doce ángeles a cargo de ellas. Su templo es el Señor Dios Todopoderoso y el Cordero. La ciudad no necesita el sol ni la luna, porque la gloria de Dios brilla en ella, y el Cordero es su lámpara. La gente del mundo caminará a su luz, y las puertas nunca se cerrarán, porque no habrá noche allí. Pero solo entrarán aquellos cuyos nombres estén escritos en el Libro de la Vida del Cordero".

"'¡Escuchen!' dice Jesús. '¡Voy a venir pronto!'".

¡Que así sea! ¡Ven, Señor Jesús, ven pronto!

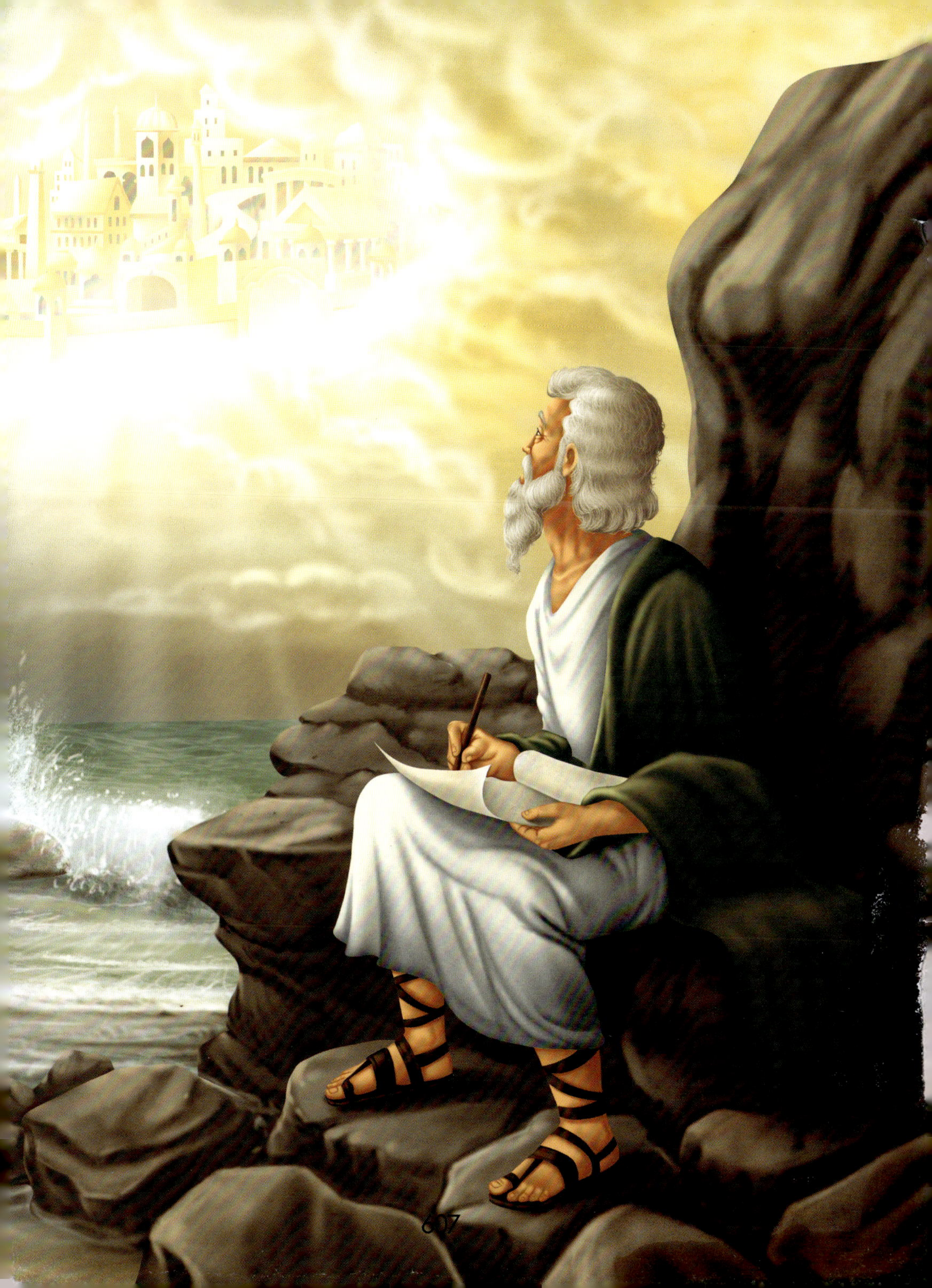